Thomas Kummle (Hrsg.)

NS-Justiz in Freiburg

Katalog zur Dauerausstellung im Amtsgericht Freiburg

Mit Texten von Thomas Kummle, Dominik Stahl und Michael P. Hensle

Umschlag:
Fackelzug vor dem Justizgebäude in Freiburg, 1938
Stadtarchiv Freiburg M 732-22782-3

NS-Justiz in Freiburg

Katalog zur Dauerausstellung
im Amtsgericht Freiburg

rombach verlag

Inhaltsverzeichnis

Grußwort

Der vorliegende Katalog ergänzt das von meinem Amtsvorgänger, Präsident des Amtsgerichts a.D. Dr. Thomas Kummle, initiierte Ausstellungsprojekt „NS-Justiz in Freiburg". Die Ausstellung, die unter Mitwirkung des Historikers Dr. Michael Hensle und Staatsanwalt Dr. Dominik Stahl realisiert wurde, schildert eindrücklich das Justizunrecht der Nationalsozialisten anhand von drei Ausnahmegerichten. Das Sondergericht Freiburg, das Reichskriegsgericht und auch der Erste Senat des Volksgerichtshofs tagten im Saal IV, dem größten Saal des Amtsgerichts Freiburg, in dem noch heute Gerichtsverfahren verhandelt werden. Die eindrucksvolle Dokumentation ist damit nicht nur eine kritische Auseinandersetzung mit der möglichen „Anfälligkeit des positiven Rechts für Ideologien"[1], sondern gibt Richterinnen und Richtern gerade an diesem Ort auch immer wieder Anlass, ihre Verantwortung als Richter zu reflektieren.

Während sich die Ausstellung auf die wesentlichen Fakten beschränkt, bietet der Ausstellungskatalog eine vertiefende Darstellung und gewährt neue Einblicke in eine im Sinne der Nationalsozialisten „funktionierende" Justiz in Freiburg, wie beispielsweise in die Vollstreckung der Unrechtsurteile – von den Inhaftierungsorten bis zu den Hinrichtungsstätten. Der Katalog eröffnet einen Blick auf die Täter und deren (mitunter skandalöse) Entlastung nach 1945, ebenso wie auf die zahlreichen namenlosen Opfer, an die im Text und in tabellarischen Auflistungen erinnert wird.

Gerade heute, in einer Zeit, die gekennzeichnet ist von unversöhnlichen Positionen innerhalb der Gesellschaft, von einem Wiedererstarken historisch geprägter Überzeugungen und einer wachsenden Staatsverdrossenheit, leisten Ausstellung und Katalog einen wichtigen Beitrag zur Auseinandersetzung mit den Strukturen einer Unrechtsjustiz und schärfen auf diese Weise den Blick für die stabilisierenden Grundwerte des demokratischen Rechtsstaats.

Für die gesammelten Erkenntnisse zur unrühmlichen Justizgeschichte während der Zeit des Nationalsozialismus in Südbaden, die allen Teilen der Gesellschaft Mahnung sein kann, gilt den Ausstellungsmachern und Autoren Anerkennung und Dank. Diesen Dank verbinde ich mit dem Wunsch, dass der anschaulich gestaltete Katalog, der sich nicht nur an Juristen richtet, viele politisch und historisch interessierte Leserinnen und Leser finden möge.

Dorothee Wahle
Präsidentin des Amtsgerichts

[1] Dr. Safferling, Professor für Strafrecht, Universität Erlangen-Nürnberg, Saarl. AnwBl. 2022, 16 ff.)

Thomas Kummle

Einführung

Das Amtsgericht Freiburg als Ausstellungs- und Erinnerungsort

Das Justizgebäude am Holzmarkt Ecke Kaiser-Joseph-Straße ist seit der Errichtung des Amtsgerichts am 1. September 1857 ununterbrochen dessen Sitz. Darüber hinaus fanden in dem Gebäudekomplex seit der großen Badischen Justizreform im Jahr 1864 das Kreis- und Hofgericht als Vorgänger des heutigen Landgerichts, die Staatsanwaltschaft Freiburg und das Notariat ihren Sitz.[1]

Dem in der Stadtgeschichte von Freiburg bedeutsamsten Justizgebäude kam diese Rolle auch in der dunkelsten Zeit während des Nationalsozialismus zu. So hatte das Sondergericht Freiburg ab dem Jahr 1939 hier seinen Sitz, das Reichskriegsgericht und der Volksgerichtshof hielten auswärtige Sitzungen ab. An die Opfer des Sondergerichts Freiburg erinnert seit dem Jahr 2004 eine Gedenktafel im Erdgeschoß des Amtsgerichts. Eine Monographie von Michael P. Hensle aus dem Jahr 1996 dokumentiert die Rechtspraxis dieses Gerichts.

Erst aufgrund eines Hinweises des französischen Vereins „Souvenir Français" wurde im Jahr 2015 bekannt, dass das Reichskriegsgericht in dem Justizgebäude, dessen Straßennamen in der Zeit des Nationalsozialismus in Hindenburgplatz und Adolf-Hitler-Straße umbenannt waren, Militärgerichtsverfahren abhielt. In Zusammenhang mit einem Verfahren vor dem Reichskriegsgericht waren am 28. November 1944 drei in Untersuchungshaft einsitzende französische Widerstandskämpfer ohne eine gerichtliche Verurteilung von einem SS-Mordkommando vor dem Freiburger Gefängnis erschossen worden. Zur Erinnerung daran wurde der Wunsch nach einer Gedenktafel sowohl an die Stadt Freiburg als auch an das Amtsgericht Freiburg herangetragen. Beide Behörden haben das Anliegen zur Pflege der Erinnerung aufgegriffen. Im Zuge der Umsetzung förderte die Recherche des Amtsgerichts Freiburg die in den Archiven im Verborgenen ruhende und überraschende Tatsache zu Tage, dass auch der berüchtigte Volksgerichtshof im heutigen Gebäude des Amtsgerichts Freiburg Sitzungen abhielt.

[1] Das Landgericht Freiburg ist im Jahr 1965 in das Sickingen-Palais in der Salzstraße 17, die Staatsanwaltschaft Freiburg im Jahr 2017 in die Berliner Allee 1 umgezogen.

Flur der Ausstellung „NS-Justiz in Freiburg" im 1. Obergeschoß des Amtsgerichts

Foto privat

Die Existenz gleich dreier nationalsozialistischer Ausnahmegerichte in Freiburg eröffnete eine neue Sicht auf die Verstrickung der Freiburger Justiz in den Nationalsozialismus. Alle drei Gerichte hielten ihre Sitzungen in Saal IV, dem größten Saal des Gerichtsgebäudes, ab. Dieser Saal – ehemals Schwurgerichtssaal des Landgerichts Freiburg – existiert bis heute fort und wird weiterhin für Gerichtsverhandlungen genutzt. Es drängte sich daher auf, die Ereignisse der nationalsozialistischen Justiz in Freiburg am authentischen Ort zu dokumentieren. Unter Leitung des früheren Präsidenten des Amtsgerichts Dr. Thomas Kummle sowie des Historikers Dr. Michael P. Hensle und des Staatsanwalts Dr. Dominik Stahl als Kuratoren wurden 13 Ausstellungstafeln konzipiert. Die Graphikproduktion lag in den Händen von GFW Gerhard Fuhrmann aus Berlin.

Seit Dezember 2020 sind die Ausstellungstafeln an den Wänden des lichtdurchfluteten Flures vor Saal IV im 1. Obergeschoß des Amtsgerichts Freiburg platziert. Nach einer einführenden Tafel thematisieren fünf Tafeln das Sondergericht Freiburg. Je drei Tafeln widmen sich der Rechtsprechung des Reichskriegsgerichts und des Volksgerichtshofs. Abschließend wird der „Umgang mit der NS-Justiz nach 1945" erläutert. Die Beschränkung der Ausstellung auf die drei erwähnten nationalsozialistischen Ausnahmegerichte erfolgte aufgrund der Bedeutung dieser NS-Gerichte und ihres großen Einflusses auf die übrige Justiz einerseits sowie aus Raumgründen im Gerichtsgebäude andererseits. Es bleibt aber festzuhalten, dass alle Bereiche der Justiz in die nationalsozialistische Diktatur eingebunden waren. Sie haben alle zur Durchsetzung und Sicherung der NS-Gewaltherrschaft beigetragen. Dies gilt insbesondere für die allgemeine Strafjustiz, die der nationalsozialistischen Ideologie folgend, politisch Andersdenkende und „Volksschädlinge" aus der „Volksgemeinschaft auszumerzen", durch ihre Rechtspraxis nachkam. So hat etwa die Jugendkammer des Landgerichts Freiburg (Aktenzeichen 2 Kls 10/44 Js 189/43 jug.) am 21. Juli 1944 den erst drei Tage zuvor 18 Jahre alt gewordenen Anton Graf als „Volksschädling" wegen begangener Diebstähle und Einbrüche zum Tode verurteilt. Im Strafgefängnis in Bruchsal wurde er am 7. Dezember 1944 durch das Fallbeil hingerichtet.[2]

Die Namensgebung der Ausstellung „NS-Justiz in Freiburg" erfolgte in Anlehnung an die Ausstellung „NS-Justiz in Stuttgart". Das Haus der Geschichte Baden-Württemberg hat gemeinsam mit dem Oberlandesgericht und dem Landgericht Stuttgart das Projekt konzipiert und realisiert. Seit Januar 2019 dokumentiert eine detailreiche und beispielgebende Dauerausstellung die nationalsozialistische Strafjustiz im 1. Obergeschoss des Landgerichts Stuttgart. Drei Stelen auf dem Vorplatz des Gebäudes an der Urbanstraße 20 sind den 423 Menschen gewidmet, die von 1933 bis 1944 im nördlichen Lichthof des alten Justizgebäudes hingerichtet wurden. Darunter befanden sich 21 Verurteilte des Sondergerichts Freiburg und ein Verurteilter des in Freiburg tagenden Volksgerichtshofs. Insgesamt fällten die Sondergerichte rund 11.000 Todesurteile, der Volksgerichtshof über 5.000 Todesurteile und die Wehrgerichtsbarkeit schätzungsweise 30.000 Todesurteile.

Der Katalog setzt sich aus drei inhaltlich selbständigen Beiträgen zum Volksgerichtshof, dem Reichskriegsgericht und dem Sondergericht Freiburg zusammen. Vorab werden einführend in den beiden Abschnitten „Die Lenkung der Justiz" und „Exkurs: „Die Polizeijustiz" die gemein-

[2] Rainer Kaufmann, Seilersbahn, S. 133 f.

Stelen auf dem Vorplatz vor dem Landgericht Stuttgart

Foto privat

samen Rahmenbedingungen aller drei Ausnahmegerichte geschildert. Im Abschnitt „Die badischen Richter im Nationalsozialismus" wird die Entwicklung der NS-Justiz in Baden und insbesondere in Freiburg dargestellt.

Der Beitrag zum Volksgerichtshof dokumentiert die in der Stadt- und Justizgeschichte bislang unbekannten Verfahren des Volksgerichtshofs in Freiburg. Die äußerst schwierige Quellenlage dürfte für das Vergessen oder Verdrängen dieser Gerichtsfälle mitursächlich gewesen sein. Nicht nur die Vernichtung vieler Akten stellt ein Problem für die Erforschung dar, sondern fehlende Angaben zum Verhandlungsort in den Urteilen des Volksgerichtshofs verlangen besonderen Rechercheaufwand im Bundesarchiv. Die in Freiburg verhandelten Verfahren des Volksgerichtshofs betreffen zudem nur in einem einzigen Fall Angeklagte aus Südbaden. Nach einer Schilderung von neun Urteilen werden in weiteren Abschnitten die Urteilsaufhebungen nach 1945 sowie der Umgang mit den Richtern und Staatsanwälten nach 1945 nachgezeichnet.

Die vom Reichskriegsgericht in Freiburg verhandelten 27 Verfahren bilden einen zusammenhängenden Komplex. Alle 67 Angeklagten waren Mitglieder der französischen Widerstandsorganisation Réseau Alliance und wurden wegen Spionage vor dem höchsten Militärgericht angeklagt. Die Hauptverhandlungen fanden in einem engen zeitlichen Rahmen von Dezember 1943 bis Juni 1944 statt, die Urteile nehmen teilweise aufeinander Bezug. Da viele Akten des Reichskriegsgerichts vernichtet wurden und vorhandene Akten sich im Militärhistorischen Archiv in Prag befinden, ist die Quellenlage für eine Erforschung insgesamt schwierig. Hingegen sind in Frankreich zur Geschichte der Réseau Alliance mehrere Veröffentlichungen erschienen, wodurch viele Lücken geschlossen werden konnten.

Das Sondergericht Freiburg mit seinem Sitz am früheren Hindenburgplatz nimmt allein schon wegen der großen Vielzahl seiner Entscheidungen breiten Raum ein. Die Quellenlage ist gut, auch sind die meisten Verfahrensakten im Staatsarchiv Freiburg unter der Signatur A 47/1 (Staatsanwaltschaft beim Sondergericht) als Digitalisat über das Internet abrufbar sind. Nach der Schilderung beispielhafter Verfahren vor dem Sondergericht werden die Besonderheiten der Strafvollstreckung in der NS-Zeit sowie die Straftilgung und Aufhebung der Urteile nach Ende des Zweiten Weltkriegs beschrieben. Der Abschnitt „Der Umgang mit den Richtern und Staatsanwälten des Sondergerichts Freiburg nach 1945" – bei allen drei Ausnahmegerichten waren Frauen weder bei Gericht noch bei der Anklagebehörde tätig – ist besonders erwähnenswert, da die Entnazifizierung der Justiz im französischen Besatzungsgebiet Baden bislang kaum erforscht wurde.

Die Lenkung der Justiz

Alle Freiburger Verfahren der drei NS-Ausnahmegerichte wurden während der Kriegszeit verhandelt. Das Sondergericht Freiburg fällte am 13. Oktober 1939 – als sogenanntes Plünderungssondergericht – sein erstes Urteil und es war zugleich dessen erstes Todesurteil. Das Reichskriegsgericht urteilte ab Dezember 1943 und der Volksgerichtshof ab Mai 1944 in Freiburg.

Schon lange vor Kriegsbeginn hatten die Nationalsozialisten den Staat und seine Institutionen für sich vereinnahmt. Die bereits kurz nach der Machtergreifung der Nationalsozialisten erlassene „Verordnung des Reichspräsidenten zum Schutz von Volk und Staat" vom 28. Februar 1933 (RGBl. I, S. 83) – sogenannte Reichstagsbrandverordnung – schuf die Grundlage für den Eingriff in die Bürgerrechte. Insbesondere die vielen hunderttausendfachen polizeilichen Inhaftierungen – vor allem die sogenannte „Schutzhaft" – wurden hierauf gestützt.

Die Aufhebung der Gewaltenteilung durch das „Gesetz zur Behebung der Not von Volk und Reich" – sogenanntes Ermächtigungsgesetz – vom 24. März 1933 (RGBl. I, S. 141) und die Errichtung des Einparteienstaates durch das „Gesetz gegen die Neubildung von Parteien" vom 14. Juli 1933 (RGBl. I. S. 479) ermöglichten den Nationalsozialisten die weitere Machtergreifung und deren Sicherung.

Zum Zweck der erleichterten, einheitlichen Machtausübung betrieben die Nationalsozialisten von Anbeginn die Abschaffung des Föderalismus und die Errichtung eines zentralisierten Einheitsstaates. Die Gesetze zur Gleichschaltung der Länder[3] begründeten weitreichende Eingriffe in deren Selbständigkeit. Die sogenannte „Verreichlichung der Justiz" führte schließlich zur Aufhebung der bisherigen Landesjustizverwaltungen. Zum 1. Januar 1935 gingen die Zuständigkeiten der Landesjustizbehörden auf den Reichsminister der Justiz über[4] und mit dem 1. April 1935 wurden die Landesjustizbehörden Reichsbehörden; zudem traten damit alle Beschäftigten der Landesjustiz in den Dienst des Reichs.[5] Die gesamte Leitung der Justizverwaltung des Deutschen Reiches lag nun in den Händen des Reichsministers der Justiz.

Nachdem die Reichsregierung bereits durch das Gesetz zur Wiederherstellung des Berufsbeamtentums (RGBl. 1933 I, S. 175) nach ihrem Sprachgebrauch mit einer „Säuberung" von insbesondere jüdischen Beamten und Richtern begonnen und auf Grundlage des Reichsbürgergesetzes vollständig umgesetzt hatte,[6] ermöglichte die geschilderte „Verreichlichung der Justiz" weitere unmittelbare Steuerungs- und Lenkungsmaßnahmen der Justiz im gesamten Deutschen Reich.

Im Mai 1935 verfügte das Reichsjustizministerium umfassende Berichtspflichten für Strafverfahren unter dem Titel „Mitteilungen in Strafsachen".[7] Die anfänglich niederschwellige Maßnahme wurde fortlaufend ausgedehnt, so etwa darauf, dass die Generalstaatsanwälte und Oberlandesgerichtspräsidenten alle zwei Monate vertrauliche „Lageberichte" einzureichen hatten. Das

[3] Vorläufiges Gesetz zur Gleichschaltung der Länder mit dem Reich vom 31. März 1933, RGBl. I, S. 153; Zweites Gesetz zur Gleichschaltung der Länder mit dem Reich vom 7. April 1933, RGBl. I, S. 173

[4] Zweites Gesetz zur Überleitung der Rechtspflege auf das Reich vom 5. Dezember 1934, RGBl. I, S. 1214

[5] Drittes Gesetz zur Überleitung der Rechtspflege auf das Reich vom 24. Januar 1935, RGBl. I, S. 68

[6] § 4 Abs. 2 der Ersten Verordnung zum Reichsbürgergesetz vom 14. November 1935, RGBl. I, S. 1333

[7] Die folgenden Ausführungen stützen sich auf Gruchmann, Justiz im Dritten Reich 1933 – 1940, S. 1092 ff.

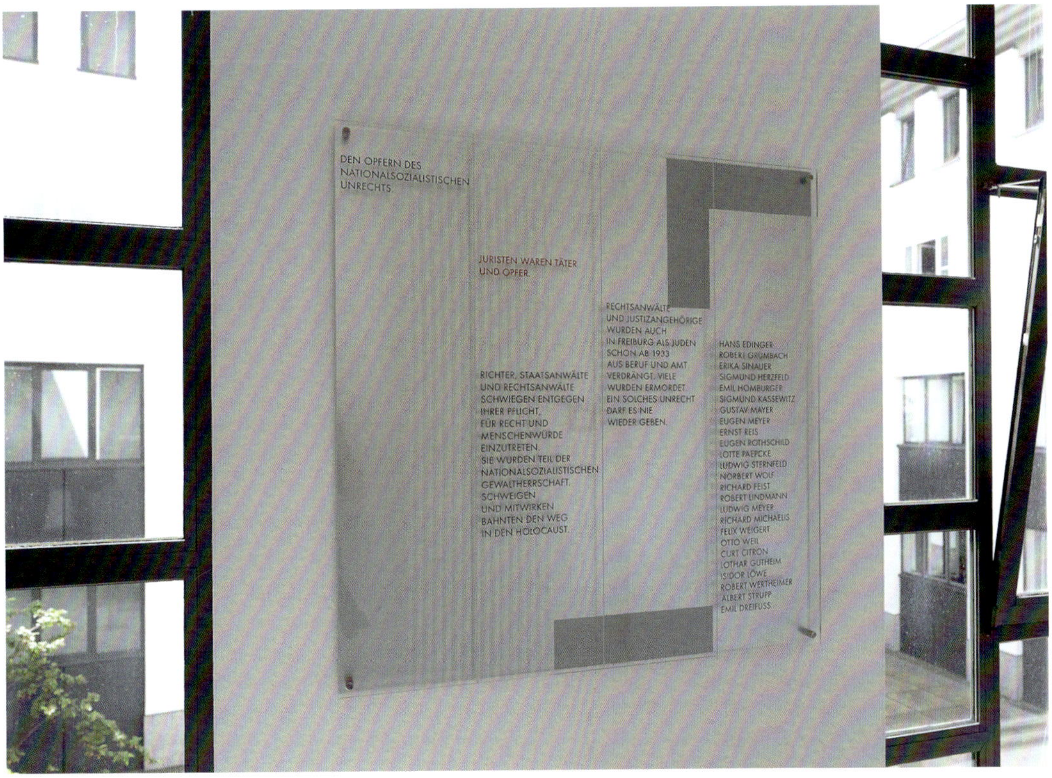

Gedenktafel „Juristen waren Täter und Opfer" in der Außenstelle Freiburg des Oberlandesgerichts Karlsruhe, Salzstraße 28

Foto privat

Reichsjustizministerium agierte durch Erlass von Richtlinien und Weisungen an die Staatsanwälte sowie durch „Empfehlungen" und „Hinweise" an die Richter.

Im Jahr 1939 wurde durch Rundverfügung den Staatsanwälten eine Fühlungnahme mit dem Gericht zur Pflicht gemacht. Durch diese mittelbare Lenkung sollte der Richter beeinflusst und das Strafmaß in die Höhe getrieben werden. Teilweise erfolgte dies auch durch die vertrauliche Bekanntgabe der vom Justizministerium an den Staatsanwalt erteilten Weisung bezüglich des Strafantrags.

Eine Justizkrise beschwor die Reichstagsrede von Hitler am 26. April 1942 herauf.[8] In einer scharfen und polemischen Rede griff er die deutsche Justiz an. Im Anschluss ließ er sich durch – einstimmigen – Beschluss des Reichstags das Recht bestätigen, bei Pflichtverletzungen auch Richter ohne Verfahren des Amtes zu entheben. Als Folge von Hitlers Rede wurden die Lenkungsmaßnahmen weiter verschärft. So wurden zur Steuerung im Oktober 1942 sogenannte Vor- und Nachschauen angeordnet: Verfahren von öffentlichem Interesse mussten vor einer Entscheidung durch den Behördenleiter mit dem Gericht besprochen und auch nachträglich besprochen bzw. gerechtfertigt werden.

Eine weitere Steigerung erfuhr die Lenkung der Justiz durch die ab Oktober 1942 von Reichsjustizminister Thierack eingeführten „Richterbriefe", die durch den Behördenleiter gegen Empfangsbekenntnis den Richtern und Staatsanwälten ausgehändigt wurden. In 21 Ausgaben bis Dezember 1944 wurden durch Urteilsbesprechungen und Stellungnahmen des Ministers auf die politische Haltung der Richter und deren Urteilsfindung eingewirkt.

[8] Oehler, Die Rechtsprechung des Sondergerichts Mannheim, S. 109

Exkurs: „Polizeijustiz“

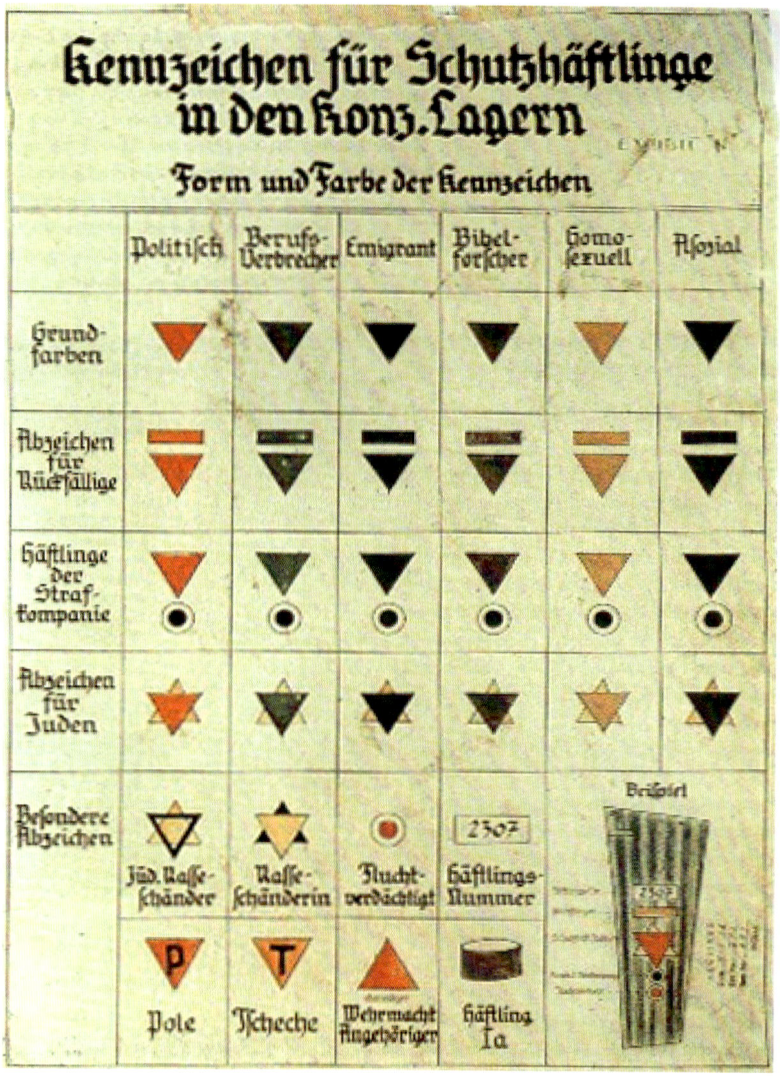

Kennzeichen für Schutzhäftlinge in den Konzentrationslagern

Arolsen Archives

Eine Dokumentation zur NS-Rechtsprechung erfordert eine Befassung mit dem Verhältnis der Justiz zur Polizei. Die Machtbefugnisse der Polizei wurden in der Zeit des Nationalsozialismus unter Zurückdrängung der Justiz ständig erweitert. Die Polizei maß sich mit den ihr zur Verfügung stehenden Mitteln sogar Korrekturen gerichtlicher Entscheidungen an oder ersetzte diese.

Die sogenannte „Schutzhaft“ war ein gefürchtetes Instrument der Nationalsozialisten. Gestützt auf die Reichstagsbrandverordnung konnte die Geheime Staatspolizei (Gestapo) seit 1933 Menschen „zur Abwehr aller volks- und staatsfeindlicher Bestrebungen“ in Haft nehmen und auch über deren Dauer bestimmen. Die „Schutzhaft“ wurde anfangs in Gerichtsgefängnissen und Strafanstalten, später nach deren Aufbau in Konzentrationslagern vollstreckt[9] und war zeitlich unbefristet. Häftlinge waren völlig rechtlos, da die Entscheidungen der Gestapo keiner gerichtlichen Kontrolle unterlagen.[10]

Erste Opfer der „Schutzhaft“ waren Mitglieder linker Parteien – vor allem der KPD und der SPD. Nach der Reichspogromnacht vom 9./10. November 1938 wurden allein über 30.000 Juden verhaftet und in Konzentrationslager verschleppt.

Neben der „Schutzhaft“ der Gestapo wurde aus der Reichstagsbrandverordnung eine weitere Ermächtigung der Polizei für Inhaftierungen

[9] § 6 Schutzhaft-Erlass vom 25. Januar 1938, IMT Nürnberg, H-2467 S. 9

[10] Vergleiche ausführlich Hensle, Die Verrechtlichung des Unrechts, S. 80

abgeleitet – die sogenannte Vorbeugungshaft. Durch den Erlass zur vorbeugenden Verbrechensbekämpfung vom 14. Dezember 1937 wurde diese Maßnahme reichsweit – zuerst war sie vom preußischen Innenminister Göring im November 1933 eingeführt worden – vereinheitlicht. Die Kriminalpolizei wurde dadurch ermächtigt, „Berufs- und Gewohnheitsverbrecher" präventiv und zeitlich unbefristet in einem Konzentrationslager zu inhaftieren. Ferner konnte „wer durch sein asoziales Verhalten die Allgemeinheit gefährdet" in Vorbeugungshaft genommen werden. Hierdurch waren insbesondere Personengruppen wie Obdachlose, Sinti und Roma, Prostituierte und Homosexuelle gefährdet – sie sollten in Konzentrationslagern „unschädlich" gemacht werden.

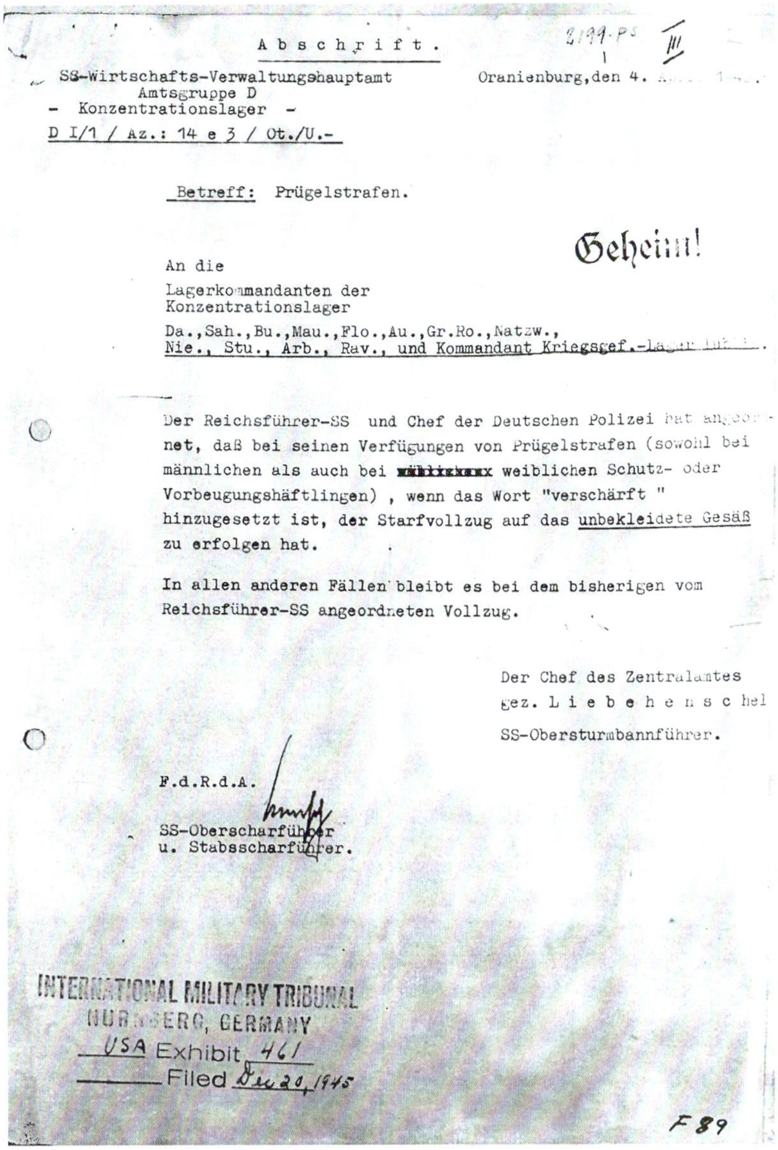

Abschrift.

2199-PS

SS-Wirtschafts-Verwaltungshauptamt
Amtsgruppe D
– Konzentrationslager –
D I/1 / Az.: 14 e 3 / Ot./U.-

Oranienburg, den 4. [illegible]

Betreff: Prügelstrafen.

Geheim!

An die
Lagerkommandanten der
Konzentrationslager
Da., Sah., Bu., Mau., Flo., Au., Gr.Ro., Natzw., Nie., Stu., Arb., Rav., und Kommandant Kriegsgef.-Lager [illegible].

Der Reichsführer-SS und Chef der Deutschen Polizei hat angeordnet, daß bei seinen Verfügungen von Prügelstrafen (sowohl bei männlichen als auch bei weiblichen Schutz- oder Vorbeugungshäftlingen), wenn das Wort "verschärft" hinzugesetzt ist, der Starfvollzug auf das unbekleidete Gesäß zu erfolgen hat.

In allen anderen Fällen bleibt es bei dem bisherigen vom Reichsführer-SS angeordneten Vollzug.

Der Chef des Zentralamtes
gez. Liebehenschel
SS-Obersturmbannführer.

F.d.R.d.A.
SS-Oberscharführer
u. Stabsscharführer.

INTERNATIONAL MILITARY TRIBUNAL
NURNBERG, GERMANY
USA Exhibit 461
Filed Dec 20, 1945

F 89

Schreiben des Wirtschafts-Verwaltungshauptamts an die Lagerkommandanten der Konzentrationslager zu Prügelstrafen bei Schutz- und Vorbeugungshäftlingen

Bundesarchiv NS 3/1770

Auch gegen die Anordnung der Vorbeugungshaft – oder die auch mögliche planmäßige polizeiliche Überwachung – bestand kein Rechtsmittel. In der Praxis verwischten sich die Grenzen zwischen „Schutzhaft" und Vorbeugungshaft zunehmend.[11] So ordnete Himmler durch Erlass vom 26. Januar 1938 eine Verhaftungsaktion gegen „Arbeitsscheue" an, wobei dies im Wege der „Schutzhaft" und nicht mit der für diese Personengruppe einschlägigen Vorbeugungshaft erfolgte. Knapp 2.000 Männer wurden in das Konzentrationslager Buchenwald verschleppt.

[11] Gruchmann, Justiz im Dritten Reich 1933 – 1940, S. 727

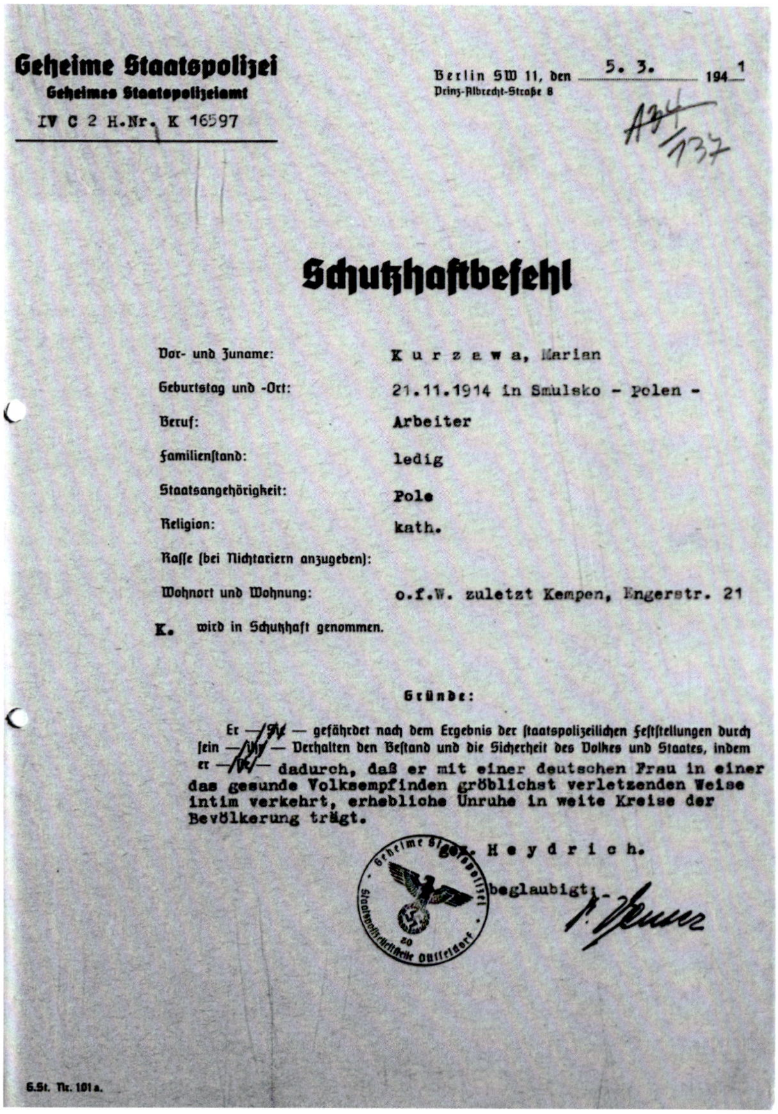

Geheime Staatspolizei
Geheimes Staatspolizeiamt
IV C 2 H.Nr. K 16597

Berlin SW 11, den 5. 3. 1941
Prinz-Albrecht-Straße 8

AZ 4/137

Schutzhaftbefehl

Vor- und Zuname:	K u r z a w a, Marian
Geburtstag und -Ort:	21.11.1914 in Smulsko - Polen -
Beruf:	Arbeiter
Familienstand:	ledig
Staatsangehörigkeit:	Pole
Religion:	kath.
Rasse (bei Nichtariern anzugeben):	
Wohnort und Wohnung:	o.f.W. zuletzt Kempen, Engerstr. 21

K. wird in Schutzhaft genommen.

Gründe:

Er — ~~Sie~~ — gefährdet nach dem Ergebnis der staatspolizeilichen Feststellungen durch sein — ~~ihr~~ — Verhalten den Bestand und die Sicherheit des Volkes und Staates, indem er — ~~sie~~ — dadurch, daß er mit einer deutschen Frau in einer das gesunde Volksempfinden gröblichst verletzenden Weise intim verkehrt, erhebliche Unruhe in weite Kreise der Bevölkerung trägt.

gez. H e y d r i c h.

beglaubigt:

Geheime Staatspolizei Staatspolizeileitstelle Düsseldorf 20

G.St. Nr. 101 a.

Schutzhaftbefehl gegen Marian Kurzawa vom 5. März 1941

Bundesarchiv R 58/3803

Die Zahl der von der Gestapo und der Kriminalpolizei in Haft genommenen Menschen stieg stetig an. Sie belief sich im August 1943 auf 220.000, im August 1944 auf 524.000 und im Januar 1945 auf 714.000 Häftlinge in Deutschland. Sie wurden in den Konzentrationslagern misshandelt und auch ermordet, viele starben an Entkräftung oder an Krankheiten.

Zu einem Dauerkonflikt mit der Justiz führte die Auffassung der Sicherheitspolizei, mit dem Instrument der „Schutzhaft" Entscheidungen der Gerichte zu korrigieren oder zu ergänzen. So nahm die Sicherheitspolizei teilweise nach gerichtlichen Freisprüchen oder einer Freilassung des Angeklagten aus anderen Gründen diesen noch im Sitzungssaal fest und überführte ihn in „Schutzhaft".

Gegenüber der Gestapo bestand seitens der Justiz eine Mitteilungspflicht über zur Entlassung kommende Strafhäftlinge, um diese gegebenenfalls in „Schutzhaft" nehmen zu können. Die Mitteilungspflicht betraf anfangs nur Verurteilte wegen „Hoch- und Landesverrats" und wurde später auf Bibelforscher (Zeugen Jehovas), „Rasseschänder", Juden und Polen ausgedehnt. In Baden gab es seit 1935 eine an die Strafanstalten gerichtete Anordnung des Generalstaatsanwalts, wonach diese jeweils einen Monat vor Entlassung politischer Strafgefangener über deren Führung zwecks Prüfung der Inschutzhaftnahme vorher zu berichten hatten.

Das Verhältnis von Justiz und Polizei war nicht nur durch Kompetenzkonflikte geprägt, sondern auch von Zusammenarbeit. So sendeten etwa

Baracke mit dem Kamin des Krematoriums in der Gedenkstätte des Konzentrationslagers Natzweiler-Struthof/Elsass

Foto privat

Staatsanwaltschaften der Gestapo Häftlingsakten zur Prüfung zu, ob nach der Entlassung aus der Strafhaft „Schutzhaft" zu verhängen sei. Als beispielsweise der zuständige Staatsanwalt beim Sondergericht Freiburg, Gerichtsassessor Benz, in einem Verfahren wegen „Heimtücke"-Vergehens und „Rundfunkverbrechens" einen Freispruch befürchtete, wandte sich dieser direkt an die Gestapo-Leitstelle in Karlsruhe, mit dem Ersuchen, „die Beschuldigte, die sich durch ihr Verhalten außerhalb der deutschen Volksgemeinschaft gestellt hat, für dauernd aus dieser zu entfernen und sie in ein Konzentrationslager überstellen".[12]

Eine Kooperation fand auch auf höchster Ebene statt: Otto Thierack, seit August 1942 Reichsjustizminister, stimmte in einer Vereinbarung vom 18. September 1942[13] mit Reichsführer SS Himmler nicht nur einer „Korrektur" von Gerichtsurteilen durch polizeiliche „Sonderbehandlung" grundsätzlich zu, sondern auch einer „Auslieferung asozialer Elemente aus dem Strafvollzug an den Reichsführer SS zur Vernichtung durch Arbeit".

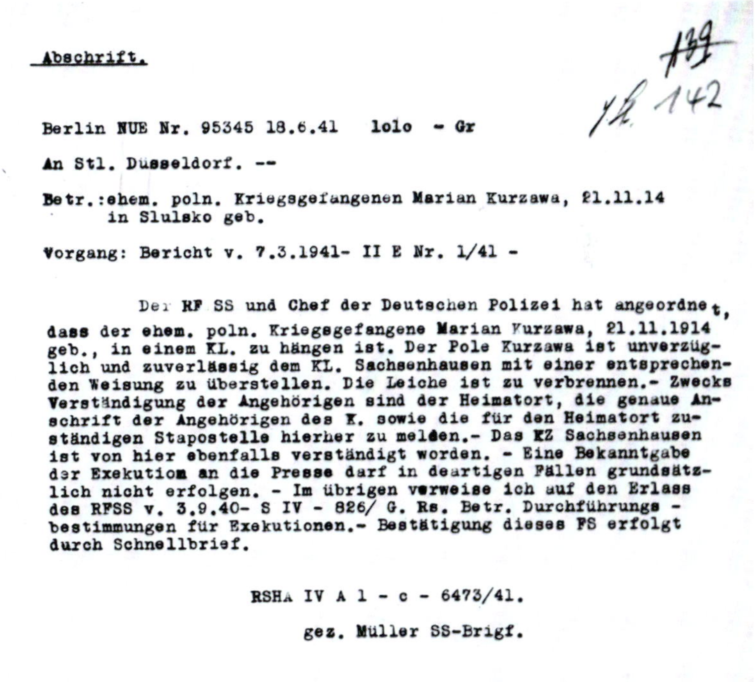

Abschrift.

~~139~~
Yh. 142

Berlin NUE Nr. 95345 18.6.41 lolo - Gr

An Stl. Düsseldorf. --

Betr.:ehem. poln. Kriegsgefangenen Marian Kurzawa, 21.11.14 in Slulsko geb.

Vorgang: Bericht v. 7.3.1941- II E Nr. 1/41 -

Der RF SS und Chef der Deutschen Polizei hat angeordnet, dass der ehem. poln. Kriegsgefangene Marian Kurzawa, 21.11.1914 geb., in einem KL. zu hängen ist. Der Pole Kurzawa ist unverzüglich und zuverlässig dem KL. Sachsenhausen mit einer entsprechenden Weisung zu überstellen. Die Leiche ist zu verbrennen.- Zwecks Verständigung der Angehörigen sind der Heimatort, die genaue Anschrift der Angehörigen des K. sowie die für den Heimatort zuständigen Stapostelle hierher zu melden.- Das KZ Sachsenhausen ist von hier ebenfalls verständigt worden. - Eine Bekanntgabe der Exekution an die Presse darf in deartigen Fällen grundsätzlich nicht erfolgen. - Im übrigen verweise ich auf den Erlass des RFSS v. 3.9.40- S IV - 826/ G. Rs. Betr. Durchführungs - bestimmungen für Exekutionen.- Bestätigung dieses FS erfolgt durch Schnellbrief.

RSHA IV A 1 - c - 6473/41.

gez. Müller SS-Brigf.

Hinrichtungsanordnung von Heinrich Himmler – ohne Gerichtsurteil

Bundesarchiv R 58/3803

[12] Hensle, Rundfunkverbrechen, S. 217/218

[13] IMT Nürnberg, H-2479 S. 4

Die badischen Richter im Nationalsozialismus

Nach Michael Kißener[14] stieß der Nationalsozialismus in Baden auf eine in liberal-rechtsstaatlicher Tradition stehende Richterschaft, die sich im Vergleich zur Gesamtgesellschaft durch eine hohe Widerständigkeit auszeichnete.

Ein allerdings nicht allein ausschlaggebendes Kriterium für die politische Ausrichtung der Richterschaft bilden die Parteimitgliedschaften. In Baden waren vor 1933 nur zehn Richter bzw. 3,6 % aller Richter NSDAP-Mitglieder. Darunter befanden sich mit Heinrich Reinle der spätere Präsident des Oberlandesgerichts Karlsruhe (1937 bis 1945) und sechs spätere Landgerichtspräsidenten.

Seit der Machtübernahme durch die Nationalsozialisten waren die Richter der politischen Schulung und Indoktrination durch die Justizverwaltung und die Partei ausgesetzt. Von der Vielzahl an Einzelmaßnahmen seien beispielhaft erwähnt:

- Der Badische Richterverein als Standesvertretung der Richter musste aufgelöst werden, da nur der Bund Nationalsozialistischer deutscher Juristen als allein zulässige Vertretung anerkannt wurde.
- Durch Erlass des Badischen Ministerpräsidenten vom 18. Juli 1933 wurde die Anwendung des Hitlergrußes – allgemein – zur Pflicht gemacht.
- Die Teilnahme an Großkundgebungen der Partei galt ebenso als selbstverständlich wie der gemeinschaftliche Empfang von Radiosendungen, Pflichtbesuche von NS-Propagandafilmen, Ausstellungen und Schulungsvorträgen.
- Auch die Privatsphäre wurde überwacht. So war von Beamten der Boykottaufruf gegenüber jüdischen Händlern bei Einkäufen zu beachten. Der private Bezug der NS-Presse, die der geforderten Selbstschulung dienen sollte, wurde über Abonnentenlisten des Führerverlages kontrolliert.
- Schon im Oktober 1933 wurde für Referendare ein Gemeinschaftslager in Rastatt errichtet. In drei-, später vierwöchigen Pflichtkursen wurden Referendare weltanschaulich und wehrsportlich trainiert.

Nicht überall zeigten die ergriffenen Maßnahmen den von den Nationalsozialisten gewünschten Erfolg. Die Justiz von Freiburg galt wegen ihrer Unangepasstheit als schwierigster Standort: Die gesamte Richterschaft hatte 1933 geschlossen den Eintritt in die NSDAP verweigert. Durch mehrere personalpolitische Maßnahmen wurde die Nazifizierung vorangetrieben. Im Jahr 1936 wurden mit Dr. Heinrich Bammesberger als Präsident des Landgerichts und Dr. Ottmar Deitigsmann als Direktor des Amtsgerichts zwei linientreue Nationalsozialisten ernannt. Ferner wurden zwischen 1936 und 1945 den beiden Gerichten 24 im Sinne der Nationalsozialisten politisch zuverlässige Richter neu zugewiesen. Zudem wurden mit Dr. Otto Müller als Landgerichtsrat sowie Oskar Schmoll und Helmut Müller als Staatsanwälten äußerst fanatische Nationalsozialisten nach Freiburg beordert, die auch gegen ihre Kollegen vorgingen.

Die Beförderung der Altparteigenossen entspricht der praktizierten Personalauswahl in der Zeit des Nationalsozialismus. Die Neubesetzung der Führungspositionen diente der Durchsetzung

[14] Die folgenden Ausführungen stützen sich auf die Untersuchungen von Kißener, Zwischen Diktatur und Demokratie, S. 133 ff.

und Sicherung der Kontrolle über die Justiz durch die Nationalsozialisten.

Differenzierend nach dem Maß der aktiven Mitgestaltung, der Anpassung oder des Widerstands unterscheidet Kißener nach Auswertung von 451 Biographien der zwischen 1933 und 1945 amtierenden Richter drei Gruppen innerhalb der badischen Richterschaft.[15] Etwa 30 % der Richter gehörten zu den Trägern des NS-Unrechtsstaates. Dazu zählen Nazis aus Idealismus oder Überzeugung, machtgierige NS-Karrieristen und Opportunisten.

Der schweigenden Mehrheit sind etwa 57 % der Richter zuzuordnen. Teilweise gaben sie dem äußeren Druck zum Parteieintritt nach, teilweise konnten sie sich in Nischen amtsgerichtlicher Tätigkeit zurückziehen. Diese Haltung war aber stets mit einem Verzicht auf berufliches Fortkommen verknüpft.

Rund 12,5 % der badischen Richter standen dem NS-Justizsystem ablehnend gegenüber. Grundlage für die Haltung der meisten dieser Richterpersönlichkeiten war die liberale badische Justiztradition. Hierzu gehörte etwa in St. Blasien Amtsgerichtsrat Dr. Wilhelm Ehret, der eine Beflaggung des Gerichtsgebäudes mit Hitlerfahne ablehnte, den Hitlergruß verweigerte und entgegen dem Boykottaufruf demonstrativ bei Juden einkaufte.

Teilweise entstand der Widerstand der Richter aus Empörung über einzelne Gesetze oder Maßnahmen des NS-Staates. Bei anderen gründete sich der Widerstand aus der direkten persönlichen Betroffenheit. Dies war etwa der Fall, wenn die Ehefrau jüdische Vorfahren hatte und die nationalsozialistische Rassegesetzgebung sich auswirkte.

Die Ablehnung des NS-Justizsystems durch die Minderheit der Richterschaft und das Schweigen der Mehrheit vermochten jedoch nicht zu verhindern, dass die vormals liberal-rechtsstaatliche badische Justiz letztlich Bestandteil einer gleichgeschalteten nationalsozialistischen Unrechtsjustiz wurde. Als Indikator einer verminderten Anpassungsbereitschaft lassen sich jedoch die Zahlenangaben zur Parteimitgliedschaft deuten: Während in den meisten anderen Oberlandesgerichtsbezirken des Deutschen Reiches zum Ende der 12-jährigen Nazi-Diktatur weit über 80 % und teilweise über 90 % der Justizjuristen der NSDAP angehörten, waren es im Oberlandesgerichtsbezirk Karlsruhe nur knapp 66 %.[16]

[15] Kißener, Zwischen Diktatur und Demokratie, S. 222 ff.

[16] Kißener, Zwischen Diktatur und Demokratie, S. 211

Erinnern und Gedenken

Mit der Ausstellung und dem Katalog „NS-Justiz in Freiburg“ wird erstmals die NS-Justiz in Südbaden anhand von drei Ausnahmegerichten umfassend aufgearbeitet. Es bleibt die Erkenntnis, dass gut ausgebildete Juristen nach der Machtergreifung der Nationalsozialisten ohne Skrupel weitergearbeitet und im Sinne des Unrechtsregimes „funktioniert“ haben. Die Erinnerung an die als Herrschaftsmittel benutzte Justiz sollte als Mahnung vor jeglicher Instrumentalisierung der Rechtsprechung dienen.

Zugleich wird mit der Ausstellung der vielen Opfer der Unrechtsjustiz gedacht. Erinnern und Gedenken braucht historisches Wissen. Das Ausstellungsprojekt eröffnet den Blick in eine für lange Zeit verdrängte NS-Vergangenheit und zu deren Opfern. Hierzu gehören nicht nur die vielen Opfer von Todesurteilen, sondern unzählige andere Menschen, denen durch die Justiz in der Zeit des Nationalsozialismus Unrecht widerfahren ist.

Mit den Worten von Richard von Weizsäcker

„Die Jungen sind nicht verantwortlich für das, was damals geschah. Aber sie sind verantwortlich für das, was in der Geschichte daraus wird.“

ist die Hoffnung verknüpft, dass die Geschichte des Nationalsozialismus auch die Folgen einer politisch missbrauchten Justiz aufgezeigt hat. Das Ausstellungsprojekt kann daher helfen, extremistischen Bestrebungen und insbesondere dem Rechtsextremismus entgegenzuwirken sowie das Verständnis für die richterliche Unabhängigkeit und Rechtsstaatlichkeit zu fördern. Gerade die Unabhängigkeit der Justiz ist unabdingbare Voraussetzung für den Rechtsstaat.

Der Volksgerichtshof war eines der zentralen Terrorinstrumente der NS-Justiz, auch in Freiburg wurden in 13 Verfahren sechs Todesurteile sowie elf Zuchthaus- und sieben Gefängnisstrafen verhängt.

Thomas Kummle

Der Volksgerichtshof

Eröffnung des Volksgerichtshofs durch Reichsjustizminister Franz Gürtner am 14. Juli 1934 in Berlin

Bundesarchiv Bild 102-16037/Georg Pahl

Gründung

Anlass für die Gründung des Volksgerichtshofes war der für die Nationalsozialisten unbefriedigende Ausgang des Reichstagsbrandprozesses. In den Abendstunden des 27. Februar 1933 ging das Gebäude des deutschen Reichstags in Berlin in Flammen auf. Die Nationalsozialisten beschuldigten umgehend die Kommunisten der Tat. Am 23. Dezember 1933 verurteilte das Reichsgericht zwar den Angeklagten van der Lubbe wegen Hochverrats und Brandstiftung zum Tode, sprach aber die übrigen vier Angeklagten – den Vorsitzenden der kommunistischen Reichstagsfraktion Ernst Torgler und drei bulgarische Kommunisten – frei. Als Reaktion wurde infolge einer Anordnung von Hitler durch Gesetz vom 24. April 1934 der Volksgerichtshof gebildet. Dem Reichsgericht wurde die Zuständigkeit für politische Straftaten entzogen und dem Volksgerichtshof übertragen.

Ruine des Volksgerichtshofs in der Bellevuestraße in Berlin

Bundesarchiv B 145 Bild-P054489/Carl Weinrother

Der Volksgerichtshof setzte sich anfangs aus abgeordneten Richtern anderer Gerichte zusammen. Durch Gesetz vom 18. April 1936 wurde der Volksgerichtshof personell verselbständigt und als Anklagebehörde eine Reichanwaltschaft beim Volksgerichtshof eingerichtet.

Der Volksgerichtshof residierte zu Beginn im ehemaligen Preußischen Landtag (heute Sitz des Berliner Abgeordnetenhauses), 1935 zog er zur Bellevuestraße 15 in das ehemalige Königliche Wilhelms-Gymnasium um. Als dieses Gebäude im Jahr 1943 durch Bombenschäden nur noch eingeschränkt nutzbar war, wurden Verhandlungen zunehmend im Preußischen Kammergericht in Berlin-Schöneberg durchgeführt. Nach der gänzlichen Zerstörung des Gebäudes Bellevuestraße 15 durch Luftangriffe wurde der Volksgerichtshof in den letzten Monaten des Krieges nach Potsdam verlegt.

Der Volksgerichtshof hielt außerhalb seines Gerichtssitzes zahlreiche auswärtige Sitzungen ab. Etwa ein Drittel der Verfahren wurde in verschiedenen Städten des Deutschen Reiches, seit 1938 in angeschlossen Gebieten wie Österreich, den sudetendeutschen Gebieten und dem Protektorat Böhmen-Mähren sowie nach Kriegsbeginn auch in besetzten Ländern wie beispielsweise Frankreich verhandelt.

Zuständigkeit und Verfahren

Die ursprüngliche Zuständigkeit des Volksgerichtshofs für Hoch- und Landesverrat wurde im Laufe der Zeit durch eine Reihe von Gesetzen und Verordnungen erheblich erweitert. Zunächst wurde die sachliche Zuständigkeit auf die schwere Wirtschaftssabotage ausgedehnt (1936), dann auf das Delikt der Wehrmittelbeschädigung (1940) und schließlich auf „Wehrkraftzersetzung" und Wehrdienstentziehung (1943).

Die räumliche Zuständigkeit des Volksgerichtshofs wurde durch die ab 1938 angeschlossenen Gebiete und die nach Kriegsbeginn besetzten Länder erweitert. Dies spiegelt sich in den verschiedenen Nationalitäten der Angeklagten wider. Im gesamten Zeitraum der Urteilspraxis des Volksgerichtshofs von 1934 bis 1945 waren lediglich 38,5 % der Angeklagten Reichsdeutsche. 31,7 % der Angeklagten stammten aus Tschechien, 14,3 % aus den Gebieten Österreich, Elsass-Lothringen und Sudentenland, 6,5 % aus Polen und 9 % aus sonstigen Nationen.[1]

In zeitlicher Differenzierung ist die unterschiedliche Verteilung der Nationalitäten auffallend. Bis Kriegsbeginn betrug der Anteil der Reichsdeutschen unter den Angeklagten 86,4 %, in der Hauptkriegsphase sank er auf 19,1 %, während etwa die Angehörigen der tschechischen Nation mit 43,8 % in dieser Zeit weitaus am stärksten vertreten waren.[2]
Der Volksgerichtshof war von Beginn an ein politisches Gericht. Das Verfahren über die Bestellung der Richter diente der Machtsicherung der Nationalsozialisten. Sämtliche Richter wurden auf Vorschlag des Reichsministers der Justiz durch Reichskanzler Hitler ernannt. Nur zwei der fünf Richter eines Senats waren Berufsrichter, die drei weiteren waren Laienrichter. Diese auch als Volksrichter bezeichneten Laienrichter galten als regimetreu. Die Mitgliedschaften in der NSDAP und in deren Gliederungen sowie die ausgeübten Berufe der Volksrichter sind ein deutliches Indiz hierfür. Beispielsweise weist die Geschäftsverteilung des Volksgerichtshofs für das Jahr 1944 unter 173 Volksrichtern 40 Offiziere, 13 Polizeioffiziere, 82 Funktionäre aus NSDAP-Gliederungen, zehn Reichsarbeitsdienst-Führer und 28 andere Personen aus, wobei letztere in der Hauptsache ebenfalls politische Leiter, HJ-Führer und Beamte waren.[3]

Das Verfahren vor dem Volksgerichtshof war auf kurzen Prozess angelegt. Die Rechte des Beschuldigten wurden zunehmend eingeschränkt oder ganz abgebaut. Bereits vor Errichtung des Volksgerichtshofs war die bis dahin obligatorische

Jahr	Reichsdeutsche	Volksdeutsche	Tschechen	Polen	Rest	Summe
1939	333	36	39	31	20	459
1940	271	38	579	133	20	1.041
1941	195	96	684	222	45	1.242
1942	421	448	1.275	204	137	2.485
1943	576	833	1.090	203	616	3.318
1944	1.525	595	881	63	373	3.437
1945	192	61	40	20	32	345
Summe	3.513	2.107	4.588	876	1.243	12.327

Nationalitäten der vom Volksgerichtshof abgeurteilten Personen von 1939 bis 1945 nach Marxen, Das Volk und sein Gerichtshof, S. 36

[1] Marxen/Schlüter, Terror und Normalität, S. 16

[2] Marxen, Das Volk und sein Gerichtshof, S.35

[3] Wagner, Der Volksgerichtshof im nationalsozialistischen Staat, S. 25

gerichtliche Voruntersuchung abgeschafft worden.[4] Durch das Gründungsgesetz vom 24. April 1934 (Art. V) wurde ganz allgemein das Haftprüfungsverfahren aufgehoben; die Kontrolle der Haftdauer oblag fortan der Verwaltung. Schwer wog auch der Eingriff in die freie Wahl des Verteidigers: Sie bedurfte der Genehmigung des Vorsitzenden und konnte bei Missfallen widerrufen werden. Offensichtlich „undeutsche, dem gesunden Volksempfinden" widersprechende Rechtsauffassungen durfte ein Verteidiger nicht vortragen.[5]

Entscheidungen des Volksgerichtshofs erlangten sofort Rechtskraft, ein Rechtsmittel dagegen war nicht zulässig. Einen fundamentalen Eingriff in die Rechtssicherheit bildete der im Jahr 1939 eingeführte „außerordentliche Einspruch". Dieses außerordentliche Rechtsmittel ermöglichte es dem Oberreichsanwalt beim Volksgerichtshof, binnen eines Jahres nach Eintritt der Rechtskraft des Urteils Einspruch zu erheben, wenn er schwerwiegende Bedenken gegen die Richtigkeit der Entscheidung hatte.[6]

[4] § 10 der VO des Reichspräsidenten gegen Verrat am Deutschen Volke und hochverräterische Umtriebe

[5] Wagner, Der Volksgerichtshof im nationalsozialistischen Staat, S. 33

[6] § 3 des Gesetzes zur Änderung von Vorschriften des allgemeinen Strafverfahrens, des Wehrmachtstrafverfahrens und des Strafgesetzbuches vom 16. September 1939, RGBl. I, S. 1841 f.

Der Volksgerichtshof als Instrument des Justizterrors

Der 1. Senat des Volksgerichtshofs mit Roland Freisler als seinem Vorsitzenden

Bundesarchiv Bild 102-16037/Georg Pahl

Der Volksgerichtshof hielt seine ersten Sitzungen am 1. August 1934 ab. Die letzten Verhandlungen fanden im Zuchthaus von Waldheim in Sachsen noch bis unmittelbar vor dem Einmarsch alliierter Truppen am 14. April 1945 statt. Am selben Tag meldete Senatspräsident Illner aus dem Sudetenland, sein Senat habe bis zum 25. April terminiert und sehe den kommenden Ereignissen „mit vollster Zuversicht im unbeirrbaren Glauben" an die eigene Sache entgegen.[7] Formal endete der Volksgerichtshof durch das Verbot in der Proklamation Nr. 3 des Alliierten Kontrollrats vom 20. Oktober 1945.

In dem Zeitraum von elf Jahren urteilte der Volksgerichtshof in über 7.000 Verfahren über rund 16.700 Menschen. Dabei fällten die Richter mehr als 5.000 Todesurteile. Etwa 6,5 % der Angeklagten wurden freigesprochen.[8] Da nicht alle Verfahrensakten des Volksgerichtshofs erhalten sind und für das Jahr 1945 wegen fehlender amtlicher Zahlen nur eine Schätzung möglich ist, sind die Zahlenangaben abgerundet.

In der Vorkriegsphase richteten sich fast zwei Drittel der Verfahren gegen die in der Hauptsache linke Opposition. Das restliche Drittel betraf Spionageverfahren.

[7] Marxen/Schlüter, Terror und Normalität, S. 14

[8] Marxen, Das Volk und sein Gerichtshof, S. 24, 48 f. und 89

In der Hauptkriegsphase von September 1939 bis Februar 1944 betrafen knapp zwei Drittel der Verfahren Angeklagte aus annektierten Gebieten, auf 15 % beliefen sich die Spionageverfahren.

In der Endphase des Krieges von März 1944 bis April 1945 betrafen noch immer 40 % der Verfahren Angeklagte aus den Annexionsgebieten. Ein Drittel der Verfahren wurden wegen kritischer, defätistischer Äußerungen geführt. Mit 18,5 % nahmen auch Verfahren gegen die Opposition im Innern eine bedeutende Rolle ein.

Zusammengefasst kann festgehalten werden, dass der Volksgerichtshof in seiner Anfangsphase vor allem ein Instrument zur Bekämpfung des linken Widerstands war. In der Folge trat die Machtsicherung in den annektierten Gebieten in den Vordergrund. Gegen Ende des Krieges nahm die Bedeutung für die Sicherung der sogenannten Heimatfront zu.

Insgesamt sind 78 Berufsrichter und 247 Laienrichter am Volksgerichtshof tätig gewesen. Das Bild des Volksgerichtshofs in der Öffentlichkeit wird vor allem durch dessen Präsidenten Roland Freisler geprägt. Er leitete insbesondere die Schauprozesse gegen die Widerstandkämpfer des 20. Juli 1944.[9] Die Filmaufnahmen des Verfahrens vor dem Volksgerichtshof zeigen einen fanatischen Nationalsozialisten, der mit lautstarken Entgleisungen, herabwürdigenden und erniedrigenden Äußerungen gegenüber den Angeklagten sowie mit unbarmherzigen Urteilen seinen Ruf als „Blutrichter" begründete.

Freisler, der am 20. August 1942 zum Präsidenten des Volksgerichtshofs ernannt wurde, trug maßgeblich zur steten Radikalisierung der Urteilspraxis bei. Gab es von 1934 bis 1941 insgesamt nur 263 Todesurteile, so stieg diese Zahl im Jahr 1942 auf 1.192, im Jahr 1943 auf 1.662 und im Jahr 1944 auf 2.097.[10] Lag der Anteil der Todesurteile in den Jahren 1937 bis 1941 bei rund 6 %, so lautete in den Jahren 1942 bis 1944 nahezu die Hälfte aller Urteile auf Todesstrafe. Freisler kam bei dem schweren US-Luftangriff auf Berlin vom 3. Februar 1945 ums Leben, als das Gebäude des Volksgerichtshofs in der Bellevuestraße 15 getroffen und er tödlich verletzt wurde.

„Der Volksgerichtshof wird sich stets bemühen, so zu urteilen, wie er glaubt, dass Sie, mein Führer, den Fall selbst beurteilen würden."
Roland Freisler, 15. Oktober 1942

[9] Vor Beginn dieser Verfahren wurde die gerichtliche Zuständigkeit manipuliert: Für die der Wehrmacht angehörenden Widerstandskämpfer war eigentlich das Reichskriegsgericht zuständig. Hitler ließ aus Abneigung gegenüber der Militärjustiz die beteiligten Offiziere über einen speziell errichteten „Ehrenhof" aus der Wehrmacht ausstoßen. Dadurch sollte die Zuständigkeit des Volksgerichtshofs begründet werden. Vgl. ausführlich Wagner, Der Volksgerichtshof im nationalsozialistischen Staat, S. 662 f.

[10] Wagner, Der Volksgerichtshof im nationalsozialistischen Staat, S. 944 f.

Der Volksgerichtshof in Freiburg und seine Richter

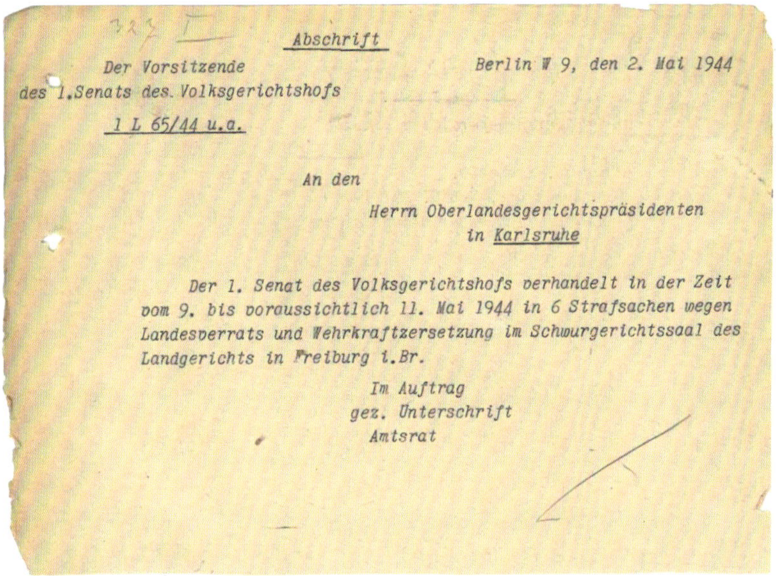
Abschrift

Der Vorsitzende
des 1.Senats des Volksgerichtshofs
1 L 65/44 u.a.

Berlin W 9, den 2. Mai 1944

An den
Herrn Oberlandesgerichtspräsidenten
in Karlsruhe

Der 1. Senat des Volksgerichtshofs verhandelt in der Zeit vom 9. bis voraussichtlich 11. Mai 1944 in 6 Strafsachen wegen Landesverrats und Wehrkraftzersetzung im Schwurgerichtssaal des Landgerichts in Freiburg i.Br.

Im Auftrag
gez. Unterschrift
Amtsrat

Terminankündigung des 1. Senats des Volksgerichtshofs vom 2. Mai 1944 für sechs Strafsachen wegen Landesverrats und Wehrkraftzersetzung, *Generallandesarchiv Karlsruhe 309 Zugang 1987-54 Nr. 320*

Der ehemalige Schwurgerichtssaal des Landgerichts Freiburg und heutige Saal IV des Amtsgerichts Freiburg, *Foto privat*

Der Volksgerichtshof hielt in Freiburg auswärtige Sitzungen ab. Der 1. Senat terminierte für den Zeitraum vom 9. Mai bis 11. Mai 1944 sechs Strafsachen und für den Zeitraum vom 27. Juni bis 30 Juni 1944 sieben Strafsachen.

Die Sitzungen fanden jeweils im Schwurgerichtssaal des damaligen Landgerichts Freiburg (Raum 246) statt, der heute als Saal IV des Amtsgerichts Freiburg genutzt wird.

Der damalige Präsident des Volksgerichtshofs und zugleich der Vorsitzende des 1. Senats, Roland Freisler, war den vorhandenen Unterlagen nach nicht in Freiburg.[11] Leider sind die Akten von den 13 in Freiburg anberaumten

[11] Nach Wagner, Der Volksgerichtshof im nationalsozialistischen Staat, S. 23 gehörten dem 1. Senat zum Jahresbeginn 1943 außer dem Präsidenten 13 Berufsrichter an. Da es zeitgleiche Sitzungen des 1. Senats in unterschiedlichen Sitzgruppen gab, konnte der Vorsitzende nur einen geringen Teil der Hauptverhandlungen selbst leiten. Nach § 21f GVG wäre dies nach heutiger Rechtslage nicht zulässig.

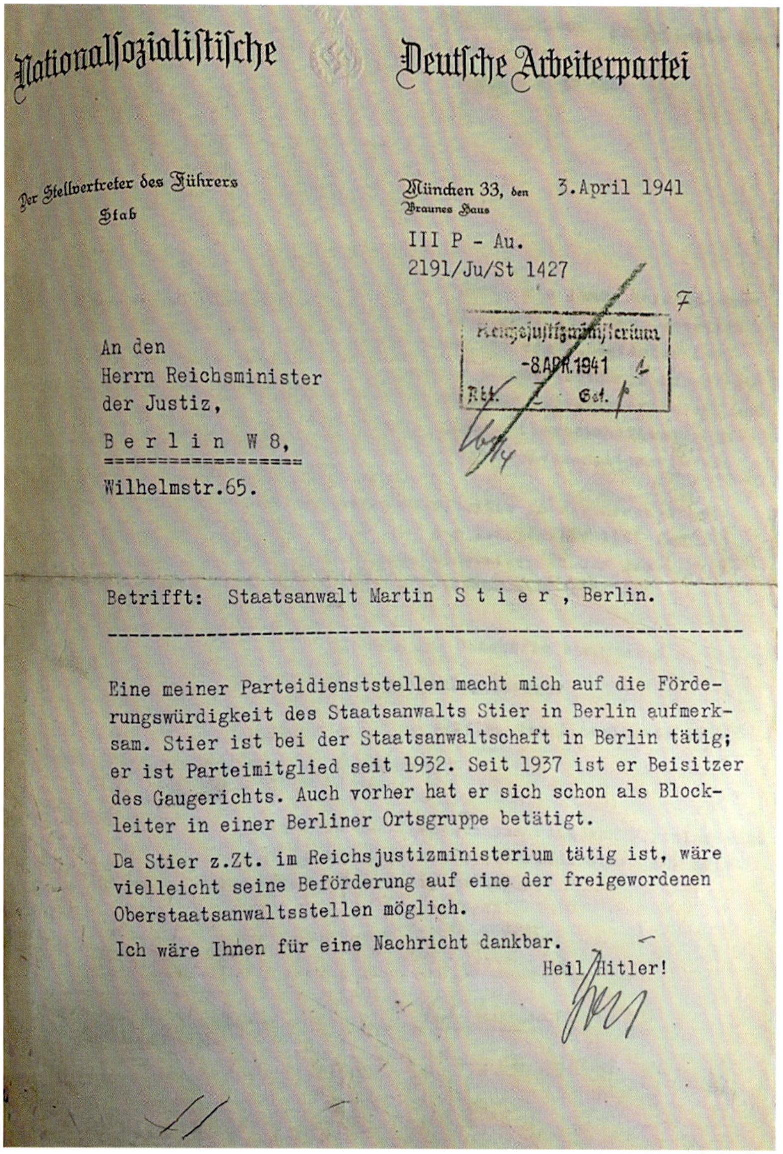

Nationalsozialistische Deutsche Arbeiterpartei

Der Stellvertreter des Führers
Stab

München 33, den 3.April 1941
Braunes Haus

III P - Au.
2191/Ju/St 1427

Reichsjustizministerium
-8.APR.1941

An den
Herrn Reichsminister
der Justiz,

B e r l i n W 8,

Wilhelmstr.65.

Betrifft: Staatsanwalt Martin S t i e r , Berlin.

Eine meiner Parteidienststellen macht mich auf die Förderungswürdigkeit des Staatsanwalts Stier in Berlin aufmerksam. Stier ist bei der Staatsanwaltschaft in Berlin tätig; er ist Parteimitglied seit 1932. Seit 1937 ist er Beisitzer des Gaugerichts. Auch vorher hat er sich schon als Blockleiter in einer Berliner Ortsgruppe betätigt.

Da Stier z.Zt. im Reichsjustizministerium tätig ist, wäre vielleicht seine Beförderung auf eine der freigewordenen Oberstaatsanwaltsstellen möglich.

Ich wäre Ihnen für eine Nachricht dankbar.

Heil Hitler!

Schreiben der NSDAP zwecks Beförderung ihres Mitglieds Martin Stier

Bundesarchiv R 9361-II/983503

Strafverfahren des Volksgerichtshofs nur teilweise erhalten. Zudem ist wegen der Unvollständigkeit des Aktenbestandes nicht auszuschließen, dass der Volksgerichtshof weitere Fälle in Freiburg verhandelte.

Die Richterbank des 1. Senats des Volksgerichtshofs setzte sich in Freiburg stets aus den beiden Berufsrichtern Landgerichtsdirektor Stier und Landgerichtsdirektor Dr. Schlemann sowie den Laienrichtern NSKK-Obergruppenführer Offermann, SA-Gruppenführer Damian und Generalarbeitsführer a.D. Stoll zusammen.

Landgerichtsdirektor Martin Stier, ein am 3. Juni 1903 geborener Sohn eines Pastors aus Berlin, trat bereits am 1. Juni 1932 der NSDAP bei und gehörte seit dem 26. August 1942 dem Volksgerichtshof an. Stier war an zahlreichen bedeutsamen Prozessen als Beisitzer oder als Vorsitzender beteiligt. So war er am Prozess gegen die Angeklagten der Widerstandsgruppe der „Weißen Rose", die Geschwister Sophie und Hans Scholl sowie deren Freund Christoph Probst, am 22. Februar 1943 neben dem Vorsitzenden Freisler als Beisitzer beteiligt. Stier verunglückte am 6. Februar 1945 tödlich, als er bei Löscharbeiten an der Kirche seines Vaters half.

Dr. Erich Schlemann (1897 – 1962) wurde erst nach Hitlers Machtergreifung Mitglied der NSDAP und zwar am 1. Mai 1933. Er nahm an einer Vielzahl von Verfahren des Volksgerichtshofs als Beisitzer teil – so etwa bei Prozessen gegen die Widerstandkämpfer des 20. Juli 1944. Ein im Jahr 1965 eingeleitetes Ermittlungsverfahren der Staatsanwaltschaft Berlin wegen der Mitwirkung an Todesurteilen wurde eingestellt, weil Schlemann bereits im Jahr 1962 verstorben war.

Karl Offermann (1884 – 1956 in Freiburg gestorben) trat im Jahr 1929 der NSDAP bei und wurde ab dem 1. September hauptberuflicher Parteifunktionär im Nationalsozialistischen Kraftfahrkorps (NSKK). Er erreichte dort den Rang eines Obergruppenführers. In der SA übernahm er im

Jahr 1930 die Aufgabe eines Sturmführers. Vom 29. März 1936 bis zum Ende der NS-Herrschaft saß er für den Wahlkreis 32 (Baden) im Reichstag und ab 1937 war er als Laienrichter Mitglied des Volksgerichtshofs.

Leopold Damian (1895) trat im Jahr 1929 in die NSDAP ein. Im Jahr 1930 wurde er Mitglied der SA und erreichte im Jahr 1943 den Rang eines Gruppenführers. Ab 1941 führte er die SA-Gruppe Oberrhein. Im Jahr 1942 wurde er im Nachrückverfahren Abgeordneter des Reichstags für den Wahlkreis 32 (Baden) und blieb dies bis 1945.

Otto Stoll (1878 – 1946) wurde am 1. Dezember 1931 Mitglied der NSDAP. Er war Mitglied der NS-Volkswohlfahrt, des Reichsluftschutzbundes und des Reichsarbeitsdienstes. Im Reichsarbeitsdienst war er führend tätig und stieg bis zur Stufe eines Generalarbeitsführers auf, was dem dritthöchsten von insgesamt 16 Dienstgraden entsprach.

Die Lebensläufe belegen, dass die drei Laienrichter außerhalb des Volksgerichtshofs langjährig und intensiv in der nationalsozialistischen Bewegung engagiert waren. Sie nahmen führende Positionen in ihren jeweiligen Bereichen ein und waren wichtige Stützen der Partei sowie deren weiteren Organisationen. Sie bildeten bei den Entscheidungen des Volksgerichtshofs den verlängerten Arm der Partei. Angeklagte konnten von diesen Volksrichtern keine unabhängige Entscheidung erwarten.

Als Vertreter des Oberreichsanwalts fungierte in den Sitzungen des Monats Mai 1944 Landgerichtsdirektor Kurt Schulze (1903 – unbekannt[12]) und in den Sitzungen des Monats Juni 1944 Landgerichtsrat Dr. Bernhard Bach (1903 – 1963).

[12] Ramm, Der 20. Juli vor dem Volksgerichtshof, S. 392

Die Urteile des Volksgerichtshofs in Freiburg

Von neun der 13 in Freiburg anberaumten Hauptverhandlungen werden die Strafakten im Bundesarchiv verwahrt.

Vom Verfahren gegen Josef Franz Ziegler, geb. am 4. Oktober 1888 in Eichwald (Frankreich), ist lediglich die Vollstreckungsakte im Generallandesarchiv Karlsruhe (Signatur 309 Nr. 6081) erhalten. Ziegler wurde am 10. Mai 1944 von dem in Freiburg tagenden 1. Senat des Volksgerichthofs wegen Feindbegünstigung zum Tode verurteilt. Das Urteil wurde am 24. August 1944 um 18:00 Uhr in der Richtstätte des Strafgefängnisses Bruchsal vollstreckt.

Eine weitere auf den 10. Mai 1944, 11:00 Uhr terminierte Hauptverhandlung gegen Alfred Kroener (1 L 110/44) wegen „Wehrkraftzersetzung" und Feindbegünstigung wurde wegen Nichterscheinens von Zeugen vertagt. Letztlich konnte das Verfahren wegen fehlender Zeugen vor Kriegsende nicht beendet werden (Bundesarchiv R 3001/163860).

Ein zwölftes Verfahren betraf eine Hauptverhandlung gegen einen Angeklagten Rendenbach. Von diesem Verfahren sind ebenso wie von dem dreizehnten Verfahren – beide für den Juni 1944 terminiert – keine Unterlagen in den Archiven vorhanden.

Der Volksgerichtshof verhängte in Freiburg nach dem derzeit erschlossenen Aktenbestand in zehn Verfahren gegen insgesamt 26 Angeklagte sechs Todesurteile, elf Zuchthaus- und sieben Gefängnisstrafen. Zwei Angeklagte wurden freigesprochen.

Einzig die Eheleute Weißenborn (4. Verfahren) stammten aus der Region des heutigen Baden-Württemberg. Die anderen Angeklagten hatten keinen örtlichen Bezug zum Gerichtsort.

Fünf Todesurteile wurden in der Hinrichtungsstätte Bruchsal vollstreckt, einzig Clemens Austen (3. Verfahren) wurde in Stuttgart hingerichtet. Die Todesstrafe hatte nach § 13 des Strafgesetzbuches durch Enthauptung zu erfolgen. Insgesamt kamen in Bruchsal in der Zeit vom 22. Juni 1944 bis 20. März 1945 64 Menschen zu Tode, wobei diesen Hinrichtungen ganz überwiegend Urteile von Sondergerichten zu Grunde lagen, ferner zwei Urteile von landgerichtlichen Strafkammern und mindestens acht Urteile des Volksgerichtshofs. Die letzten Hinrichtungen kurz vor Ende des Zweiten Weltkrieges erfolgten nicht durch das Fallbeil. Am 20. März 1945 verloren neun Menschen in einem Bruchsaler Steinbruch durch Erschießung ihr Leben.

In der Hinrichtungsstätte Stuttgart erfolgten 423 Hinrichtungen in der Zeit vom 23. Oktober 1933 bis 24. August 1944, wobei auch hier die Urteile der Sondergerichte überwogen (237). Außerdem wurden 71 Urteile des Volksgerichtshofs, aber auch zahlreiche militärgerichtliche Urteile und Urteile der ordentlichen Strafgerichtsbarkeit vollstreckt.

Gedenktafel im Bürgerpark Bruchsal zur Erinnerung an die ehemalige Hinrichtungsstätte im Strafgefängnis Bruchsal

Foto privat

Delikt	Todesstrafe	Zuchthaus	Gefängnis	Freispruch
Feindbegünstigung	3	9	1	2
Landesverrat	1	-	-	-
Hochverrat	1	2	-	-
Wehrkraftzersetzung	1	-	2	-
Verbotener Umgang mit französischen Kriegsgefangenen	-	-	2	-
Begünstigung	-	-	2	-
Summe	6	11	7	2

Deliktsvorwürfe und Strafaussprüche von zehn ausgewerteten Urteilen des Volksgerichtshofs in Freiburg

1. Verfahren: Kennkartenbeschaffung für flüchtige Franzosen

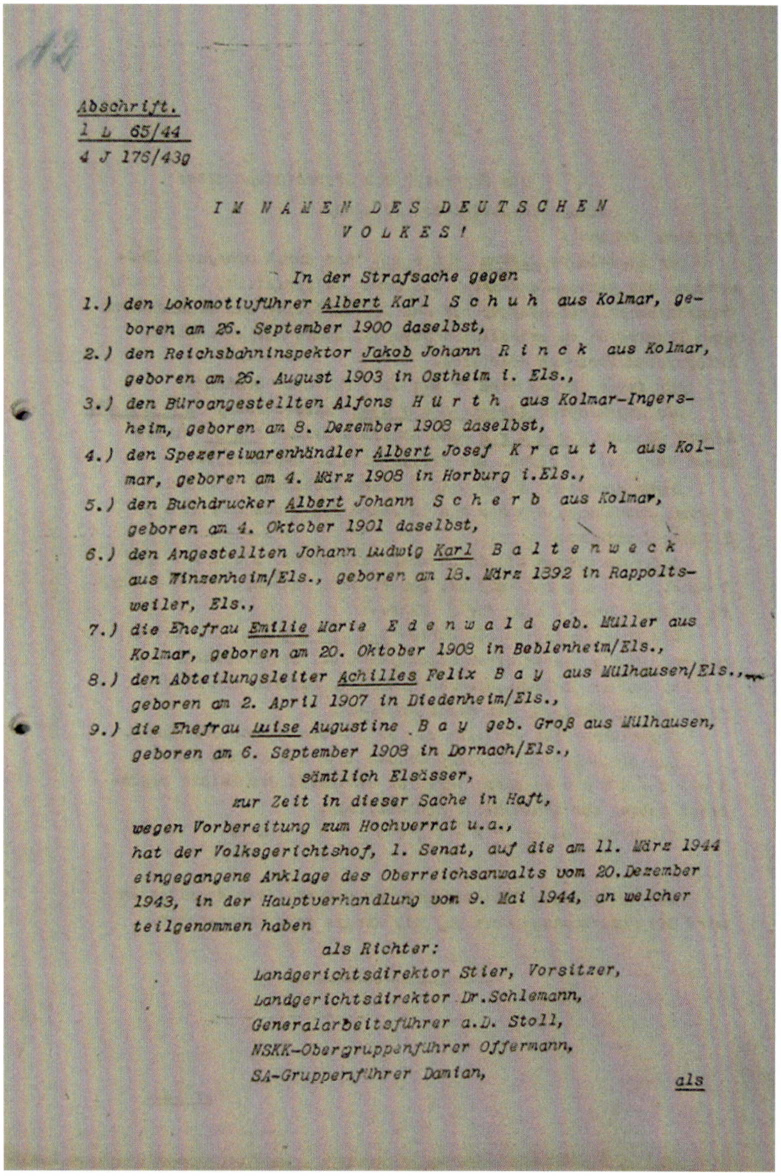

12

Abschrift.
1 L 65/44
4 J 176/43g

I M N A M E N D E S D E U T S C H E N
V O L K E S !

In der Strafsache gegen

1.) den Lokomotivführer Albert Karl S c h u h aus Kolmar, geboren am 26. September 1900 daselbst,
2.) den Reichsbahninspektor Jakob Johann R i n c k aus Kolmar, geboren am 26. August 1903 in Ostheim i. Els.,
3.) den Büroangestellten Alfons H ü r t h aus Kolmar-Ingersheim, geboren am 8. Dezember 1908 daselbst,
4.) den Spezereiwarenhändler Albert Josef K r a u t h aus Kolmar, geboren am 4. März 1908 in Horburg i.Els.,
5.) den Buchdrucker Albert Johann S c h e r b aus Kolmar, geboren am 4. Oktober 1901 daselbst,
6.) den Angestellten Johann Ludwig Karl B a l t e n w e c k aus Winzenheim/Els., geboren am 18. März 1892 in Rappoltsweiler, Els.,
7.) die Ehefrau Emilie Marie E d e n w a l d geb. Müller aus Kolmar, geboren am 20. Oktober 1908 in Beblenheim/Els.,
8.) den Abteilungsleiter Achilles Felix B a y aus Mülhausen/Els., geboren am 2. April 1907 in Diedenheim/Els.,
9.) die Ehefrau Luise Augustine B a y geb. Groß aus Mülhausen, geboren am 6. September 1908 in Dornach/Els.,

sämtlich Elsässer,
zur Zeit in dieser Sache in Haft,

wegen Vorbereitung zum Hochverrat u.a.,
hat der Volksgerichtshof, 1. Senat, auf die am 11. März 1944 eingegangene Anklage des Oberreichsanwalts vom 20. Dezember 1943, in der Hauptverhandlung vom 9. Mai 1944, an welcher teilgenommen haben

als Richter:

Landgerichtsdirektor Stier, Vorsitzer,
Landgerichtsdirektor Dr. Schlemann,
Generalarbeitsführer a.D. Stoll,
NSKK-Obergruppenführer Offermann,
SA-Gruppenführer Damian,

als

Rubrum des Urteils des Volksgerichtshofs vom 9. Mai 1944

Bundesarchiv R 3017/17678

Am 9. Mai 1944 um 09:00 Uhr begann die erste Sitzung des Volksgerichtshofs (1 L 65/44) im Schwurgerichtssaal des Landgerichts Freiburg. Neun Angeklagten aus dem Elsass, zwei Frauen und sieben Männern, wurde in der Anklage vom 20. Dezember 1943 vorgeworfen, die Flucht französischer Kriegsgefangener und Zivilarbeiter sowie deren Helfershelfer unterstützt zu haben. Die Angeklagten befanden sich alle seit September 1943 in Untersuchungshaft.

Die auf einen halben Tag anberaumte Hauptverhandlung endete mit der Verurteilung von Alfons Hürth zum Tode wegen Feindbegünstigung sowie der Aberkennung der bürgerlichen Ehrenrechte. Er hatte als Angestellter des Einwohnermeldeamts in Kolmar und in Ingersheim Vordrucke für sogenannte Kennkarten entwendet. Die rund 30 weitergereichten Blanko-Kennkarten konnten als Ausweisdokumente für die Flucht in das unbesetzte Frankreich eingesetzt werden. Hürth wurde am 22. September 1944 um 18:00 Uhr in Bruchsal hingerichtet. In seinem handschriftlichen Abschiedsbrief an seine Familie schreibt er:

„Meine letzte Stunde ist angelangt, u. in 3 Stunden, d.h. um 6 Uhr heute Abend werde ich hingerichtet.... Auf dem Gefangenenfriedhof hier ruhe ich in Frieden. Ich sterbe aus Liebe zu dem Nächsten, weil ich aus Mitleid gehandelt habe zu dem Nächsten, muss ich sterben."

Der vierseitige Abschiedsbrief wurde – wie so oft – nicht abgesandt, da er gemäß Verfügung der Staatsanwaltschaft „zu deutschfeindlicher Propaganda im Elsass geeignet ist".

Wegen Beihilfe zur Feindbegünstigung wurden verurteilt Albert Krauth zu 8 Jahren Zuchthaus, Achilles Bay zu 5 Jahren Zuchthaus, Albert Schuh und Albert Scherb zu je 3 Jahren Zuchthaus. Sie hatten die Kennkarten weitergegeben und teilweise bei der Versorgung mit Lebensmitteln geholfen. Zudem wurden die bürgerlichen Ehrenrechte entsprechend der Dauer der jeweiligen Freiheitsstrafe aberkannt.

Die Aberkennung der bürgerlichen Ehrenrechte für die Elsässer beruhte auf der Auffassung des Volksgerichtshofs, dass die Abtretung des ehemaligen Reichlandes Elsaß-Lothringen an Frankreich hinfällig und ohne Annexion „das urdeutsche Elsaß wieder heim in das Großdeutsche Reich“ gekehrt sei.[13]

Emilie Edenwald und Luise Bay wurden lediglich wegen Begünstigung zu je einem Jahr Gefängnis verurteilt. Jakob Rinck und Karl Baltenweck wurden freigesprochen.

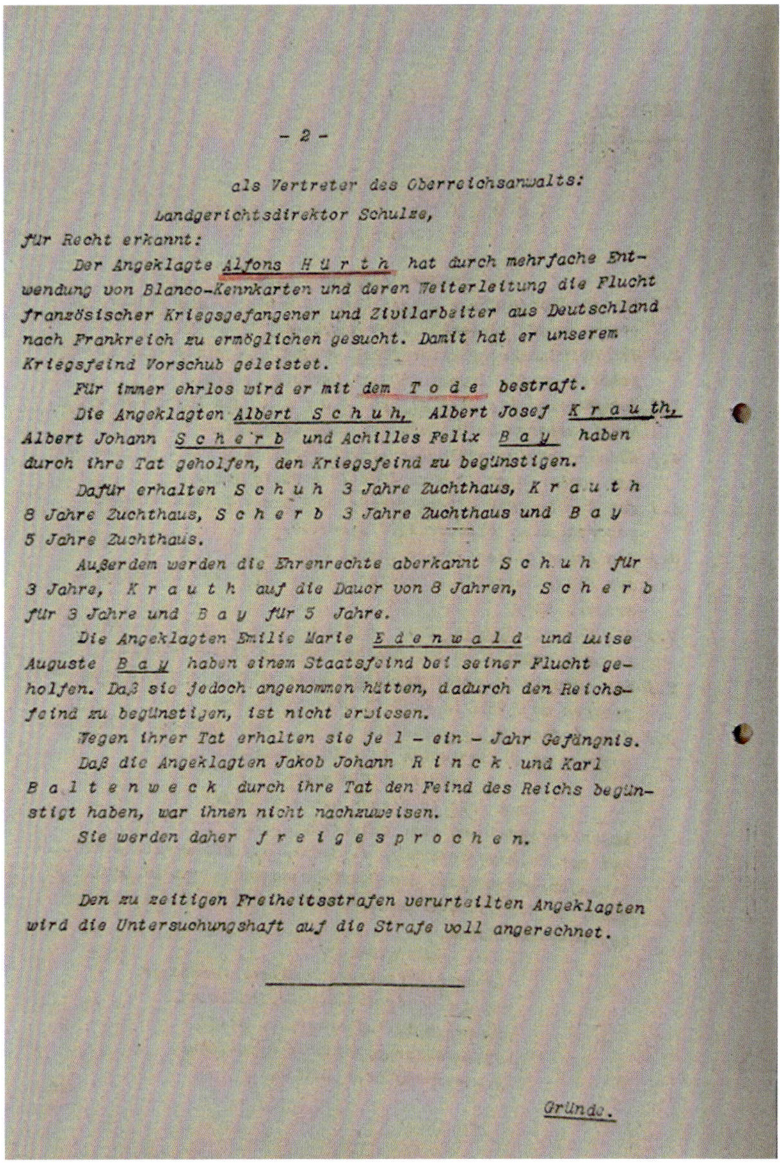

- 2 -

als Vertreter des Oberreichsanwalts:

Landgerichtsdirektor Schulze,

für Recht erkannt:

Der Angeklagte Alfons H ü r t h hat durch mehrfache Entwendung von Blanco-Kennkarten und deren Weiterleitung die Flucht französischer Kriegsgefangener und Zivilarbeiter aus Deutschland nach Frankreich zu ermöglichen gesucht. Damit hat er unserem Kriegsfeind Vorschub geleistet.

Für immer ehrlos wird er mit dem T o d e bestraft.

Die Angeklagten Albert S c h u h, Albert Josef K r a u th, Albert Johann S c h e r b und Achilles Felix B a y haben durch ihre Tat geholfen, den Kriegsfeind zu begünstigen.

Dafür erhalten S c h u h 3 Jahre Zuchthaus, K r a u t h 8 Jahre Zuchthaus, S c h e r b 3 Jahre Zuchthaus und B a y 5 Jahre Zuchthaus.

Außerdem werden die Ehrenrechte aberkannt S c h u h für 3 Jahre, K r a u t h auf die Dauer von 8 Jahren, S c h e r b für 3 Jahre und B a y für 5 Jahre.

Die Angeklagten Emilie Marie E d e n w a l d und Luise Auguste B a y haben einem Staatsfeind bei seiner Flucht geholfen. Daß sie jedoch angenommen hätten, dadurch den Reichsfeind zu begünstigen, ist nicht erwiesen.

Wegen ihrer Tat erhalten sie je 1 – ein – Jahr Gefängnis.

Daß die Angeklagten Jakob Johann R i n c k und Karl B a l t e n w e c k durch ihre Tat den Feind des Reichs begünstigt haben, war ihnen nicht nachzuweisen.

Sie werden daher f r e i g e s p r o c h e n.

Den zu zeitigen Freiheitsstrafen verurteilten Angeklagten wird die Untersuchungshaft auf die Strafe voll angerechnet.

Gründe.

Tenor des Urteils des Volksgerichtshofs vom 9. Mai 1944

Bundesarchiv R 3017/17678

[13] Urteil 1 L 65/44, S. 3; ausführlich dazu Wagner, Der Volksgerichtshof im nationalsozialistischen Staat, S. 459 ff.

2. Verfahren: Fluchthilfe für französische Kriegsgefangene

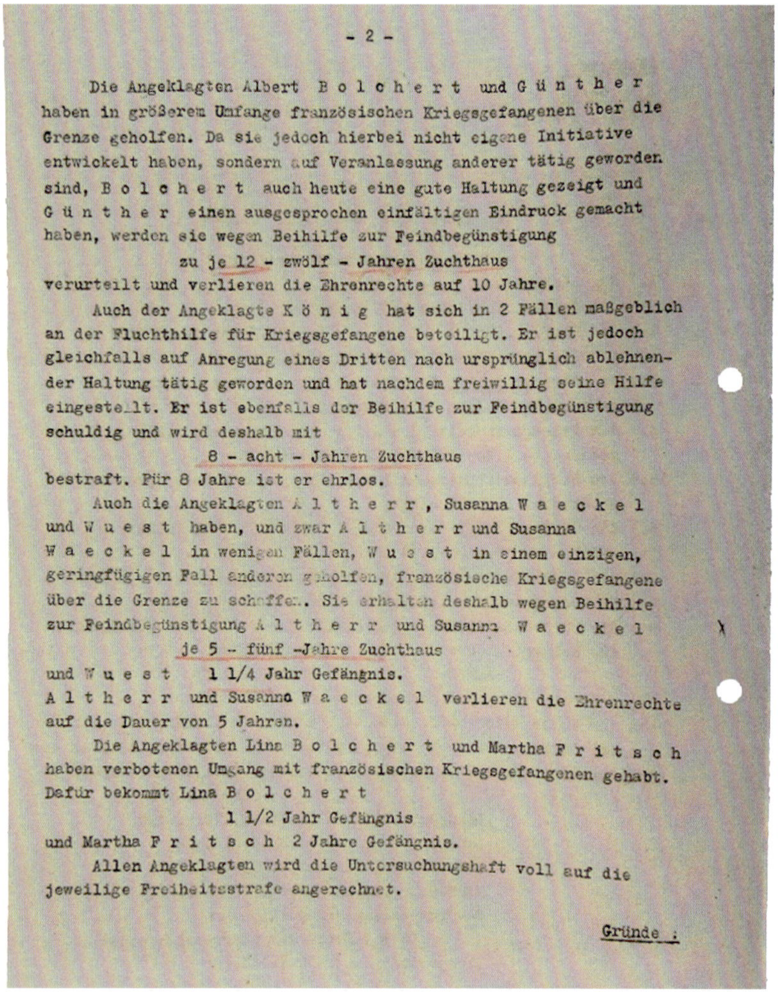

- 2 -

Die Angeklagten Albert B o l c h e r t und G ü n t h e r haben in größerem Umfange französischen Kriegsgefangenen über die Grenze geholfen. Da sie jedoch hierbei nicht eigene Initiative entwickelt haben, sondern auf Veranlassung anderer tätig geworden sind, B o l c h e r t auch heute eine gute Haltung gezeigt und G ü n t h e r einen ausgesprochen einfältigen Eindruck gemacht haben, werden sie wegen Beihilfe zur Feindbegünstigung

zu je 12 - zwölf - Jahren Zuchthaus

verurteilt und verlieren die Ehrenrechte auf 10 Jahre.

Auch der Angeklagte K ö n i g hat sich in 2 Fällen maßgeblich an der Fluchthilfe für Kriegsgefangene beteiligt. Er ist jedoch gleichfalls auf Anregung eines Dritten nach ursprünglich ablehnender Haltung tätig geworden und hat nachdem freiwillig seine Hilfe eingestellt. Er ist ebenfalls der Beihilfe zur Feindbegünstigung schuldig und wird deshalb mit

8 - acht - Jahren Zuchthaus

bestraft. Für 8 Jahre ist er ehrlos.

Auch die Angeklagten A l t h e r r , Susanna W a e c k e l und W u e s t haben, und zwar A l t h e r r und Susanna W a e c k e l in wenigen Fällen, W u e s t in einem einzigen, geringfügigen Fall anderen geholfen, französische Kriegsgefangene über die Grenze zu schaffen. Sie erhalten deshalb wegen Beihilfe zur Feindbegünstigung A l t h e r r und Susanna W a e c k e l

je 5 - fünf -Jahre Zuchthaus

und W u e s t 1 1/4 Jahr Gefängnis.

A l t h e r r und Susanna W a e c k e l verlieren die Ehrenrechte auf die Dauer von 5 Jahren.

Die Angeklagten Lina B o l c h e r t und Martha F r i t s c h haben verbotenen Umgang mit französischen Kriegsgefangenen gehabt. Dafür bekommt Lina B o l c h e r t

1 1/2 Jahr Gefängnis

und Martha F r i t s c h 2 Jahre Gefängnis.

Allen Angeklagten wird die Untersuchungshaft voll auf die jeweilige Freiheitsstrafe angerechnet.

Gründe :

Tenor des Urteils vom 9. Mai 1944

Bundesarchiv R 3017/18282

Am Nachmittag des 9. Mai 1944 verhandelte der Volksgerichtshof ein weiteres Verfahren wegen Fluchthilfe für französische Kriegsgefangene mit acht Angeklagten aus dem Elsass – drei Frauen und fünf Männer (1 L 66/44).

Das Gericht führt in den Gründen aus, dass deutschstämmige Elsässer, die als französische Soldaten in deutsche Gefangenschaft geraten waren, aufgrund Hitlers „Hochherzigkeit" alsbald aus der Gefangenschaft in ihre Heimat entlassen wurden. Dies traf bei allen fünf angeklagten Männern zu. Der Volksgerichtshof führt dazu aus:

„Nicht allein, daß so mancher sein deutsches Blut verleugnete und sich als Franzose betrachtete, hielten sogar andere sich für verpflichtet, im Geheimen für Frankreich zu arbeiten. So finden sich Elsässer, die bereit waren, mitzuhelfen, daß französische Kriegsgefangene heimlich über die Grenze in das damals unbesetzte Frankreich geschafft wurden. In diesem Sinn haben sich die folgenden Angeklagten betätigt."

Alle Angeklagten wurden wegen Taten im Zeitraum von 1942 bis Anfang 1943 verurteilt: Teilweise wegen Fluchthilfe durch das Vermitteln von Kontakten für zwei Kriegsgefangene und einen Zivilarbeiter, das Beherbergen von zwei Kriegsgefangenen, das Verschenken von Hose und Jacke, das einmalige zur Verfügungstellen von drei Fahrrädern oder das Siegeln und Abstempeln einer Kennkarte, teilweise wegen unerlaubten Umgangs mit französischen Kriegsgefangenen. Die Freiheitsstrafen reichten von zwölf Jahren Zuchthaus bis zu 15 Monaten Gefängnis.

In einem parallelen Verfahren wurden die ebenfalls an der Fluchthilfe beteiligten Eheleute Leo Schaedele und Andrée Schaedele sowie Johanna Wuest am 30. Juni 1944 in Berlin unter Vorsitz von Roland Freisler wegen Feindbegünstigung verurteilt (Bundesarchiv R 3017/37081).

3. Verfahren: Eine Gastwirtschaftsunterhaltung mit Todesfolge

Der 55-jährige Clemens Austen, Sohn eines Landgerichtsrats aus Berlin und im Ersten Weltkrieg als Offizier ausgezeichnet, war bis zu seiner Entlassung aus der Wehrmacht wegen einer Verurteilung durch das Kriegsgericht zu vier Monaten Gefängnis als Kolonnenführer an der Ostfront eingesetzt. Am 27. Mai 1943 befand er sich beruflich in Colmar und verweilte am Abend im Gastraum des von ihm bezogenen Hotels „Europa" bei einer Flasche Weißwein und vier Glas Süßwein. Gegenüber zwei Feldwebeln, die sich zu ihm an den Tisch setzten, äußerte er im Verlaufe des Gesprächs unter anderem,

- er wisse aus bestimmten Kreisen, dass in Berlin in einem Ministerium schon eine neue Regierung aufgestellt sei;
- warum man die Partei nicht auflöse, es würden dadurch viele Männer für die Front frei;
- das Volk stehe nicht mehr geschlossen hinter dem Führer und müsse immer wieder durch die Partei unter Druck gehalten werden.

Die beiden Feldwebel veranlassten nach der über zweistündigen Unterhaltung die Festnahme von Clemens Austen. Der Oberstaatsanwalt beim Sondergericht Straßburg erhob am 22. September 1943 Anklage wegen „Wehrkraftzersetzung" beim Sondergericht Straßburg. Diese Anklage wurde jedoch auf Veranlassung des Generalstaatsanwalts wieder zurückgenommen, um beim Volksgerichtshof neu Anklage zu erheben.

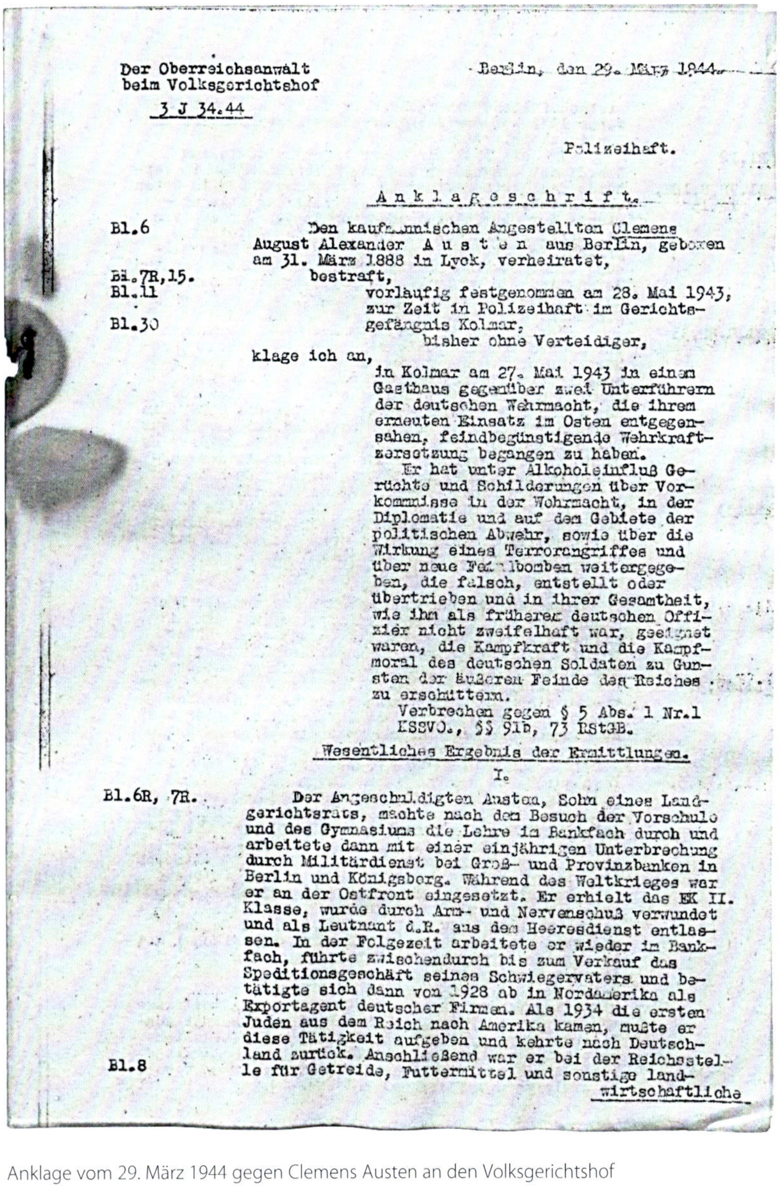

Der Oberreichsanwalt
beim Volksgerichtshof
3 J 34.44

Berlin, den 29. März 1944.

Polizeihaft.

Anklageschrift.

Bl.6 Den kaufmännischen Angestellten Clemens August Alexander A u s t e n aus Berlin, geboren am 31. März 1888 in Lyck, verheiratet,

Bl.7R,15. bestraft,

Bl.11 vorläufig festgenommen am 28. Mai 1943, zur Zeit in Polizeihaft im Gerichtsgefängnis Kolmar,

Bl.30 bisher ohne Verteidiger,

klage ich an,

in Kolmar am 27. Mai 1943 in einem Gasthaus gegenüber zwei Unterführern der deutschen Wehrmacht, die ihrem erneuten Einsatz im Osten entgegensahen, feindbegünstigende Wehrkraftzersetzung begangen zu haben.

Er hat unter Alkoholeinfluß Gerüchte und Schilderungen über Vorkommnisse in der Wehrmacht, in der Diplomatie und auf dem Gebiete der politischen Abwehr, sowie über die Wirkung eines Terrorangriffes und über neue Fe[illegible]lbomben weitergegeben, die falsch, entstellt oder übertrieben und in ihrer Gesamtheit, wie ihm als früherem deutschen Offizier nicht zweifelhaft war, geeignet waren, die Kampfkraft und die Kampfmoral des deutschen Soldaten zu Gunsten der äußeren Feinde des Reiches zu erschüttern.

Verbrechen gegen § 5 Abs. 1 Nr.1 KSSVO., §§ 91b, 73 RStGB.

Wesentliches Ergebnis der Ermittlungen.

I.

Bl.6R, 7R. Der Angeschuldigten Austen, Sohn eines Landgerichtsrats, machte nach dem Besuch der Vorschule und des Gymnasiums die Lehre im Bankfach durch und arbeitete dann mit einer einjährigen Unterbrechung durch Militärdienst bei Groß- und Provinzbanken in Berlin und Königsberg. Während des Weltkrieges war er an der Ostfront eingesetzt. Er erhielt das EK II. Klasse, wurde durch Arm- und Nervenschuß verwundet und als Leutnant d.R. aus dem Heeresdienst entlassen. In der Folgezeit arbeitete er wieder im Bankfach, führte zwischendurch bis zum Verkauf das Speditionsgeschäft seines Schwiegervaters und betätigte sich dann von 1928 ab in Nordamerika als Exportagent deutscher Firmen. Als 1934 die ersten Juden aus dem Reich nach Amerika kamen, mußte er diese Tätigkeit aufgeben und kehrte nach Deutschland zurück. Anschließend war er bei der Reichsstel-

Bl.8 le für Getreide, Futtermittel und sonstige landwirtschaftliche

Anklage vom 29. März 1944 gegen Clemens Austen an den Volksgerichtshof

Bundesarchiv R 3017/30611

Clemens Austen befand sich noch am Tag der Hauptverhandlung vom 10. Mai 1944 in Schutzhaft. Der Volksgerichtshof erkannte Austen wegen „Wehrkraftzersetzung" für immer ehrlos und verurteilte ihn zum Tode (1 L 129/44). Der Umstand des erheblichen Alkoholgenusses erkannte das Gericht nicht als Milderungsgrund an. Austen wurde am 18. Juli 1944 in Stuttgart hingerichtet.

4. Verfahren: „Partei- und staatsabträgliche Äußerungen"

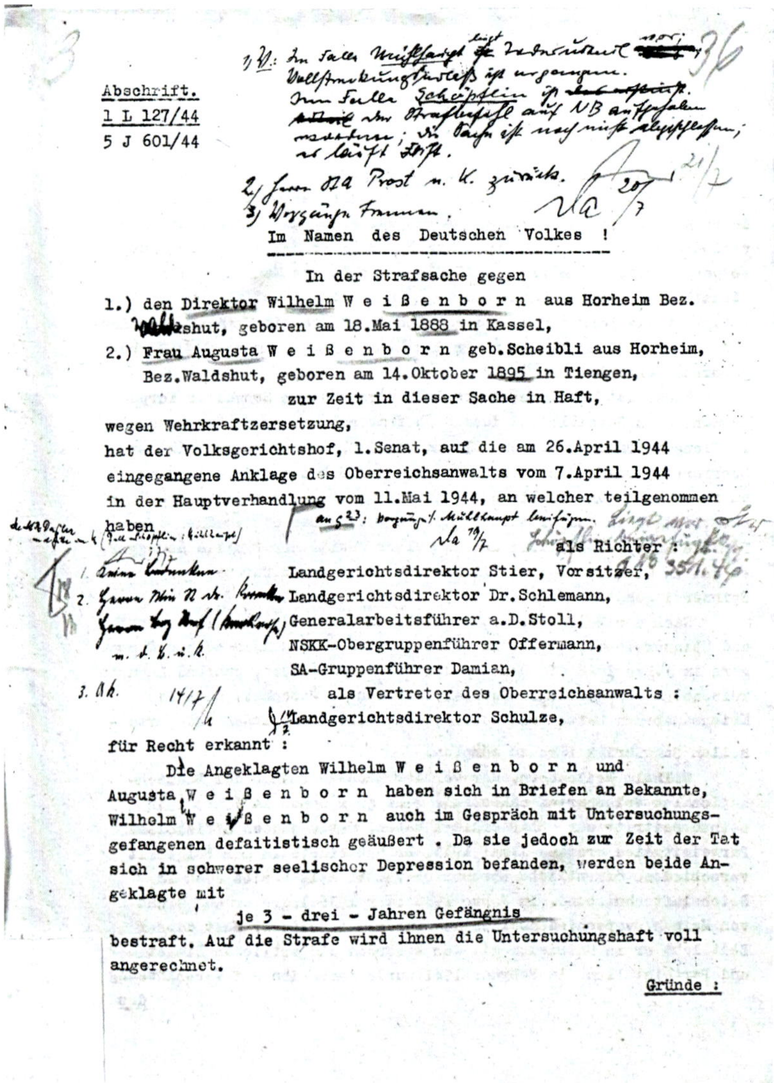

Abschrift.
1 L 127/44
5 J 601/44

Im Namen des Deutschen Volkes !

In der Strafsache gegen

1.) den Direktor Wilhelm W e i ß e n b o r n aus Horheim Bez. Waldshut, geboren am 18.Mai 1888 in Kassel,

2.) Frau Augusta W e i ß e n b o r n geb. Scheibli aus Horheim, Bez. Waldshut, geboren am 14. Oktober 1895 in Tiengen,

zur Zeit in dieser Sache in Haft,

wegen Wehrkraftzersetzung,

hat der Volksgerichtshof, 1. Senat, auf die am 26. April 1944 eingegangene Anklage des Oberreichsanwalts vom 7. April 1944 in der Hauptverhandlung vom 11. Mai 1944, an welcher teilgenommen haben

als Richter :

Landgerichtsdirektor Stier, Vorsitzer,
Landgerichtsdirektor Dr. Schlemann,
Generalarbeitsführer a.D. Stoll,
NSKK-Obergruppenführer Offermann,
SA-Gruppenführer Damian,

als Vertreter des Oberreichsanwalts :

Landgerichtsdirektor Schulze,

für Recht erkannt :

Die Angeklagten Wilhelm W e i ß e n b o r n und Augusta W e i ß e n b o r n haben sich in Briefen an Bekannte, Wilhelm W e i ß e n b o r n auch im Gespräch mit Untersuchungsgefangenen defaitistisch geäußert . Da sie jedoch zur Zeit der Tat sich in schwerer seelischer Depression befanden, werden beide Angeklagte mit

je 3 – drei – Jahren Gefängnis

bestraft. Auf die Strafe wird ihnen die Untersuchungshaft voll angerechnet.

Gründe :

Rubrum und Tenor des Urteils vom 11. Mai 1944 gegen die Eheleute Weißenborn wegen „Wehrkraftzersetzung"

Bundesarchiv R 3001/139639

Am 11. Mai 1944 wurden die Eheleute Wilhelm Weißenborn und Augusta Weißenborn wegen „Wehrkraftzersetzung" zu je drei Jahren Gefängnis verurteilt (1 L 127/44). Beide Eheleute haben sich in Briefen an Bekannte, Wilhelm Weißenborn auch im Gespräch mit Untersuchungsgefangenen, defätistisch geäußert. Der angeklagte Ehemann hat am 8. August 1943 u.a. geschrieben: *„Es ist himmeltraurig nach den großsprecherischen früheren Ausführungen, daß die Zivilbevölkerung Freiwild für die gegnerischen Flugzeuge ist."*

Der angeklagten Ehefrau wurden u.a. folgende Sätze aus einem Brief vom 8. November 1942 zur Last gelegt: *„Ich fürchte nur mein Fräulein, daß Sie in Prag noch schwere Kämpfe zu bestehen haben werden. Der Krieg ist noch lange nicht fertig und wir werden sehr schwach bei den vielen Verlusten.... Es menschelt eben überall, und Leute ohne die nötige Erziehung und Takt können auch nicht einen Staat regieren, da nützt alle Tapferkeit nichts...."*

Der Volksgerichtshof führt zur Strafbarkeit dieser und weiterer Äußerungen aus:
„All dies war geeignet, das Vertrauen vornehmlich zum Nationalismus, also dem geistigen Träger des Lebenskampfes des deutschen Volkes zu erschüttern und damit unsere auf den Endsieg ausgerichtete Widerstandskraft in der Heimat zu lähmen. Diese Wirkung war um so stärker, als beide Angeklagten auf dem militärischen Sektor Zweifel zu erwecken suchten, dass Deutschland die Kriegslage meistern werde."

Den Angeklagten wurde strafmildernd zu Gute gehalten, dass ihr einziger Sohn bei einem Fronteinsatz schwer erkrankte und im September 1943 gestorben ist.

5. Verfahren: Informationsbeschaffung für den französischen Auslandsnachrichtendienst

Andreas Baum wurde am 28. Juni 1893 in Mühlhausen/Elsass als Sohn eines deutschen Vaters und einer Lothringer Mutter geboren. Er fühlte sich als Deutscher, als er sich im Ersten Weltkrieg freiwillig für den Dienst im deutschen Heer meldete und sowohl an der West- wie auch an der Ostfront zum Einsatz kam. Baum wurde als Auszeichnung das EK II. Klasse verliehen, auch wurde er im Krieg schwer verletzt. Nach dem Ersten Weltkrieg kehrte Baum zu seiner Mutter nach Frankreich zurück. Bis Mai 1941 lebte er überwiegend in Straßburg. Da er bei der deutschen Polizei in den Verdacht von Devisenschiebungen kam, flüchtete er über die Demarkationslinie in das unbesetzte Frankreich. In Lyon betrieb er erfolgreich eine Pension.

Im Oktober 1941 wurde er von zwei Beamten des sogenannten II. Büros – dem französischen Auslandsnachrichtendienst – zur Informationsbeschaffung angehalten. In der Folge berichtete er diesen über zwei Angehörige der deutschen Waffenstillstandskommission, Dr. Beelitz und Dr. Wagner, die in seiner Pension verkehrten. Er händigte Fotos der beiden Offiziere aus und versuchte, an militärische Informationen zu gelangen. Zudem vermittelte er etwa im Februar 1942 dem Elsässer Raymund Schmitt, der sich zur Mitarbeit bereit erklärt hatte, den Kontakt zum II. Büro.

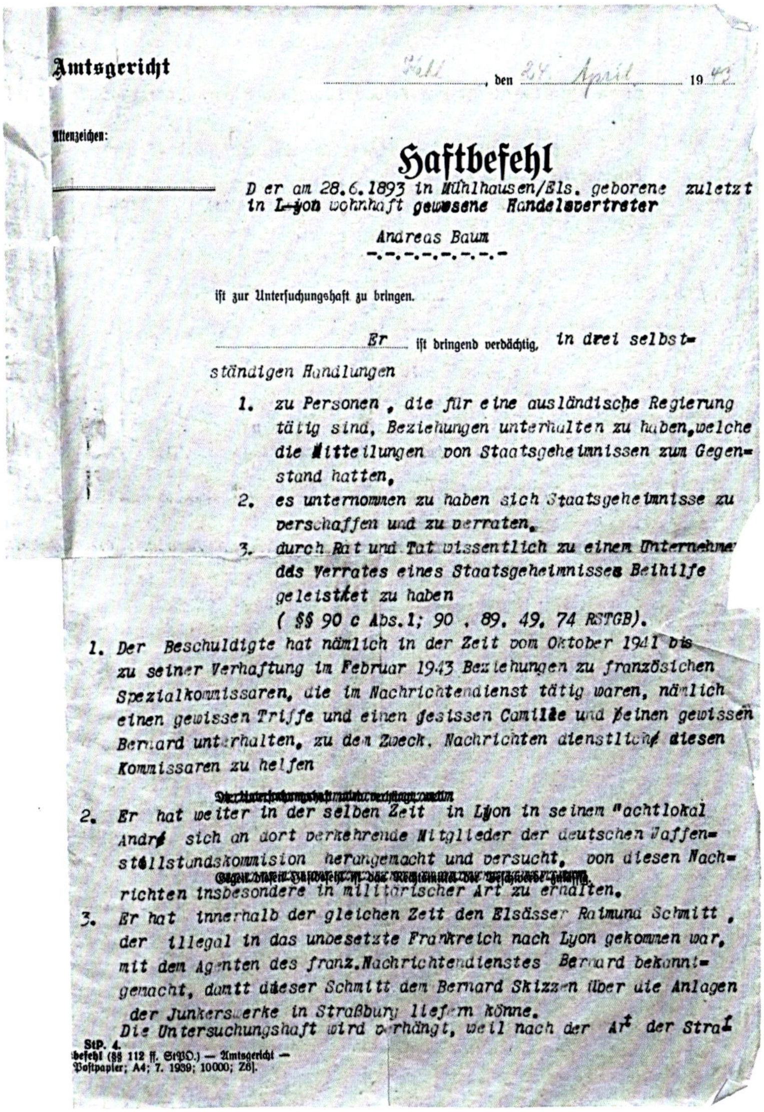

Amtsgericht Kehl, den 24. April 1943

Aktenzeichen:

Haftbefehl

Der am 28.6.1893 in Mühlhausen/Els. geborene zuletzt in Lyon wohnhaft gewesene Handelsvertreter

Andreas Baum

ist zur Untersuchungshaft zu bringen.

Er ist dringend verdächtig, in drei selbständigen Handlungen

1. zu Personen, die für eine ausländische Regierung tätig sind, Beziehungen unterhalten zu haben, welche die Mitteilungen von Staatsgeheimnissen zum Gegenstand hatten,
2. es unternommen zu haben sich Staatsgeheimnisse zu verschaffen und zu verraten,
3. durch Rat und Tat wissentlich zu einem Unternehmen des Verrates eines Staatsgeheimnisses Beihilfe geleistet zu haben

(§§ 90 c Abs.1; 90 . 89. 49. 74 RSTGB).

1. Der Beschuldigte hat nämlich in der Zeit vom Oktober 1941 bis zu seiner Verhaftung im Februar 1943 Beziehungen zu französichen Spezialkommissaren, die im Nachrichtendienst tätig waren, nämlich einen gewissen Triffe und einen gesissen Camille und einen gewissen Bernard unterhalten, zu dem Zweck, Nachrichten dienstlich diesen Kommissaren zu helfen
2. Er hat weiter in der selben Zeit in Lyon in seinem "achtlokal André sich an dort verkehrende Mitglieder der deutschen Waffenstillstandskommision herangemacht und versucht, von diesen Nachrichten insbesondere in militärischer Art zu erhalten.
3. Er hat innerhalb der gleichen Zeit den Elsässer Raimund Schmitt, der illegal in das unbesetzte Frankreich nach Lyon gekommen war, mit dem Agenten des franz.Nachrichtendienstes Bernard bekanntgemacht, damit dieser Schmitt dem Bernard Skizzen über die Anlagen der Junkerswerke in Straßburg liefern könne.

Die Untersuchungshaft wird verhängt, weil nach der Art der Stra

StP. 4.
befehl (§§ 112 ff. StPO.) — Amtsgericht —
Postpapier; A4; 7. 1939; 10000; Z6].

Haftbefehl des Amtsgerichts Kehl gegen Andreas Baum vom 24. April 1943

Bundesarchiv R 3017/16767

Baum kam ab 4. Februar 1943 in Polizeihaft und ab dem 24. April 1943 wegen der im Haftbefehl des Amtsgerichts Kehl enthaltenen Vorwürfe in Untersuchungshaft. Der Elsässer wurde in der Hauptverhandlung vom 27. Juni 1944 wegen Landesverrats zum Tode verurteilt, die bürgerlichen Ehrenrechte wurden ihm aberkannt (1 L 155/44). Am 24. August 1944 wurde er in Bruchsal hingerichtet.

6. Verfahren: Ein nach Frankreich emigrierter Saarländer

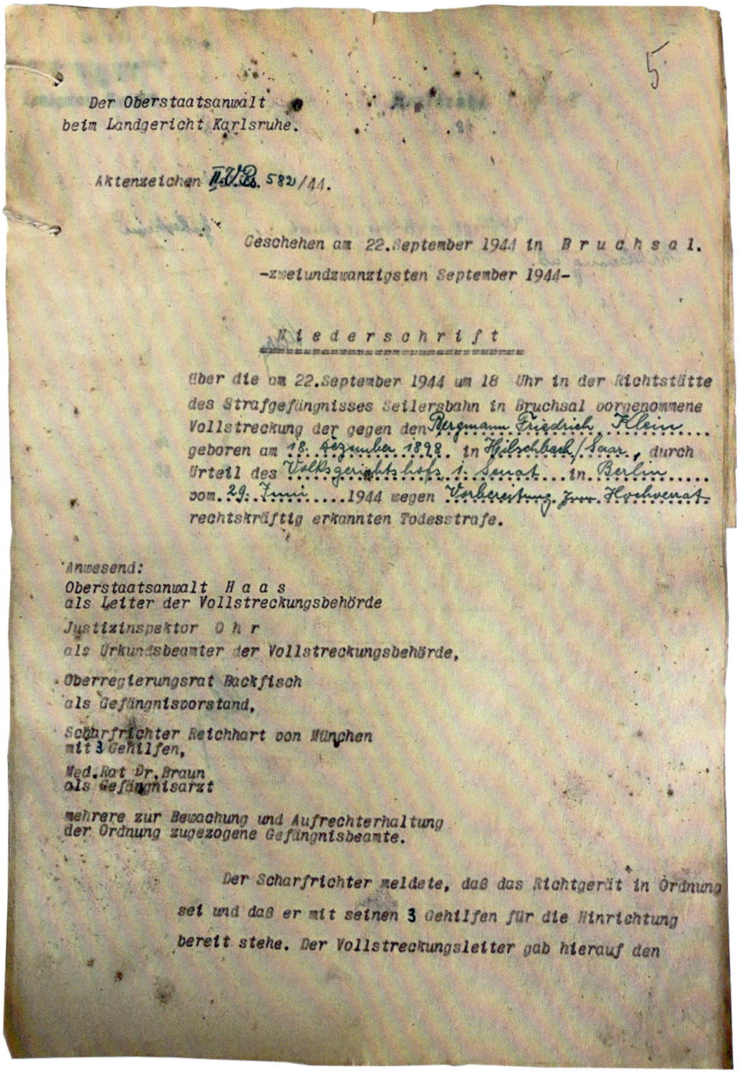

5

Der Oberstaatsanwalt
beim Landgericht Karlsruhe.

Aktenzeichen II VB. 582/44.

Geschehen am 22. September 1944 in B r u c h s a l.
-zweiundzwanzigsten September 1944-

N i e d e r s c h r i f t

über die am 22. September 1944 um 18 Uhr in der Richtstätte des Strafgefängnisses Seilersbahn in Bruchsal vorgenommene Vollstreckung der gegen den Bergmann Friedrich Klein geboren am 18. Dezember 1898. in Hilschbach / Saar, durch Urteil des Volksgerichtshofs 1. Senat in Berlin vom 29. Juni 1944 wegen Vorbereitung zum Hochverrat rechtskräftig erkannten Todesstrafe.

Anwesend:
Oberstaatsanwalt H a a s
als Leiter der Vollstreckungsbehörde

Justizinspektor O h r
als Urkundsbeamter der Vollstreckungsbehörde,

Oberregierungsrat Backfisch
als Gefängnisvorstand,

Scharfrichter Reichhart von München
mit 3 Gehilfen,

Med. Rat Dr. Braun
als Gefängnisarzt

mehrere zur Bewachung und Aufrechterhaltung der Ordnung zugezogene Gefängnisbeamte.

Der Scharfrichter meldete, daß das Richtgerät in Ordnung sei und daß er mit seinen 3 Gehilfen für die Hinrichtung bereit stehe. Der Vollstreckungsleiter gab hierauf den

Niederschrift über die Hinrichtung von Friedrich Klein

Generallandesarchiv Karlsruhe 309 Nr. 6078

Der am 18. Dezember 1898 im saarländischen Hilschbach geborene Friedrich Klein entstammte einer Bergmannsfamilie. Nach dem Besuch der Volksschule wurde er Bergarbeiter. Im Ersten Weltkrieg kämpfte er für das Deutsche Reich an der Westfront. Nach seiner Entlassung vom Militär arbeitete er wieder als Bergmann. Er war bereits im Jahr 1919 dem „Freien Bergarbeiterverband" und im Jahr 1930 der SPD beigetreten. Im Jahr 1933 wurde er Mitglied im „Schutzbund", einer Nebenorganisation des Reichsbanners Schwarz-Rot-Gold im Saargebiet, und wurde Anhänger der „Status-quo-Bewegung". Nachdem sich im Volksentscheid des Jahres 1935 90,7 Prozent der Abstimmenden zu Hitler-Deutschland bekannten, emigrierte Klein nach Frankreich und trat der Emigrantenorganisation „Office Sarrois" sowie der französischen Gewerkschaft „CGT" bei.

Nach Kriegsbeginn mit Frankreich wurde Klein – wie alle emigrierten Saarländer – in einem Lager in Frankreich interniert. Am Tag seiner Einweisung meldete er sich gegenüber dem Kommandanten des Lagers zum Eintritt in das französische Heer, wurde aber für kriegsuntauglich befunden. Im Mai 1940 kam er als sogenannter Prestatär in eine französische Arbeitskompanie. Friedrich Klein wurde am 9. Oktober 1943 von der Sicherheitspolizei in Frankreich festgenommen und am 20. Januar 1944 der Gestapo Saarbrücken überstellt. Nach Anklageerhebung vom 8. Mai 1944 verurteilte der Volksgerichtshof Friedrich Klein am 29. Juni 1944 wegen Feindbegünstigung zum Tode (1 H 131/44). Das Gericht wertete es als Schutzbehauptung, dass

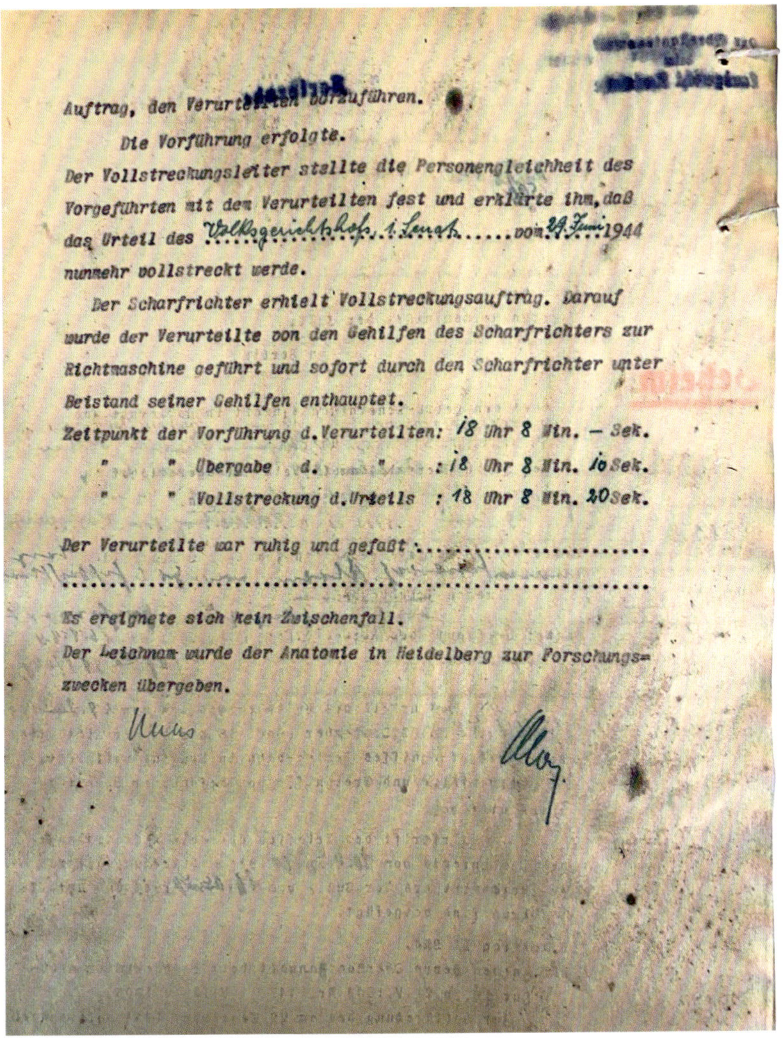

Auftrag, den Verurteilten vorzuführen.

Die Vorführung erfolgte.

Der Vollstreckungsleiter stellte die Personengleichheit des Vorgeführten mit dem Verurteilten fest und erklärte ihm, daß das Urteil des Volksgerichtshofs, 1. Senat ..... vom 29. Juni 1944 nunmehr vollstreckt werde.

Der Scharfrichter erhielt Vollstreckungsauftrag. Darauf wurde der Verurteilte von den Gehilfen des Scharfrichters zur Richtmaschine geführt und sofort durch den Scharfrichter unter Beistand seiner Gehilfen enthauptet.

Zeitpunkt der Vorführung d. Verurteilten: 18 Uhr 8 Min. – Sek.
" " Übergabe d. " : 18 Uhr 8 Min. 10 Sek.
" " Vollstreckung d. Urteils : 18 Uhr 8 Min. 20 Sek.

Der Verurteilte war ruhig und gefaßt ....
....

Es ereignete sich kein Zwischenfall.

Der Leichnam wurde der Anatomie in Heidelberg zur Forschungszwecken übergeben.

Niederschrift über die Hinrichtung von Friedrich Klein

Generallandesarchiv Karlsruhe 309 Nr. 6078

er sich nicht als Deutscher gefühlt habe und Saarflüchtlinge in Frankreich als Staatenlose angesehen worden seien. Friedrich Klein wurde nach Ablehnung seines Gnadengesuchs am 22. September 1944 in Bruchsal hingerichtet.

7. Verfahren: Ein nach Frankreich geflüchtetes KPD-Mitglied

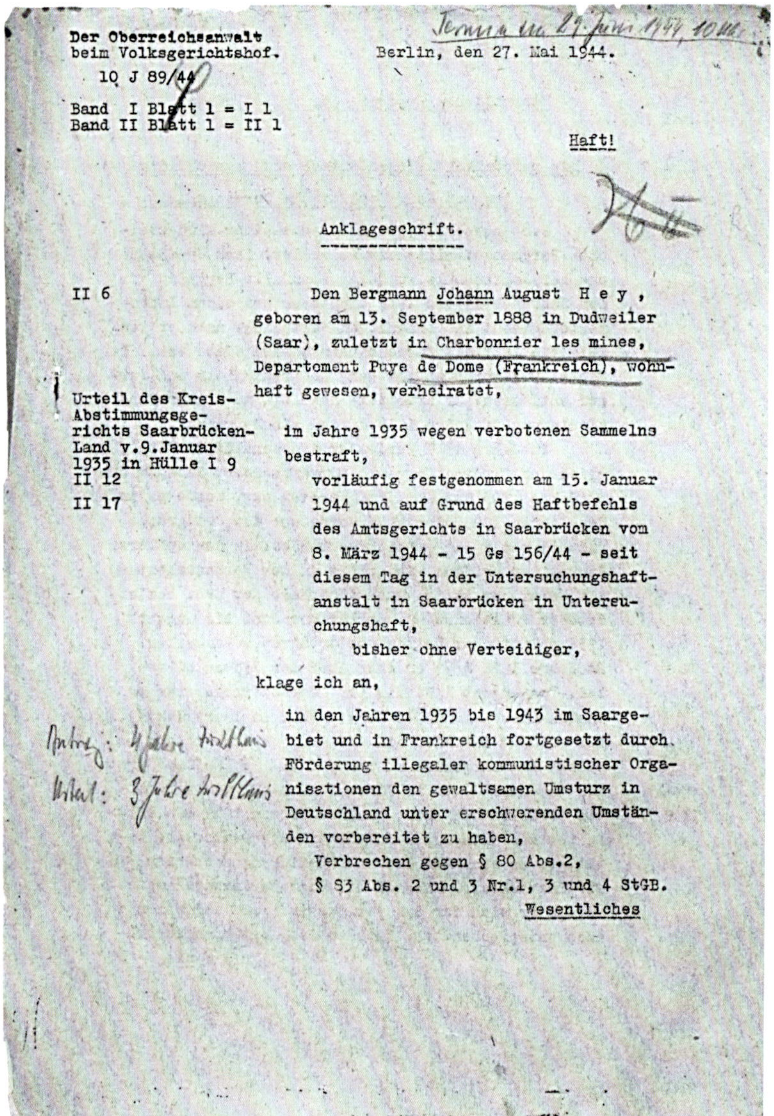

Termin am 29. Juni 1944, 10 Uhr.

Der Oberreichsanwalt
beim Volksgerichtshof.
10 J 89/44

Berlin, den 27. Mai 1944.

Band I Blatt 1 = I 1
Band II Blatt 1 = II 1

Haft!

Anklageschrift.

II 6 — Den Bergmann Johann August H e y ,
geboren am 13. September 1888 in Dudweiler
(Saar), zuletzt in Charbonnier les mines,
Departement Puye de Dome (Frankreich), wohnhaft gewesen, verheiratet,

Urteil des Kreis-Abstimmungsgerichts Saarbrücken-Land v.9.Januar 1935 in Hülle I 9 — im Jahre 1935 wegen verbotenen Sammelns bestraft,

II 12 / II 17 — vorläufig festgenommen am 15. Januar 1944 und auf Grund des Haftbefehls des Amtsgerichts in Saarbrücken vom 8. März 1944 - 15 Gs 156/44 - seit diesem Tag in der Untersuchungshaftanstalt in Saarbrücken in Untersuchungshaft,

bisher ohne Verteidiger,

klage ich an,

in den Jahren 1935 bis 1943 im Saargebiet und in Frankreich fortgesetzt durch Förderung illegaler kommunistischer Organisationen den gewaltsamen Umsturz in Deutschland unter erschwerenden Umständen vorbereitet zu haben,

Verbrechen gegen § 80 Abs.2,
§ 83 Abs. 2 und 3 Nr.1, 3 und 4 StGB.

Antrag: 4 Jahre Zuchthaus
Urteil: 3 Jahre Zuchthaus

Wesentliches

Anklage vom 27. Mai 1944 gegen Johann Hey an den Volksgerichtshof

Bundesarchiv R 3018/15655

Der am 13. September 1888 geborene Johann Hey entstammte einer kinderreichen Bergmannsfamilie aus dem saarländischen Dudweiler. Wie sein Vater und seine Brüder trat auch er der KPD (1923) und der „Roten Hilfe" (1928) bei. Nach der Saarabstimmung vom 13. Januar 1935 und Rückgliederung des Saargebietes in das Deutsche Reich versuchte Hey, die KPD in Dudweiler illegal fortzuführen. Als Hey Ende Dezember 1935 erfuhr, dass die Gestapo bereits mehrere ehemalige Kommunisten festgenommen hatte, befürchtete er auch seine Verhaftung und flüchtete nach Frankreich.

Nach dem deutschen Angriff kam er infolge von Gegenmaßnahmen in ein französisches Internierungslager, wurde jedoch nach wenigen Wochen wieder frei gelassen. Am 15. Januar 1944 wurde er, als er seine Ehefrau besuchte, von der Gestapo festgenommen und im Lager „Neue Bremm" interniert. Aufgrund Haftbefehls des Amtsgerichts Saarbrücken vom 8. März 1944 befand er sich seither in der Untersuchungshaftanstalt Saarbrücken.

In der Hauptverhandlung vom 29. Juni 1944 in Freiburg beantragte der Vertreter des Oberreichsanwalts, Landgerichtsrat Dr. Bach, eine vierjährige Zuchthausstrafe für Hey. Der 1. Senat des Volksgerichtshofs verurteilte ihn wegen Vorbereitung zum Hochverrat zu drei Jahren Zuchthaus. Johann Hey verbüßte die Zuchthausstrafe in der Haftanstalt Ludwigsburg. Dort wurde er – gemeinsam mit seinem Bruder Friedrich – im April 1945 befreit.

8. Verfahren: Ein saarländischer Freiheitskämpfer in Frankreich

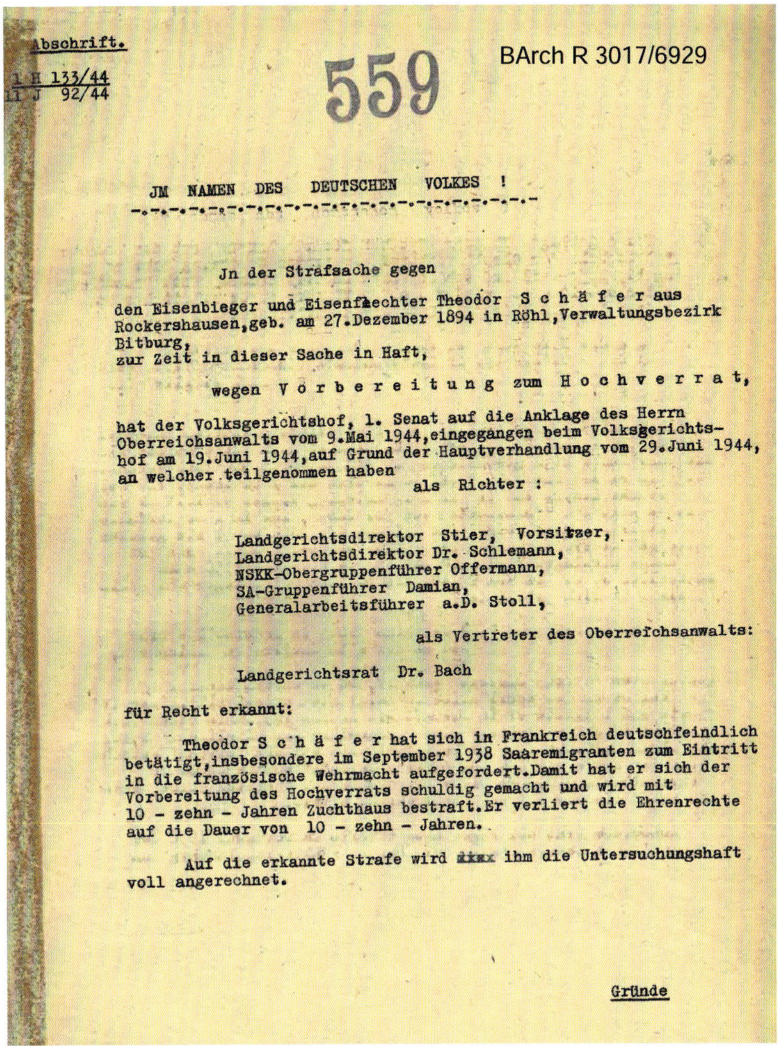

Abschrift.

1 H 133/44
11 J 92/44

559

BArch R 3017/6929

JM NAMEN DES DEUTSCHEN VOLKES !

Jn der Strafsache gegen

den Eisenbieger und Eisenflechter Theodor S c h ä f e r aus Rockershausen, geb. am 27.Dezember 1894 in Röhl, Verwaltungsbezirk Bitburg,
zur Zeit in dieser Sache in Haft,

wegen V o r b e r e i t u n g zum H o c h v e r r a t,

hat der Volksgerichtshof, 1. Senat auf die Anklage des Herrn Oberreichsanwalts vom 9.Mai 1944, eingegangen beim Volksgerichtshof am 19.Juni 1944, auf Grund der Hauptverhandlung vom 29.Juni 1944, an welcher teilgenommen haben

als Richter :

Landgerichtsdirektor Stier, Vorsitzer,
Landgerichtsdirektor Dr. Schlemann,
NSKK-Obergruppenführer Offermann,
SA-Gruppenführer Damian,
Generalarbeitsführer a.D. Stoll,

als Vertreter des Oberreichsanwalts:

Landgerichtsrat Dr. Bach

für Recht erkannt:

Theodor S c h ä f e r hat sich in Frankreich deutschfeindlich betätigt, insbesondere im September 1938 Saaremigranten zum Eintritt in die französische Wehrmacht aufgefordert. Damit hat er sich der Vorbereitung des Hochverrats schuldig gemacht und wird mit 10 - zehn - Jahren Zuchthaus bestraft. Er verliert die Ehrenrechte auf die Dauer von 10 - zehn - Jahren.

Auf die erkannte Strafe wird ihm die Untersuchungshaft voll angerechnet.

Gründe

Rubrum und Tenor des Urteils vom 29. Juni 1944 gegen Theodor Schäfer
Bundesarchiv R 3017/6929

Der Glasbläser Theodor Schäfer wurde am 27. Dezember 1894 in Röhl geboren. Er wurde Mitglied der SPD, war gewerkschaftlich organisiert und Mitglied des „Freidenkerverbandes“. Bei der Saarabstimmung war er Anhänger der „Status-quo-Bewegung“, also für die Beibehaltung der Verwaltung des Saargebiets durch den Völkerbund und gegen den Anschluss an Hitler-Deutschland. Nach dem für ihn enttäuschenden Ausgang der Saarabstimmung begab er sich als politischer Flüchtling nach Frankreich. Ab 1937 führte und betreute er eine saarländische Emigrantengruppe. Das Urteil führt zur politischen Gesinnung Schäfers aus:

„Ausserdem trat der Angeklagte bereits im November 1936 der französischen Gewerkschaft „CGT“ bei. Er zahlte regelmäßig den Mitgliedsbeitrag. Darüber hinaus setzte er sich auch aktiv für die Belange der deutschfeindlichen Gewerkschaft ein, indem er sich mit anderen zum Vorstandsmitglied des hauptsächlich von Sozialisten und Kommunisten gebildeten Koordinationskomitees, das innerhalb der „CGT“ eine deutsche Sprachgruppe gründete, wählen ließ.“

Im Jahr 1938 gelang es ihm, saarländische Emigranten für einen Eintritt in die französische Armee zu gewinnen, allerdings wurde dies von französischer Seite abgelehnt. Nach Kriegsbeginn kam er zunächst in ein französisches Internierungslager, wurde später wieder entlassen und arbeitete wie zuvor weiter als Erzlader in einem Bergwerk. Er wurde am 9. Januar 1944 in Bordeaux festgenommen. Unter dem 9. Mai 1944 klagte ihn der Oberreichsanwalt wegen Vorbereitung des Hochverrats an. Bereits am 29. Juni 1944 verurteilte der Volksgerichtshof Theodor Schäfer wegen im Ausland begangener organisatorischer und propagandistischer Vorbereitung des Hochverrats zu 10 Jahren Zuchthaus und sprach ihm die Aberkennung der bürgerlichen Ehrenrechte für diese Dauer aus (1 H 133/44). Im Urteil wurde insbesondere seine im Jahr 1938 unter saarländischen Emigranten verbreitete Aufforderung, sich freiwillig zum französischen Militärdienst zu melden, als Grund für eine exemplarische Strafe hervorgehoben.

9. Verfahren: Ein Spanienkämpfer vor dem Volksgerichtshof

Eugen Schwebinghaus

Foto privat

Eugen Schwebinghaus wurde am 4. Januar 1906 in Wuppertal-Ronsdorf geboren. Er trat bereits mit 18 Jahren der KPD als Mitglied bei und hatte kleinere Funktionen inne. Nach der nationalsozialistischen Machtübernahme musste er sich vor einer Festnahme versteckt halten. Im Jahr 1935 emigrierte er über die Tschechoslowakei in die Sowjetunion und besuchte dort die Leninschule. Im Januar 1937 begab er sich nach Spanien und nahm am spanischen Bürgerkrieg teil. In der XI. Internationalen Brigade kämpfte er gegen General Franco. Wegen einer Erkrankung wurde er im August 1938 aus dem Dienst entlassen und reiste auf Anweisung des Spanien-Komitees über Frankreich und Belgien nach Amsterdam, wo er eine kommunistische Emigrantenorganisation zunächst unterstütze und später leitete. Diese Funktion übte er auch nach dem Einmarsch der deutschen Truppen in den Niederlanden weiter aus.

Am 23. April 1943 wurde Schwebinghaus wegen seiner Tätigkeit für die kommunistische Partei festgenommen. In der Hauptverhandlung vom 29. Juni 1944 wurde er vom Volksgerichtshof wegen Vorbereitung zum Hochverrat und Feindbegünstigung für immer ehrlos erklärt und zum Tode verurteilt (1 H 127/44). Am 24. August 1944 um 18:18 Uhr wurde Eugen Schwebinghaus im Strafgefängnis Bruchsal hingerichtet.

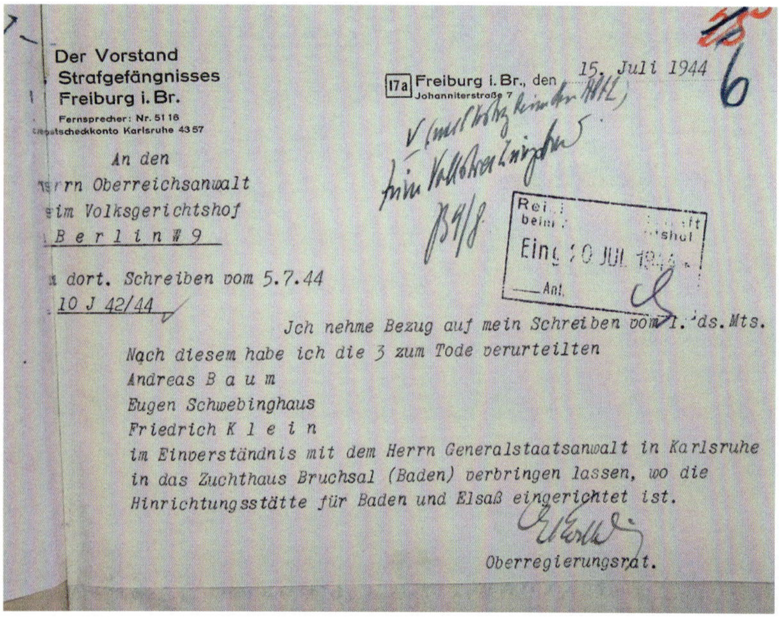

Der Vorstand
Strafgefängnisses
Freiburg i. Br.
Fernsprecher: Nr. 51 16
Postscheckkonto Karlsruhe 43 57

17a Freiburg i. Br., den 15. Juli 1944
Johanniterstraße 7

An den
Herrn Oberreichsanwalt
beim Volksgerichtshof
Berlin W 9

dort. Schreiben vom 5.7.44
10 J 42/44

Jch nehme Bezug auf mein Schreiben vom 1. ds. Mts.
Nach diesem habe ich die 3 zum Tode verurteilten
Andreas Baum
Eugen Schwebinghaus
Friedrich Klein
im Einverständnis mit dem Herrn Generalstaatsanwalt in Karlsruhe in das Zuchthaus Bruchsal (Baden) verbringen lassen, wo die Hinrichtungsstätte für Baden und Elsaß eingerichtet ist.

Oberregierungsrat.

Mitteilung des Vorstands des Strafgefängnisses Freiburg an den Oberreichsanwalt beim Volksgerichtshof über die Verbringung der drei zum Tode Verurteilten zur Hinrichtungsstätte nach Bruchsal

Bundesarchiv R 3018/3660 Band 3

Die Aufhebung der Urteile des Volksgerichtshofs

Der Volksgerichtshof wurde durch die Proklamation Nr. 3 des Kontrollrats vom 20. Oktober 1945 aufgelöst.[14] Diese Proklamation führt allgemein zur der Umgestaltung der Rechtspflege aus: „Verurteilungen, die unter dem Hitler-Regime ungerechterweise aus politischen, rassischen oder religiösen Gründen erfolgten, müssen aufgehoben werden." In den einzelnen Ländern der westlichen Besatzungszone bzw. in der sowjetischen Besatzungszone wurde dieser Auftrag unterschiedlich umgesetzt. Dies führte zu einer erheblichen Rechtszersplitterung und Rechtsunsicherheit.[15]

Hinsichtlich der Urteile des Volksgerichtshofs ist die Rechtslage nach einem langwierigen politischen Gezerre inzwischen geklärt. Zunächst hat der Deutsche Bundestag im Jahr 1985 einstimmig beschlossen, „daß die als 'Volksgerichtshof' bezeichnete Institution kein Gericht im rechtsstaatlichen Sinne, sondern ein Terrorinstrument zur Durchsetzung der nationalsozialistischen Willkürherrschaft war". Nach Überzeugung des Deutschen Bundestages kommt den Entscheidungen des Volksgerichtshofs keine Rechtswirkung zu.[16]

Mit Gesetz zur Aufhebung nationalsozialistischer Unrechtsurteile in der Strafrechtspflege vom 25. August 1998 (BGBl. I 1998, S. 2501) ging der Deutsche Bundestag dann noch einen Schritt weiter und fasste den überfälligen Beschluss: Sämtliche Entscheidungen des Volksgerichtshofs wurden aufgehoben.

Mit diesem Gesetz wurden somit auch die Freiburger Urteile des Volksgerichtshofs aufgehoben. Die den Entscheidungen zugrunde liegenden Verfahren gelten nach § 1 des Gesetzes als eingestellt. Schon allein die geschilderte Besetzung der Richterbank des 1. Senats des Volksgerichtshofs bei seinen Verhandlungen in Freiburg lässt die gesetzliche Regelung als zwingend erscheinen. Sowohl die beiden Berufsrichter als auch die drei Volksrichter waren überzeugte nationalsozialistische Gefolgsleute. Der Volksgerichtshof war damit kein unabhängiges Gericht. Seine auch in Freiburg gefällten, unmenschlich harten Urteile dienten der Terrorisierung der Bevölkerung und ergeben eine Bilanz des Schreckens.

[14] Amtsblatt des Kontrollrats in Deutschland, S. 22

[15] Vgl. beispielsweise Beschluss des Landgerichts Berlin vom 1. August 1996, NJW 1996, 2742 ff.

[16] BT-Drucks 10/2368, Plenarprotokoll des Deutschen Bundestages 10/118, S. 8767 (C)

Der Umgang mit Richtern und Staatsanwälten des Volksgerichtshofs nach 1945

Blick von der Zuschauergalerie während des Juristenprozesses in Nürnberg zwischen dem 17. Februar 1947 und dem 4. Dezember 1947

Public Domain

Nach Ende des Zweiten Weltkrieges lag die oberste Regierungsgewalt und damit auch die Justizhoheit in den Händen der vier Hauptsiegermächte. Nach dem gemeinsam geführten Nürnberger Hauptkriegsverbrecherprozess vor dem Internationalen Militärgerichtshof führten die US-Amerikaner alleine zwölf sogenannte Nürnberger Nachfolgeprozesse durch. Der dritte dieser Prozesse, der sogenannte Juristenprozess, richtete sich gegen 16 Juristen, darunter drei ehemalige Richter des Volksgerichtshofs und drei ehemalige Reichsanwälte des Volksgerichtshofs. Von diesen sechs Angeklagten verurteilte das Militärgericht zwei Reichsanwälte zu langjährigen Freiheitsstrafen, drei Angeklagte wurden freigesprochen und ein Angeklagter ist wegen Krankheit aus dem Verfahren ausgeschieden.

In der DDR sind im Jahr 1950 im Zuge der berüchtigten Waldheimer Prozesse insgesamt 3.324 Angeklagte in kurzen Verhandlungen verurteilt worden. Darunter befanden sich auch einige Staatsanwälte des Volksgerichtshofs, die lange Haftstrafen erhielten. Da in der sowjetischen Besatzungszone ehemalige Mitglieder der NSDAP oder deren Gliederungen auch in späteren Jahren nicht wieder in den Justizdienst eingestellt wurden, sind diese Strafprozesse des Landgerichts Chemnitz nahezu ausschließlich von in Kurzlehrgängen ausgebildeten sogenannten Volksrichtern geführt worden. Die Verfahren verstießen schwerwiegend gegen rechtsstaatliche Grundsätze. Nach der deutschen Wiedervereinigung konnten Verurteilte ihre Rehabilitierung beantragen – gegen Richter und Staatsanwälte der Waldheimer Prozesse gab es Strafverfahren.

Im Jahr 1982 wurde mit Erich Geißler ein Ermittlungsrichter am Volksgerichtshof und Mitarbeiter der Reichsanwaltschaft beim Volksgerichtshof vom Stadtgericht Berlin (Ost-Berlin) zu 15 Jahren Freiheitsstrafe verurteilt. Er gilt als einziger Richter des Volksgerichtshofs, der wegen seiner Tätigkeit von einem deutschen Gericht verurteilt wurde.

In der Bundesrepublik Deutschland führte die Strafverfolgung ehemaliger Richter und Reichsanwälte des Volksgerichtshofs zu keiner strafrechtlichen Verurteilung. Das Verfahren gegen den ehemaligen Beisitzer im 1. Senat des Volksgerichtshofs Hans-Joachim Rehse war exemplarisch. Im Juli 1967 verurteilte ihn das Landgericht Berlin wegen Beihilfe zum Mord und Beihilfe zum versuchten Mord zu einer Freiheitsstrafe von fünf Jahren. Auf die Revisionen der Staatsanwaltschaft und des Angeklagten hob der Bundesgerichtshof das Urteil im April 1968 auf. Der Senat stellte fest, dass ein berufsrichterlicher Beisitzer auch unter den Bedingungen des Volksgerichtshofs aus eigener Rechtsüberzeugung entscheiden konnte. Der Angeklagte Rehse könne daher gegebenenfalls nur als Täter, nicht als Gehilfe verurteilt werden.[17] In der erneuten Hauptverhandlung sprach das Landgericht Berlin Rehse frei. Über die dagegen eingelegte Revision entschied der Bundesgerichtshof nicht mehr, da Rehse im September 1969 verstarb.[18]

Im letzten Verfahren gegen einen Richter am Volksgerichtshof beging der Beschuldigte Paul Reimers nach Anklageerhebung und vor einer Hauptverhandlung im Jahr 1984 Selbstmord.

Die frühere Rechtsprechung des Bundesgerichtshofs zum Rechtsbeugungsvorsatz, die praktisch zu einem Ausschluss der Strafbarkeit von NS-Richtern führte, wurde heftig kritisiert und ist inzwischen überholt. Mit einem Urteil aus dem Jahr 1995 hat der Bundesgerichtshof von seiner früheren Rechtsprechung Abstand genommen.[19]

[17] BGH NJW 1968,1339 f.

[18] Dreßen, Blinde Justiz – NS-Justizverbrechen vor Gericht, S. 80 f.

[19] BGHSt 41, 317 ff.

Das Reichskriegsgericht verurteilte
in 27 Hauptverhandlungen 58 Mitglieder
der französischen Widerstandsgruppe
Réseau Alliance zum Tode und
neun weitere zu langjährigen
Freiheitsstrafen.

Dominik Stahl

Das Reichskriegsgericht

Gründung

Gesetz über die Wiedereinrichtung eines Obersten Gerichtshofs der Wehrmacht. Vom 26. Juni 1936.

Die Reichsregierung hat das folgende Gesetz beschlossen, das hiermit verkündet wird:

§ 1

Auf der Grundlage der Militärstrafgerichtsordnung vom 1. Dezember 1898 wird ein Oberster Gerichtshof der Wehrmacht wiedereingerichtet.

Die im Deutschen Reich seit 1898 bestehende Militärgerichtsbarkeit wurde durch Art. 106 der Weimarer Reichsverfassung „außer für Kriegszeiten und an Bord der Kriegsschiffe" nach langen Diskussionen über das Für und Wider abgeschafft. Die Nationalsozialisten beschlossen bereits kurz nach der „Machtergreifung" die Militärjustiz wieder einzuführen (RGBl. 1933 I, S. 264).

Ein Oberster Gerichtshof wurde allerdings erst durch Gesetz über die Wiedereinrichtung eines Obersten Gerichtshofs der Wehrmacht vom 26. Juni 1936 beschlossen (RGBl. 1936 I, S. 517). Das Reichskreisgericht wurde mit Wirkung vom 1. Oktober 1936 gegründet.

Gründungsversammlung des Reichskriegsgerichts am 1. Oktober 1936 in Berlin

Privatbesitz/Reproduktion Gedenkstätte Deutscher Widerstand

Sitz des Reichskriegsgerichts war Berlin. Dort bezog das Gericht das schon vom Reichsmilitärgericht genutzte Gebäude in der Witzlebenstraße 4 – 10. Zunehmende Luftangriffe auf Berlin machten es im Jahr 1943 erforderlich, den Sitz des Gerichts zu verlegen. Das Reichskriegsgericht zog schließlich in die Zietenkaserne nach Torgau um.

Zuständigkeit

Die Militärgerichtsbarkeit war zuvörderst zuständig für Angehörige des Militärs, also Soldaten und Wehrmachtangehörige, in Kriegszeiten auch das Gefolge und Kriegsgefangene, bei grundsätzlich allen Straftaten. Ob ein Zusammenhang mit militärischen Sachverhalten gegeben war, spielte für diese Personen keine Rolle.

Darüber hinaus waren bei bestimmten Straftaten mit militärischem Hintergrund und – in besetzten Gebieten – solchen zum Nachteil der Deutschen Truppen oder dort errichteter Behörden grundsätzlich alle Personen, ungeachtet ihrer Angehörigkeit zum Militär, der Militärgerichtsbarkeit unterworfen. § 2 Nr. 4 der Kriegsstrafverfahrensordnung von 1939 erstreckte die Militärgerichtsbarkeit namentlich auf alle Zivilpersonen, die wegen Spionage, Freischärlerei, Verstoßes gegen eine Verordnung im besetzten Gebiete zur Sicherung des Kriegszwecks, des Hoch- und Landesverrats oder der „Wehrkraftzersetzung" verfolgt wurden.

Als Rechtsmittelgericht

Bis zum Zweiten Weltkrieg war das Reichskriegsgericht zum einen als Beschwerdegericht, zum anderen als Revisionsgericht für Berufungsurteile der Oberkriegsgerichte zuständig. Gegen Urteile, die über mobile Teile der Wehrmacht verhängt worden waren, sogenannte Feld- und Bordurteile, waren keine Rechtsmittel zulässig. Mit Beginn des Krieges und dem Inkrafttreten der Kriegsstrafverfahrensordnung im Jahr 1939 wurde dies zur Regel: Urteile der Militärgerichtsbarkeit waren nicht mehr an fechtbar.

Als Tatgericht

Nur für die schwersten und politisch bedeutsamsten Strafverfahren war eine Zuständigkeit des Reichskriegsgerichts als Tatgericht begründet. Die Zuständigkeit betraf anfänglich alle Verfahren gegen Offiziere und Wehrmachtbeamte im Admirals- oder Generalsrang. Ferner waren besonders schwerwiegende Delikte wie der Hoch-, Landes- oder Kriegsverrat dem Reichskriegsgericht zugeordnet, wenn sie sich außerhalb des Operationsgebiets zutrugen und nicht von Angehörigen mobiler Verbände begangen wurden. Durch die Kriegsstrafverfahrensordnung wurde die erstinstanzliche Zuständigkeit des Reichskriegsgerichts auf zwei neu geschaffene Delikte erweitert: Wirtschaftssabotage und „Wehrkraftzersetzung". Mit der vierten Durchführungsverordnung erfolgte eine Ausweitung auf Spionagedelikte. Bei diesen Tatbeständen war jedoch die Abgabe an den Volksgerichtshof möglich, wenn das Oberkommando der Wehrmacht (OKW) oder der Gerichtsherr erklärten, dass militärische Belange die Aburteilung durch ein Wehrmachtgericht nicht erforderten.[1]

[1] Art. 1 Nr. 8 der vierten Durchführungsverordnung zur Kriegsstrafverfahrens ordnung vom 1. November 1939 (RGBl. I, S. 2132 f.).

Übersicht über die Zuständigkeit des Reichskriegsgerichts

Hochverrat (§§ 80 bis 84 RStGB)	**Angriff gegen den Führer und Reichskanzler** (§ 94 Abs. 1 RStGB)
Landesverrat (§§ 89 bis 92 RStGB)	**Verbrechen nach § 5 Nr. 1 der Verordnung des Reichspräsidenten zum Schutz von Volk und Staat** vom 28. Februar 1933 (RGBl. I, S. 83)
Kriegsverrat (§§ 57, 59, 60 MStGB)	**Wehrmittelbeschädigung** (§ 143a RStGB)
Wehrkraftzersetzung (§ 5 KSSVO)	**Wirtschaftssabotage** nach dem Gesetz vom 1. Dezember 1936 (RGBl. I, S. 999)
Spionage (§ 2 KSSVO)	
Nichtanzeige einer Straftat nach § 139 Abs. 2 RStGB	

Vom Militärgericht zum NS-Terrorinstrument

Die Militärgerichtsbarkeit war aufgrund ihrer organisatorischen Struktur keine von der Wehrmacht unabhängige Institution, sondern in deren Kommandohierarchien eingebunden. Ihre Urteilspraxis wurde traditionell als ein an besondere Formen gebundenes Disziplinierungsmittel begriffen. Die Verfahrensrechte der Angeklagten standen hier dementsprechend seit jeher hinter denen in zivilen Gerichtsverfahren zurück. In der Weimarer Republik führte das zur Kritik und letztlich zur Abschaffung der Militärjustiz. Im „Dritten Reich" hingegen bot sich die Militärjustiz als Machtmittel und Terrorinstrument den Nationalsozialisten geradezu an. Deren Ideologie des „totalen Krieges" fiel bei den reaktionären Angehörigen des deutschen Militärs, denen die Gesetze der Nationalsozialisten alsbald als „vornehmste Art des Führerbefehls"[2] galten, zudem auf besonders fruchtbaren Boden.

Die Kriegsstrafverfahrensordnung gestaltete das Verfahren vor den Militärgerichten „zur Sicherung der Wehrmacht und des Kriegszwecks" zum Terrorinstrument des NS-Regimes aus. Hierzu knüpfte sie zur Steuerung der Verfahren an die traditionell starke Stellung des Gerichtsherrn an. Außerdem reduzierte sie die Rechte der Angeklagten auf ein Minimum. Im Ergebnis bot die Militärjustiz den Nationalsozialisten ein weiteres Mittel und „praktisch unbegrenzte Möglichkeiten, gegen ‚innere und äußere Feinde' vorzugehen."[3]

Gerichtsherr

Die Nationalsozialisten machten sich das für die Militärjustiz prägende Institut des Gerichtsherrn nutzbar, um die Urteilspraxis auch in Einzelfällen in ihrem Sinne zu beeinflussen. Der Gerichtsherr eines Militärgerichts war nicht lediglich mit der Gerichtsverwaltung, sondern auch mit der Vorbereitung und Nachprüfung der Entscheidungen betraut und hatte mannigfaltige Möglichkeiten der Einflussnahme.

Bis 1944 war Max Bastian Präsident des Reichskriegsgerichts. Er propagierte eine rasche und schnelle Anwendung der Kriegsgesetze, bestätigte die Vielzahl der von seinem Gericht ausgesprochenen Todesurteile und verlieh hierdurch der drakonischen Spruchpraxis des Reichskriegsgerichts ein Gesicht.

[2] So Rudolf Lehmann, Deutsches Recht 1939, S. 1268

[3] Baumann/Koch, „Was damals Recht war...", S. 145

Max Bastian
Public Domain

Bastian war formal dem Reichskriegsminister unterstellt, dessen Aufgaben der Chef des Oberkommandos der Wehrmacht, Wilhelm Keitel, wahrnahm. Sowohl Keitel als auch Hitler, der sich nach § 5 Abs. 1 Kriegsstrafverfahrensordnung als Oberster Gerichtsherr gerierte, konnten dem Präsidenten des Reichskriegsgerichts Anweisungen erteilen. Damit war den Nationalsozialisten ein wirkmächtiges Mittel zur Beeinflussung der Strafverfolgung in der Militärjustiz an die Hand gegeben.

Vor der Verhandlung

Bereits im militärstrafrechtlichen Ermittlungsverfahren führte am Gerichtsherrn kein Weg vorbei. Bei den Feldgerichten nahm er durchweg staatsanwaltliche Aufgaben wahr. Nach Eingang einer Strafanzeige, des „Tatberichts", beauftragte er einen – mit ermittlungsrichterlichen Befugnissen ausgestatteten – Untersuchungsführer mit der weiteren Sachverhaltsaufklärung. Erachtete dieser den Sachverhalt für hinreichend aufgeklärt, berichtete er dem Gerichtsherrn, der über den Abschluss des Ermittlungsverfahrens zu entscheiden hatte. Im Fall eines hinreichenden Tatverdachts verfügte der Gerichtsherr die Anklage und den Zusammentritt des Gerichts. Zugleich beauftragte er den Anklagevertreter, bestellte erforderlichenfalls einen Verteidiger, berief die Richter und bestimmte Ort und Zeit der Hauptverhandlung.

Für das Reichskriegsgericht wurde zwar eine Oberreichskriegsanwaltschaft eingerichtet, die die Ermittlungen führen, die Aufgaben des Untersuchungsführers wahrnehmen und die Anklage vertreten sollte. Die Oberreichskriegsanwaltschaft war jedoch keine gerichtsunabhängige Behörde, sondern organisatorischer Bestandteil des Reichskriegsgerichts, als solche dem Präsidenten des Reichskriegsgerichts unterstellt und an dessen Weisungen gebunden. Schließlich verfügte auch im Verfahren vor dem Reichskriegsgericht der Gerichtsherr, also der Präsident des Reichskriegsgerichts, die Anklage, die er zusammen mit dem Oberreichskriegsanwalt unterzeichnete.

Ferner konnte der Gerichtsherr in vielen Fällen über die Abgabe und Übernahme von Verfahren entscheiden. Da die Voraussetzungen vage formuliert waren, konnten die Nationalsozialisten über den Gerichtsherrn die gerichtliche Zuständigkeit steuern.

Im Nachprüfungsverfahren

Weitergehende Befugnisse kamen dem Gerichtsherrn und dem Präsidenten des Reichskriegsgerichts im Besonderen nach der Beendigung der Hauptverhandlung zu. Zwar waren die Urteile der Militärjustiz nach Inkrafttreten der Kriegsstrafverfahrensordnung nicht anfechtbar. Dies bedeutete jedoch nicht, dass die Nationalsozialisten missliebige Urteile nicht dennoch aufheben konnten. Mittel hierzu war das in den §§ 76 ff. Kriegsstrafverfahrensordnung ausgestaltete Nachprüfungsverfahren, das sämtliche Urteile der Militärjustiz vor ihrer Vollstreckung durchlaufen mussten.

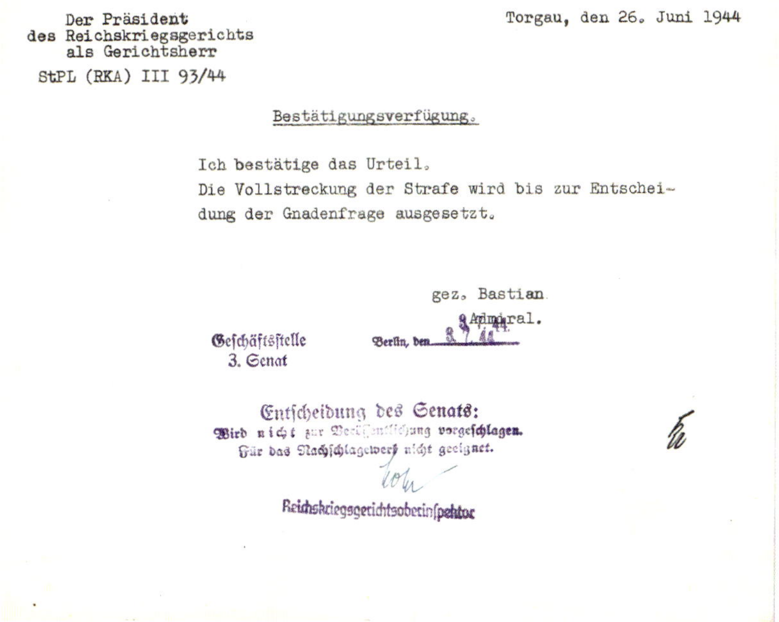

Der Präsident
des Reichskriegsgerichts
als Gerichtsherr
StPL (RKA) III 93/44

Torgau, den 26. Juni 1944

Bestätigungsverfügung.

Ich bestätige das Urteil.
Die Vollstreckung der Strafe wird bis zur Entscheidung der Gnadenfrage ausgesetzt.

gez. Bastian
Admiral.

Geschäftsstelle
3. Senat

Berlin, den 3.7.44

Entscheidung des Senats:
Wird nicht zur Veröffentlichung vorgeschlagen.
Für das Nachschlagewerk nicht geeignet.

Reichskriegsgerichtsoberinspektor

Bestätigungsverfügung auf der letzten Seite des Urteils gegen Robert Darsac

Militärhistorisches Archiv Prag

Das in diesem Verfahren vorgesehene Recht zur Bestätigung oder Aufhebung von Urteilen des Reichskriegsgerichts sollte von Adolf Hitler persönlich ausgeübt werden, wenn es sich um Urteile gegen Offiziere im Generals- oder Admiralsrang handelte, Offiziere zum Tode verurteilt wurden oder er sich die Bestätigung „allgemein oder im Einzelfall" vorbehalten hatte. In allen anderen Fällen war der Präsident des Reichskriegsgerichts Herr des Nachprüfungsverfahrens.

Unter welchen Bedingungen die Bestätigung eines Urteils zu versagen war, wurde rechtlich nicht abschließend vorgegeben. Das Nachprüfungsverfahren bot deshalb Interventionsmöglichkeiten für militärische und politische Erwägungen aller Art. Obwohl Urteile des Reichskriegsgerichts mit Rechtsmitteln nicht weiter anfechtbar waren, konnten sie bis zum Abschluss des Nachprüfungsverfahrens keine Rechtswirkungen entfalten. Nach Gribbohm hatten sie vor ihrer Bestätigung vielmehr nur den „Wert (unverbindlicher) Rechtsgutachten".[4] Erst „die Bestätigung macht die Urteile rechtskräftig und vollstreckbar" (§ 77 Abs. 2 Kriegsstrafverfahrensordnung).

[4] Gribbohm, Das Reichskriegsgericht, S. 97

Beschneidung von Rechten der Angeklagten

Mit der Kriegsstrafverfahrensordnung wurden die Rechte der Angeklagten auf ein Minimum reduziert. Der Vorsitzende konnte die Hauptverhandlung nach freiem Ermessen gestalten, soweit die Kriegsstrafverfahrensordnung keine Regelungen traf. Regelungen aber, die den Angeklagten effektive Möglichkeiten zur Geltendmachung ihrer legitimen Interessen innerhalb des Verfahrens gaben, waren nicht vorgesehen. Zwar konnten die Angeklagten rein theoretisch einen Verteidiger verlangen, Richter ablehnen und Beweisanträge stellen. Zwingend waren diese „Rechte" jedoch nicht, da die Angeklagten sie nicht geltend machen konnten und ihre Missachtung keine Folgen haben mussten. „Unter allem Umständen beachtet werden" musste neben den Vorschriften zur Besetzung der Richterbank, dem Erfordernis der Stimmenmehrheit bei der Urteilsfindung und der schriftlichen Abfassung der Urteilsgründe lediglich das Recht der Angeklagten auf rechtliches Gehör und zum letzten Wort. Nur eine Verletzung dieser Maßgaben hätte nach § 86 der Kriegsstrafverfahrensordnung zur Folge, dass die Bestätigung des Urteils zu versagen wäre.

Vor diesem Hintergrund verwundert es wenig, dass selbst auf die Anwesenheit der Angeklagten wenig wert gelegt wurde: Eine Verhandlung in Abwesenheit setzte nach § 59 Abs. 1 Kriegsstrafverfahrensordnung lediglich voraus, dass der Angeklagte nicht sofort greifbar war und *„der begründete Verdacht besteht, daß er sich der gerichtlichen Untersuchung zu entziehen beabsichtigt".*

Weiter geschwächt war die Stellung der Angeklagten durch weitgehende Eingriffe der Nationalsozialisten in die richterliche Unabhängigkeit, schwammig formulierte und umgehbare Zuständigkeitsregelungen, die fehlende institutionelle Trennung von Gericht und Verfolgungsbehörde und nicht zuletzt die Unmöglichkeit, Urteile der Militärgerichtsbarkeit anzufechten.

Die Urteilspraxis des Reichskriegsgerichts

Das Reichskriegsgericht wendete wie auch die Sondergerichte und der Volksgerichtshof Strafgesetze an, die bewusst weit gefasst waren und drakonische Strafen vorsahen. In nahezu allen Fällen, die in den Zuständigkeitsbereich des Reichskriegsgerichts fielen, konnte oder musste die Todesstrafe verhängt werden. Nach Anschauung der Nationalsozialisten verlangte der Kriegszweck zudem auch in jedem Einzelfall ein rücksichtslos durchgreifendes Vorgehen und größtmögliche Abschreckung.

Vor diesem Hintergrund übte das Reichskriegsgericht wie auch die übrige Militärgerichtsbarkeit eine exzessive und drakonische Spruchpraxis aus. Schätzungen gehen von mehr als 30.000 Todesurteilen durch Militärgerichte im Zweiten Weltkrieg aus.[5] Allein das Reichskriegsgericht verhandelte nach internen Statistiken ab 1939 gegen ca. 3.700 Angeklagte, von denen es 1.189 in der Zeit vom 26. August 1939 bis zum 7. Februar 1945 zum Tode verurteilte; die Todesurteile wurden in 90 Prozent der Fälle vollstreckt.[6]

Anzahl der ergangenen Todesurteile	1.189

wegen	
Landesverrat	313
Hochverrat	96
Kriegsverrat	24
Spionage	340
91a, 91b, Fahnenflucht	116
Wehrmittelbeschädigung	39
Plünderung	2
Zersetzung der Wehrkraft	251
Volksschädlings-VO	1
Mord	1
Ungehorsam	3
Dienstpflichtverletzung im Felde	3

500 Militärangehörige	
Heer	422
Kriegsmarine	16
Luftwaffe	62

689 Zivilisten	
Reichsdeutsche	162
Ausländer	527

1.049 Vollstreckungen	
Reichsdeutsche	562
Ausländer	487

[5] Pichler, Die Entwicklung des nationalsozialistischen Militärstrafrechts von 1933 bis 1945, S. 171

[6] Haase, Aus der Praxis des Reichskriegsgerichts, S. 390

Auch wenn diese Statistiken unvollständig sind und nur Mindestzahlen belegen, legen sie nahe, dass das Reichskriegsgericht mindestens jeden dritten Angeklagten zum Tode verurteilt hat.

Besondere Bedeutung hatten in der Spruchpraxis des Reichskriegsgerichts Verfahren wegen „Wehrkraftzersetzung". Die Verfahren richteten sich insbesondere gegen Kriegsdienstverweigerer aus religiösen Gründen wie etwa die Zeugen Jehovas. Bis Mai 1943 urteilte das Gericht 291 Wehrdienstverweigerer ab, die es in 100 Fällen zum Tode verurteilte. Bis zum Ende des Krieges erhöhte sich die Zahl der Todesurteile gegen Verweigerer auf 260.

Einen weiteren Schwerpunkt bildeten die Verfahren gegen den deutschen Widerstand. Die hier oftmals einschlägigen Tatbestände des Hoch- und Landesverrats fielen in die ausschließliche Zuständigkeit des Reichskriegsgerichts, das sich Verfahren gegen den deutschen Widerstand jedoch faktisch mit dem Volksgerichtshof teilte.

Zu den bekanntesten Verfahrenskomplexen vor dem Reichskriegsgericht gehören die 23 Prozesse gegen 79 Angehörige der „Roten Kapelle" um Arvid Harnack und Harro Schulze-Boysen. Das Reichskriegsgericht verurteilte in den Jahren 1942 und 1943 75 Angeklagte, davon allein 46 Menschen zum Tode.[7]

Eine bedeutende Rolle nahm das Reichskriegsgericht auch bei der Unterdrückung des ausländischen Widerstands ein. Zwischen 1941 und 1942 verurteilte es über 100 Norweger, 47 Niederländer, 16 Belgier und über 70 Franzosen verschiedener Widerstandsgruppierungen zum Tode oder zu hohen Zuchthaus- oder Gefängnisstrafen. Verantworten mussten sich die Widerständler vor allem wegen „Spionage" und „Feindbegünstigung". Die Zuständigkeit des Reichskriegsgerichts für die Aburteilung dieser Fälle erlangte auch in den Freiburger Verfahren Bedeutung.

[7] Gribbohm, Das Reichskriegsgericht, S. 143 f.

Das Reichskriegsgericht in Freiburg

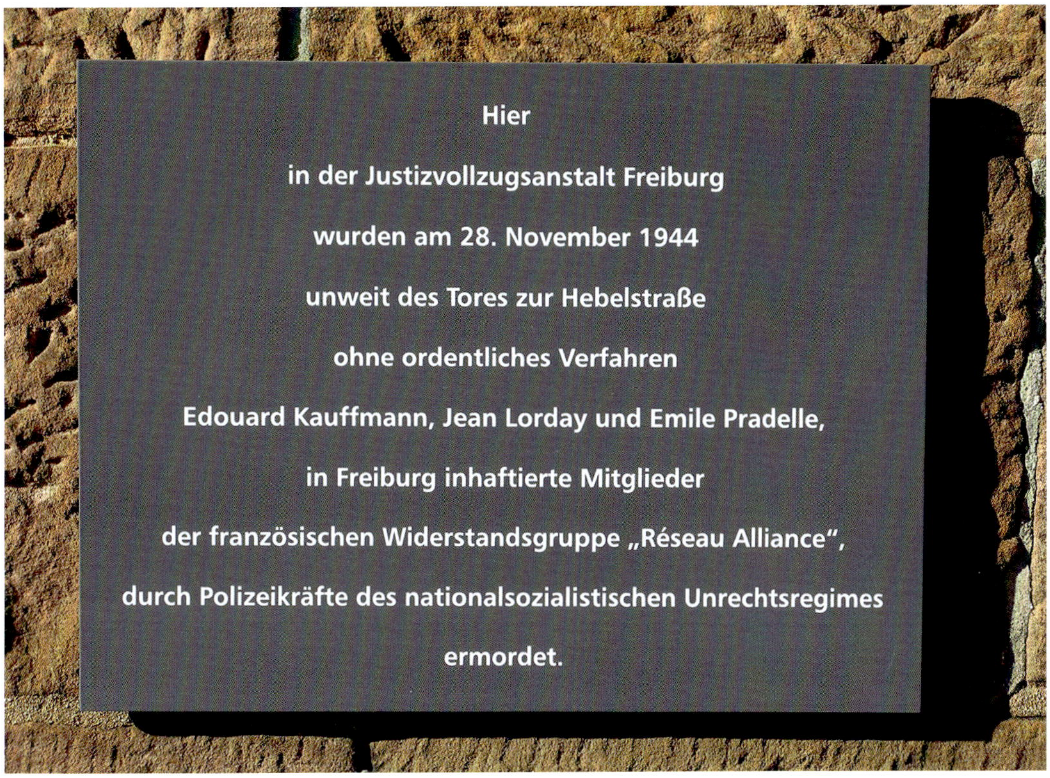

Gedenktafel an der Justizvollzugsanstalt Freiburg

Foto privat

Das Reichskriegsgericht führte in Freiburg 27 Hauptverhandlungen gegen insgesamt 67 Angeklagte durch. Die Verfahren bildeten einen zusammenhängenden Komplex: Angeklagt waren ausschließlich Angehörige der französischen Résistance und zwar der Widerstandsgruppe Réseau Alliance.

Die Sitzungen fanden im Dezember 1943 sowie im Februar und Juni 1944 jeweils vor dem 3. Senat des Reichskriegsgerichts statt. Das Reichskriegsgericht verhängte gegen 58 Angeklagte die Todesurteile, acht Angeklagte wurden zu mehrjährigen Zuchthausstrafen und ein Angeklagter zu einer dreijährigen Gefängnisstrafe verurteilt. Freisprüche gab es keine. Von den 67 Angeklagten waren 63 männlichen und vier weiblichen Geschlechts. Jüngster Angeklagter war der zum Zeitpunkt der Verurteilung noch 21-jährige Marcel Trümel, ältester war der über 75-jährige Auguste Raynal.

Der Anführer des Freiburger Verfahrenskomplexes, Léon Faye, wurde am 28. Juni 1944 in einer weiteren Hauptverhandlung in Bruchsal zum Tode verurteilt. Dieses Urteil markierte den Schlusspunkt der Freiburger Verfahren gegen die Alliance Réseau.

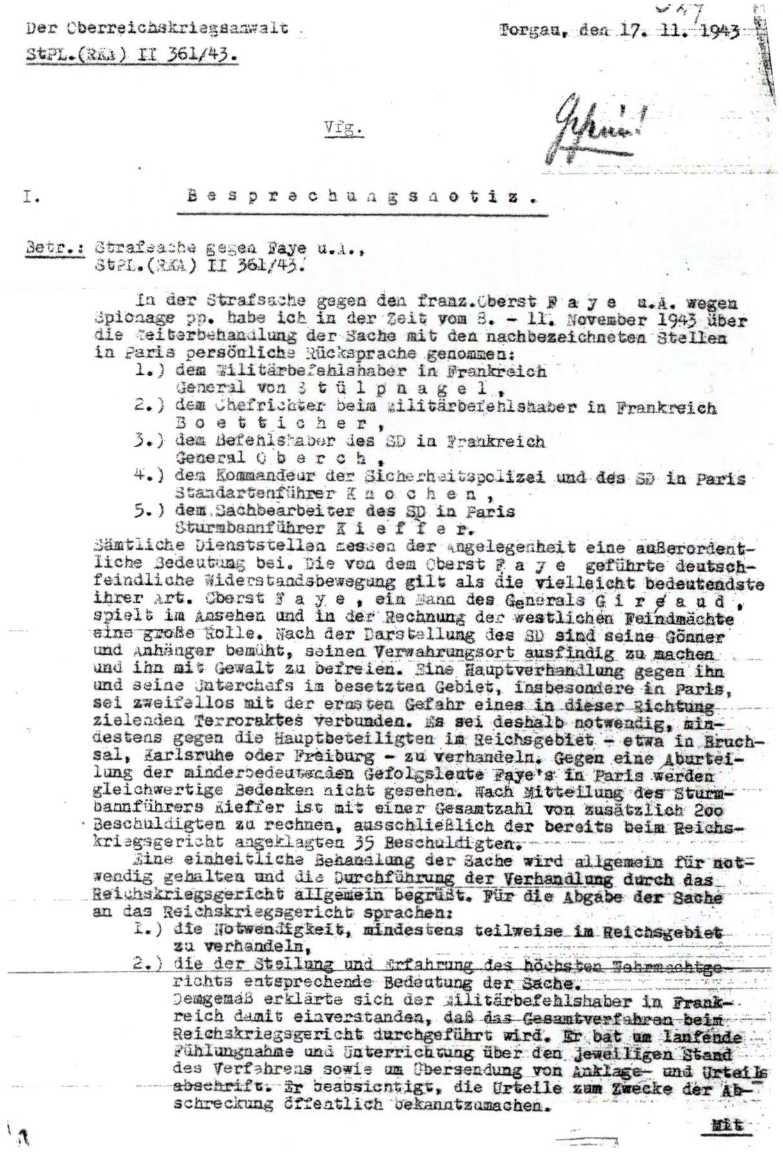

Der Oberreichskriegsanwalt
StPL.(RKA) II 361/43.

Torgau, den 17. 11. 1943

Vfg.

Geheim!

I. **B e s p r e c h u n g s n o t i z .**

Betr.: Strafsache gegen Faye u.A.,
StPL.(RKA) II 361/43.

In der Strafsache gegen den franz.Oberst F a y e u.A. wegen Spionage pp. habe ich in der Zeit vom 8. - 11. November 1943 über die Weiterbehandlung der Sache mit den nachbezeichneten Stellen in Paris persönliche Rücksprache genommen:

1.) dem Militärbefehlshaber in Frankreich
General von S t ü l p n a g e l ,
2.) dem Chefrichter beim Militärbefehlshaber in Frankreich
B o e t t i c h e r ,
3.) dem Befehlshaber des SD in Frankreich
General O b e r c h ,
4.) dem Kommandeur der Sicherheitspolizei und des SD in Paris
Standartenführer K n o c h e n ,
5.) dem Sachbearbeiter des SD in Paris
Sturmbannführer K i e f f e r.

Sämtliche Dienststellen messen der Angelegenheit eine außerordentliche Bedeutung bei. Die von dem Oberst F a y e geführte deutschfeindliche Widerstandsbewegung gilt als die vielleicht bedeutendste ihrer Art. Oberst F a y e , ein Mann des Generals G i r a u d , spielt im Ansehen und in der Rechnung der westlichen Feindmächte eine große Rolle. Nach der Darstellung des SD sind seine Gönner und Anhänger bemüht, seinen Verwahrungsort ausfindig zu machen und ihn mit Gewalt zu befreien. Eine Hauptverhandlung gegen ihn und seine Unterchefs im besetzten Gebiet, insbesondere in Paris, sei zweifellos mit der ernsten Gefahr eines in dieser Richtung zielenden Terroraktes verbunden. Es sei deshalb notwendig, mindestens gegen die Hauptbeteiligten im Reichsgebiet - etwa in Bruchsal, Karlsruhe oder Freiburg - zu verhandeln. Gegen eine Aburteilung der minderbedeutenden Gefolgsleute Faye's in Paris werden gleichwertige Bedenken nicht gesehen. Nach Mitteilung des Sturmbannführers Kieffer ist mit einer Gesamtzahl von zusätzlich 200 Beschuldigten zu rechnen, ausschließlich der bereits beim Reichskriegsgericht angeklagten 35 Beschuldigten.

Eine einheitliche Behandlung der Sache wird allgemein für notwendig gehalten und die Durchführung der Verhandlung durch das Reichskriegsgericht allgemein begrüßt. Für die Abgabe der Sache an das Reichskriegsgericht sprachen:

1.) die Notwendigkeit, mindestens teilweise im Reichsgebiet zu verhandeln,
2.) die der Stellung und Erfahrung des höchsten Wehrmachtgerichts entsprechende Bedeutung der Sache.

Demgemäß erklärte sich der Militärbefehlshaber in Frankreich damit einverstanden, daß das Gesamtverfahren beim Reichskriegsgericht durchgeführt wird. Er bat um laufende Fühlungnahme und Unterrichtung über den jeweiligen Stand des Verfahrens sowie um Übersendung von Anklage- und Urteilsabschrift. Er beabsichtigt, die Urteile zum Zwecke der Abschreckung öffentlich bekanntzumachen.

Mit

Besprechungsnotiz des Oberreichskriegsanwalts vom 17. November 1943

Militärhistorisches Archiv Prag

In den Zuteilungslisten des Reichskriegsgerichts sind weitere 46 Angeklagte der Réseau Alliance aufgeführt, die ebenfalls vor dem 3. Senat hätten abgeurteilt werden sollen. Sie blieben ohne Hauptverhandlung weiter in Haft und wurden in die Verfügung der Gestapo gestellt.

Auch die am 28. November 1944 vor den Toren der heutigen Justizvollzugsanstalt Freiburg erschossenen drei Widerstandskämpfer Edouard Kauffmann, Emile Pradelle und Jean Marie Lordey standen auf der Zuteilungsliste des Reichskriegsgerichts. Éduard Kauffmann, Deckname „großer Manitou", war Anführer einer zu Schutz- und Aktionsoperationen eingerichteten Sondereinheit der Alliance mit dem Namen „Appachen",[8] der auch Pradelle angehörte. Kauffmann war der Gestapo übergeben worden, nachdem der Haftbefehl gegen ihn wegen Überlastung des Gerichts im September 1944 aufgehoben worden war. Es ist davon auszugehen, dass sich die beiden anderen Widerstandskämpfer aus demselben Grund in „Schutzhaft" befanden.

Dass die Verfahren nicht am Sitz des Reichskriegsgerichts stattfanden, war nicht ungewöhnlich. Abgesehen von der Verfügbarkeit etwaiger Beweismittel vor Ort bedeutete die Verbringung einer größeren Zahl von Gefangenen einen großen organisatorischen und logistischen Aufwand, der für die Nationalsozialisten mit zunehmenden Kriegsmühen nur schwer zu bewerkstelligen war. Oftmals war es einfacher, den Verhandlungsort zu verlegen. Für die Aburteilung der Mitglieder der Alliance war zunächst Paris angedacht, allerdings befürchtete der dortige nationalsozialistische Befehlshaber, dass der Widerstand die Verhandlungen mit einem „Terrorakt" stören könnte. Auf der Suche nach Alternativen fiel die Wahl auf eine Stadt in der Nähe der für den Widerstand vorgesehenen Gefängnisse und Konzentrationslager entlang des Oberrheins: Freiburg.

[8] An ihn erinnert die von seinem Enkel Richard Kauffmann verfasste Biografie „Radio Topinambur".

Die Réseau Alliance

Die Réseau Alliance war mit nahezu 3.000 Mitgliedern die wichtigste militärische Nachrichtenorganisation in Frankreich.[9] Sie wurde 1940 von George Loustaunau-Lacau, der zur konservativen Militärelite des Landes gehörte, und Marie-Madeleine Fourcade im Vichy-Gebiet gegründet. Beide arbeiteten zuvor für das antikommunistische und antideutsche Journal „L'Ordre national". Loustaunau-Lacau war davon überzeugt, dass eine geheimdienstliche Tätigkeit im besetzten Gebiet die effektivste Möglichkeit zur Bekämpfung der deutschen Besatzer darstellte. Während er selbst seine Kontakte zum französischen Militär aktivierte und die Nähe zum Vichy-Regime suchte, um „an der Quelle" Informationen zu sammeln, beauftragte er Fourcade mit der Einrichtung einer im Untergrund agierenden Widerstandsorganisation, die im französischen Gebiet Informationen über die deutschen Truppen sammeln und sie an die Briten weiterleiten sollte. Nach der Verhaftung Loustaunau-Lacaus[10] im Jahr 1941 übernahm Fourcade die Leitung der Organisation.

Fourcade engagierte sich nach dem Krieg politisch und wurde 1980 in das Europäische Parlament gewählt. Außerdem setzte sie sich in der Erinnerungsarbeit ein, gab den Band Mémorial de „l'Alliance" heraus und legte 1968 ihre Erinnerungen in ihren Memoiren „L'Arche de Noé" nieder.[11]

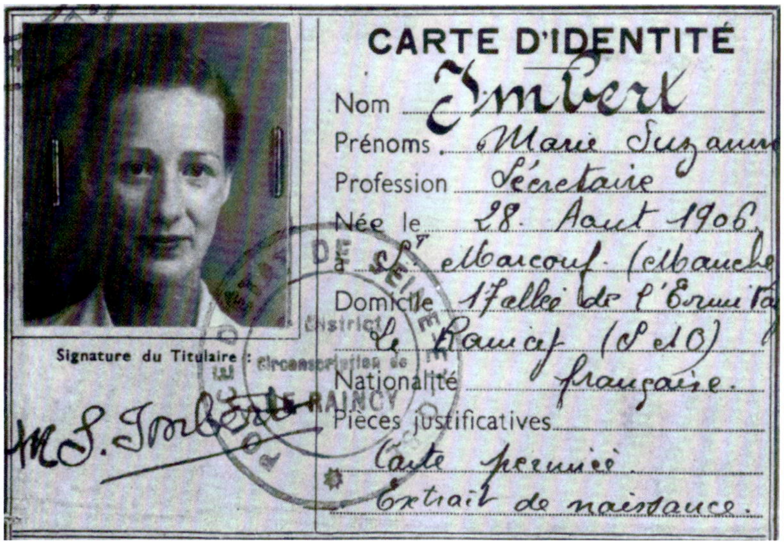

Ein gefälschter Ausweis von Marie-Madeleine Fourcade

Public Domain

[9] Guy Caraès, Le réseau Alliance, S. 529

[10] Loustaunau-Lacau verarbeitete seine Erinnerungen in seinen „Mémoires d'un Francais rebelle: 1914-1948".

[11] Erst 2019 erschien die von Lynn Olson verfasste populärwissenschaftliche Biografie „Madame Fourcade's Secret War".

Morsegerät

Paris-Musée de l'Armée, Dist. RMN-Grand Palais

Fourcade und ihre Helfer teilten zunächst das unbesetzte Frankreich in Zonen auf, rekrutierten neue Agenten und unterwiesen sie in die Grundlagen geheimdienstlicher Tätigkeit. Der britische Geheimdienst MI6 unterstützte die Organisation und stellte finanzielle Mittel, technische Ausrüstung und fachkundiges Personal zur Verfügung.

Die Aufgaben für die Mitglieder des Netzwerks waren vielfältig. Neue Agenten waren mit Bedacht auszuwählen und auszubilden, Informationen mussten durch unauffällige Beobachtungen und „offene Ohren" gewonnen, durch Boten weitergeleitet, vor der Versendung gesichtet und zusammengefasst werden. Die Agenten lieferten die Informationen schließlich per Post, Funk oder persönlich nach Großbritannien.

Das Netzwerk war bei alldem auf eine Vielzahl von Unterstützer angewiesen, die z. B. Verstecke für Funksender bereitstellten, Landeplätze auskundschafteten oder Sendungen entgegennahmen.

Um unentdeckt zu bleiben, betrieben die Agenten großen Aufwand. Schriftliche Botschaften wurden mit aus bestimmten Büchern generierten Codes verschlüsselt. Boten wurden angehalten, auf eine Verschriftlichung zu verzichten und die von ihnen gewonnenen Informationen auswendig zu lernen. Aus Sicherheitsgründen hatte das Netzwerk zunächst auch auf einen Namen verzichtet. Die Nationalsozialisten bezeichneten sie als „Arche Noah", weil die Agenten 1943 dazu übergingen, ihrer Identität mit Tiernamen zu verschleiern.

Verfolgung und Inhaftierung

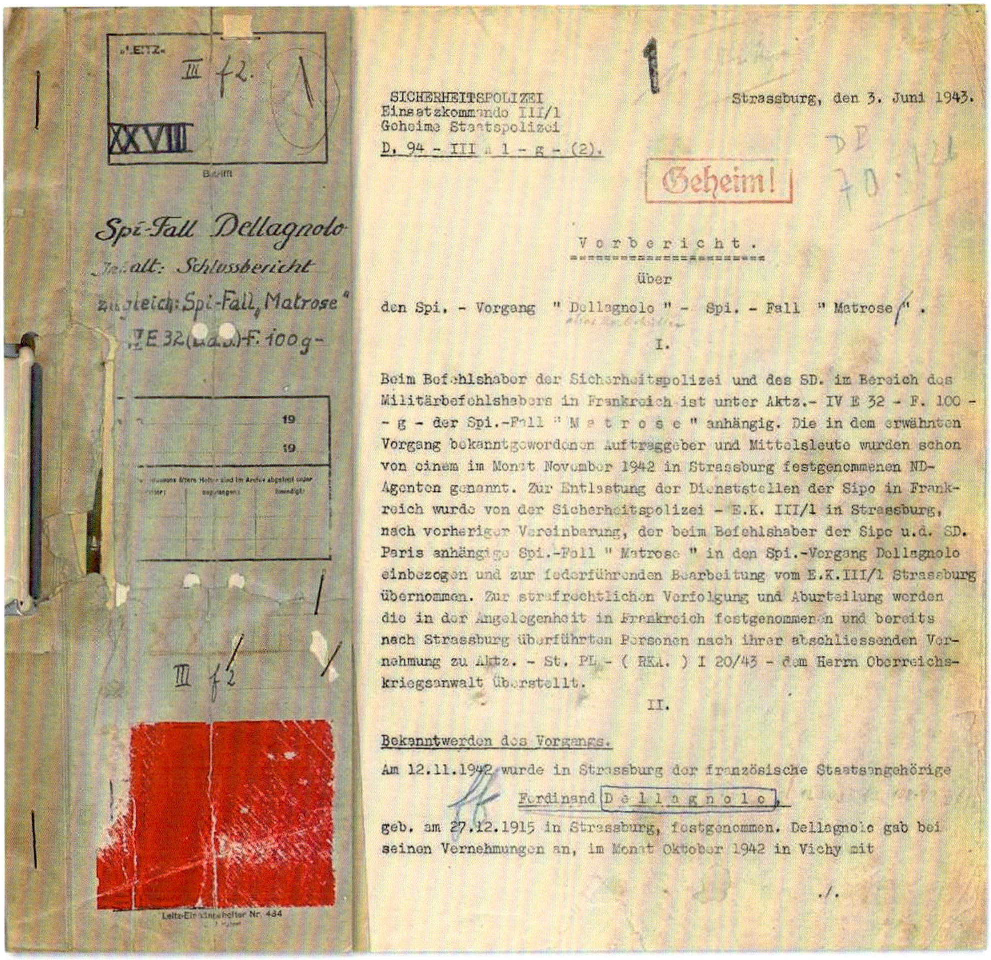

SICHERHEITSPOLIZEI
Einsatzkommando III/1
Geheime Staatspolizei
D. 94 - III a 1 - g - (2).

Strassburg, den 3. Juni 1943.

Geheim!

V o r b e r i c h t .

über

den Spi. - Vorgang " Dellagnolo " - Spi. - Fall " Matrose ".

I.

Beim Befehlshaber der Sicherheitspolizei und des SD. im Bereich des Militärbefehlshabers in Frankreich ist unter Aktz.- IV E 32 - F. 100 - - g - der Spi.-Fall " M a t r o s e " anhängig. Die in dem erwähnten Vorgang bekanntgewordenen Auftraggeber und Mittelsleute wurden schon von einem im Monat November 1942 in Strassburg festgenommenen ND-Agenten genannt. Zur Entlastung der Dienststellen der Sipo in Frankreich wurde von der Sicherheitspolizei - E.K. III/1 in Strassburg, nach vorheriger Vereinbarung, der beim Befehlshaber der Sipo u.d. SD. Paris anhängige Spi.-Fall " Matrose " in den Spi.-Vorgang Dellagnolo einbezogen und zur federführenden Bearbeitung vom E.K.III/1 Strassburg übernommen. Zur strafrechtlichen Verfolgung und Aburteilung werden die in der Angelegenheit in Frankreich festgenommenen und bereits nach Strassburg überführten Personen nach ihrer abschliessenden Vernehmung zu Aktz. - St. PL - (RKA.) I 20/43 - dem Herrn Oberreichskriegsanwalt überstellt.

II.

Bekanntwerden des Vorgangs.

Am 12.11.1942 wurde in Strassburg der französische Staatsangehörige

Ferdinand D e l l a g n o l o,

geb. am 27.12.1915 in Strassburg, festgenommen. Dellagnolo gab bei seinen Vernehmungen an, im Monat Oktober 1942 in Vichy mit

./.

Schlussbericht zum „Spi-Fall Dellagnolo"

Militärhistorisches Archiv Prag

Die Mitglieder der Alliance waren bei ihrer Tätigkeit permanent der Verfolgung durch die Polizei des Vichy-Regimes, Gestapo und der „Abwehr", dem Geheimdienst der Wehrmacht, ausgesetzt. Spätestens mit den Ermittlungen gegen Ferdinand Dellagnolo, der bereits im November 1942 in Straßburg verhaftet wurde, rückte die Alliance in den Fokus der Nationalsozialisten.

Den NS-Sicherheitsbehörden gelang es vor allem durch die Tätigkeit von Doppelagenten, das Netzwerk zu unterwandern. Dies führte im Jahr 1943 zu drei Verhaftungswellen. Zu deren ersten Opfern gehörten auch drei der vier in Freiburg verurteilten Frauen: Madeleine Crozet, Michelle Goldschmidt De La Vaud und Rachèle Guillebaud. Crozet und Goldschmidt wurden bereits Anfang Februar verhaftet und von dem als „Schlächter von Lyon" bekannt gewordenen Nikolaus „Klaus" Barbie gefoltert.

Der Großteil der in den Freiburger Verfahren abgeurteilten Widerstandskämpfer wurde im September 1943 verhaftet. Zu den prominentesten Inhaftierten gehört der Gründer der Alliance Loustenau-Lacau, der am 5. Mai 1945 aus der Gefangenschaft befreit wurde und den Krieg überlebte. Der Kreis der 1943 verhafteten Widerstandskämpfer umfasste mit vielen Leitern der Sektoren, Teams und Subnetze der Organisation einen beträchtlichen Teil der Führungsriege der Alliance. Auf sie waren die Verhaftungen jedoch nicht beschränkt. Die Nationalsozialisten verschonten auch diejenigen nicht, die mit kleineren und unscheinbaren Unterstützungsleistungen einen Beitrag für die Befreiung ihres Heimatlandes geleistet hatten. Insgesamt wurden über 1.000 der Mitglieder und Unterstützer des Netzwerks inhaftiert. Mehr als 400 wurden – überwiegend im Rahmen der Nacht-und-Nebel-Aktion – verschleppt und hingerichtet.

Zuständig für die Ermittlungen gegen die Réseau Alliance war die Geheime Staatspolizei, Einsatzkommando Straßburg. Innerhalb des Einsatzkommandos Straßburg lag die Leitung der Ermittlungen in den Händen des Kriminalkommissars und SS-Hauptsturmführers Julius Gehrum, der sich als besonders fanatischer und brutaler Nationalsozialist erweisen sollte.

Die Vielzahl von Verfahren gegen die Mitglieder der Alliance hatte im Jahr 1944 Auswirkungen auf die gerichtliche Praxis. Das Reichskriegsgericht sah sich nicht mehr in der Lage, alle Anklagen zeitnah zu verhandeln. Die Reichskriegsanwaltschaft setzte sich daher im Juli 1944 mit Julius Gehrum ins Benehmen, um die Verfahrenszahl vor dem Reichskriegsgericht zu reduzieren. Dabei wurde abgesprochen, nur noch gegen diejenigen Beschuldigten Anklage zu erheben, bei denen voraussichtlich auf Todesstrafe erkannt werden würde. Von der Durchführung eines Gerichtsverfahrens gegen die übrigen Beschuldigten wurde „mit Rücksicht auf andere kriegswichtigere Aufgaben im Reichsgebiet" – so Gehrum – abgesehen. Die weniger belasteten Beschuldigten wurden vom Reichskriegsgericht der Geheimen Staatspolizei „zur Veranlassung sicherheitspolizeilicher Maßnahmen" überstellt. Für die nicht verurteilten Widerstandskämpfer hatte diese Absprache zur Folge, dass sie ohne Strafverfahren in „Schutzhaft" blieben und auf Veranlassung von Gehrum aus abwehrpolizeilichen Gründen in einem reichsdeutschen Konzentrationslager bis zum Kriegsende untergebracht wurden.

Abschrift.

...riegsgericht Torgau/Elbe, den 25.Juli 1944.

... (RKA) III 215/44.

V e r f ü g u n g .

Nach dem Ergebnis der Ermittlungen können die Beschuldigten Paul P e r r o t, geb. 26. Januar 1889 in St.Renny-de-Chargnat, und Leonce de M a s i n, geb. 12.Januar 1911 in Freiburg i.Br. , nur eines Vergehens bezw. Verbrechens nach § 139 RStGB. überführt werden. Sie waren über das Bestehen der Spionageorganisation unterrichtet. Es lässt sich aber nicht nachweisen, dass sie für die Organisation tätig geworden sind. Sie haben daher nur verhältnismäßig geringe Freiheitsstrafen zu erwarten.

Nach Mitteilung der Geheimen Staatspolizei Einsatzkommando Straßburg werden sämtliche Beschuldigte, die im Zusammenhang mit der "Alliance" nach Deutschland verbracht worden sind, während des Krieges auch dann nicht nach Frankreich entlassen, wenn eine Verurteilung nicht erfolgt.

Mit Rücksicht auf die schnelle Durchführung der Verfahren gegen die der Spionage verdächtigen Personen ist es geboten nur die Hauptbeschuldigten durch das Reichskriegsgericht aburteilen zu lassen, die weniger belasteten Beschuldigten aber der Geheimen Staatspolizei zur Veranlassung sicherheitspolizeilicher Maßnahmen zu überstellen.

Die Beschuldigten Perrot und de Masin sind daher der Geheimen Staatspolizei Einsatzkommando Strassburg zurückzuüberstellen.

Der Präsident des Reichskriegsgerichts als Gerichtsherr

gez. Bastian Admiral.

Der Oberreichskriegsanwalt In Vertretung

gez. Eichler Reichskriegsanwalt.

Verfügung des Präsidenten des Reichskriegsgerichts und des Oberreichskriegsanwalts vom 25. Juli 1944

Militärhistorisches Archiv Prag

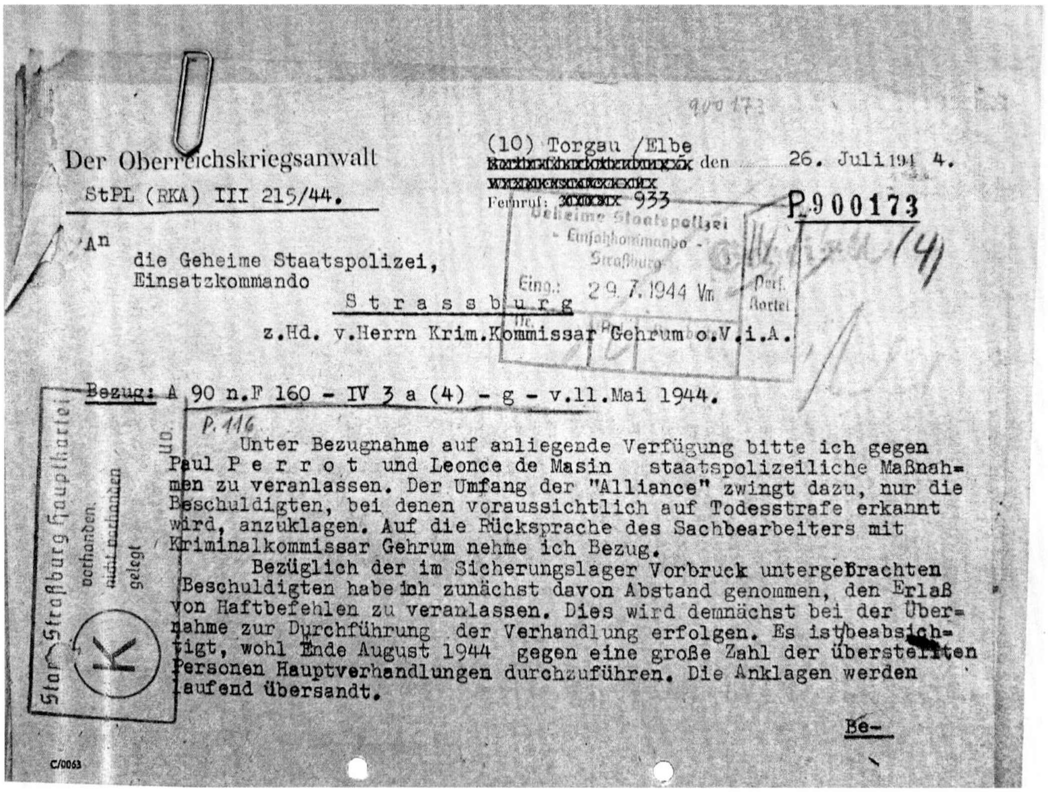

Der Oberreichskriegsanwalt
StPL (RKA) III 215/44.

(10) Torgau /Elbe den 26. Juli 1944.
Fernruf: 933

P.900173

An
die Geheime Staatspolizei,
Einsatzkommando
S t r a s s b u r g
z.Hd. v.Herrn Krim.Kommissar Gehrum o.V.i.A.

Bezug: A 90 n.F 160 - IV 3 a (4) - g - v.11.Mai 1944.

P. 116

Unter Bezugnahme auf anliegende Verfügung bitte ich gegen Paul P e r r o t und Leonce de Masin staatspolizeiliche Maßnahmen zu veranlassen. Der Umfang der "Alliance" zwingt dazu, nur die Beschuldigten, bei denen voraussichtlich auf Todesstrafe erkannt wird, anzuklagen. Auf die Rücksprache des Sachbearbeiters mit Kriminalkommissar Gehrum nehme ich Bezug.

Bezüglich der im Sicherungslager Vorbruck untergebrachten Beschuldigten habe ich zunächst davon Abstand genommen, den Erlaß von Haftbefehlen zu veranlassen. Dies wird demnächst bei der Übernahme zur Durchführung der Verhandlung erfolgen. Es ist beabsichtigt, wohl Ende August 1944 gegen eine große Zahl der überstellten Personen Hauptverhandlungen durchzuführen. Die Anklagen werden laufend übersandt.

Be-

Schreiben des Oberreichskriegsanwalts vom 26. Juli 1944

Militärhistorisches Archiv Prag

In diesem Zusammenhang wurden über 50 bereits erlassene Haftbefehle durch das Reichskriegsgericht wieder aufgehoben und die Beschuldigten vom Reichskriegsanwalt an die Geheime Staatspolizei rücküberstellt. Die Gesundheit und das Leben der Widerstandskämpfer waren fortan in den nationalsozialistischen Konzentrationslagern höchst gefährdet – die Inhaftierten waren der jeweiligen SS-Lagerverwaltung ausgeliefert.

Entgegen der bekundeten Absicht des Oberreichskriegsanwaltes in seinem Schreiben vom 26. Juli 1944 wurden gegen die im Sicherungslager Schirmeck-Vorbruck untergebrachten Beschuldigten weder Haftbefehle veranlasst noch kam es zu Hauptverhandlungen vor dem Reichskriegsgericht. Die geschilderte Absprache führte im Ergebnis vielmehr dazu, dass gar keine Hauptverhandlungen gegen Mitglieder der Réseau Alliance vor dem Reichskriegsgericht mehr stattfanden. Darüber hinaus wurden im Herbst 1944 bei allen NS-Gerichten die sogenannten Nacht-und-Nebel-Prozesse oder abgekürzt NN-Prozesse abgebrochen und die ausländischen Gefangenen der Gestapo überstellt.

Der Nacht-und-Nebel-Erlass

Die in Freiburg verhandelten Verfahren des Reichskriegsgerichts unterlagen der Anwendung des sogenannten Nacht-und-Nebel-Erlasses. Hitlers Erlass vom 7. Dezember 1941 bezweckte, Angriffen „kommunistischer Elemente“ und „anderer deutschfeindlicher Kreise“ gegen das Reich und die Besatzungsmacht „aus Abschreckungsgründen“ in den besetzten westeuropäischen Ländern mit „schärfsten Gegenmaßnahmen“ zu begegnen. Die Feinde des Regimes sollten so schnell wie möglich eliminiert und beseitigt werden. Konnten sie nicht binnen weniger Tage zum Tode verurteilt und hingerichtet werden, sollten sie im Moloch der NS-Justiz und der Sicherheitspolizei verschwinden, d. h. bei „Nacht und Nebel“ nach Deutschland gebracht und, soweit dies militärische Belange erforderte, dem Kriegsverfahren unterworfen werden. Hierdurch sollte nicht nur vermieden werden, dass die Opfer in ihrer Heimat zu Märtyrern gemacht wurden. Beabsichtigt war vor allem, die Bevölkerung in den besetzen Gebieten zu terrorisieren: Die Ungewissheit über das Schicksal der Festgenommenen sollte die Bevölkerung in den besetzten Gebieten in Angst und Schrecken versetzen.

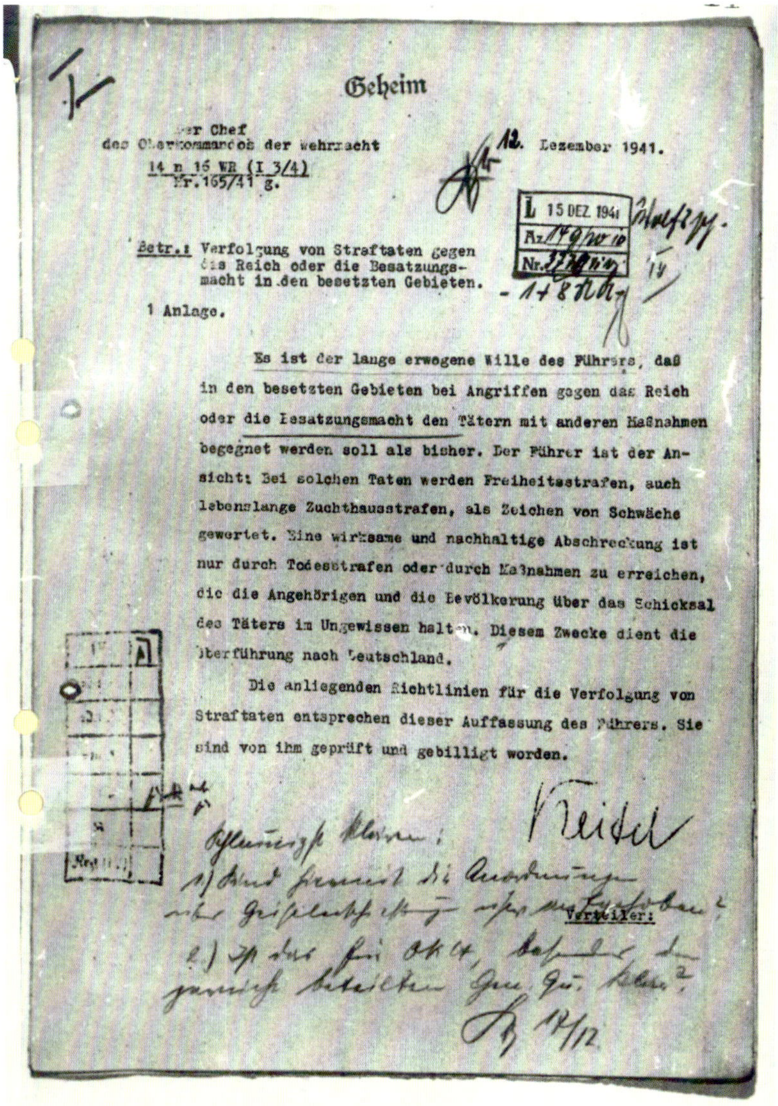

Geheim

Der Chef des Oberkommandos der Wehrmacht
14 n 16 WR (I 3/4)
Nr. 165/41 g.

12. Dezember 1941.

L 15 DEZ. 1941

Betr.: Verfolgung von Straftaten gegen das Reich oder die Besatzungsmacht in den besetzten Gebieten.

1 Anlage.

Es ist der lange erwogene Wille des Führers, daß in den besetzten Gebieten bei Angriffen gegen das Reich oder die Besatzungsmacht den Tätern mit anderen Maßnahmen begegnet werden soll als bisher. Der Führer ist der Ansicht: Bei solchen Taten werden Freiheitsstrafen, auch lebenslange Zuchthausstrafen, als Zeichen von Schwäche gewertet. Eine wirksame und nachhaltige Abschreckung ist nur durch Todesstrafen oder durch Maßnahmen zu erreichen, die die Angehörigen und die Bevölkerung über das Schicksal des Täters im Ungewissen halten. Diesem Zwecke dient die Überführung nach Deutschland.

Die anliegenden Richtlinien für die Verfolgung von Straftaten entsprechen dieser Auffassung des Führers. Sie sind von ihm geprüft und gebilligt worden.

Verteiler:

Schreiben des Chef OKW Keitel zum Nacht-und-Nebel-Erlass

Bundesarchiv RW 36/389

Der Logik dieser Nacht-und-Nebel-Verfahren entsprach es, das Schicksal der in den Akten der NS-Justiz mit dem Kürzel „NN" gekennzeichneten Häftlinge geheim zu halten und keine Anfragen nach ihnen zu beantworten. Die Verfahren selbst unterlagen ebenfalls der Geheimhaltung. Die Gerichtsverhandlungen in Deutschland waren „unter strengstem Ausschluss der Öffentlichkeit durchzuführen",[12] ausländische Zeugen durften nur mit Genehmigung des Oberkommandos der Wehrmacht vernommen und Verteidiger mussten mit Blick auf das Geheimhaltungsbedürfnis auf ihre „Zuverlässigkeit" überprüft werden.

Eine Rückkehr der dem Nacht-und-Nebel-Erlass zum Opfer fallenden Angehörigen des Widerstands war ausgeschlossen. Viele von ihnen wurden ohne Prozess von der Gestapo ermordet. Das NS-Regime sorgte im Übrigen dafür, dass kein Angeklagter mit einem Freispruch davonkam. Soweit doch einmal nur Zuchthaus- oder Gefängnisstrafen verhängt wurden, verschwanden die Verurteilten in Gefängnissen oder wurden der Gestapo überstellt.

Die Nacht-und-Nebel-Verfahren stellen den Sinn der Gerichtsverfahren gegen Regimefeinde in Frage, nicht nur weil deren Schicksal ohnehin schon besiegelt war. Aufgrund der Geheimhaltung konnte weder der Anschein von Rechtlichkeit noch die in den einschlägigen Urteilen vielfach erwähnte Abschreckungswirkung erreicht werden. Die Verfahren wurden somit zur Farce. Einem anderen Zweck als der Einbeziehung der Justiz in den Vernichtungsapparat der Nationalsozialisten konnten sie nicht dienen.[13]

Bei den 67 Angeklagten der Freiburger Verfahren des Reichskriegsgerichts wurde entsprechend vorgegangen. In den Akten des Reichskriegsgerichts ist für die meisten der Angeklagten ausdrücklich der Status als Nacht-und-Nebel-Häftling durch das Kürzel „NN" vermerkt. Die Hauptverhandlungen fanden ohne Beteiligung der Öffentlichkeit statt.

[12] Erste Verordnung zur Durchführung der Richtlinien des Führers und des Oberbefehlshabers der Wehrmacht für die Verfolgung von Straftaten gegen das Reich oder die Besatzungsmacht in den besetzten Gebieten unter Absatz V.

[13] Vgl. Gruchmann, „Nacht- und Nebel"-Justiz, S. 358 f.

Die Urteile des Reichskriegsgerichts

Während ein Großteil des Aktenbestands des Reichskriegsgerichts gegen Ende des Krieges von den Nationalsozialisten vernichtet wurde, gelangten diverse Unterlagen nach Böhmen und Mähren, wo sie in die Hände tschechischer Partisanenverbände fielen. Heute befinden sich diese Unterlagen im Militärhistorischen Archiv in Prag, darunter auch diejenigen Dokumente, die Freiburger Verfahren betreffen. Von den in 27 Hauptverhandlungen gefällten Urteilen liegen sechzehn in maschinenschriftlich ausgefertigter Form vor. Von den anderen elf Urteilen sind nur handschriftliche Zusammenfassungen vorhanden. Die Urteile veranschaulichen, wie mit justiziellen Mitteln gegen Gegner des Nationalsozialismus vorgegangen wurde.

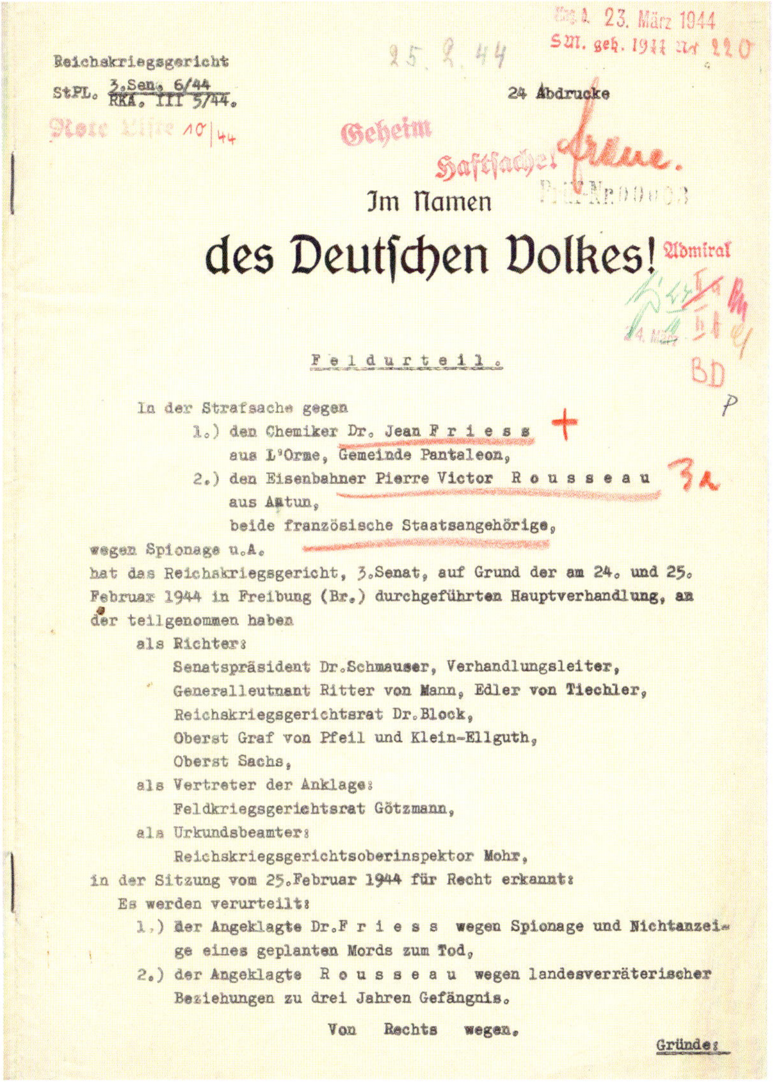

23. März 1944

Reichskriegsgericht
StPL. 3.Sen. 6/44
RKA. III 5/44.

24 Abdrucke

Geheim

Haftsache!

Im Namen
des Deutschen Volkes!

Admiral

Feldurteil.

In der Strafsache gegen
1.) den Chemiker Dr. Jean F r i e s s
aus L'Orme, Gemeinde Pantaleon,
2.) den Eisenbahner Pierre Victor R o u s s e a u
aus Autun,
beide französische Staatsangehörige,
wegen Spionage u.A.
hat das Reichskriegsgericht, 3.Senat, auf Grund der am 24. und 25. Februar 1944 in Freiburg (Br.) durchgeführten Hauptverhandlung, an der teilgenommen haben
als Richter:
Senatspräsident Dr.Schmauser, Verhandlungsleiter,
Generalleutnant Ritter von Mann, Edler von Tiechler,
Reichskriegsgerichtsrat Dr.Block,
Oberst Graf von Pfeil und Klein-Ellguth,
Oberst Sachs,
als Vertreter der Anklage:
Feldkriegsgerichtsrat Götzmann,
als Urkundsbeamter:
Reichskriegsgerichtsoberinspektor Mohr,
in der Sitzung vom 25.Februar 1944 für Recht erkannt:
Es werden verurteilt:
1.) der Angeklagte Dr.F r i e s s wegen Spionage und Nichtanzeige eines geplanten Mords zum Tod,
2.) der Angeklagte R o u s s e a u wegen landesverräterischer Beziehungen zu drei Jahren Gefängnis.
Von Rechts wegen.

Gründe:

Seite 1 des Urteils gegen Dr. Jean Friess und Pierre Rousseau

Militärhistorisches Archiv Prag

Die Tatsachenfeststellungen

Zentraler Teil der Entscheidungen waren die Feststellungen zur Sache, die in den Urteilen unter der Überschrift „Tatbestand" oder „Sachverhalt" aufgeführt wurden. Hier wurden die Ermittlungsergebnisse von Abwehr und Gestapo sowie die damit erzielten Erkenntnisse über die individuelle Widerstandstätigkeit der jeweiligen Angeklagten zusammengefasst. Eine Besonderheit ergab sich für die Freiburger Verfahren, insofern als sämtliche Urteile eine Vorbemerkung enthielten, in der jeweils die Geschichte der Alliance kurz wiedergegeben wurde.

Mit den Feststellungen zu den persönlichen Verhältnissen nahm der „Tatbestand" in allen Urteilen den meisten Platz ein. Zwar erfolgten die Feststellungen aus der Perspektive der Nationalsozialisten und mit Fokus auf solche Tatsachen, die das Gericht feststellen musste, um eine Strafbarkeit zu bejahen. Gleichwohl stellen die Urteile eine wertvolle Erkenntnisquelle für eine historische Aufarbeitung nicht nur des NS-Unrechts, sondern auch der Alliance und ihrer Mitglieder dar, für deren Lebensläufe in vielen Fällen keine anderen schriftlichen Überlieferungen vorhanden sind. Diesen „Wert" der Verfahren auch für die Angehörigen der Opfer verdeutlicht die im Wesentlichen aus Akten des Reichskriegsgerichts rekonstruierte Darstellung der Opferbiografien von Auguste Gerhards in „Tribunal de guerre du IIIe Reich".

Eine eingehende Beweiswürdigung war in den Urteilen nicht vorhanden. Die meisten Angeklagten räumten den ihnen vorgeworfenen Sachverhalt ein. Soweit sie ihn doch einmal ganz oder teilweise abstritten, stützte das Reichskriegsgericht eine Verurteilung auf die Angaben anderer Angeklagten. So hatte etwa Louise Andreu entschieden bestritten, „sich bewusst an einer Nachrichtenvereinigung beteiligt zu haben". Das Reichskriegsgericht hielt dies für „unglaubwürdig und unwahr". Schließlich habe ein Mitangeklagter u. a. konstant angegeben, dass er die Angeklagte Andreu über die Grundzüge des Nachrichtennetzes unterrichtet habe: „Es muss als völlig unwahrscheinlich erachtet werden, dass hier ein Franzose, der sich bewusst zu seiner Tat bekennt, der Wahrheit zuwider eine Landsmännin belasten sollte."

Die Beweiswürdigung und Beweisaufnahme waren dem Reichskriegsgericht in den Freiburger Verfahren vor diesem Hintergrund offenbar keine besonderen Mühen wert. In keinem Urteil findet sich ein Hinweis auf die Einvernahme von Zeugen.

- 2 -

G r ü n d e .

I.

V o r b e m e r k u n g .

1.) Im Lauf des Jahrs 1943 gelang es, in Frankreich ein weitverzweigtes Nachrichtennetz gegen Deutschland aufzudecken.

Dieses war Ende 1940 von dem französischen Major L o u s t a u - n a u - L a c a u gegründet worden. Es ging - unter dem Namen "A r - c h e N o a h " - zunächst darauf aus, politische und wirtschaftliche Nachrichten über Frankreich selbst zu sammeln. Nebenher richtete sich seine Tätigkeit allerdings auch gegen die deutsche Besatzungsmacht. Die Mittel für den Betrieb stellte der englische Nachrichtendienst zur Verfügung. Als Gegenleistung wurden ihm die Nachrichten des Netzes zugeleitet.

Neben Loustaunau-Lacau war in der Leitung seine Geliebte Marie Madeleine M é r i c tätig. Sie übernahm zunächst allein die Führung, als die französische Regierung im Sommer 1941 Loustaunau-Lacau wegen Vichy-feindlicher Äusserungen in ein Sicherungslager verbringen liess.

Vom Februar 1942 an trat der Major der französischen Luftwaffe F a y e neben der Méric in die Leitung des Nachrichtendienstes ein. Er baute ihn in tatkräftigster Weise in militärischer Beziehung aus, besonders nachdem im November 1942 das bis dahin unbesetzte Frankreich besetzt worden war.

Mit Hilfe des Nachrichtendienstes Faye gelangte am 5.11.1942 der im April 1942 aus deutscher Kriegsgefangenschaft entwichene französische Armeegeneral Giraud nach Algier.

Dort gab er im Februar 1943 Faye den Auftrag, sein Netz in einen militärischen, ihm (Giraud) unterstellten Nachrichten- und Abwehrdienst umzuwandeln.

Diesem Auftrag kam Faye nach. Er führte sein Netz in der veränderten Form von da an auf Weisung Girauds unter dem Decknamen "L ' A l - l i a n c e " weiter. Mit diesem Namen wollte Giraud auch nach Aussen hin die Zusammenarbeit mit England hervorheben.

Am 16.9.1943 wurde Faye im Zug nach Paris festgenommen, als er eben im Flugzeug über London von Besprechungen mit General Giraud aus Nordafrika zurückgekommen war. Ausser ihm sind zahlreiche andere Angehörige der Allianz in deutscher Haft. Eine grosse Anzahl von ihnen ist bereits abgeurteilt. Bei Anderen ist das Hauptverfahren im Lauf. Gegen den Rest wird die Anklage vorbereitet.

2.) Die Einzelheiten sowohl über die "Arche Noah" wie über die "Alliance" sind in gesonderten Beilagen zu zahlreichen früheren Verfahren bereits ausführlich dargestellt.

Auf sie wird verwiesen.

3.) Der Angeklagte des gegenwärtigen Verfahrens D a r s a c war unter dem Decknamen " B i s o n " vom Herbst 1942 bis Herbst 1943 als Kurier und Agent vor allem für die Nachrichtensammelstelle "Nord" der "Alliance" in Paris tätig.

II. Zur Person des Angeklagten.

1.) Darsac wurde am 1.4.1919 als Sohn eines französischen Sanitätsoffiziers und späteren praktischen Arztes in Beyruth (Syrien) geboren. Er besuchte dort und in Damaskus das Gymnasium und 1937 bestand er die Reifeprüfung.

1938 kam er zum ersten Mal in das französische Mutterland. Bei Kriegsausbruch meldete er sich freiwillig zum Heeresdienst. Er kam als Kamelreiter nach Algier. Dort machte er drei Jahre als solcher Wüstendienst. 1942 kam er wegen einer Ruhrerkrankung nach Toulouse. Im Septem-

ber

Seite 2 des Urteils gegen Robert Darsac

Militärhistorisches Archiv Prag

Die rechtlichen Erwägungen

Verordnung
über das Sonderstrafrecht im Kriege und bei besonderem Einsatz
(Kriegssonderstrafrechtsverordnung).
Vom 17. August 1938.

Kriegssonderstrafrecht

§ 1

Das sachliche Strafrecht

(1) Für alle Personen, die dem Militärstrafgesetzbuch unterworfen sind, gilt auch das Strafgesetzbuch für das Deutsche Reich.

(2) Auf diese Personen ist das für sie geltende Strafrecht auch dann anzuwenden, wenn sie die Tat im Ausland begehen.

Sondertatbestände

§ 2

Spionage

(1) Wegen Spionage wird mit dem Tode bestraft, wer heimlich oder unter falschem Vorwand in dem Kriegsgebiet der deutschen oder einer verbündeten Wehrmacht Nachrichten einzieht oder einzuziehen sucht in der Absicht, sie dem Feinde oder zu dessen Nutzen einem anderen mitzuteilen. Daneben kann auf Einziehung des Vermögens erkannt werden.

(2) Keine Spione sind:

1. Militärpersonen in Uniform, die in das Kriegsgebiet der deutschen oder einer verbündeten Wehrmacht eingedrungen sind, um sich Nachrichten zu verschaffen.
2. Personen, die den ihnen erteilten Auftrag, Mitteilungen an ihre eigene oder an die feindliche Wehrmacht zu überbringen, offen ausführen.
3. Personen, die in Luftfahrzeugen befördert werden, um offen:
   a) Mitteilungen zu überbringen oder
   b) überhaupt Verbindungen zwischen den verschiedenen Teilen der feindlichen Wehrmacht oder eines Gebietes aufrechtzuerhalten.

(3) Ein Spion, der zur feindlichen Wehrmacht zurückgekehrt ist und später gefangengenommen wird, ist als Kriegsgefangener zu behandeln und kann für frühere Spionage nicht verantwortlich gemacht werden.

(4) Abs. 2 und 3 gelten nicht für Deutsche und die Angehörigen eines verbündeten Volkes oder einer verbündeten Wehrmacht.

§ 3

Freischärlerei

(1) Wegen Freischärlerei wird mit dem Tode bestraft, wer, ohne als Angehöriger der bewaffneten feindlichen Macht durch die völkerrechtlich vorgeschriebenen äußeren Abzeichen der Zugehörigkeit erkennbar zu sein, Waffen oder andere Kampfmittel

Reichsgesetzbl. 1939 I 369

Für die Freiburger Verfahren war der Tatbestand der Spionage von zentraler Bedeutung. Die meisten Angeklagten wurden in den Freiburger Verfahren wegen Spionage verurteilt.

Nach § 2 Abs. 1 der Kriegssonderstrafrechtsverordnung sollte mit dem Tode bestraft werden, wer heimlich oder unter falschem Vorwand in dem Kriegsgebiet der deutschen oder einer verbündeten Wehrmacht Nachrichten einzieht oder einzuziehen sucht in der Absicht, sie dem Feind oder zu dessen Nutzen einem anderen mitzuteilen.

Absatz 2 der Vorschrift sah Ausnahmen unter anderem für Militärpersonen in Uniform vor, die in das Kriegsgebiet der deutschen oder einer verbündeten Wehrmacht eingedrungen waren, um sich Nachrichten zu verschaffen. Weiterhin waren Personen ausgenommen, die den ihnen erteilten Auftrag, Mitteilungen an ihre eigene oder an die feindliche Wehrmacht zu überbringen, offen ausführten. Schließlich konnten nach Absatz 3 der Verordnung Spione, die zu ihrer Armee zurückgekehrt waren, wegen früherer Spionage nicht mehr belangt werden; sie waren als Kriegsgefangene zu behandeln.

Der Vorwurf der Spionage war für die Angeklagten nur schwer zu begreifen. Zum einen waren sie nicht im Ausland, sondern in ihrer Heimat aktiv. Zum anderen verstanden sie sich nicht als Spione, sondern als Soldaten.

So führte der vor dem Reichskriegsgericht in Freiburg angeklagte Ferdinand Rodriguez im Rahmen seiner Hauptverhandlung am 24. Juni 1944 aus, dass er nicht als Spion, sondern als Soldat agiert habe. Er habe für eine dem General Giraud unterstehende militärische Organisation gehandelt und mithin lediglich Aufklärungsarbeit für die französischen Streitkräfte geleistet. Dass die Informationen ins Ausland, nämlich nach London übermittelt worden seien, ändere daran nichts, weil ebendort der Sitz der französischen Streitkräfte gewesen sei. Für die engen Ausnahmen des Tatbestands äußerte Rodriguez im Übrigen Unverständnis. Während seiner Zeit in Libyen und Ägypten habe er dieselben Aufgaben innerhalb einer Aufklärungsgruppe erfüllt, sei aber jedes Mal danach in sein Lager zurückgekehrt. Wenn er in Frankreich nicht dasselbe getan habe, dann deshalb, weil er nicht ohne weiteres jeden Abend nach London habe zurückkehren können. Einen Sachgrund für eine andere Behandlung erkenne er hierin aber ebenso wenig wie im Tragen einer Uniform. Wenn er es richtig verstehe, sei er freizusprechen, wenn er seine Sendungen in aller Ruhe aus einer Wohnung heraus vorbereitet und dabei eine Uniform getragen hätte. Der Vergleich des Vorsitzenden, dass in England ein deutscher Agent wegen Spionage ebenfalls zum Tode verurteilt worden sei, überzeugte Rodriguez nicht: Der deutsche Agent habe sich im Feindesland aufgehalten. Für die Mitglieder des Netzwerks gelte aber nicht dasselbe, da Frankreich nicht zu Deutschland gehöre. Auch Léon Faye stellte in seinem letzten Wort auf die militärische Organisation der Alliance ab und stellte den Unterschied zwischen „Spionen" und Widerstandskämpfern heraus.[14]

Mit ihrer Argumentation konnten die Widerstandskämpfer vor dem Reichskriegsgericht jedoch nicht durchdringen. Unabhängig von einem vereinbarten Waffenstillstand stelle das besetzte Gebiet ein „Kriegsgebiet" im Sinne des § 2 Abs. 1 der Kriegssonderstrafrechtsverordnung dar. Zwar sei es richtig, dass nicht jede nachrichtendienstliche Tätigkeit den Spionagetatbestand erfülle. Erforderlich sei eine heimliche Tätigkeit, die über die „übliche Tarnung" im Rahmen der „Kriegslist" hinausgehe. Für die Alliance sei aber entscheidend, dass deren Mitglieder nicht den ausländischen Streitkräften „oder (anerkannten) Milizen und Freiwilligenkorps" und damit nicht den Angehörigen der „bewaffneten acht Kriegsparteien" angehörten. Für andere Personen gelte eine Ausnahme vom Spionagetatbestand nur für den Fall, dass sie ihren Auftrag für eine ausländische Streitkraft „offen" ausführen und mithin als Angehörige der feindlichen bewaffneten Macht „von ferne" kenntlich sind. Damit stellte das Reichskriegsgericht maßgeblich auf Bestimmungen der Haager Landkriegsordnung vom 18. Oktober 1907 ab.

Da das Gesetz für Spionage als einzige Strafe die Todesstrafe vorsah, fielen die rechtlichen Erwägungen zur Strafzumessung am Ende der Entscheidungen in der Regel kurz aus und beschränkten sich auf Sätze wie den folgenden:

„Für ein solches Verhalten droht das Gesetz als einzige Strafe den Tod an. Auf ihn erkennt der Senat gegen den Angeklagten."

[14] Fourcade, L'Arche de Noé, S. 512 ff.

Exemplarische Fälle des Reichskriegsgerichts in Freiburg

1. Der Prozess gegen den Briten Ferdinand Rodriguez

Lichtbilder aus den Ermittlungsakten gegen Rodriguez alias Rodney

Patrick Rodriguez-Redington

Der Brite Ferdinand Rodriguez war den Nationalsozialisten nur unter seinen Alias-Personalien „Pie", „Thomas" und „Frederic Rodney"[15] bekannt und neben dem Iren Robert Vernon der einzige nichtfranzösische Angeklagte, der durch das Reichskriegsgericht in Freiburg zum Tode verurteilt wurde. Er schilderte seine Erinnerung an die Gefangenschaft in seiner Autobiografie „L'Escalier de fer".

Die Hauptverhandlung gegen den zur Unterstützung der Alliance vom britischen Geheimdienst MI6 entsandten Agenten und engen Vertrauten von Marie-Madeleine Fourcade und Léon Faye fand am 24. Juni 1944, einem Samstag, statt. In den frühen Morgenstunden wurde „Rodney" in Handschellen aus dem Freiburger Wehrmachtsgefängnis in die Räumlichkeiten

[15] Rodriguez, L'Escalier de fer, S. 50: Tatsächlich war „Edward Rodney" ein Alias des Briten während seiner Ausbildung als Funker.

des heutigen Amtsgerichts geführt. Seine Ankunft beschreibt er mit den folgenden Worten:

„Wir sind im Herzen Freiburgs. Dieser Justizpalast erinnert an alles, nur nicht an einen Palast. Der Keller, den ich betrete, gleicht allen anderen Kellern. Türe. Verriegelung. Ich erreiche einen engen Kerker. Halbdunkel. Von namenlosen Tränen feuchte Wände. Viele Inschriften von Patrioten, die das Datum ihrer Verurteilung in die Wände geritzt haben, überall im Raum verteilt."

Gegen 9:00 Uhr begleiteten Rodriguez zwei Soldaten in den Gerichtssaal, mit den Worten des Verurteilten „ein Amphitheater ohne Originalität, ohne Glanz":

„Ich betrachte das Aussehen dieses Raumes - ärgerlicherweise historisch. An der Wand, an der die höheren Offiziere lehnen, befindet sich ein Fresko. Ich wundere mich, dass es nicht kolossaler ist. Es zeigt das Wappen des deutschen Kaiserreichs. Eine weitere Überraschung ist, dass ich kein Porträt von Adolf Hitler entdecke."

Neben den Prozessbeteiligten wohnten zehn Personen, offenbar Wehrmachtsoffiziere, der Verhandlung bei. Rodriguez nahm mit seinem Verteidiger neben zwei Dolmetschern an einem auf einem Podest befindlichen Tisch Platz, der mit einer grünen Tischdecke bedeckt war, die ihn an Billardtuch erinnerten. Der Reichskriegsanwalt hatte sich bei seiner Ankunft bereits nebenan eingerichtet. Die Richter befanden sich offenbar ebenfalls schon auf ihren Plätzen, unter ihnen Senatspräsident Dr. Schmauser:

„Einer der Generäle, trocken, grauhaarig, mager, leitet die Verhandlung. Ich beneide ihn um das Weiß seiner Zähne, die er aus Angewohnheit zeigt."

- 8 -

Rodney ~~Er~~ hatte auch mehrere Rücksprachen mit dem bereits erwähnten Major "Thomas" des englischen Kriegsministeriums. Vor allem gab ihm dieser bestimmte Weisungen für die Umgestaltung einzelner Funkstellen in Frankreich.

7.) Am 13.9.1943 sollte Rodney mit Faye wieder nach Frankreich zurückfligen. Die auf dem Flugplatz Silly-le-Long (10 km ö. von Paris) in Aussicht genommene Landung konnte aber nicht durchgeführt werden, da der Flugzeugführer den Flugplatz nicht fand. Erst in der Nacht vom 15./16.9.1943 glückte die Landung. Auf der Fahrt nach Paris wurde Rodney mit Faye und den übrigen bei der Landung beteiligten Personen im Zug festgenommen. Der Zettel mit den Weisungen des Majors "Thomas" für den Funkbetrieb wurde bei ihm gefunden.

Rodney rechnete damit, daß er etwa noch drei Monate auf seinem Posten in Frankreich bleiben müsse. Er glaubte, daß bis dahin die allgemein angekündigte englisch-amerikanische Landung in Frankreich durchgeführt sein werde.

Für den Fall, daß das nicht zutreffen sollte, hatte er während seines Aufenthalts in London ausdrücklich um Rückversetzung nach England nach Ablauf dieser drei Monate gebeten.

7.) Obst. Faye schätzte nach seiner Angabe die Tätigkeit Rodneys für die Allianz sehr hoch ein. Er veranlaßte, daß Rodney in einem Tagesbefehl Girauds erwähnt und von Giraud mit dem Kriegskreuz ausgezeichnet wurde. Diese Auszeichnung überreichte er Rodney während ihres gemeinsamen Aufenthalts in London.

8.) Als Vergütung erhielt Rodney monatlich 5.000 frcs. Daneben bezog er sein Gehalt als Leutnant der englischen Wehrmacht weiter.

IV.

Die Verteidigung Rodneys.

Rodney gibt diesen Sachverhalt zu.

Er verteidigt sich damit, daß er seine Tätigkeit nicht als

Seite 8 des Urteils gegen Rodriguez alias „Rodney" mit der Verteidigung des Angeklagten

Militärhistorisches Archiv Prag

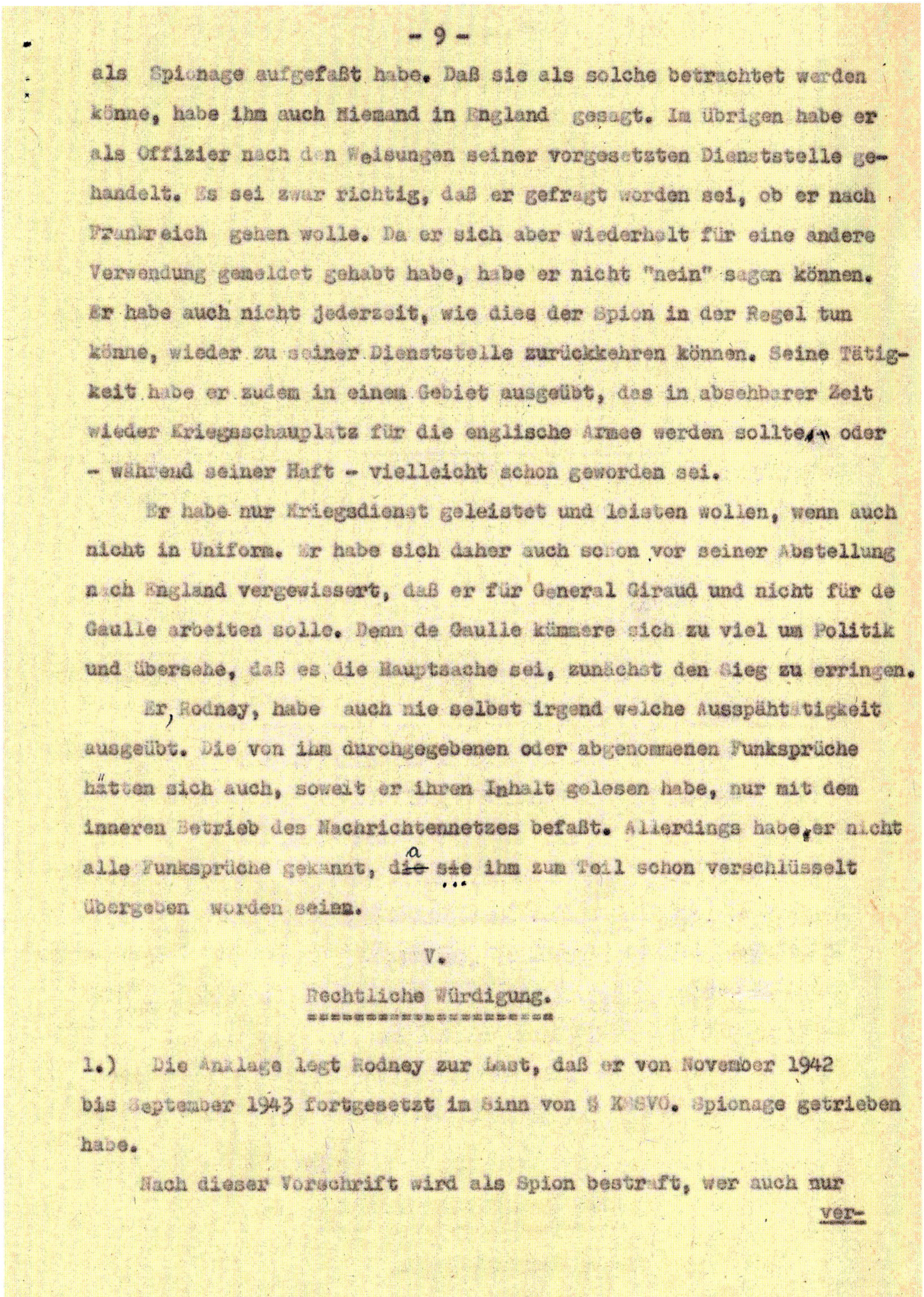

\- 9 -

als Spionage aufgefaßt habe. Daß sie als solche betrachtet werden könne, habe ihm auch Niemand in England gesagt. Im übrigen habe er als Offizier nach den Weisungen seiner vorgesetzten Dienststelle gehandelt. Es sei zwar richtig, daß er gefragt worden sei, ob er nach Frankreich gehen wolle. Da er sich aber wiederholt für eine andere Verwendung gemeldet gehabt habe, habe er nicht "nein" sagen können. Er habe auch nicht jederzeit, wie dies der Spion in der Regel tun könne, wieder zu seiner Dienststelle zurückkehren können. Seine Tätigkeit habe er zudem in einem Gebiet ausgeübt, das in absehbarer Zeit wieder Kriegsschauplatz für die englische Armee werden sollte, oder - während seiner Haft - vielleicht schon geworden sei.

Er habe nur Kriegsdienst geleistet und leisten wollen, wenn auch nicht in Uniform. Er habe sich daher auch schon vor seiner Abstellung nach England vergewissert, daß er für General Giraud und nicht für de Gaulle arbeiten solle. Denn de Gaulle kümmere sich zu viel um Politik und übersehe, daß es die Hauptsache sei, zunächst den Sieg zu erringen.

Er, Rodney, habe auch nie selbst irgend welche Ausspähtätigkeit ausgeübt. Die von ihm durchgegebenen oder abgenommenen Funksprüche hätten sich auch, soweit er ihren Inhalt gelesen habe, nur mit dem inneren Betrieb des Nachrichtennetzes befaßt. Allerdings habe er nicht alle Funksprüche gekannt, da sie ihm zum Teil schon verschlüsselt übergeben worden seien.

V.

Rechtliche Würdigung.

1.) Die Anklage legt Rodney zur Last, daß er von November 1942 bis September 1943 fortgesetzt im Sinn von § KSSVO. Spionage getrieben habe.

Nach dieser Vorschrift wird als Spion bestraft, wer auch nur

ver-

Seite 9 des Urteils gegen Rodriguez alias „Rodney“

Militärhistorisches Archiv Prag

Ferdinand Rodriguez mit Marie-Madeleine Fourcade im Jahr 1945

Patrick Rodriguez-Redington

Die Verhandlung wurde für den Angeklagten in englische und französische Sprache übersetzt. Nach Verlesung der Anklageschrift goutierte Schmauser die früheren geständigen Einlassungen des Angeklagten, der nach den Ermittlungen der Gestapo im Jahr 1942 in England für die Alliance angeworben wurde, sich in Frankreich als Funker betätigte und einige Sender installiert hatte. Schmauser konfrontierte den Angeklagten mit Blick auf die Landung der Alliierten mit der Essenz des Vorwurfs: „Aufgrund von Informationen Ihres Netzwerks werden unsere Soldaten in der Normandie getötet." Im Rahmen der weiteren Verhandlungen blieb die Argumentation des Angeklagten für eine Behandlung als Kriegsgefangener vergeblich. Ankläger Götzmann plädierte auf schuldig und beantragte, den Angeklagten zum Tode zu verurteilen: Er ziehe den Hut vor einem Spion, aber er müsse erschossen werden. Nach Verhandlungsunterbrechung wurde in den Mittagsstunden das Urteil verkündet: Rodriguez wurde wegen fortgesetzter Spionage zum Tode verurteilt. Auch der Umstand, dass Rodriguez kurz vor seiner Verhaftung nach London zurückgekehrt war, könne ihn nicht entlasten, weil er seine Tätigkeit in Frankreich habe fortführen wollen.

Das Urteil wurde glücklicherweise nicht vollstreckt. Rodriguez wurde zunächst nach Schwäbisch Hall und dann in das Konzentrationslager Sonnenburg verbracht, wo er in einer Zelle neben Léon Faye untergebracht wurde. Im Gegensatz zu Faye erlangte Rodriguez durch einen Gefangenaustausch seine Freiheit zurück und überlebte den Krieg.

2. Der Prozess gegen Guerrin, Perrier sowie Vater und Söhne Chanliau

Der an drei Verhandlungstagen im Februar 1944 durchgeführte Prozess gegen fünf Unterstützer der Alliance, die nicht zu deren Führungsriege gehörten, veranschaulicht die drakonische Härte des Gerichtshofs auch gegen einfache Helfer des Widerstands. Die Angeklagten Marcel Guerrin, Jean Pierre-Marie Chanliau und seine beiden Söhne Jean und Pierre sowie Remy Perrier hatten im Wesentlichen nur beim Verstecken eines Senders mitgewirkt.

Die Geschichte der Angeklagten beginnt in der Drogerie Marcel Guerrins in Autun. Zu den Kunden dort gehörte der Chef der „Région Est" der Alliance Paul Mengel. Nach den Feststellungen des Gerichts setzten Mengel und Guerrin ihre Hoffnungen für die Befreiung Frankreichs auf General Giraud und das Zusammenwirken mit den Briten und den Amerikanern. Mengel offenbarte Guerrin seine Tätigkeit für die Alliance und fragte ihn im Sommer 1943, ob er nicht jemanden kenne, bei dem ein Sender aufgestellt werden könnte. Guerrin wandte sich daraufhin an einen entfernten Schwager, den Mitangeklagten Jean Pierre-Marie Chanliau, der in dem nahe Autun gelegenen Dorf Saint-Symphorien-de-Marmagne einen Hof bewirtschaftete und in der Umgebung einigen Einfluss hatte. Chanliau stellte ein abgelegenes Häuschen in der Nähe seines Hofes zur Verfügung. Als das Sendegerät von Kindern gestohlen worden war, wandte sich Chanliau an den wirtschaftlich von ihm abhängigen Dorfpfarrer, den Mitangeklagten Perrier. Dieser half bei der Wiederbeschaffung mit und erklärte sich auf Bitten Chanliaus bereit, den Sender vorübergehend in seinem Pfarrhaus aufzustellen. Nach der Durchführung einiger Sendungen wirkte er aber wieder auf die Entfernung hin. Unterdessen hatten die Söhne Chanliaus, die beiden Mitangeklagten Jean und Pierre Chanliau, die beiden vor Ort befindlichen Funker kennengelernt und sich für ihre Arbeit interessiert. Pierre zeigte diesen einige Waldwege und erklärte sich bereit, für das Netzwerk zu arbeiten. Darüber hinaus half er seinem Vater, illegal aufbewahrte Waffen zu vergraben. Auch Jean Chanliau hatte mit den Funkern Kontakt, unterhielt sich mit ihnen und ließ sich ihre Arbeit zeigen. Gegenüber Anwerbeversuchen zeigte er sich zunächst gleichgültig. Erst als er mit seinem Vater in einen Streit geriet, weil er ein Mädchen heiraten wollte, bot er der Alliance seine Mitarbeit an.

Weil die Angeklagten nicht selbst Nachrichten erkundet oder weitergeleitet hatten, erkannte sie das Reichskriegsgericht unter dem Vorsitz von Dr. Block lediglich wegen Beihilfe zur Spionage, den Angeklagten Jean Chanliau wegen Sicherbietens zur Spionage für schuldig. Das Gericht verurteilte den Vater Jean Pierre-Marie und seinen Sohn Pierre zum Tode, die übrigen Angeklagten zu zehn Jahren und Jean Chanliau zu fünf Jahren Zuchthaus. Die Strafen differenzierte es nach dem Gewicht der Tatbeiträge und der Einstellung der Angeklagten. Während Guerrin vor allem der geringe Umfang seines Beitrags vor der Todesstrafe bewahrte, sah das Gericht vor allem in den Motiven des „geradezu überrumpelten" Pfarrers, der seinem Gönner lediglich habe eine Gefälligkeit erweisen wollen, und der jugendlichen Naivität von Jean Chanliau mildernde Umstände. Für die Angeklagten hatte diese Milde jedoch wenig Wert. Die Nationalsozialisten verbrachten Perrier und Guerrin in das Konzentrationslager Sachsenhausen, wo beide starben. Nur Jean Chanliau wurde von den Alliierten befreit und überlebte.

3. Der Prozess gegen Poulard und Le Bastard de Villeneuve

Das Reichskriegsgericht verhandelte am 6. Juni 1944 gegen Lucien Poulard und Alain Le Bastard de Villeneuve. Poulard diente im Ersten Weltkrieg als Fliegerleutnant in der Aufklärungsstaffel von Léon Faye und wurde von ihm 1942 für das Netzwerk angeworben. Nach anfänglichen Bedenken erklärte sich Poulard zur Mitarbeit in der Organisation bereit. In der Folge erarbeitete er sich das besondere Vertrauen Fayes und wurde zu seiner rechten Hand. Er erhielt zunächst den Decknamen „Mathurin" und war in der Leitstelle der Organisation in Marseille für die Zusammenstellung und Verschlüsselung von Nachrichten verantwortlich. Daneben fungierte er als Kurier. Mehrmals reiste er in dieser Funktion durch das Land, um Nachrichten in Empfang zu nehmen und weiterzuleiten. Dabei warb er neue Agenten, wie den ebenfalls in Freiburg abgeurteilten Dallas an, den späteren Leiter des Teams „Avia", das für die Abwicklung von Flugzeuglandungen und die Luftpost zuständig war.

Im Oktober 1942 übertrug ihm Faye die Aufgabe, in der Bretagne ein neues Nachrichtennetz aufzubauen. Poulard begab sich zunächst in seinen Heimatort Redon und rekrutierte dort weitere Agenten wie seinen Mitangeklagten Alain Le Bastard de Villeneuve und dessen (ebenfalls in Freiburg verurteilten) Bruder Yves, die er schon seit Kindheit kannte. Nachdem Poulard seine Aufgabe erledigt hatte, kehrte er im Juni 1943 zu Faye zurück, der inzwischen mit der Leitstelle nach Toulouse umgezogen war. Poulard erhielt mit Blick auf die zweite Verhaftungswelle im Sommer 1943 den neuen Decknamen „Nandou" (Amerikanischer Strauß). Nach einem Monat reiste er mit „Herrison" (Igel) und „Tatou" (Gürteltier), d. h. mit Marie-Madeleine Fourcade und Michel Gaveau, nach London, wo er sich zunächst erholen und dann weiterbilden sollte. Nach seinem Aufenthalt leistete er bis zu seiner Verhaftung am 24. September 1943 weitere Dienste für die Alliance in Paris.

Das Reichskriegsgericht verurteilte Poulard wegen fortgesetzter Spionage und verbotenen Waffenbesitzes zum Tode. Alain Le Bastard de Villeneuve, der sich als Kurier für das Netzwerk betätigt hatte, wurde wegen Spionage ebenfalls zum Tode verurteilt. Das Urteil wurde gegen beide Angeklagte am 21. August 1944 in Heilbronn vollstreckt.

Reichskriegsgericht
StPL ~~3. Sen. 27/44~~
RKA III 85/44.

Rote Pf... 269/44

Geheim

Haftsache

18 Abdrucke

Prü Nr. 00003

Im Namen
des Deutschen Volkes!

Franc.

Admiral

Feldurteil.

In der Strafsache gegen
die französischen Staatsangehörigen
1.) Fliegerleutnant a.D. Lucien P o u l a r d
aus Paris,
2.) Versicherungsagent Alain L e B a s t a r t
d e V i l l e n e u v e
aus Pau
wegen Spionage u.a.
hat das Reichskriegsgericht, 3. Senat, auf Grund der am 6. Juni 1944 in Freiburg/Br. durchgeführten Hauptverhandlung, an der teilgenommen haben
als Richter:
Senatspräsident Dr. Schmauser, Verhandlungsleiter,
Generalmajor Grobholz,
Reichskriegsgerichtsrat Dr. Block,
Oberst Graf von Pfeil und Klein-Ellguth,
Oberst Sachs,
als Vertreter der Anklage:
Kriegsgerichtsrat Götzmann,
als Urkundsbeamter:
Reichskriegsgerichtsoberinspektor Mohr,
für Recht erkannt:
Es werden verurteilt
1) der Angeklagte P o u l a r d wegen Spionage und wegen verbotenen Waffenbesitzes zum Tod,
2) der Angeklagte Alain L e B a s t a r t d e V i l l e n e u v e wegen

2 x (+)

Seite 1 des Urteils gegen Lucien Poulard und Alain Le Bastard de Villeneuve

Militärhistorisches Archiv Prag

4. Der Prozess gegen Léon Faye

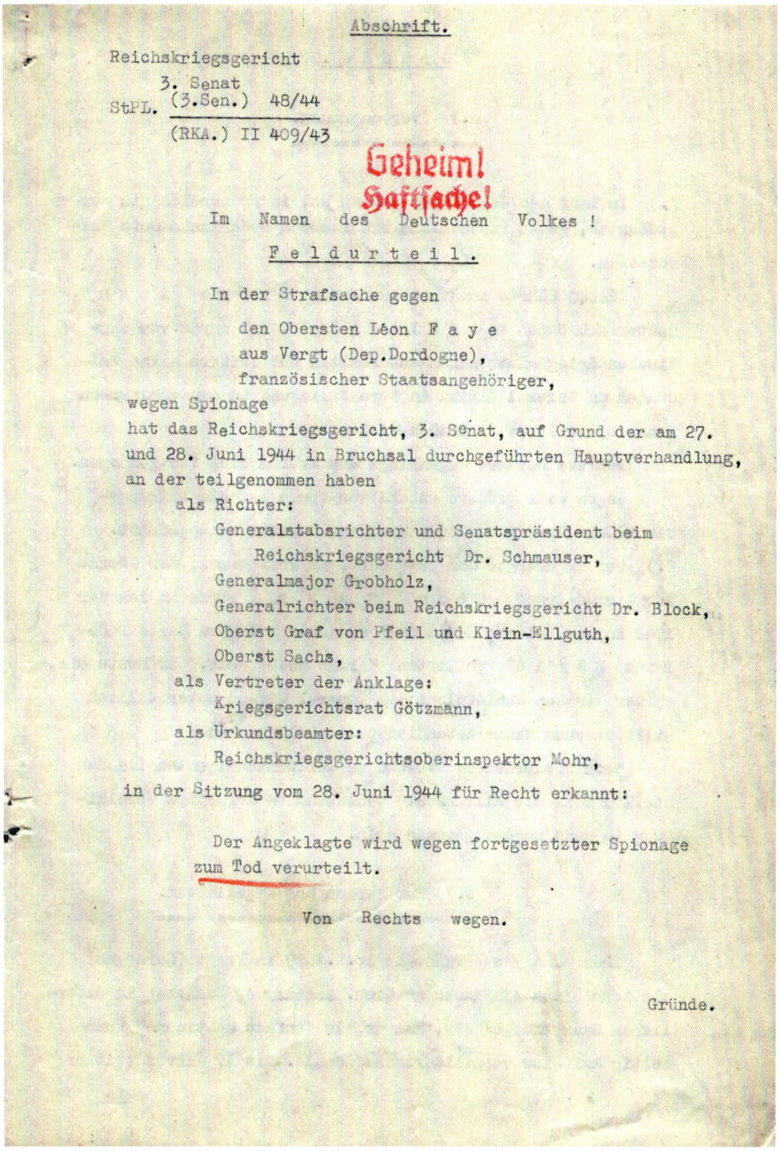

Abschrift.

Reichskriegsgericht
3. Senat
StPL. (3.Sen.) 48/44
(RKA.) II 409/43

Geheim!
Haftsache!

Im Namen des Deutschen Volkes !

Feldurteil.

In der Strafsache gegen
den Obersten Léon Faye
aus Vergt (Dep.Dordogne),
französischer Staatsangehöriger,
wegen Spionage
hat das Reichskriegsgericht, 3. Senat, auf Grund der am 27. und 28. Juni 1944 in Bruchsal durchgeführten Hauptverhandlung, an der teilgenommen haben
als Richter:
Generalstabsrichter und Senatspräsident beim Reichskriegsgericht Dr. Schmauser,
Generalmajor Grobholz,
Generalrichter beim Reichskriegsgericht Dr. Block,
Oberst Graf von Pfeil und Klein-Ellguth,
Oberst Sachs,
als Vertreter der Anklage:
Kriegsgerichtsrat Götzmann,
als Urkundsbeamter:
Reichskriegsgerichtsoberinspektor Mohr,
in der Sitzung vom 28. Juni 1944 für Recht erkannt:

Der Angeklagte wird wegen fortgesetzter Spionage zum Tod verurteilt.

Von Rechts wegen.

Gründe.

Seite 1 des 39 Seiten umfassenden Urteiles gegen Léon Faye

Militärhistorisches Archiv Prag

Auf seinem Rückweg von Freiburg nach Torgau verhandelte der 3. Senat des Reichskriegsgerichts das Verfahren gegen Léon Faye in Bruchsal. Die Hauptverhandlung gegen Faye fand in Bruchsal statt, weil er als Fluchtkünstler galt und die Nationalsozialisten eine Verhandlung dort für sicherer erachteten. Die Sitzung dauerte am Dienstag, 27. Juni 1944, von 09:15 bis 18:05 Uhr und am Mittwoch, 28. Juni 1944, von 09:15 bis 16:25 Uhr. Mit der Hauptverhandlung gegen Oberst Faye als bedeutsamstem Anführer der Réseau Alliance fand der Freiburger Verfahrenskomplex gegen die französische Widerstandsorganisation seinen Abschluss.

Léon Faye gelangte durch seine Bekanntschaft mit Loustaunau-Lacau zum Netzwerk. Im Mai 1941 reisten beide mit weiteren Helfern nach Algier, um einen Aufstand innerhalb der „Armée d'Afrique" vorzubereiten. Ziel war es, dem Widerstand ein militärisches Fundament zu geben, was innerhalb des Pétain-Regimes und des besetzten Gebietes nicht ohne weiteres zu erreichen war. Weil das Vorhaben misslang, wurde Faye verhaftet und im Vichy-Regime zu einer fünfmonatigen Freiheitsstrafe verurteilt. Als er sich nach Haftverbüßung dem Netzwerk wieder anschloss, ernannte ihn Marie-Madeleine Fourcade zu ihrem Stabschef und militärischen Leiter.

Faye warb eine Vielzahl neuer Rekruten an, unter anderem seinen früheren Vorgesetzten Édouard Kauffmann und den ihm damals unterstellten Leutnant Lucien Poulard, deren Schicksal ebenfalls nach Freiburg führen sollte. Im November 1942 half er dem französischen General Giraud dabei, aus dem Vichy-Gebiet zu flüchten und mit einem britischen U-Boot über Gibraltar nach Nordafrika zu gelangen. Anfang 1943 traf sich Faye mit dem britischen Geheimdienst und arrangierte sich mit Giraud, der inzwischen nach der Landung der Alliierten in Nordafrika Oberbefehlshaber geworden war. Faye wirkte auf eine Militarisierung des Netzwerks hin, das fortan direkten Kontakt zu Nordafrika pflegen sollte.

Im September traf sich Faye erneut mit Giraud und besuchte London. Als er am 16. September 1943 mit dem britischen Funker Ferdinand Rodriguez alias Frederic Rodney zurückkehrte, wurde er gemeinsam mit seinem Begleiter im Zug nach Paris festgenommen.

In seiner Hauptverhandlung stellte Faye wie auch Ferdinand Rodriguez darauf ab, dass die Alliance eine militärische Organisation sei und hob den Unterschied zwischen „Spionen" und Widerstandskämpfern hervor. Seine Verteidigung blieb erfolglos. Der 3. Senat des Reichskriegsgerichts verurteilte ihn entsprechend dem Antrag des Anklagevertreters zum Tode.

Faye wurde im Konzentrationslager Sonnenburg inhaftiert, wo er zunächst in einer Zelle neben dem ebenfalls zum Tode verurteilten Ferdinand Rodriguez untergebracht war. Zwar ließen sich die Nationalsozialisten auch bei Faye auf einen Gefangenenaustausch ein. Dieser scheiterte letztlich. Faye fiel am 30. Januar 1945 neben 818 weiteren Häftlingen einem vor den heranrükkenden sowjetischen Truppen verübten verbrecherischen Massaker der Gestapo zum Opfer.

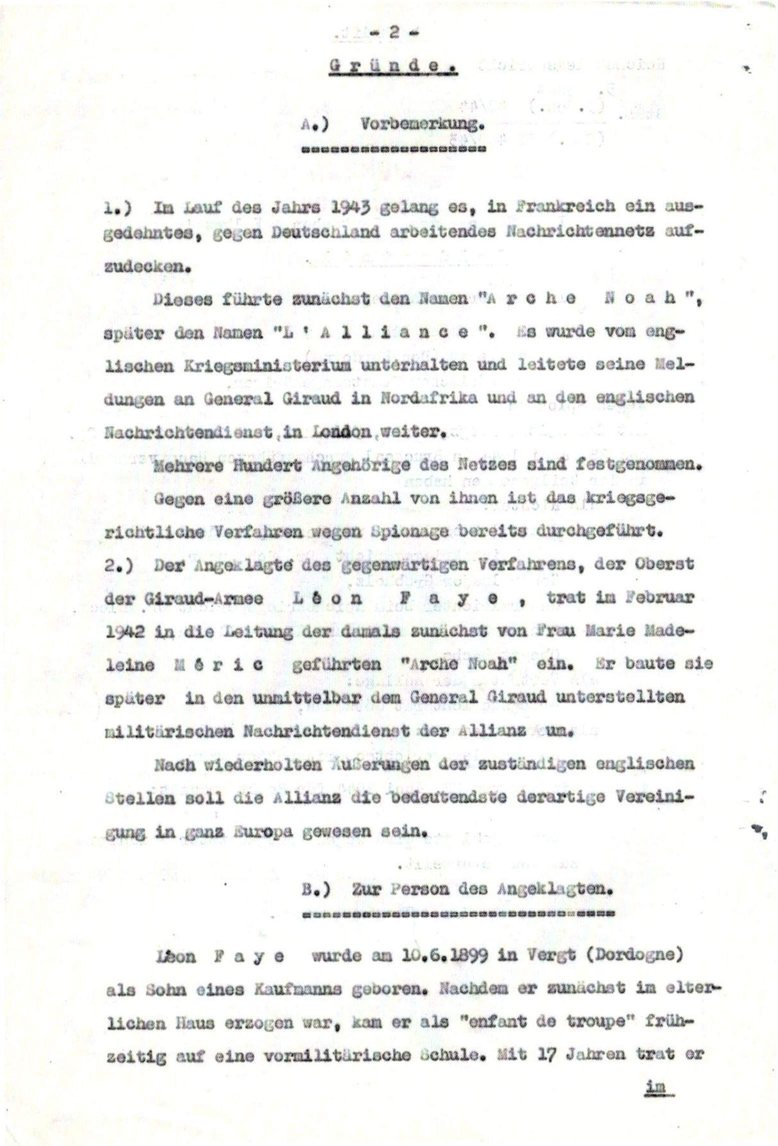

- 2 -

G r ü n d e .

A.) Vorbemerkung.

1.) Im Lauf des Jahrs 1943 gelang es, in Frankreich ein ausgedehntes, gegen Deutschland arbeitendes Nachrichtennetz aufzudecken.

Dieses führte zunächst den Namen "A r c h e N o a h", später den Namen "L ' A l l i a n c e". Es wurde vom englischen Kriegsministerium unterhalten und leitete seine Meldungen an General Giraud in Nordafrika und an den englischen Nachrichtendienst in London weiter.

Mehrere Hundert Angehörige des Netzes sind festgenommen.

Gegen eine größere Anzahl von ihnen ist das kriegsgerichtliche Verfahren wegen Spionage bereits durchgeführt.

2.) Der Angeklagte des gegenwärtigen Verfahrens, der Oberst der Giraud-Armee L é o n F a y e , trat im Februar 1942 in die Leitung der damals zunächst von Frau Marie Madeleine M é r i c geführten "Arche Noah" ein. Er baute sie später in den unmittelbar dem General Giraud unterstellten militärischen Nachrichtendienst der Allianz um.

Nach wiederholten Äußerungen der zuständigen englischen Stellen soll die Allianz die bedeutendste derartige Vereinigung in ganz Europa gewesen sein.

B.) Zur Person des Angeklagten.

Léon F a y e wurde am 10.6.1899 in Vergt (Dordogne) als Sohn eines Kaufmanns geboren. Nachdem er zunächst im elterlichen Haus erzogen war, kam er als "enfant de troupe" frühzeitig auf eine vormilitärische Schule. Mit 17 Jahren trat er

im

Seite 2 des 39 Seiten umfassenden Urteiles gegen Léon Faye

Militärhistorisches Archiv Prag

Die beteiligten Richter und Ankläger

Zur Richterschaft des Reichskriegsgerichts gehörten zum einen juristisch ausgebildete Militärjustizbeamte, sogenannte Reichskriegsgerichtsräte, und zum anderen Wehrmachtsoffiziere. Das Gericht entschied in einer Besetzung mit fünf Richtern - einem Senatspräsidenten, einem Reichskriegsgerichtsrat und drei Offizieren. Das stimmenmäßige Übergewicht der Offiziere erklärt sich aus der primären Aufgabe der Militärjustiz, die Funktionstüchtigkeit der Wehrmacht aufrecht zu erhalten.

In den Freiburger Verfahren hatte der Präsident des 3. Senats Dr. Schmauser zumeist den Vorsitz inne, vertretungsweise leitete Adolf Block zwei Verhandlungen. Weiterhin waren den Entscheidungen Generalleutnant Hermann Ritter von Mann, Edler von Tiechler, Generalmajor Grobholz, Oberst Graf von Pfeil und Klein-Ellguth, Oberst Sachs und Kriegsgerichtsrat Zeitler beteiligt. Über die politische Gesinnung dieser Richter und Offiziere außerhalb ihrer Tätigkeit in der Militärjustiz ist wenig bekannt, was nicht auf Zufall zurückzuführen ist. Die Militärgesetzgebung untersagte allen Soldaten, sich politisch zu betätigen und sich einem politischen Verein anzuschließen. Dementsprechend ist für keinen der am 3. Senat tätigen Offiziere eine NSDAP-Mitgliedschaft belegt.

Da an dieser Stelle kein Raum für eine umfassende Darstellung der Biografien der mitwirkenden Richter ist, sollen hier lediglich zwei Richter des 3. Senats, der Senatspräsident und ein Offiziersrichter, sowie der Vertreter der Anklage Karl Götzmann vorgestellt werden.

Senatspräsident Schmauser

Der Senatspräsident Karl Schmauser wurde 1886 als Sohn eines Bankdirektors in Nürnberg geboren. Nach seinem Studium der Rechtswissenschaften in Erlangen und München und seinem Vorbereitungsdienst wurde er als Rechtsanwalt zugelassen. Im Jahr 1914 promovierte er über „die Straßenreinigungspflicht in Bayern rechts des Rheins" an der Universität Erlangen. Im selben Jahr schloss er sich als Kriegsfreiwilliger der Königlich Bayrischen 10. Feldartillerie-Ersatz-Abteilung an, in der er bis zum Ende des Ersten Weltkriegs an der Front diente. Nach seiner Entlassung aus dem Heeresdienst und erneuter Zulassung als Rechtsanwalt betätigte sich Schmauser zuerst als Rechtspraktikant und dann als rechtskundiger Hilfsarbeiter bei der Direktion des Zuchthauses Straubing. Im September 1919 erhielt er als Strafanstaltsassessor beim Zuchthaus Ebrach eine Planstelle. Nach einer weiteren Station in der Festungshaftanstalt Niederschönenfeld erfolgte im Jahr 1922 seine Berufung als Syndikus an die Technische Hochschule München und die Beförderung zum Regierungsrat I. Klasse.

Am 10. August 1934 wurde Schmauser unter Beurlaubung aus dem bayrischen Staatsdienst zur Probedienstleistung einem Wehrkriegsgericht zugewiesen und bereits am 20. April des Folgejahres zum Oberkriegsgerichtsrat ernannt. Nach Kommandierung zur Rechtsabteilung der Wehrmacht (WR) folgte seine Ernennung zunächst zum Ministerialrat und bald zum Reichskriegsgerichtsrat unter gleichzeitiger Versetzung zum Reichskriegsgericht zum 3. Oktober 1936. Schmauser war somit seit dessen Gründung am Reichskriegsgericht tätig. Zum 1. Januar 1939 erfolgte seine Ernennung zum Senatspräsidenten des 3. Senats.

Er wurde kurz vor Kriegsende von den Alliierten in Bayern gefangen genommen, trotz einiger Verhöre aber nie angeklagt. Schmauser verstarb am 24. Januar 1960 bei München, seine Witwe soll eine großzügige Hinterbliebenen-Versorgung erhalten haben. Im Jahr 1988 leitete die Zentralstelle der Landesjustizverwaltungen in Ludwigsburg ein Ermittlungsverfahren gegen Schmauser ein, das jedoch eingestellt wurde, weil er längst verstorben war.

Offiziersrichter Hermann Ritter von Mann

Generalleutnant Hermann Ritter von Mann, Edler von Tiechler wurde im Jahr 1889 ebenfalls in Nürnberg geboren. Die Biografie des Offiziersrichters ist schon familiär bedingt militärisch geprägt. Sein Vater, Ernst Ritter von Mann, war bis 1919 Vizeadmiral gewesen und hatte zuletzt als Chef des Stabs der Hochseeflotte fungiert. Hermanns älterer Bruder Ferdinand war Generalmajor bei der Wehrmacht. Hermann selbst trat im Jahr 1908 dem 14. Bayrischen Infanterie Regiment bei und geriet im Ersten Weltkrieg in britische Kriegsgefangenschaft. Nachdem ihm 1920 zwischenzeitlich eine Kompanie des 48. Infanterieregiments anvertraut worden war, wurde er ab April 1920 bei der bayrischen Polizei eingesetzt. 1935 schloss er sich der Luftwaffe an, war von 1937 bis 1940 Kommandeur der Luftkriegsschule in Fürstenfeldbruck, wo er zum Generalleutnant aufstieg. Zum 4. November 1942 wurde Hermann Ritter von Mann als Offiziersrichter zum Reichskriegsgericht abkommandiert.

Ritter von Mann verstarb im Jahr 1961. Dass er sich für die von ihm mitgetragenen Urteile verantworten musste, ist nicht bekannt. Bis 2005 wurde seiner noch mit einer Gedenktafel im Fliegerhorst in Fürstenfeldbruck als Helden der Luftwaffe erinnert.

Karl Götzmann als Vertreter der Anklage

Die Anklage in den Freiburger Verfahren wurde fast ausschließlich von dem Feldkriegsgerichtsrat Karl Götzmann vertreten. Nur in wenigen Verfahren trat als Vertreter der Anklage der Reichskriegsanwalt Dr. Karl Lotter in Erscheinung. Karl Götzmann wurde im Jahr 1906 in Alzey geboren. Nach Besuch der Oberrealschule studierte er von 1926 bis 1930 Rechtswissenschaften in Frankfurt, München, Gießen und Köln. Anschließend absolvierte er sein Referendariat in Mainz. Im Jahr 1933 schloss er die Zweite Juristische Prüfung mit dem Prädikat „gut" ab und trat zudem der NSDAP bei. Zwei Jahre später begann er seinen Dienst als Gerichtsassessor bei der Staatsanwaltschaft Darmstadt. Nach seiner Ernennung zum Staatsanwalt wurde er 1940 zur Reichsanwaltschaft beim Volksgerichtshof abgeordnet.

Seine Zeit als Soldat im aktiven Wehrdienst begann im Jahr 1939. Götzmann beendete seine Kurzausbildung im Sommer des Jahres und wurde Anfang 1942 in ein Infanterie-Ersatz-Bataillon einberufen. Nach mehrmaligen Versetzungen kämpfte er für die 26. Infanterie-Division der 9. Armee in Russland. Dort zog er sich Erfrierungen zu und musste über einen Monat im Lazarett verbringen, bevor er im Sommer 1943 aus dem Truppendienst entlassen wurde.

Unmittelbar danach schloss sich seine Karriere im Militärjustizdienst an. Götzmann trat zunächst widerruflich die Stelle eines Heeresrichters beim Reichskriegsgericht an. Alsbald wurde er bei der Reichskriegsanwaltschaft eingesetzt. Bereits im Folgejahr folgte seine Ernennung zum Kriegsgerichtsrat. Gerichtspräsident Bastian stellte seine anfänglichen Bedenken gegen die Beförderung, die sich aus der späten Einberufung Götzmanns in den Militärdienst ergaben, zurück. In seiner Stellungnahme vom 12. Januar 1944 führt Bastian aus, Götzmann habe sich bei der Reichskriegsanwaltschaft in der Bearbeitung sehr umfangreicher und schwieriger Sachen gut bewährt. Er halte ihn deshalb auch bei Anlegung eines strengen Maßstabs zur Übernahme in das Heeresjustizbeamtenkorps der Reserve für geeignet.

Über das weitere Leben Götzmanns, der im Jahr 1954 gestorben sein soll, ist nichts bekannt. In einer Entnazifizierungskartei wurde er als „Mitläufer" eingestuft.

Feldzüge, mobile Verwendung, Teilnahme an sonstigen kriegerischen Unternehmungen und Kampfhandlungen. Verwundungen und ihnen gleichzuachtende Kriegsdienstbeschädigungen.	Auszeichnungen	Anerkannt Datum	Anerkannt Unterschrift
5.3.1942 bis 28.2.1943 Kämpfe in Rußland im Rahmen der 9. Armee, 26. Inf. Division.	Ostmedaille (27.7.1942)		
28.2.43 - 2.4.43 wegen Erfrierungen im Lazarett	K.V.K.2.Kl.m.Schw. (30.1.1944)		
		12.IV.44	Karl Götzmann Oberstabsrichter d.R.

*) Geburtsurkunde und Paßbild können gegebenenfalls nachgereicht werden.

Auszug aus der Personalakte von Karl Götzmann

Bundesarchiv PERS 6/253298

Der Umgang mit den Richtern und Anklägern des Reichskriegsgerichts nach 1945

Eine grundlegende Aufarbeitung der persönlichen Verantwortung der Militärrichter, Offiziere und Kriegsanwälte für die von ihnen mitgetragenen Urteile fand nach 1945 nicht statt.

Der ranghöchste Militärjurist, der Generaloberstabsrichter Rudolf Lehmann, wurde zwar in einem Nürnberger Nachfolgeprozess, dem OKW-Prozess, zu einer Gefängnisstrafe von sieben Jahren verurteilt. Diese Verurteilung erfolgte aber nicht wegen seiner Tätigkeit als Senatspräsident am Reichskriegsgericht. Ihm wurde in seiner Funktion als Chef der Wehrmachtsabteilung im OKW die Mitwirkung an Kriegsverbrechen und an Verbrechen gegen die Menschlichkeit angelastet.

Im Jahr 1945 wurden mehrere Angehörige des Reichskriegsgerichts von der französischen Besatzungsmacht in Rastatt inhaftiert. Das Verfahren richtete sich gegen die beiden Präsidenten des Reichskriegsgerichts, Max Bastian und dessen Nachfolger Hans-Ulrich von Scheele, aber unter anderem auch gegen den in Freiburg verhandelnden Senatspräsidenten des 3. Senats des Reichskriegsgerichts Karl Schmauser. Das Verfahren des französischen Tribunal General wurde allerdings im Jahr 1948 ohne Anklageerhebung eingestellt.[16]

In der DDR wurden in den sogenannten Waldheimer Prozessen auch Richter des Reichskriegsgerichts abgeurteilt. So wurde Hans-Ulrich Rottka im Juli 1945 durch die Sowjets verhaftet und am 13. Juni 1950 zu lebenslanger Haft verurteilt. Er kam im Jahr 1956 wieder auf freien Fuß. Ein ähnliches Schicksal erlebte Kriegsgerichtsrat Ernst Beringer. Er wurde im Juli 1946 verhaftet und im Jahr 1950 zu lebenslanger Zuchthausstrafe verurteilt. Er wurde aufgrund eines Amnestieerlasses am 3. April 1957 aus der Haft entlassen. Die Urteile der Waldheimer Prozesse werden von der bundesdeutschen Justiz wegen schwerwiegender Verstöße gegen rechtsstaatliche Grundsätze als Unrechtsurteile qualifiziert.

In der Bundesrepublik Deutschland ist die Strafverfolgung von Angehörigen der Militärgerichtsbarkeit gänzlich fehlgeschlagen. Es wurde keiner der an Kriegsgerichten tätigen Richter oder Reichskriegsanwälte wegen Rechtsbeugung verurteilt. Soweit es überhaupt Ermittlungs- und Strafverfahren gab, endeten diese mit Einstellungen oder mit Freisprüchen. Vielmehr fand eine Vielzahl der Kriegsrichter in der Bundesrepublik in wichtigen Ämtern in und außerhalb der Justiz weitere Verwendung. Neben dem allgemeinen Personalmangel war hierfür auch die Lobbyarbeit der ehemaligen Kriegsrichter verantwortlich. Sie verstanden es, die Legende zu stricken, dass die Rechtsprechung der Wehrmachtgerichte sauber und von der Führung der Nationalsozialisten unbeeinflusst geblieben sei.[17] Diese apologetische Schönfärberei ist durch die neuere historische Forschung erschüttert worden.

[16] Haase, Die Richter am Reichskriegsgericht und ihre Nachkriegskarrieren, S. 206 ff.

[17] Wette, Frühe Selbstentlastung der Wehrmachtrichter – späte Rehabilitierung ihrer Opfer, S. 85 ff.

Die Vollstreckung der Todesurteile

§ 103 der Kriegsstrafverfahrensordnung sah vor, dass die Todesstrafe durch Erschießen und bei Frauen durch Enthaupten vollstreckt werden sollte. Die Vollstreckung, zu der eine Abteilung von mindestens Zugstärke gestellt werden musste, sollte jeweils unverzüglich nach Bestätigung des Urteils erfolgen. Nach Möglichkeit war ein Stabsoffizier verantwortlich, der über die Art und Weise der Verbringung (Fesselung, Verbinden der Augen etc.) zum Richtplatz zu entscheiden und dafür zu sorgen hatte, dass der Verurteilte durch einen Geistlichen seines Bekenntnisses begleitet wird. Die Soldaten waren in zwei Gliedern und fünf Schritten Entfernung vom Verurteilten aufzustellen. Sie hatten mit „Gewehr über" stillzustehen, während ein richterlicher Militärjustizbeamte oder ein Offizier dem Verurteilten die Urteilsformel und Bestätigungsverfügung vorlas – „notfalls unter Hinzuziehung eines Dolmetschers". Nach einem letzten Zuspruch des Geistlichen vollstreckten die Soldaten auf Kommando oder Wink das Urteil. Es folgte die Feststellung des Todes und die Protokollierung durch einen Militärjustizbeamten. Der letzte Schritt im Verfahren der Vollstreckung war die Information der Angehörigen und die Freigabe des Leichnams zur Beerdigung.

Zwar wurden die durch den 3. Senat des Reichskriegsgerichts in Freiburg verhängten Todesstrafen andernorts vollstreckt. Jedoch wurden andere Todesurteile der Wehrmachtsjustiz in Freiburg vollstreckt. So erfolgte im Freiburger Landesgefängnis, das 1940 von der Wehrmacht übernommen wurde, die Vollstreckung von 43 Todesurteilen gegen Fahnenflüchtige, Meuterer und andere militärisch Ungehorsame durch Erschießungen.[18] Der Reservist zur Luftwaffe Walter Blasy, der später selbst wegen „Zersetzung der Wehrkraft" und wegen Vergehens gegen das Heimtückegesetz im Freiburger Wehrmachtsgefängnis inhaftiert wurde, war 1941 als Schütze einer dortigen Hinrichtung beteiligt. Sein Bericht veranschaulicht das schaurige Prozedere.[19] Mit sieben weiteren Schützen hatte er sich morgens in vorgeschriebener Ordnung am Standort-Schießplatz aufzustellen, sein Gewehr mit nur einer Patrone geladen. Sodann wurde ein Junge, der aus Heimweh seine Einheit verlassen hatte, um mit dem Fahrrad nach Hause zu fahren, vorgeführt. Nach den Schilderungen Blasys wurde der totenbleiche Verurteilte eng an den Pfahl gefesselt, weil er sonst nicht mehr hätte stehen können:

„Nun ging alles nach Vorschrift: Der Kriegsgerichtsrat verlas noch mal das Urteil, der Wehrmachtspfarrer sprach ein kurzes Gebet und schlug das Kreuz. Dann wurden dem armen Jungen die Augen verbunden und an seiner Drillichjacke vom Truppenarzt eine Papierrosette als Zielpunkt über dem Herzen angebracht. Daneben stand ein Offizier mit gezogener Pistole, der dem Delinquenten den Gnadenschuß hätte geben müssen, wenn er nicht sofort tot gewesen wäre.
Auf ein Pfeifsignal mußten wir dann in die Rosette und damit ins Herz schießen. Nach dem Schuß ließ der Junge sofort den Kopf sinken. (...) Danach wird die Kette wieder abgenommen, die Rosette auf die 8 Einschüsse kontrolliert – es war uns zuvor gesagt werden, daß der bestraft würde, der nicht schießen würde."

Dass einige Schützen als Andenken die Rosetten sammelten und dem toten Verurteilten noch die Schuhe abgenommen wurden, weil sie sich offenbar noch einer weiteren Verwendung zuführen ließen, gehörte zur makabren Praxis außerhalb des Protokolls.

[18] Bader, Unter bestraften Soldaten, S. 146

[19] Blasy, Henkersmahlzeit, S. 74 ff.

Die Hinrichtungsstätten

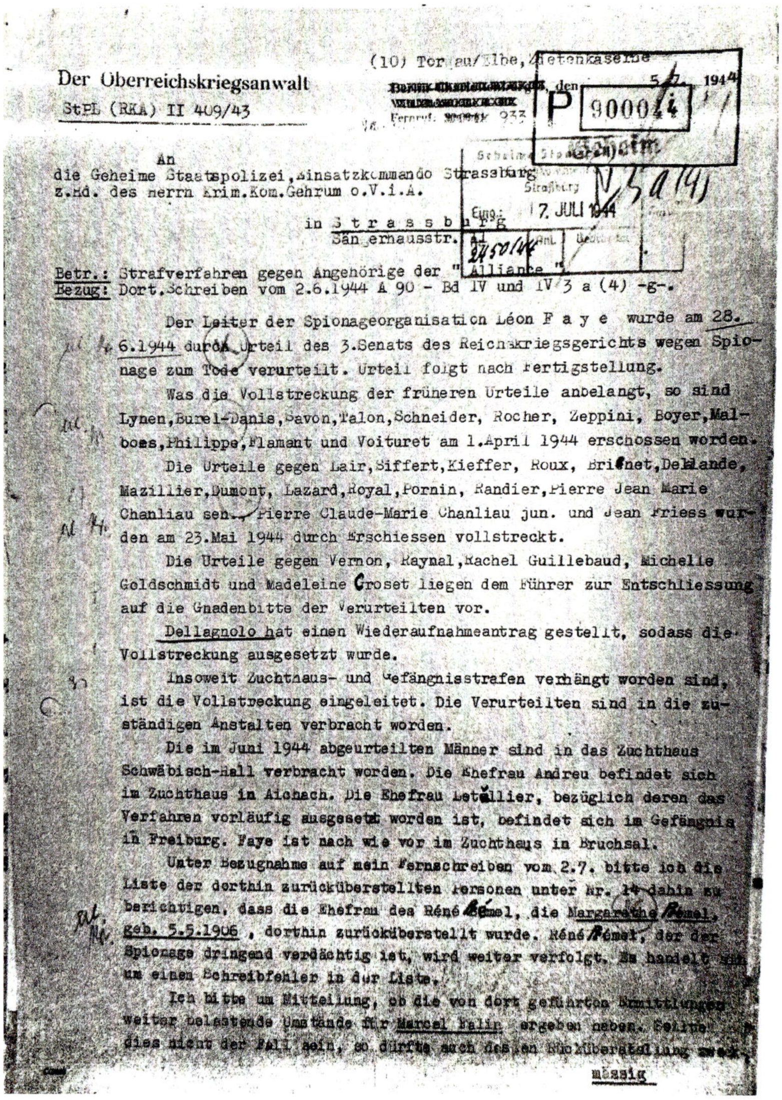

(10) Torgau/Elbe, Zietenkaserne

Der Oberreichskriegsanwalt
StPL (RKA) II 409/43

den 5.7. 1944
Fernruf: 933

P 90004i
Geheim

An
die Geheime Staatspolizei, Einsatzkommando Strassburg
z.Hd. des Herrn Krim.Kom. Gehrum o.V.i.A.

in Strassburg
Sängerhausstr.

Eing.: 7. JULI 1944

Betr.: Strafverfahren gegen Angehörige der "Alliance"
Bezug: Dort. Schreiben vom 2.6.1944 A 90 - Bd IV und IV 3 a (4) -g-.

Der Leiter der Spionageorganisation Léon F a y e wurde am 28.6.1944 durch Urteil des 3. Senats des Reichskriegsgerichts wegen Spionage zum Tode verurteilt. Urteil folgt nach Fertigstellung.

Was die Vollstreckung der früheren Urteile anbelangt, so sind Lynen, Burel-Danis, Savon, Talon, Schneider, Rocher, Zeppini, Boyer, Malboes, Philippe, Flamant und Voituret am 1. April 1944 erschossen worden.

Die Urteile gegen Lair, Siffert, Kieffer, Roux, Brignet, Delalande, Mazillier, Dumont, Lazard, Royal, Pornin, Randier, Pierre Jean Marie Chanliau sen., Pierre Claude-Marie Chanliau jun. und Jean Friess wurden am 23. Mai 1944 durch Erschiessen vollstreckt.

Die Urteile gegen Vernon, Raynal, Rachel Guillebaud, Michelle Goldschmidt und Madeleine Groset liegen dem Führer zur Entschliessung auf die Gnadenbitte der Verurteilten vor.

Dellagnolo hat einen Wiederaufnahmeantrag gestellt, sodass die Vollstreckung ausgesetzt wurde.

Insoweit Zuchthaus- und Gefängnisstrafen verhängt worden sind, ist die Vollstreckung eingeleitet. Die Verurteilten sind in die zuständigen Anstalten verbracht worden.

Die im Juni 1944 abgeurteilten Männer sind in das Zuchthaus Schwäbisch-Hall verbracht worden. Die Ehefrau Andreu befindet sich im Zuchthaus in Aichach. Die Ehefrau Letallier, bezüglich deren das Verfahren vorläufig ausgesetzt worden ist, befindet sich im Gefängnis in Freiburg. Faye ist nach wie vor im Zuchthaus in Bruchsal.

Unter Bezugnahme auf mein Fernschreiben vom 2.7. bitte ich die Liste der dorthin zurücküberstellten Personen unter Nr. 14 dahin zu berichtigen, dass die Ehefrau des René Rémel, die Margarethe Rémel, geb. 5.5.1906, dorthin zurücküberstellt wurde. René Rémel, der der Spionage dringend verdächtig ist, wird weiter verfolgt. Es handelt sich um einen Schreibfehler in der Liste.

Ich bitte um Mitteilung, ob die von dort geführten Ermittlungen weiter belastende Umstände für Marcel Falin ergeben haben. Sollte dies nicht der Fall sein, so dürfte auch dessen Rücküberstellung zweckmässig

Bericht des Oberreichskriegsanwalts über die Vollstreckung der Todesurteile

Militärhistorisches Archiv Prag

Die Vollstreckung der Freiburger Todesurteile des Reichskriegsgerichts erfolgte ausschließlich durch Erschießungen, für die die Wehrmacht eigene Truppenübungs- oder Schießplätze innerhalb des Südwestens vorsah. Insgesamt wurden 52 der 58 Todesurteile vollstreckt.

Die vier in Freiburg zum Tode verurteilten Frauen wurden später begnadigt, verblieben aber in Haft. Rachèle Guillebaud, Michelle Goldschmidt und Madeleine Crozet wurden zum Kriegsende hin befreit und überlebten. Louise Andreu verstarb am 20. März 1945 im Konzentrationslager Ravensbrück.

Darüber hinaus wurde als einziger Mann General Auguste Raynal wegen seines hohen Alters von 76 Jahren von der Todesstrafe begnadigt. Er blieb ebenfalls in Haft und starb am 5. Januar 1945 an den Folgen der schlechten Behandlung im Zuchthaus Ebrach.[20] Aufgrund eines Gefangenenaustausches unterblieb die Vollstreckung des Todesurteils bei Ferdinand Rodriguez.

Von den neun Angeklagten, die von Anfang an zu Freiheitsstrafen verurteilt worden waren, überlebten nur drei. Die anderen sechs Verurteilten überstanden die Haft in den Konzentrationslagern bis zum Kriegsende nicht.

Die Hinrichtungsorte für die vom Reichskriegsgericht in Freiburg zum Todes Verurteilten befinden sich in Karlsruhe, Ludwigsburg und Heilbronn. Gedenktafeln erinnern an die Widerstandskämpfer.

[20] Gerhards, Tribunal de guerre du IIIe Reich, S. 343 f.

Karlsruhe

Zwölf der 13 französischen Widerstandkämpfer, die im Dezember 1943 in Freiburg zum Tode verurteilt worden waren, wurden am Morgen des 1. April 1944 in Karlsruhe hingerichtet. Zusammen mit ihnen wurden zwei belgische Widerstandskämpfer, die in Brüssel von einem Wehrmachtgericht zum Tode verurteilt worden waren, erschossen. Eine Stele erinnert heute in der Nähe des früheren Schießstands im Gewann Fürstenberger Schlag im Karlsruher Hardtwald an die 14 Opfer.[21] Der 13. im Dezember 1943 in Freiburg zum Tode verurteilte Angeklagte, der Ire Robert Vernon, fiel in der Nacht vom 30. auf den 31. Januar 1945 im Konzentrationslager Sonnenburg dem berüchtigten Massaker zum Opfer.

Stele an der Theodor-Heuss-Allee/Breslauer Straße in Karlsruhe

Stadtarchiv Karlsruhe 11/DigA 38/27 DO, Foto: ONUK

[21] Repplinger in Kontext: Wochenzeitung, Ausgaben 165, 166, 167

Ludwigsburg

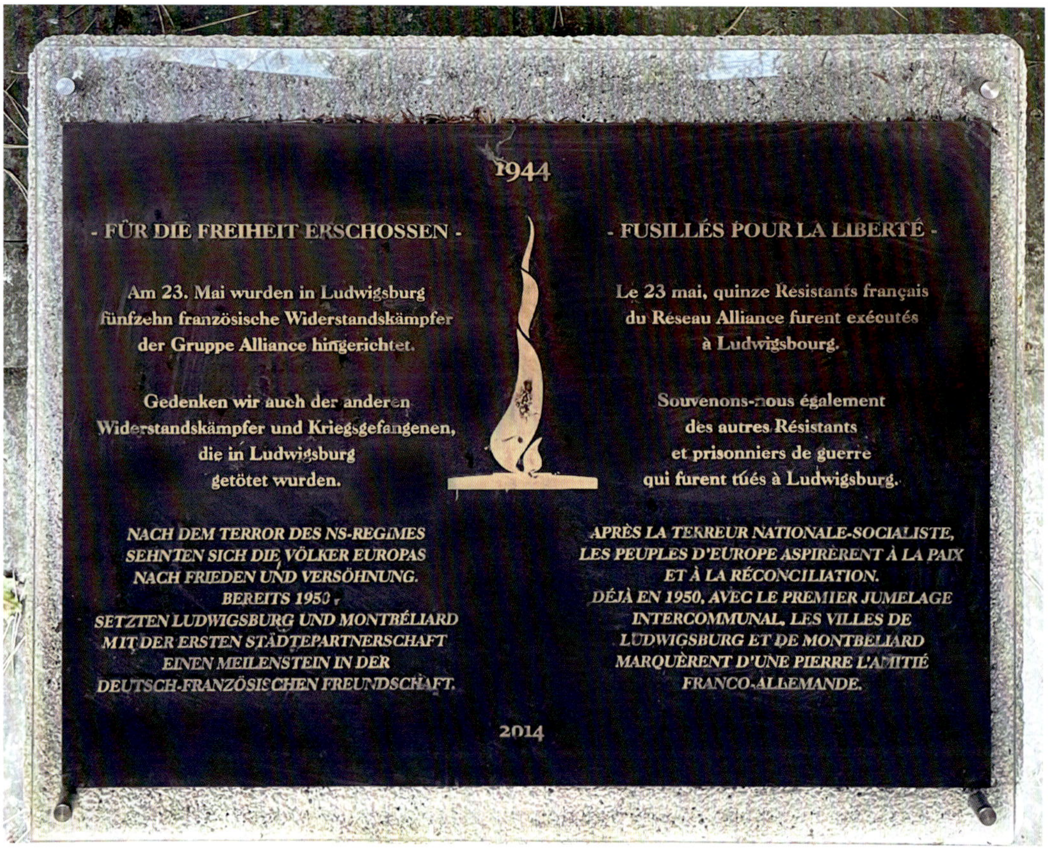

Gedenktafel auf dem Alten Friedhof in Ludwigsburg

Foto privat

Die im Februar 1944 zum Tode Verurteilten wurden an einem Schießstand im Ort Poppenweiler, heute Stadtteil von Ludwigsburg, hingerichtet. Mit einem Planwagen wurden die 15 Gefangenen am 23. Mai 1944 vom Ludwigsburger Gefängnis zu dem etwa drei Kilometer außerorts gelegenen Schießstand am Waldrand transportiert. Die Opfer sollen nach Verlesung des Urteils noch ein „Vive la France" ausgerufen und sich in die Arme gefallen sein. Am Ort der Hinrichtung erinnert heute eine Gedenktafel an das Schicksal der Opfer.

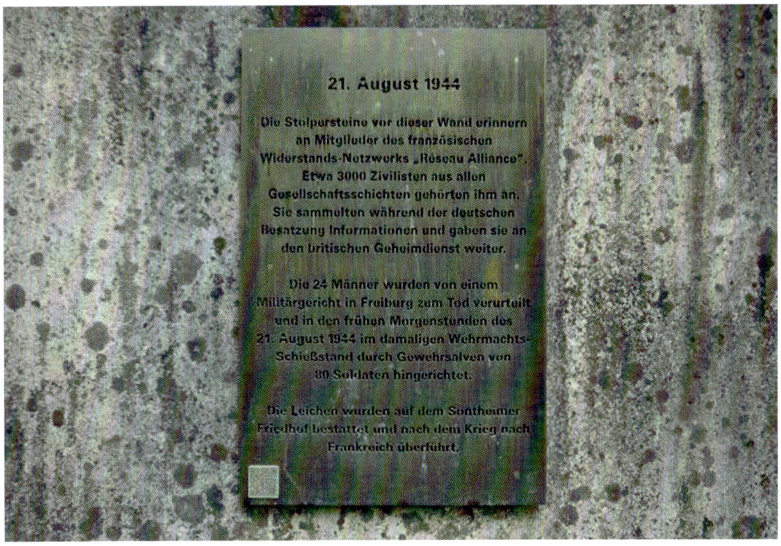

Gedenktafel und Pflastersteine am Schießstand im Köpfertal in Heilbronn

Foto privat

Die Vollstreckung der im Sommer 1944 verhängten 23 Todesstrafen gegen Mitglieder der Réseau Alliance und des im Februar 1944 verurteilten Ferdinand Dellagnelo erfolgten in den frühen Morgenstunden des 21. August 1944 in Heilbronn. An einem Schießstand im Köpfertal versammelte sich ein Zug von 80 Wehrmachtssoldaten, um die Urteile zu vollstrecken. Die Leichen der Erschossenen wurden zunächst im Sontheimer Friedhof bestattet und nach dem Zweiten Weltkrieg nach Frankreich überführt.

Das Massaker von Natzweiler-Struthof

Eine erheblich größere Zahl von Mitgliedern der Réseau Alliance kam ohne militärgerichtliche Verurteilung und Urteilsvollstreckung zu Tode. In diesem Zusammenhang ist insbesondere das Massaker im elsässischen Konzentrationslager Natzweiler-Struthof in der Nacht vom 1. auf den 2. September 1944 zu erwähnen. Als die Streitkräfte der Alliierten von Westen vorrückten und sich damit dem Elsass näherten, erging die Anordnung zur Evakuierung des Stammlagers und der linksrheinischen Außenlager. Die Gestapo in Straßburg erließ aus diesem Anlass den Befehl, die im Sicherungslager Schirmeck-Vorbruck inhaftierten Mitglieder der Réseau Alliance zu ermorden. Der dortige Lagerkommandant Karl Buck setzte diesen Befehl um, indem er 107 Inhaftierte in das Konzentrationslager Natzweiler-Struthof transportieren, dort erschießen und im Krematorium verbrennen ließ.

Die „Schwarzwälder Blutwoche"

Das Vorrücken der Alliierten nahm die Straßburger Gestapo zum Anlass, auch auf rechtsrheinischer Seite Widerstandskämpfer zu ermorden. Vom 23. bis zum 30. November 1944 wurden bei dem später als „Schwarzwälder Blutwoche" genannten Verbrechen 70 weitere Widerstandskämpfer erschossen. Auch diese Mitglieder der Réseau Alliance waren im Rahmen der Nacht-und-Nebel-Verfahren inhaftiert und nach Deutschland verbracht worden. Sie waren in Gefängnissen von Kehl, Rastatt, Offenburg, Freiburg, Bühl, Gaggenau und Pforzheim inhaftiert. Ein gerichtliches Verfahren hatte gegen sie nie stattgefunden.

Kriminalkommissar und SS-Hauptsturmführer Julius Gehrum führte mit einigen Helfern diese Aktion selbst aus. Die mörderische Reise durch den Südwesten begann am Tag der Befreiung von Straßburg, dem 23. November 1944, in Kehl. Er verlangte – später ebenso in den anderen Orten – die Herausgabe der Gefangenen aus dem Gefängnis. Er und seine Helfer erschossen in Kehl neun Widerstandskämpfer am Ufer des Rheins und warfen sie anschließend in den Fluss.

Am Freitag, den 24. November 1944, ermordeten sie in Rastatt zwölf Widerstandskämpfer. Erst nach dem Wochenende setzten die Nationalsozialisten ihren Blutzug fort. Am Montag fielen ihnen im Offenburger Gefängnis vier französische Frauen zum Opfer. In Freiburg waren es am Dienstag die drei Mitglieder der „Apachen" Édouard Kauffmann, Emile Pradelle und Jean Lordey. Am Mittwoch folgten acht Widerstandskämpfer auf einer Rheininsel bei Bühl. Ihr Ende fand die Blutwoche am 30. November 1944 in Gaggenau und Pforzheim. Während den Nationalsozialisten in Gaggenau neun Widerstandskämpfer zum Opfer fielen, wurden im Pforzheimer Hagenschießwald acht Frauen und 17 Männer ermordet und in einem Bombentrichter verscharrt. Untersuchungen deuten darauf hin, dass die Opfer zuvor gefoltert worden waren.

Gedenktafel an der Europabrücke in Kehl

Foto privat

Die Aufhebung der Urteile des Reichskriegsgerichts

Mit dem Gesetz zur Aufhebung nationalsozialistischer Unrechtsurteile in der Strafrechtspflege vom 25. August 1998 (BGBl. I, S. 2501) wurden strafgerichtliche Entscheidungen aufgehoben, die unter Verstoß gegen elementare Gedanken der Gerechtigkeit nach dem 30. Januar 1933 zur Durchsetzung oder Aufrechterhaltung des nationalsozialistischen Unrechtsregimes aus politischen, militärischen, rassischen, religiösen oder weltanschaulichen Gründen ergangen sind.
Während die Entscheidungen des Volksgerichtshofs und der Standgerichte pauschal aufgehoben wurden, erwähnt das Gesetz das Reichskriegsgericht nicht. Es erfasst jedoch solche Entscheidungen, die auf der Verordnung über das Sonderstrafrecht im Krieg und bei besonderem Einsatz (Kriegssonderstrafrechtsverordnung) vom 17. August 1938 (RGBl. 1939 I, S. 1455) beruhen. Da hierzu auch der Spionagetatbestand gehört, gelten auch die Freiburger Urteile mit diesem Gesetz als aufgehoben.

Mehr als eine symbolische Distanzierung geht mit dieser Aufhebung jedoch nicht einher. Das Unrecht der NS-Wehrmachts-Justiz besteht trotz der Aufhebung der Urteile fort; das Leiden ihrer Opfer und deren Angehörigen lassen sich nicht rückgängig machen.

Die Urteile und ihre Opfer

Erste Verhandlungsperiode im Dezember 1943

1. Urteil vom 14. Dezember 1943

Jean Philippe | Vertreter | 14.11.1905 – 01.04.1944
Hinrichtungsort Karlsruhe

Paul Flamant | Offizier | 12.12.1891 – 01.04.1944
Hinrichtungsort Karlsruhe

Jean Voiturer | Ingenieur | 04.03.1895 – 01.04.1944
Hinrichtungsort Karlsruhe

2. Urteil vom 16. Dezember 1943

Robert Lynen | Filmschauspieler | 24.05.1920 – 01.04.1944
Hinrichtungsort Karlsruhe

Jean Burel-Danis | Kameramann | 30.06.1921 – 01.04.1944
Hinrichtungsort Karlsruhe

Robert Vernon | Kunstmaler | 04.03.1895 – 30.01.1945
Opfer des Massakers im Konzentrationslager Sonnenburg

Gilbert Savon | Unternehmer | 20.06.1910 – 01.04.1944
Hinrichtungsort Karlsruhe

Georges Talon | Handelsvertreter | 28.07.1919 – 01.04.1944
Hinrichtungsort Karlsruhe

3. Urteil vom 21. Dezember 1943

Camille Schneider | Vertreter | 27.12.1915 – 01.04.1944
Hinrichtungsort Karlsruhe

Émile Rocher | Versicherungsangestellter
02.05.1921 – 01.04.1944
Hinrichtungsort Karlsruhe

Georges Zeppini | Mechaniker | 17.06.1918 – 01.04.1944
Hinrichtungsort Karlsruhe

Alphonse Boyer | Ingenieur | 26.06.1905 – 01.04.1944
Hinrichtungsort Karlsruhe

Louis Malsbosz | Lehrer i.R. | 11.10.1884 – 01.04.1944
Hinrichtungsort Karlsruhe

Zweite Verhandlungsperiode im Februar 1944

4. Urteil vom 2. Februar 1944

Charles Lair | Vikar | 27.01.1913 – 23.05.1944
Hinrichtungsort Ludwigsburg

5. Urteil vom 3. Februar 1944

Armand Siffert | Offizier | 27.08.1909 – 23.05.1944
Hinrichtungsort Ludwigsburg

6. Urteil 4. Februar 1944

André Kieffer | Soldat | 29.03.1908 – 23.05.1944
Hinrichtungsort Ludwigsburg

Louis Burgard | Angestellter | 05.02.1912
nach Verurteilung zu fünf Jahren Zuchthaus am 01.05.1945
im Konzentrationslager Sachsenhausen befreit

7. Urteil vom 8. Februar 1944

Marcel Roux | Vertreter | 28.01.1903 – 23.05.1944
Hinrichtungsort Ludwigsburg

Paul Delalande | Mechaniker | 27.09.1922 – 23.05.1944
Hinrichtungsort Ludwigsburg

Charles Bricnet | Techniker | 09.09.1921 – 23.05.1944
Hinrichtungsort Ludwigsburg

8. Urteil vom 11. Februar 1944

Auguste Raynal | Offizier | 05.07.1868 – 05.01.1945
nach Begnadigung und Zuchthausstrafe im Zuchthaus
Ebrach verstorben

Eugène Mazillier | Hotelier | 04.04.1896 – 23.05.1944
Hinrichtungsort Ludwigsburg

Paul Dumont | Kaffeehausbesitzer | 25.06.1904 – 23.05.1944
Hinrichtungsort Ludwigsburg

Rachèle Guillebaud | 14.03.1903
nach Begnadigung und Zuchthausstrafe am 22.04.1945
im Konzentrationslager Ravensbrück befreit

9. Urteil vom 16. Februar 1944

Réné Royal | Kassierer | 15.04.1894 – 23.05.1944
Hinrichtungsort Ludwigsburg

Raymond Pornin | Müller | 16.01.1921 – 23.05.1944
Hinrichtungsort Ludwigsburg

Auguste Randier | Landwirt | 12.03.1899 – 23.05.1944
Hinrichtungsort Ludwigsburg

Ferdinand Dellagnelo | Gastronom
27.12.1915 – 21.08.1944
Hinrichtungsort Heilbronn

10. Urteil vom 18. Februar 1944

Madeleine Croset | Krankenschwester | 04.11.1913
nach Begnadigung und Zuchthausstrafe am 23.04.1945
im Konzentrationslager Ravensbrück befreit

Alexandre Lazard | Ingenieur | 26.07.1912 – 23.05.1944
Hinrichtungsort Ludwigsburg

Michelle Goldschmidt de La Vaud | Krankenschwester
04.09.1918
nach Begnadigung und Zuchthausstrafe am 23.04.1945
im Konzentrationslager Ravensbrück befreit

11. Urteil vom 23. Februar 1944

Marcel Guerrin | Drogist | 11.04.1903 – 17.04.1944
nach Verurteilung zu 10 Jahren Zuchthaus im
Konzentrationslager Sachsenhausen gestorben

Pierre Jean-Marie Chanliau | Landwirt
07.12.1894 – 23.05.1944
Hinrichtungsort Ludwigsburg

Jean Baptiste Chanliau | Landwirt | 04.06.1921
nach Verurteilung zu 5 Jahren Zuchthaus am 03.05.1945
im Konzentrationslager Rechlin befreit

Pierre Chanliau | Landwirt | 16.10.1922 – 23.05.1944
Hinrichtungsort Ludwigsburg

Remy Perrier | Pfarrer | 23.10.1899 – 05.02.1945
nach Verurteilung zu 10 Jahren Zuchthaus
im Konzentrationslager Sachsenhausen gestorben

12. Urteil vom 25. Februar 1944

Jean Friess, Dr. | Ingenieur | 04.02.1902 – 23.05.1944
Hinrichtungsort Ludwigsburg

Pierre-Victor Rousseau | Mechaniker | 11.02.1909
nach Verurteilung zu 3 Jahren Zuchthaus am 08.05.1945
im Gestapogefängnis Mürau befreit

Dritte Verhandlungsperiode im Juni 1944

13. Urteil vom 2. Juni 1944

Gabriel Rivière | Angestellter | 30.11.1901 – 21.08.1944
Hinrichtungsort Heilbronn

14. Urteil vom 3. Juni 1944

Jean Bouyat | Ingenieur | 28.07.1917 – 21.08.1944
Hinrichtungsort Heilbronn

15. Urteil vom 4. Juni 1944

Lucien Siegrist | Drogist | 04.12.1905 – 21.08.1944
Hinrichtungsort Heilbronn

16. Urteil vom 6. Juni 1944

Lucien Poulard | Fliegerleutnant | 02.12.1917 – 21.08.1944
Hinrichtungsort Heilbronn

Alain Le Bastard de Villeneuve | Versicherungsagent
08.06.1912 – 21.08.1944
Hinrichtungsort Heilbronn

17. Urteil vom 7. Juni 1944

Marc Bernard | Offiziersschüler | 27.06.1921 – 21.08.1944
Hinrichtungsort Heilbronn

Philippe Lefèbvre | Offizier | 15.04.1917 – 21.08.1944
Hinrichtungsort Heilbronn

18. Urteil vom 8. Juni 1944

Jean Sneyers | Student | 27.09.1921 – 21.08.1944
Hinrichtungsort Heilbronn

19. Urteil vom 9. Juni 1944

Robert Darsac alias Alfred Jassaud | Student
30.01.1920 – 21.08.1944
Hinrichtungsort Heilbronn

20. Urteil vom 10. Juni 1944

Pierre Dallas | Fliegerleutnant a. D. | 07.07.1916 – 21.08.1944
Hinrichtungsort Heilbronn

Marcel Trümel | Installateur und Dachdecker
05.03.1923 – 21.08.1944
Hinrichtungsort Heilbronn

Marcel Gilbert | Arzt | 20.04.1875 – 02.02.1945
nach Verurteilung zu lebenslänglichem Zuchthaus
im Konzentrationslager Flossenbürg gestorben

21. Urteil vom 12. Juni 1944

André Riss | Student | 21.02.1922 – 21.08.1944
Hinrichtungsort Heilbronn

Jacques Bonnetain | Funker | 09.03.1921 – 21.08.1944
Hinrichtungsort Heilbronn

Jean Portenart | Funker | 02.08.1918 – 21.08.1944
Hinrichtungsort Heilbronn

Maurice Courcelle | Angestellter | 13.08.1915 – 20.04.1945
nach Verurteilung zu 10 Jahren Zuchthaus
im Konzentrationslager Dachau gestorben

22. Urteil vom 15. Juni 1944

Jean-Marie Caprais | Student | 21.06.1922 – 21.08.1944
Hinrichtungsort Heilbronn

Adrien Le Moine | Mechaniker | 28.07.1874 – 20.03.1945
nach Verurteilung zu 8 Jahren Zuchthaus
im Konzentrationslager Flossenbürg gestorben

Lucien Julia | Wein- und Spirituosenhändler
29.03.1891 – 10.03.1945
nach Verurteilung zu 8 Jahren Zuchthaus auf dem Transport
in das Konzentrationslager Bergen-Belsen gestorben

Gabriel Romon | Ingenieur | 18.06.1905 – 21.08.1944
Hinrichtungsort Heilbronn

23. Urteil vom 19. Juni 1944

René Lèbre | Funker | 26.09.1921 – 21.08.1944
Hinrichtungsort Heilbronn

Pierre Lemaître | Schlosser | 02.02.1911 – 21.08.1944
Hinrichtungsort Heilbronn

24. Urteil vom 21. Juni 1944

Yves Le Bastart de Villeneuve | Student
01.08.1920 – 21.08.1944
Hinrichtungsort Heilbronn

Yves Rigoine de Fougerolles | Kaufmann
06.07.1913 – 21.08.1944
Hinrichtungsort Heilbronn

Louise Andreu | Kolonialwarenhändlerin
09.06.1892 – 20.03.1945
nach Begnadigung und lebenslänglicher Zuchthausstrafe
im Konzentrationslager Ravensbrück gestorben

Raymond Hermer | Musiker | 29.12.1903 – 21.08.1944
Hinrichtungsort Heilbronn

25. Urteil vom 22. Juni 1944

Alphonse Deliry | Kaufmann | 03.06.1894 – 21.08.1944
Hinrichtungsort Heilbronn

26. Urteil vom 23. Juni 1944

Joel Lemoigne | Beamter | 08.07.1912 – 21.08.1944
Hinrichtungsort Heilbronn

27. Urteil vom 24. Juni 1944

Ferdinand Rodriguez | Agent | 27.02.1915 – 22.01.1999
durch einen Gefangenenaustausch am 15. Januar 1945
befreit

28. Urteil vom 28. Juni 1944 in Bruchsal

Léon Faye | Offizier | 10.06.1899 – 30.01.1945
Opfer des Massakers im Konzentrationslager Sonnenburg

Das Sondergericht Freiburg führte
über 1.000 Verfahren durch und
verurteilte dabei 29 Menschen auf
der Grundlage des nationalsozialistischen
Sonderstrafrechts zum Tode.

Michael P. Hensle

Die NS-Sondergerichtsbarkeit und das Sondergericht Freiburg

Der „Tag von Potsdam", 21. März 1933, als Schulterschluss zwischen Bürgerlich-Konservativen und Nationalsozialisten: Reichskanzler Adolf Hitler verneigt sich vor Reichspräsident Paul von Hindenburg und gibt ihm die Hand.
Bundesarchiv Bild 183-S38324

Normative und institutionelle Grundlagen der NS-Sondergerichtsbarkeit

Am 30. Januar 1933 war Adolf Hitler vom Reichspräsidenten Paul von Hindenburg zum Reichskanzler ernannt worden. Hitler stand einer Koalitionsregierung aus Nationalsozialistischer Deutscher Arbeiterpartei (NSDAP) und Deutschnationaler Volkspartei (DNVP) vor, die im Reichstag über keine Mehrheit verfügte. Hitler verlangte daher die Auflösung des Reichstags und Neuwahlen, von denen er eine Mehrheit für die „Regierung der nationalen Erhebung" erhoffte. In der Nacht vom 27. auf den 28. Februar 1933 brannte der Deutsche Reichstag in Berlin. Noch in der Nacht des Reichstagsbrandes war anhand vorbereiteter Listen eine Verhaftungswelle angelaufen. Dabei handelte es sich keineswegs nur um kommunistische Funktionäre, sondern auch um andere Gegner der Nationalsozialisten. Den Reichstagsbrand nutzte Hitlers Kabinett aus Nationalsozialisten und Deutschnationalen, um wesentliche Grundrechte wie das Recht auf persönliche Freiheit, die Meinungs-, Presse-, Vereins- und Versammlungsfreiheit, das Brief-, Post- und Fernmeldegeheimnis sowie die Unverletzlichkeit der Wohnung außer Kraft zu setzen. Mit der Verordnung des Reichspräsidenten „Zum Schutz von Volk und Staat" (RGBl. 1933 I, S. 83) vom 28. Februar 1933 wurden nicht nur die Grundrechte suspendiert, de facto verhalf sie den Nationalsozialisten zur Schaffung des permanenten Ausnahmezustands. Die sogenannte Reichstagsbrandverordnung wurde schon bald treffend als eigentliche „Verfassungsurkunde" des „Dritten Reiches" bezeichnet.[1] Sie beinhaltete noch vor dem Ermächtigungsgesetz vom 24. März 1933 den entscheidenden Schritt zur Errichtung der NS-Diktatur.

[1] Vgl. Fraenkel (Doppelstaat), S. 26

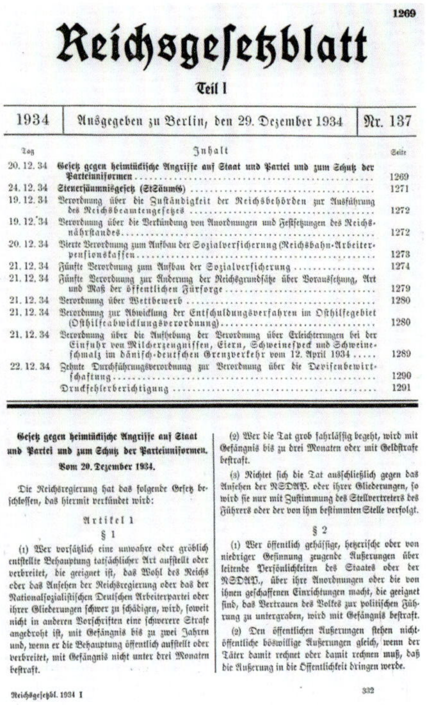

1269

Reichsgesetzblatt

Teil I

1934	Ausgegeben zu Berlin, den 29. Dezember 1934	Nr. 137

Tag	Inhalt	Seite
20. 12. 34	**Gesetz gegen heimtückische Angriffe auf Staat und Partei und zum Schutz der Parteiuniformen**	1269
24. 12. 34	**Steuersäumnisgesetz (StSäumG)**	1271
19. 12. 34	Verordnung über die Zuständigkeit der Reichsbehörden zur Ausführung des Reichsbeamtengesetzes	1272
19. 12. 34	Verordnung über die Verkündung von Anordnungen und Festsetzungen des Reichsnährstandes	1272
20. 12. 34	Vierte Verordnung zum Aufbau der Sozialversicherung (Reichsbahn-Arbeiterpensionskassen	1273
21. 12. 34	Fünfte Verordnung zum Aufbau der Sozialversicherung	1274
21. 12. 34	Fünfte Verordnung zur Änderung der Reichsgrundsätze über Voraussetzung, Art und Maß der öffentlichen Fürsorge	1279
21. 12. 34	Verordnung über Wettbewerb	1280
21. 12. 34	Verordnung zur Abwicklung der Entschuldungsverfahren im Osthilfegebiet (Osthilfeabwicklungsverordnung)	1280
21. 12. 34	Verordnung über die Aufhebung der Verordnung über Erleichterungen bei der Einfuhr von Milcherzeugnissen, Eiern, Schweinespeck und Schweineschmalz im dänisch-deutschen Grenzverkehr vom 12. April 1934	1289
22. 12. 34	Zehnte Durchführungsverordnung zur Verordnung über die Devisenbewirtschaftung	1290
	Druckfehlerberichtigung	1291

Gesetz gegen heimtückische Angriffe auf Staat und Partei und zum Schutz der Parteiuniformen.

Vom 20. Dezember 1934.

Die Reichsregierung hat das folgende Gesetz beschlossen, das hiermit verkündet wird:

Artikel 1

§ 1

(1) Wer vorsätzlich eine unwahre oder gröblich entstellte Behauptung tatsächlicher Art aufstellt oder verbreitet, die geeignet ist, das Wohl des Reichs oder das Ansehen der Reichsregierung oder das der Nationalsozialistischen Deutschen Arbeiterpartei oder ihrer Gliederungen schwer zu schädigen, wird, soweit nicht in anderen Vorschriften eine schwerere Strafe angedroht ist, mit Gefängnis bis zu zwei Jahren und, wenn er die Behauptung öffentlich aufstellt oder verbreitet, mit Gefängnis nicht unter drei Monaten bestraft.

(2) Wer die Tat grob fahrlässig begeht, wird mit Gefängnis bis zu drei Monaten oder mit Geldstrafe bestraft.

(3) Richtet sich die Tat ausschließlich gegen das Ansehen der NSDAP. oder ihrer Gliederungen, so wird sie nur mit Zustimmung des Stellvertreters des Führers oder der von ihm bestimmten Stelle verfolgt.

§ 2

(1) Wer öffentlich gehässige, hetzerische oder von niedriger Gesinnung zeugende Äußerungen über leitende Persönlichkeiten des Staates oder der NSDAP., über ihre Anordnungen oder die von ihnen geschaffenen Einrichtungen macht, die geeignet sind, das Vertrauen des Volkes zur politischen Führung zu untergraben, wird mit Gefängnis bestraft.

(2) Den öffentlichen Äußerungen stehen nichtöffentliche böswillige Äußerungen gleich, wenn der Täter damit rechnet oder damit rechnen muß, daß die Äußerung in die Öffentlichkeit dringen werde.

Reichsgesetzbl. 1934 I

332

Gesetz gegen heimtückische Angriffe auf Staat und Partei und zum Schutz der Parteiuniformen.

Vom 20. Dezember 1934.

Die Reichsregierung hat das folgende Gesetz beschlossen, das hiermit verkündet wird:

Artikel 1

§ 1

(1) Wer vorsätzlich eine unwahre oder gröblich entstellte Behauptung tatsächlicher Art aufstellt oder verbreitet, die geeignet ist, das Wohl des Reichs oder das Ansehen der Reichsregierung oder das der Nationalsozialistischen Deutschen Arbeiterpartei oder ihrer Gliederungen schwer zu schädigen, wird, soweit nicht in anderen Vorschriften eine schwerere Strafe angedroht ist, mit Gefängnis bis zu zwei Jahren und, wenn er die Behauptung öffentlich aufstellt oder verbreitet, mit Gefängnis nicht unter drei Monaten bestraft.

(2) Wer die Tat grob fahrlässig begeht, wird mit Gefängnis bis zu drei Monaten oder mit Geldstrafe bestraft.

(3) Richtet sich die Tat ausschließlich gegen das Ansehen der NSDAP. oder ihrer Gliederungen, so wird sie nur mit Zustimmung des Stellvertreters des Führers oder der von ihm bestimmten Stelle verfolgt.

§ 2

(1) Wer öffentlich gehässige, hetzerische oder von niedriger Gesinnung zeugende Äußerungen über leitende Persönlichkeiten des Staates oder der NSDAP., über ihre Anordnungen oder die von ihnen geschaffenen Einrichtungen macht, die geeignet sind, das Vertrauen des Volkes zur politischen Führung zu untergraben, wird mit Gefängnis bestraft.

(2) Den öffentlichen Äußerungen stehen nichtöffentliche böswillige Äußerungen gleich, wenn der Täter damit rechnet oder damit rechnen muß, daß die Äußerung in die Öffentlichkeit dringen werde.

„Heimtückegesetz"

RGBl. 1934 I, S. 1269, und Ausschnitt §§ 1 u. 2

Drei Tage zuvor, am 21. März 1933, dem sogenannten „Tag von Potsdam" als Schulterschluss zwischen Bürgerlich-Konservativen und Nationalsozialisten zelebriert, verabschiedete das Kabinett Hitler eine folgenschwere Justiz-Verordnung. Sie lautete: „Verordnung der Reichsregierung über die Bildung von Sondergerichten. Vom 21. März 1933." (RGBl. 1933 I, S. 136) Diese Sondergerichte, die reichsweit in allen Oberlandesgerichtsbezirken installiert werden sollten, waren als Instrumente der justiziellen Verfolgung der Opposition gedacht.[2] Die Nationalsozialisten wollten dies künftig nicht mehr allein der ordentlichen Justiz überlassen. Die Zusammenhänge werden im Verordnungstext deutlich: In die Zuständigkeit der neu zu errichtenden Sondergerichte fielen explizit Delikte nach der Reichstagsbrandverordnung und der sogenannten „Heimtückeverordnung". Mit dieser ebenfalls am 21. März 1933 erlassenen Strafverordnung, im Entwurf noch „Verordnung gegen die Diskreditierung der nationalen Regierung" genannt,[3] war beabsichtigt, jegliche regimekritische Äußerungen zu kriminalisieren und damit erst justiziabel zu machen.[4] Behauptungen wurden unter Strafe gestellt, die geeignet seien, „das Wohl des Reichs oder eines Landes oder das Ansehen der Reichsregierung oder einer Landesregierung oder der hinter diesen Regierungen stehenden Parteien oder Verbände schwer zu schädigen" (RGBl. 1933 I, S. 136).

Die „Heimtückeverordnung" wurde eineinhalb Jahre später, am 20. Dezember 1934, unter Verschärfung der Strafandrohung in Gesetzesform gegossen und trug nun den bezeichnenden Titel „Gesetz gegen heimtückische Angriffe auf Staat und Partei und zum Schutz der Parteiuniformen". Bestraft werden sollte, „wer öffentlich gehässige, hetzerische oder von niedriger Gesinnung zeugende Äußerungen über leitende Persönlichkeiten des Staates oder der NSDAP., über ihre Anordnungen oder die von ihnen geschaffenen Einrichtungen macht, die geeignet sind, das Vertrauen des Volkes zur politischen Führung zu untergraben" (RGBl. 1934 I, S. 1269, § 2 Abs.1).

[2] Der Überblick zur NS-Sondergerichtsbarkeit folgt weitgehend der Darstellung von Hensle (Todesurteile), S. 13 f. unter Berücksichtigung neuerer Forschungsergebnissen.

[3] Vgl. Gruchmann, Justiz im Dritten Reich, S. 946

[4] Vgl. Dörner (Heimtücke)

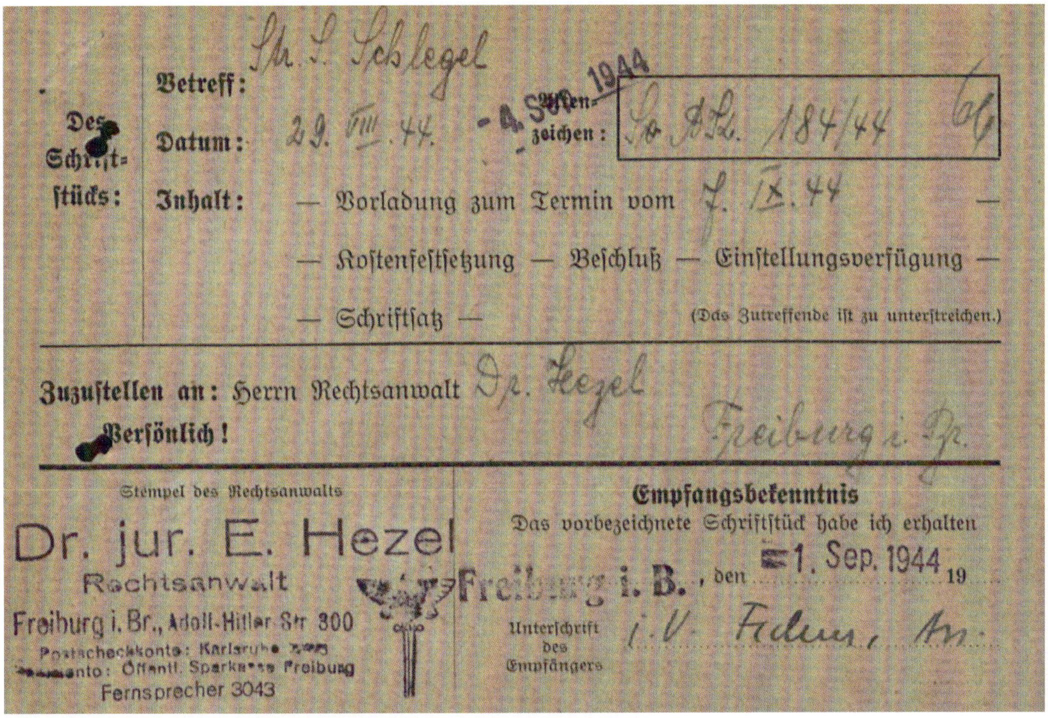

Des Schriftstücks:

Betreff: Schlegel

Datum: 29. VIII. 44. — 4. Sep. 1944

Aktenzeichen: 184/44

Inhalt: — Vorladung zum Termin vom 7. IX. 44 —
— Kostenfestsetzung — Beschluß — Einstellungsverfügung —
— Schriftsatz — (Das Zutreffende ist zu unterstreichen.)

Zustellen an: Herrn Rechtsanwalt Dr. Hezel Freiburg i. Br.
Persönlich!

Stempel des Rechtsanwalts

Dr. jur. E. Hezel
Rechtsanwalt
Freiburg i. Br., Adolf-Hitler-Str 300
Postscheckkonto: Karlsruhe
Girokonto: Öffentl. Sparkasse Freiburg
Fernsprecher 3043

Empfangsbekenntnis
Das vorbezeichnete Schriftstück habe ich erhalten
Freiburg i. B., den 1. Sep. 1944 19
Unterschrift des Empfängers

Zustellung: Vorladung zum Termin am 7. September 1944 in der Strafsache „Schlegel"

Staatsarchiv Freiburg A 47/1 Nr. 2100 Bild 104

Die „Heimtückeverordnung" und die Verordnung zur Bildung von Sondergerichten waren am gleichen Tag beschlossen worden. Ihr Zusammenhang sollte auch in den nächsten Jahren deutlich werden: In der Zeit bis Kriegsbeginn, also bevor die Zuständigkeit der Sondergerichte über das Kriegssonderstrafrecht erheblich ausgeweitet wurde, haben sich diese Gerichte hauptsächlich mit sogenannten „Heimtücke"-Verfahren befasst. Zehntausende wurden wegen Unmutsäußerungen und – tatsächlichen oder vermeintlichen – Oppositionsmeinungen abgeurteilt. Allein vor dem Münchner Sondergericht waren rund 4.500 Verfahren – im Wesentlichen wegen „Heimtücke"-Vergehen – anhängig.[5]

Schwere politische Straftaten wie Landes- und Hochverrat sollten weiterhin vor dem Reichsgericht bzw. vor bestimmten Oberlandesgerichten verhandelt werden, bis schließlich mit Gesetz vom 24. April 1934 der Volksgerichtshof zuständig wurde, der anfänglich selbst noch als Sondergericht fungiert hatte.

Auch in strafprozessualer Hinsicht fielen die Schranken: Die Strafprozessordnung (StPO) galt für die Sondergerichte nur eingeschränkt, zugleich wurden die Rechte der Beschuldigten stark beschnitten. So waren weder eine gerichtliche Voruntersuchung noch ein förmlicher Beschluss über die Eröffnung des Verfahrens vorgesehen. Ebenso wie es keine richterliche Voruntersuchung gab, entfiel auch die mündliche Verhandlung über einen Haftbefehl. Der Vorsitzende des Sondergerichts entschied ohne Anhörung nach Aktenlage. Eine Beschwerde gegen den Haftbefehl des Sondergerichts war nicht zulässig. Nach Eingang der Anklageschrift prüfte der Sondergerichtsvorsitzende lediglich, ob die formale Sondergerichtszuständigkeit bestehe, und legte den Verhandlungstermin fest. Die Ladungsfrist betrug drei Tage, konnte jedoch auf 24 Stunden herabgesetzt werden. In der Regel korrespondierten die Ladungsfristen jedoch mit dem Zeitraum von der Anklageerhebung bis zum Prozesstermin, der nach Weisung des Reichsjustizministeriums allerdings nicht mehr als 14 Tage betragen sollte.

[5] Zu den "Heimtücke"-Verfahren vgl. Hüttenberger (Heimtückefälle), S. 435-526

Die Beweiserhebung lag ganz im Ermessen des Gerichts. Eine besonders einschneidende Bestimmung stellte der § 16 (1) der Sondergerichtsverordnung dar: „Gegen Entscheidungen der Sondergerichte ist kein Rechtsmittel zulässig." Das Sondergericht urteilte in erster und letzter Instanz. Das Urteil war somit sofort rechtskräftig und vollstreckbar. Zwar war die Wiederaufnahme des Verfahrens unter bestimmten Umständen möglich, jedoch blieb dies eine Überlegung von eher theoretischer Natur, zumal dieselbe Kammer über den Wiederaufnahmeantrag zu entscheiden hatte. Dem im Jahr 1939 eingeführten „außerordentlichen Einspruch" kam eine ebenfalls quantitativ geringe Bedeutung zu und diente dem Regime vor allem der nachträglichen Strafverschärfung. Das einzig nennenswerte Mittel der Urteilskorrektur bestand in der „Nichtigkeitsbeschwerde" des Oberreichsanwalts, die mit der Zuständigkeitsverordnung vom 21. Februar 1940 (RGBl. 1940 I, S. 405) eingeführt worden war. Der Oberreichsanwalt konnte beim Reichsgericht in Leipzig Beschwerde gegen ein Urteil einlegen. Das Reichsgericht entschied in der Sache selbst oder verfügte eine Zurückverweisung zum Zwecke der Neuverhandlung. Das Instrument der Nichtigkeitsbeschwerde erwies sich in der Kriegszeit als wirkungsvoller Hebel der Justizlenkung, um bereits rechtskräftige, jedoch zu „milde" ausgefallene Urteile aufzuheben und im Nachhinein zu verschärfen.[6]

[6] Zur Strafverschärfung über die Nichtigkeitsbeschwerde vgl. Gruchmann, Justiz im Dritten Reich, S. 1081 f., insbes. S. 1087; ebenso Kaul (Reichsgericht), S. 218 f.

Untersuchungshaft und Strafverteidigung

Generell waren für Angeklagte vor dem Sondergericht Verteidiger vorgesehen, gegebenenfalls von Amts wegen zu bestellen.[7] Tatsächlich fanden viele Sondergerichtsverhandlungen ohne rechtsanwaltliche Verteidigung statt, gleich ob es dabei um einen Pflicht- oder Wahlverteidiger ging. Zwar wurde das Recht, einen Wahlverteidiger zu benennen, grundsätzlich nicht beschnitten, aber offenbar war nur eine Minderheit der Betroffenen in der Lage, davon Gebrauch zu machen. Weil viele Beschuldigte sich einen Wahlverteidiger finanziell nicht leisten konnten, blieben sie in dem Verfahren ohne Rechtsbeistand. Beispielsweise gab es in den Verfahren wegen „Rundfunkverbrechen" nur in rund einem Viertel der Fälle einen Rechtsanwalt als Verteidiger, obwohl bei diesem Delikt die Zuchthausstrafe angedroht war. Die Zulassung von Beweisanträgen lag nach der Sondergerichtsverordnung vom März 1933 völlig im Ermessen des Gerichts, es konnte Beweisanträge der Verteidigung gemäß § 13 verwerfen, „wenn es die Überzeugung gewonnen hat, daß die Beweiserhebung für die Aufklärung der Sache nicht erforderlich ist" (RGBl. 1933 I, S. 137). Allein diese Bestimmung zeigt, wie schwach die Stellung der Verteidigung war.

Die erste Möglichkeit, mit einem Rechtsanwalt zu sprechen, bestand für die Beschuldigten nach Überführung in die Untersuchungshaft, sofern sie nicht ausnahmsweise auf freiem Fuß blieben. In der üblicherweise vorausgegangenen als

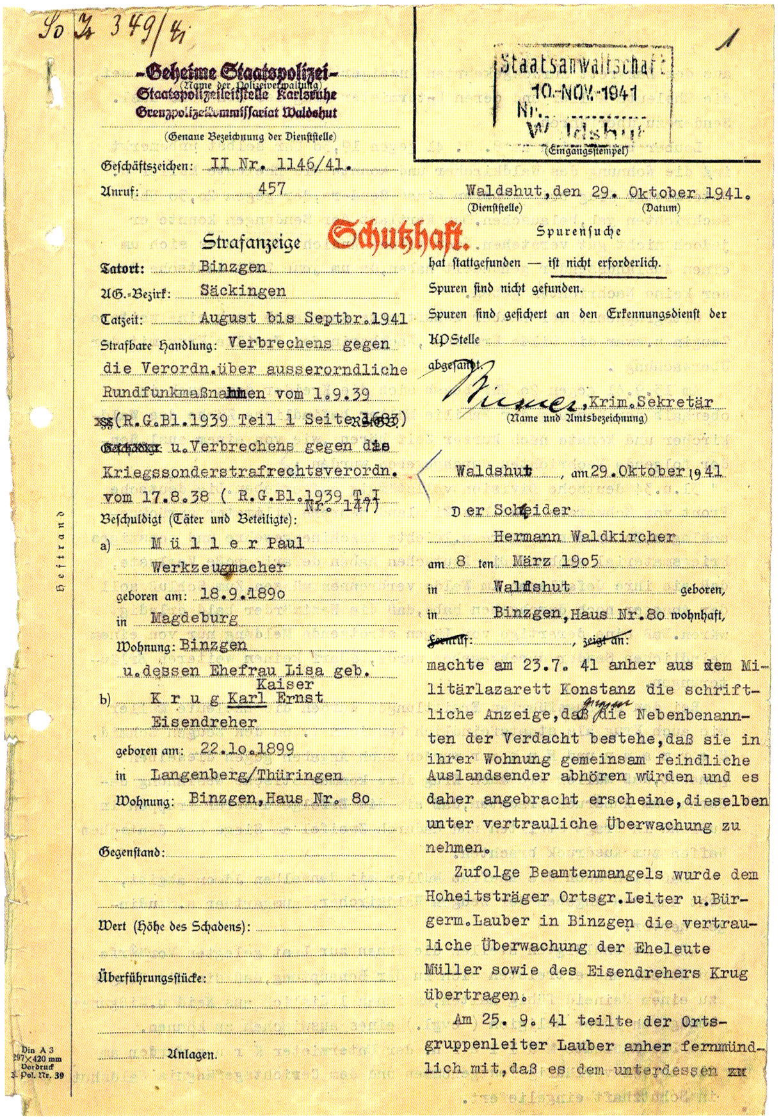
So Js 349/41

1

Geheime Staatspolizei
(Name der Polizeiverwaltung)
Staatspolizeileitstelle Karlsruhe
Grenzpolizeikommissariat Waldshut
(Genaue Bezeichnung der Dienststelle)

Staatsanwaltschaft
10. NOV. 1941
Nr. ...
Waldshut
(Eingangsstempel)

Geschäftszeichen: II Nr. 1146/41.
Anruf: 457

Waldshut, den 29. Oktober 1941.
(Dienststelle) (Datum)

Schutzhaft.

Strafanzeige

Spurensuche
hat stattgefunden — ist nicht erforderlich.
Spuren sind nicht gefunden.
Spuren sind gesichert an den Erkennungsdienst der KPStelle
abgesandt.

Tatort: Binzgen
AG.-Bezirk: Säckingen
Tatzeit: August bis Septbr. 1941
Strafbare Handlung: Verbrechens gegen die Verordn. über ausserorndliche Rundfunkmaßnahmen vom 1.9.39 (R.G.Bl.1939 Teil 1 Seite 1683) u. Verbrechens gegen die Kriegssonderstrafrechtsverordn. vom 17.8.38 (R.G.Bl.1939 T.I Nr. 147)

Rimmer, Krim. Sekretär
(Name und Amtsbezeichnung)

Beschuldigt (Täter und Beteiligte):
a) Müller Paul
Werkzeugmacher
geboren am: 18.9.1890
in Magdeburg
Wohnung: Binzgen
u. dessen Ehefrau Lisa geb. Kaiser
b) Krug Karl Ernst
Eisendreher
geboren am: 22.10.1899
in Langenberg/Thüringen
Wohnung: Binzgen, Haus Nr. 80

Waldshut, am 29. Oktober 1941
Der Schneider
Hermann Waldkircher
am 8 ten März 1905
in Waldshut geboren,
in Binzgen, Haus Nr. 80 wohnhaft,
~~Fernruf~~: ..., ~~zeigt an~~:
machte am 23.7. 41 anher aus dem Militärlazarett Konstanz die schriftliche Anzeige, daß gegen die Nebenbenannten der Verdacht bestehe, daß sie in ihrer Wohnung gemeinsam feindliche Auslandsender abhören würden und es daher angebracht erscheine, dieselben unter vertrauliche Überwachung zu nehmen.
Zufolge Beamtenmangels wurde dem Hoheitsträger Ortsgr. Leiter u. Bürgerm. Lauber in Binzgen die vertrauliche Überwachung der Eheleute Müller sowie des Eisendrehers Krug übertragen.
Am 25. 9. 41 teilte der Ortsgruppenleiter Lauber anher fernmündlich mit, daß es dem unterdessen zu

Gegenstand:
Wert (Höhe des Schadens):
Überführungsstücke:
Anlagen.

Heftrand

Din A 3
297×420 mm
Vordruck
3. Pol. Nr. 39

Strafanzeige der Gestapo mit „Schutzhaft"-Stempel vom 29. Oktober 1941

Staatsarchiv Freiburg A 47/1 Nr. 539 Bild 14

„Schutzhaft" deklarierten Polizeihaft waren die Inhaftierten weitgehend der Isolation unterworfen. Die „Schutzhaft" wurde verhängt auf Grundlage der Reichstagsbrandverordnung vom 28. Februar 1933.

Die „Inschutzhaftnahme" von Oppositionellen war eines der zentralen Terrormittel während der Phase der nationalsozialistischen „Machter-

[7] König (Dienst am Recht), speziell zu Sondergerichten S. 133 f. u. S. 250 f.

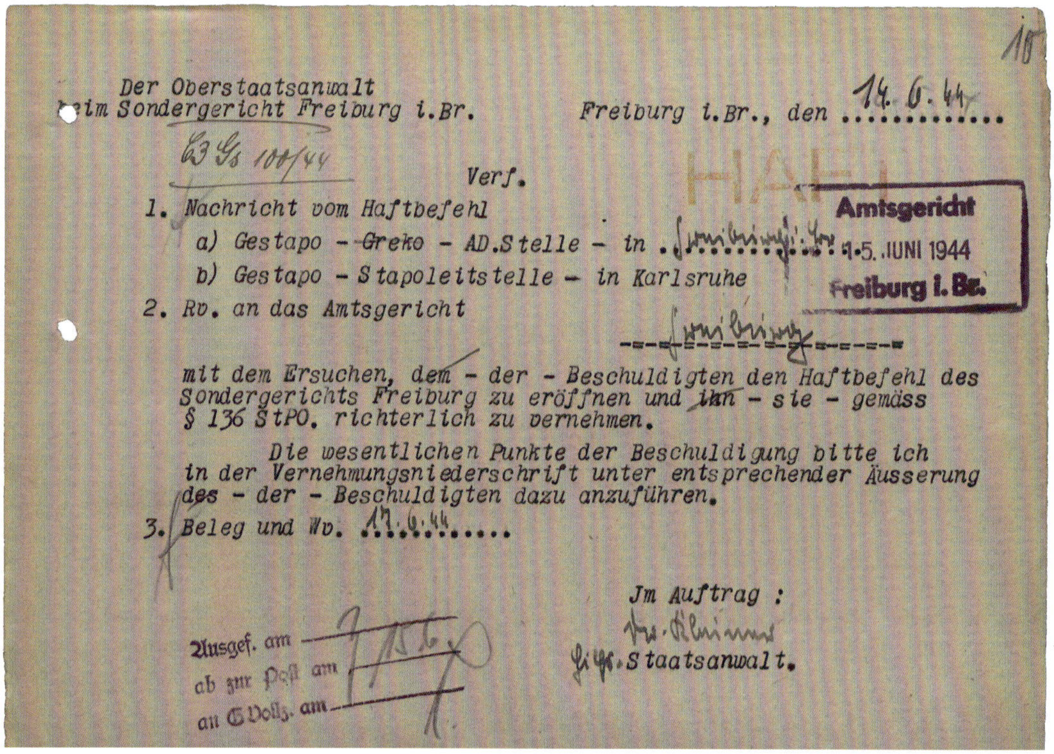

Der Oberstaatsanwalt
beim Sondergericht Freiburg i.Br. Freiburg i.Br., den 14.6.44

Verf.

1. Nachricht vom Haftbefehl
   a) Gestapo – Greko – AD.Stelle – in Freiburg i.Br.
   b) Gestapo – Stapoleitstelle – in Karlsruhe
2. Rv. an das Amtsgericht Freiburg

mit dem Ersuchen, dem – der – Beschuldigten den Haftbefehl des Sondergerichts Freiburg zu eröffnen und ihn – sie – gemäss § 136 StPO. richterlich zu vernehmen.

Die wesentlichen Punkte der Beschuldigung bitte ich in der Vernehmungsniederschrift unter entsprechender Äusserung des – der – Beschuldigten dazu anzuführen.

3. Beleg und Wv. 17.6.44

Jm Auftrag:
Staatsanwalt.

Ausgef. am
ab zur Post am
an G.Vollz. am

HAFT

Amtsgericht
15. JUNI 1944
Freiburg i.Br.

Verfügung des Oberstaatsanwalts beim Sondergericht Freiburg betreffend den Haftbefehl gegen Luise Schlegel, 14. Juni 1944

Staatsarchiv Freiburg A 47/1 Nr. 2100 Bild 21

greifung" der Jahre 1933/34. Laut einer Zusammenstellung des Reichsministeriums des Innern wurden zum 31. Juli 1933 knapp 27.000 sogenannte „Schutzhaftgefangene" festgehalten. Nach Konsolidierung der NS-Herrschaft wurde mit den „Schutzhaft"-Erlassen des Reichsinnenministeriums vom 12. und 26. April 1934 die Verhängung der „Schutzhaft" erstmals bürokratisch geregelt und der Terror gewissermaßen staatlich institutionalisiert. Hierbei ist zu unterscheiden zwischen „Schutzhaft" als Einweisung in ein Konzentrationslager, wie schließlich im „Schutzhaft"-Erlass von Reichsinnenminister Flick vom 25. Januar 1938 festgelegt wurde, sowie „Schutzhaft" im Sinne einer vorläufigen Festnahme. Zugleich war die Frist der vorläufigen Festnahme durch die zuständigen Stellen der Geheimen Staatspolizei (Gestapo) auf zehn Tage festgesetzt worden. Aber bereits am 4. Oktober 1939 wurde die Frist auf drei Wochen verlängert, um nochmals am 31. August 1944 durch den Erlass von Heinrich Himmler, nun in dessen Eigenschaft als neuer Reichsinnenminister, auf 56 Tage für Reichsdeutsche und drei Monate für Ausländer heraufgesetzt zu werden.[8]

Die „Schutzhaft" im Sinne einer vorläufigen Festnahme wurde meist im Polizeigefängnis vollstreckt. Mit der Übergabe der Beschuldigten an die Justiz endete deren „Inschutzhaftnahme". Sie wurden in der Regel dem Haftrichter vorgeführt zwecks Erlass eines Haftbefehls. Bei Personen, bei denen die Gestapo Wert darauf legte, dass diese keinesfalls entlassen würden, trugen die polizeilichen Ermittlungsakten den Vermerk, bei Nichterlass eines Haftbefehls „Rücksistierung" oder „Rückführung" erbeten. Über den Zweck der Rücküberstellung wurde der Haftrichter durchaus nicht im Unklaren gelassen, die Begründungen reichten von der Erteilung einer Verwarnung bis zur Einweisung in Konzentrationslager. Bei Sondergerichtsverfahren stellte die Verhängung von Untersuchungshaft den Normalfall dar. Begründet wurde sie hauptsächlich damit, dass ein Verbrechen vorliege, bei der zu erwartenden

[8] Vgl. Tuchel/Schattenfroh (Prinz-Albrecht-Straße), S. 124

hohen Strafe Fluchtgefahr bestünde sowie mit Verdunkelung zu rechnen sei. Ausdrücklich wurde in den Untersuchungshaftbeschlüssen die Nähe von Südbaden zur Reichsgrenze als erhöhte Fluchtgefahr gewertet. Im Gegensatz zur „Inschutzhaftnahme" war gegen die Untersuchungshaft Haftbeschwerde zulässig, es sei denn, die Untersuchungshaft war durch das Sondergericht verhängt worden. Die Dauer der Untersuchungshaft betrug beispielsweise bei Verfahren wegen „Rundfunkverbrechen" rund 78 Tage.

Die untersuchten Sondergerichts-Akten vermitteln oftmals den Eindruck, dass selbst in der Untersuchungshaft etliche Betroffene erst ihrer Situation gewahr wurden, nachdem sie mit der Ladung zum Gerichtstermin ihre Anklageschrift erhalten hatten. Da die Ladungsfristen im Schnitt äußerst kurz waren, beim Sondergericht Freiburg beispielsweise 14 Tage bei „Rundfunkverbrechen", blieb den Angeklagten wenig Zeit, einen Rechtsanwalt zu bestellen, geschweige denn die Gerichtsverhandlung hinreichend vorzubereiten. So führte allein das beschleunigte Verfahren vor dem Sondergericht zu einer weiteren Einschränkung der Verteidigungsmöglichkeiten. Mehr noch als die formale Einschränkung von Verteidigerrechten wirkte sich das beschleunigte Verfahren auf eine angemessene Verteidigung aus. Außerdem wurde die Verteidigung immer wieder dadurch behindert, dass die Anklageschrift nicht vorlag. So heißt es in einschlägigen Ausführungsbestimmungen lediglich, dass es sich „empfiehlt", dem Beschuldigten die Anklageschrift so zuzustellen, dass er „zur Anbringung von Beweisanträgen vor dem Beginn der Hauptverhandlung oder zur unmittelbaren Ladung oder Gestellung von Zeugen und Sachverständigen Gelegenheit hat" (Allgemeinverfügung vom 9. Dezember 1935, Deutsche Justiz 1935, S. 1812). Angesichts der genannten Gegebenheiten und der Gesamtumstände war der Spielraum des Rechtsanwalts – ob Wahl- oder Offizialverteidiger – für seinen Mandaten in

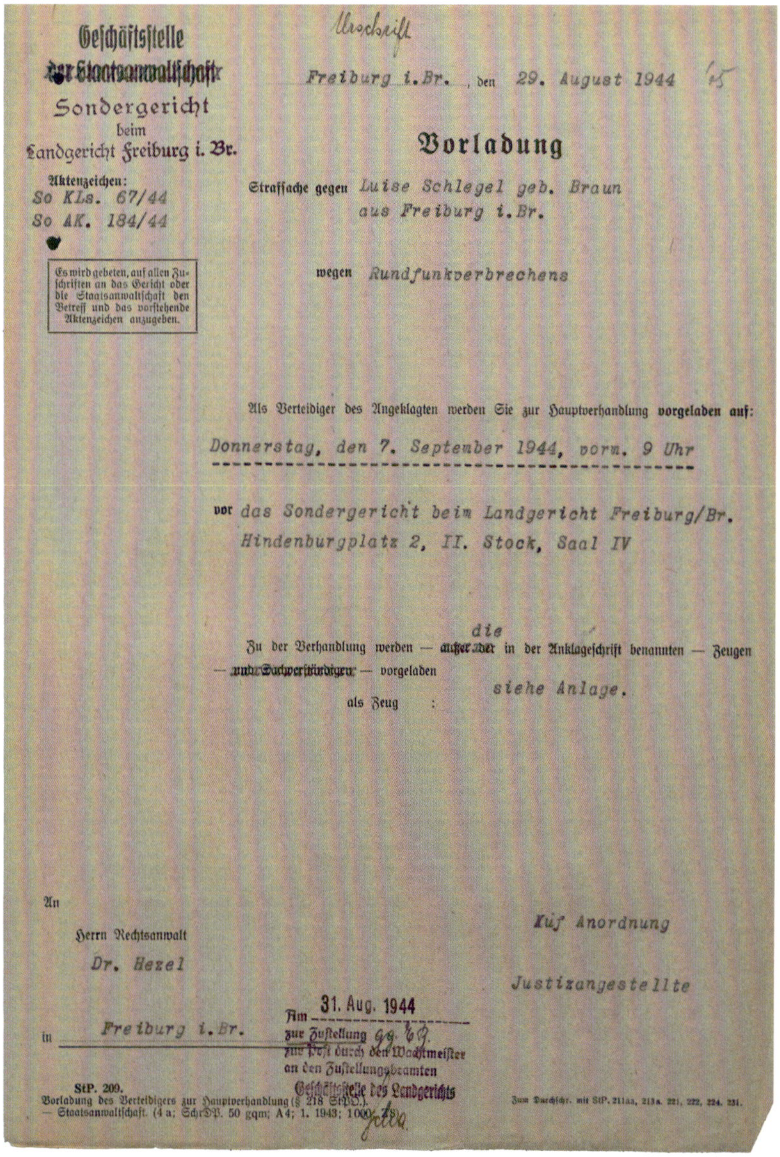
Urschrift

Geschäftsstelle
~~der Staatsanwaltschaft~~
Sondergericht
beim
Landgericht Freiburg i. Br.

Freiburg i.Br., den 29. August 1944

Aktenzeichen:
So KLs. 67/44
So AK. 184/44

Es wird gebeten, auf allen Zuschriften an das Gericht oder die Staatsanwaltschaft den Betreff und das vorstehende Aktenzeichen anzugeben.

Vorladung

Strafsache gegen Luise Schlegel geb. Braun aus Freiburg i.Br.

wegen Rundfunkverbrechens

Als Verteidiger des Angeklagten werden Sie zur Hauptverhandlung **vorgeladen auf:**

Donnerstag, den 7. September 1944, vorm. 9 Uhr

vor das Sondergericht beim Landgericht Freiburg/Br.
Hindenburgplatz 2, II. Stock, Saal IV

Zu der Verhandlung werden – ~~außer der~~ die in der Anklageschrift benannten – Zeugen – ~~und Sachverständigen~~ – vorgeladen
als Zeug : siehe Anlage.

An
Herrn Rechtsanwalt
Dr. Hezel
in Freiburg i.Br.

Auf Anordnung
Justizangestellte

Am 31. Aug. 1944
zur Zustellung
zur Post durch den Wachtmeister
an den Zustellungsbeamten
Geschäftsstelle des Landgerichts

StP. 209.
Vorladung des Verteidigers zur Hauptverhandlung (§ 218 StPO.).
– Staatsanwaltschaft. (4 a; SchrVP. 50 gqm; A4; 1. 1943; 1000/78)

Zum Durchschr. mit StP. 211aa, 213a, 221, 222, 224, 231.

Vorladung zum Termin am 7. September 1944, Strafsache „Schlegel"

Staatsarchiv Freiburg A 47/1 Nr. 2100 Bild 103

einem Sondergerichtsverfahren mehr als eingeschränkt. Dazu kam der politische und psychologische Aspekt, vor ein Sondergericht gestellt zu werden: „Im Volke wird noch weiterhin das Sondergericht wie eine Art Inquisitionsgericht gefürchtet. Auch gilt es im Volke noch als eine Schande, vor dem Sondergericht angeklagt zu sein."[9]

Bezüglich der Vertretung von „Volksschädlingen" und „Staatsfeinden" führte der Reichsgeschäftsführer des NS-Rechtswahrerbundes Dr. Schnei-

[9] So Landgerichtspräsident Korn in seinem Bericht an den Präsidenten des Hanseatischen Oberlandesgerichts vom 22. Juli 1943, LG 3234 Bd. I, zitiert nach Johe (gleichgeschaltete Justiz), S. 107.

denbach 1944 aus, dass dies zwar grundsätzlich nicht verboten sei, der Anwalt aber zu prüfen habe, „ob sein Tätigwerden der Erforschung und Feststellung der Wahrheit dient oder ob sein Mitwirken lediglich zur Erreichung persönlicher Vorteile des Beschuldigten missbraucht werden soll".[10] Bereits am 12. Februar 1940 hatte der SD (Sicherheitsdienst der SS) in seinen „Meldungen aus dem Reich" heftige Kritik an der Tätigkeit von Strafverteidigern geübt und gefordert, „die Befugnis zur Verteidigung in Strafsachen vor dem Sondergericht an eine besondere Zulassung durch den Oberlandesgerichtspräsidenten zu knüpfen". Außerdem wäre es zweckmäßig, „die Zulassung nur nach Anhörung der interessierten Stellen, insbesondere der Parteidienststellen und der Geheimen Staatspolizei zu erteilen" und „nur besonders geeignete, fachlich und vor allem weltanschaulich vollkommen gefestigte Rechtswahrer dürften diese Zulassung erhalten". Die Absicht ist unverkennbar: Der Verteidiger sollte kein Interessenvertreter seines Mandaten sein, sondern ein „Rechtswahrer", der in erster Linie den Belangen des NS-Staats verpflichtet war.

Welche Auffassung manche Richter von der Notwendigkeit eines Verteidigers hatten, zeigen die Äußerungen des wegen seiner Verhandlungsführung gefürchteten Nürnberger Sondergerichtsvorsitzenden Rothaug und die des Stuttgarter Sondergerichtsvorsitzenden Cuhorst. Während Rothaug der Meinung war, „es handele sich bei der Verteidigung um eine überflüssige Erscheinung",[11] vertrat sein Stuttgarter Kollege Cuhorst die Auffassung, „ein fähiges Gericht bedürfe keines Verteidigers, da es selbst in der Lage sei, auch entlastende Momente zu berücksichtigen".[12]

In der Verordnung zur Errichtung der Sondergerichte vom März 1933 war für die Sondergerichtsverhandlung generell ein Verteidiger vorgesehen und dieser gegebenenfalls von Amts wegen zu bestellen. Dieses Recht auf einen Pflichtverteidiger wurde mit Kriegsbeginn im September 1939 eingeschränkt. Eine erhebliche Einschränkung erfolgte dann mit der Zuständigkeitsverordnung vom Februar 1940, nach der für den Beschuldigten nur ein Verteidiger zu bestellen war, „wenn eine Tat in Frage kommt, die mit dem Tode oder lebenslangem Zuchthaus bedroht ist" (RGBl. 1940 I, S. 405, § 32).

Ende 1944 wurde schließlich aufgrund der „Verordnung zur weiteren Anpassung der Strafrechtspflege an die Erfordernisse des totalen Krieges" (RGBl. 1944 I, S. 339) die Bestellung eines Verteidigers in das Ermessen des Gerichts gestellt: „§ 12 (2) Die Vorschriften über die notwendige Verteidigung finden keine Anwendung. Der Vorsitzer bestellt einen Verteidiger für das ganze Verfahren, wenn wegen der schwierigen Sach- oder Rechtslage die Mitwirkung eines Verteidigers geboten ist oder wenn sich der Beschuldigte seiner Persönlichkeit nach nicht verteidigen kann." Die Beschneidung des Rechts auf einen Pflichtverteidiger führte zu einem deutlichen Rückgang des Rechtsbeistands in Sondergerichtsverfahren insgesamt. Betrug beispielsweise der Anteil der Pflichtverteidigung an den Verfahren vor dem Mannheimer Sondergericht vor dem 1. September 1939 noch 75 Prozent, fiel der Anteil in der Folgezeit auf nur noch 11 Prozent.[13]

[10] Schneidenbach: Verteidigung von Staatsfeinden und Volksschädlingen, in: Deutsches Recht 1944, Heft 19/20, S. 327

[11] Eidesstattliche Versicherung von Hans Groben, Beisitzer v. Rothaug, IfZ NG 532, zitiert nach König (Dienst am Recht), S. 136

[12] Eidesstattliche Versicherung von OLG-Rat Hermann Azesdorfer, Beisitzer v. Cuhorst, IfZ NG 495, zitiert nach ebd.

[13] Vgl. Oehler, Die Rechtsprechung des Sondergerichts Mannheim, S. 202

Die Ausweitung der Sondergerichtsbarkeit und das Kriegssonderstrafrecht

In der Anfangsphase der sondergerichtlichen Tätigkeit befassten sich die NS-Sondergerichte hauptsächlich mit politischen Strafverfahren gegen Oppositionelle nach der Reichstagsbrandverordnung. In den Jahren 1935 bis 1937 gewann die Aburteilung von „Zeugen Jehovas“, ebenfalls auf Grundlage der Reichstagsbrandverordnung, an Bedeutung. In der weiteren Vorkriegszeit überwog dann die Verfolgung von Äußerungsdelikten nach der „Heimtückeverordnung“. Die im März 1933 errichteten Sondergerichte sollten eigentlich nur von vorübergehender Dauer sein. Aber auch nach der Stabilisierung des Regimes wurden sie beibehalten. Aus einer grundsätzlichen Abneigung gegen rechtsstaatliche Verfahrensweisen heraus hielten die Nationalsozialisten nicht nur weiterhin an der Sonderjustiz fest, sondern bauten diese noch mit Zuständigkeiten für unpolitische Delikte aus. Begünstigt wurde dieses Vorhaben durch eine Welle der Schwerstkriminalität im Jahre 1938, die mit dem probaten Mittel der Sondergerichtsbarkeit bekämpft werden sollte.

Unmittelbarer Anlass für die Ausdehnung der Sondergerichtsbarkeit war ein Überfall mit nachfolgender Ermordung der Opfer sowie der Verfolger am 18. November 1938 in Graz gewesen. Zwei Tage später, am 20. November 1938, erging eine Verordnung, nach der die Staatsanwaltschaften ermächtigt wurden, Straftaten, die eigentlich nicht in die Zuständigkeit von Sondergerichten gehörten, dennoch dort anzuklagen, wenn „mit Rücksicht auf die Schwere oder Verwerflichkeit der Tat oder die in der Öffentlichkeit hervorgerufene Erregung die sofortige Aburteilung durch das Sondergericht geboten ist“ (RGBl. 1938 I, S. 1632). In der Praxis bedeutete dies die Ausdehnung der Sondergerichtsbarkeit von „politischen“ Delikten wie der „Heimtücke“ auf Bereiche der „gewöhnli-

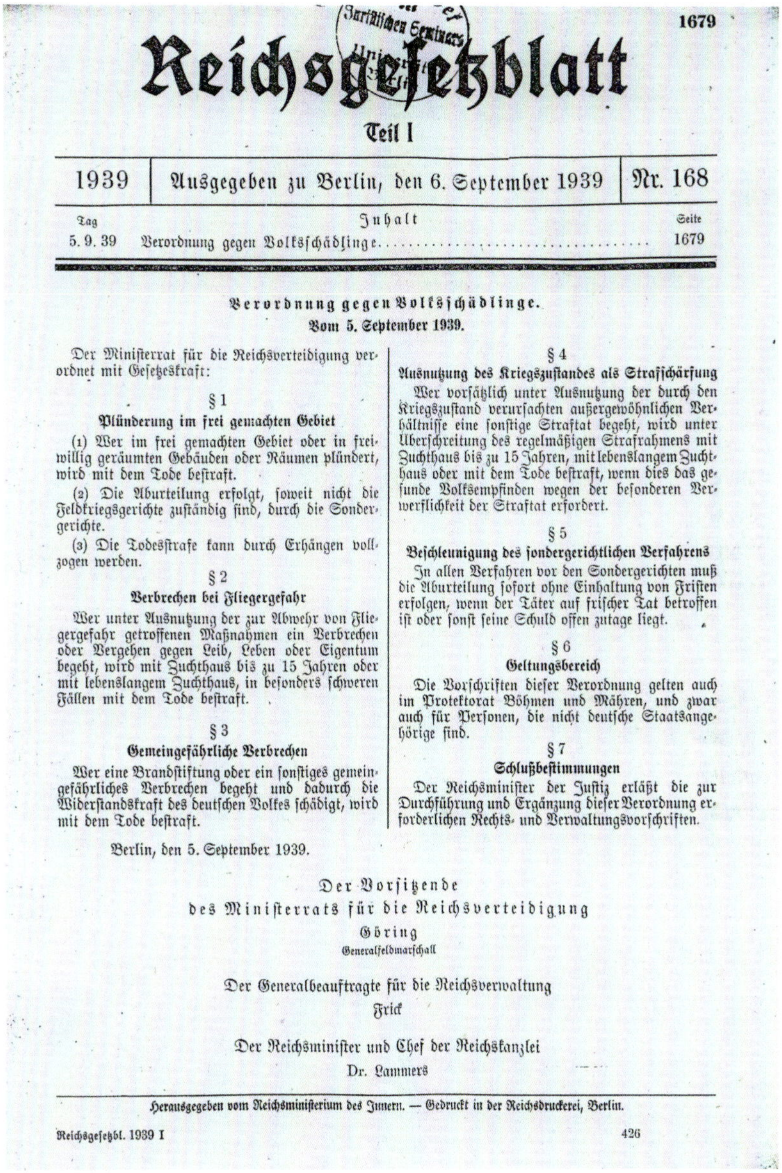

1679

Reichsgesetzblatt

Teil I

1939	Ausgegeben zu Berlin, den 6. September 1939	Nr. 168

Tag	Inhalt	Seite
5. 9. 39	Verordnung gegen Volksschädlinge	1679

Verordnung gegen Volksschädlinge.
Vom 5. September 1939.

Der Ministerrat für die Reichsverteidigung verordnet mit Gesetzeskraft:

§ 1
Plünderung im frei gemachten Gebiet

(1) Wer im frei gemachten Gebiet oder in freiwillig geräumten Gebäuden oder Räumen plündert, wird mit dem Tode bestraft.

(2) Die Aburteilung erfolgt, soweit nicht die Feldkriegsgerichte zuständig sind, durch die Sondergerichte.

(3) Die Todesstrafe kann durch Erhängen vollzogen werden.

§ 2
Verbrechen bei Fliegergefahr

Wer unter Ausnutzung der zur Abwehr von Fliegergefahr getroffenen Maßnahmen ein Verbrechen oder Vergehen gegen Leib, Leben oder Eigentum begeht, wird mit Zuchthaus bis zu 15 Jahren oder mit lebenslangem Zuchthaus, in besonders schweren Fällen mit dem Tode bestraft.

§ 3
Gemeingefährliche Verbrechen

Wer eine Brandstiftung oder ein sonstiges gemeingefährliches Verbrechen begeht und dadurch die Widerstandskraft des deutschen Volkes schädigt, wird mit dem Tode bestraft.

§ 4
Ausnutzung des Kriegszustandes als Strafschärfung

Wer vorsätzlich unter Ausnutzung der durch den Kriegszustand verursachten außergewöhnlichen Verhältnisse eine sonstige Straftat begeht, wird unter Überschreitung des regelmäßigen Strafrahmens mit Zuchthaus bis zu 15 Jahren, mit lebenslangem Zuchthaus oder mit dem Tode bestraft, wenn dies das gesunde Volksempfinden wegen der besonderen Verwerflichkeit der Straftat erfordert.

§ 5
Beschleunigung des sondergerichtlichen Verfahrens

In allen Verfahren vor den Sondergerichten muß die Aburteilung sofort ohne Einhaltung von Fristen erfolgen, wenn der Täter auf frischer Tat betroffen ist oder sonst seine Schuld offen zutage liegt.

§ 6
Geltungsbereich

Die Vorschriften dieser Verordnung gelten auch im Protektorat Böhmen und Mähren, und zwar auch für Personen, die nicht deutsche Staatsangehörige sind.

§ 7
Schlußbestimmungen

Der Reichsminister der Justiz erläßt die zur Durchführung und Ergänzung dieser Verordnung erforderlichen Rechts- und Verwaltungsvorschriften.

Berlin, den 5. September 1939.

Der Vorsitzende
des Ministerrats für die Reichsverteidigung
Göring
Generalfeldmarschall

Der Generalbeauftragte für die Reichsverwaltung
Frick

Der Reichsminister und Chef der Reichskanzlei
Dr. Lammers

Herausgegeben vom Reichsministerium des Innern. — Gedruckt in der Reichsdruckerei, Berlin.

Reichsgesetzbl. 1939 I 426

„Verordnung gegen Volksschädlinge“ vom 5. September 1939

RGBl. 1939 I, S. 1679

chen“ Kriminalität. Eine mit Kriegsbeginn erlassene Verordnung ermöglichte ab dem 1. September 1939, jedes Vergehen vor ein Sondergericht zu bringen, wenn „durch die Tat die öffentliche Ordnung und Sicherheit besonders schwer gefährdet wurde“ (RGBl. 1939 I, S. 1658).

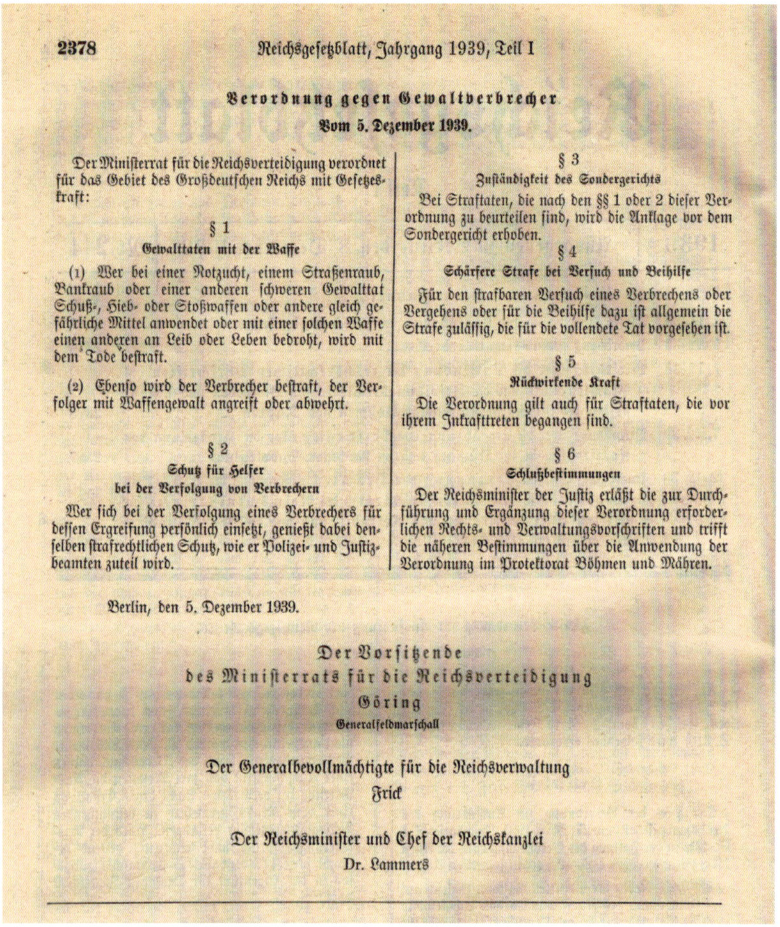

2378 Reichsgesetzblatt, Jahrgang 1939, Teil I

Verordnung gegen Gewaltverbrecher
Vom 5. Dezember 1939.

Der Ministerrat für die Reichsverteidigung verordnet für das Gebiet des Großdeutschen Reichs mit Gesetzeskraft:

§ 1
Gewalttaten mit der Waffe

(1) Wer bei einer Notzucht, einem Straßenraub, Bankraub oder einer anderen schweren Gewalttat Schuß-, Hieb- oder Stoßwaffen oder andere gleich gefährliche Mittel anwendet oder mit einer solchen Waffe einen anderen an Leib oder Leben bedroht, wird mit dem Tode bestraft.

(2) Ebenso wird der Verbrecher bestraft, der Verfolger mit Waffengewalt angreift oder abwehrt.

§ 2
Schutz für Helfer bei der Verfolgung von Verbrechern

Wer sich bei der Verfolgung eines Verbrechers für dessen Ergreifung persönlich einsetzt, genießt dabei denselben strafrechtlichen Schutz, wie er Polizei- und Justizbeamten zuteil wird.

§ 3
Zuständigkeit des Sondergerichts

Bei Straftaten, die nach den §§ 1 oder 2 dieser Verordnung zu beurteilen sind, wird die Anklage vor dem Sondergericht erhoben.

§ 4
Schärfere Strafe bei Versuch und Beihilfe

Für den strafbaren Versuch eines Verbrechens oder Vergehens oder für die Beihilfe dazu ist allgemein die Strafe zulässig, die für die vollendete Tat vorgesehen ist.

§ 5
Rückwirkende Kraft

Die Verordnung gilt auch für Straftaten, die vor ihrem Inkrafttreten begangen sind.

§ 6
Schlußbestimmungen

Der Reichsminister der Justiz erläßt die zur Durchführung und Ergänzung dieser Verordnung erforderlichen Rechts- und Verwaltungsvorschriften und trifft die näheren Bestimmungen über die Anwendung der Verordnung im Protektorat Böhmen und Mähren.

Berlin, den 5. Dezember 1939.

Der Vorsitzende
des Ministerrats für die Reichsverteidigung
Göring
Generalfeldmarschall

Der Generalbevollmächtigte für die Reichsverwaltung
Frick

Der Reichsminister und Chef der Reichskanzlei
Dr. Lammers

„Verordnung gegen Gewaltverbrecher" vom 5. Dezember 1939

RGBl. 1939 I, S. 2378

Mit Kriegsbeginn wurde die Sondergerichtsbarkeit nahezu unbegrenzt ausgeweitet. Ein ganzes Verordnungspaket von Kriegssonderstrafrechtsbestimmungen schuf gänzlich neue Delikte und zielte, als „Täterstrafrecht" postuliert, nicht nur auf die Verfolgung von Staatsfeinden, sondern auch auf die „Ausmerzung" sogenannter „Volksschädlinge". Damit verschmolz die sondergerichtliche Verfolgung politischer Delikte mit der Ahndung allgemeiner „kriegsbedingter" Kriminalität, also Kriminaldelikte begangen unter den besonderen Verhältnissen des Krieges.

Der am Tag der Mobilmachung am 26. August 1939 in Kraft getretenen „Kriegssonderstrafrechtsverordnung", nach der insbesondere „Wehrkraftzersetzung" aber auch Wehrdienstentziehung und Selbstverstümmelung abgeurteilt wurden (RGBl. 1939 I, S. 1455), folgten:

- am 1. September 1939 die „Verordnung über außerordentliche Rundfunkmaßnahmen", nach der das Hören ausländischer Sender mit Zuchthaus zu ahnden war, in Fällen von Weiterverbreitung abgehörter Nachrichten konnte sogar die Todesstrafe verhängt werden (RGBl. 1939 I, S. 1683);

- am 4. September 1939 die „Kriegswirtschaftsverordnung", zur Ahndung von Schwarzschlachtungen, Lebensmittelkartenbetrügereien und ähnlichen Delikten als sogenannte „Kriegswirtschaftsverbrechen" (RGBl. 1939 I, S. 1609);

- am 5. September 1939 die „Verordnung gegen Volksschädlinge", nach der auch Eigentumsdelikte strafverschärfend – bis zur Verhängung der Todesstrafe – beurteilt wurden, wenn die Tat „unter Ausnutzung des Kriegszustandes" (z. B. Verdunkelung) begangen oder das „gesunde Volksempfinden" dies „erfordert" (RGBl. 1939 I, S. 1679);

- am 4. Oktober 1939 die „Verordnung zum Schutz gegen jugendliche Schwerverbrecher", der zufolge auch gegen erst 16-jährige Straftäter die Todesstrafe ausgesprochen werden konnte (RGBl. 1939 I, S. 2000);

- am 5. Dezember 1939 die „Verordnung gegen Gewaltverbrecher", die für „Gewalttaten" unter Verwendung von „Schuss-, Hieb- und Stoßwaffen" oder anderer "gleich gefährlicher Mittel" grundsätzlich die Verhängung der Todesstrafe vorsah (RGBl. 1939 I, S. 2378).

Die genannten Punkte umreißen die Schwerpunkte dieses neuen „Sonderstrafrechts“. Die bewusst diffus gehaltenen Generalklauseln sind neben der angedrohten Sanktionshärte ein Kennzeichen des Kriegssonderstrafrechts. Die Strafverfolgung sollte sich nicht an klar umrissenen Straftatbeständen orientieren, sondern einem Täterstrafrecht genügen, dessen Verkörperung der Typ des „Volksschädlings“ darstellte. Im Mittelpunkt der nunmehr drakonischen Urteilspraxis standen zunehmend unpolitische Straftaten, das Sondergericht wurde zur normalen Ahndungsinstanz für die Fälle der mittleren und schweren Kriminalität.

In Folge dieser Entwicklung wurde die ordentliche Gerichtsbarkeit zunehmend durch die Sondergerichtsbarkeit ersetzt oder zumindest zurückgedrängt. Beispielsweise ergingen im Jahre 1943 im Bereich des Oberlandesgerichts Hamburg 73 Prozent der Urteile durch die Sondergerichte, im Oberlandesgerichtsbezirk Karlsruhe betrug die Rate für dasselbe Jahr immerhin 44 Prozent. Der ständig wachsenden Zahl von Sondergerichtsverfahren wurde mit der Errichtung weiterer Sondergerichte begegnet. Im März 1940 gab es bereits 55 Sondergerichte, womit sich deren Zahl damit seit 1933 verdoppelt hatte. Die Sondergerichtsbarkeit wurde auch über die Reichsgrenze hinaus ausgeweitet. So wurden beispielsweise in der sogenannten „Ostmark“, dem 1938 annektierten Österreich, bis 1940 insgesamt 11 Sondergerichte errichtet. Im Reich und den annektierten Gebieten betrug im Februar 1941 die Anzahl 63, stieg bis 1942 auf 74 und erreichte eine Gesamtzahl von 92 Sondergerichten.

Amtliche Erlasse und Verordnungen

102. Jahrg. 15. März 1940 Nr. 11

Inhalt:

	Seite	
Sondergerichte	323	(81)
Übertragung der Entscheidung in Strafsachen auf ein Amtsgericht für mehrere Amtsgerichtsbezirke	324	(82)
Deutsche Dienstpost Osten	324	(82)
Festsetzung des allgemeinen Dienstalters der Beamten des einfachen, des mittleren und des gehobenen Dienstes	324	(82)
Dienstbezüge der Justizbediensteten aus Freimachungsgebieten	324	(82)
Durchführung des Gesetzes über die 35. Ergänzung des Besoldungsgesetzes	324	(82)
Änderung der Satzung der Notarkasse	325	(83)
Anweisung zur Aufstellung der Gemeindeverzeichnisse nach dem Reichserbhofgesetz im Reichsgau Sudetenland	325	(83)
Einführung eines Kurzvordrucks zur Erteilung von Grundbuchabschriften	326	(84)
Rechtsverkehr in Angelegenheiten des bürgerlichen Rechts mit deutschen Gerichten im Protektorat Böhmen und Mähren und mit Gerichten des Protektorats	326	(84)
Behandlung bezugsbeschränkter Spinnstoffwaren im Zwangsvollstreckungsverfahren	327	(85)
Gefangenentransporte	327	(85)
Übersichten über die Gefangenenarbeit	328	(86)
Bücherangebote zu Vorzugspreisen	333	(91)
Entschädigungen der Gerichtsvollzieher und sonstigen Vollstreckungsbeamten	333	(91)
Personalnachrichten	333	(91)

Nr. 121. Sondergerichte. AV. d. RJM. v. 11. 3. 1940 (3234 — I. a⁴ 238). — Deutsche Justiz S. 323 —

I. Sondergerichte im Sinne des § 10 der VO. vom 21. 2. 1940 (RGBl. I S. 405) bestehen vom 15. 3. 1940 an

im Bezirk des	bei dem Landgericht	für den Bezirk
OLG Bamberg	Bamberg	des OLG
Kammergerichts	Berlin	des Kammergerichts
OLG Braunschweig	Braunschweig	des OLG
OLG Breslau	Beuthen-Kattowitz	der LGe Beuthen-Kattowitz, Bielitz und Teschen
	Breslau	der LGe Breslau, Brieg, Glatz, Glogau, Görlitz, Hirschberg, Liegnitz, Oels und Schweidnitz
	Oppeln	der LGe Gleiwitz, Neisse, Oppeln und Ratibor
OLG Celle	Hannover	des OLG
OLG Danzig	Bromberg	der LGe Bromberg, Graudenz und Thorn
	Danzig	der LGe Danzig und Konitz
OLG Darmstadt	Darmstadt	des OLG
OLG Dresden	Dresden	der LGe Bautzen, Dresden, Freiberg (Sa) und Chemnitz
	Leipzig	der LGe Leipzig, Plauen und Zwickau
OLG Düsseldorf	Düsseldorf	des OLG
OLG Frankfurt	Frankfurt	des OLG
OLG Graz	Graz	des LG Graz
	Klagenfurt	des LG Klagenfurt
	Leoben	des LG Leoben
OLG Hamburg	Bremen	des LG Bremen
	Hamburg	des LG Hamburg
OLG Hamm	Dortmund	der LGe Arnsberg, Bielefeld, Bochum, Dortmund, Hagen, Münster, Paderborn und Siegen
	Essen	des LG Essen
OLG Innsbruck	Feldkirch	des LG Feldkirch
	Innsbruck	des LG Innsbruck
	Salzburg	des LG Salzburg
OLG Jena	Weimar	des OLG
OLG Karlsruhe	Mannheim	des OLG
OLG Kassel	Kassel	des OLG
OLG Kiel	Kiel	des OLG
OLG Köln	Köln	des OLG
OLG Königsberg	Königsberg	der LGe Allenstein, Bartenstein, Braunsberg, Insterburg, Königsberg, Lyck, Memel und Tilsit
	Zichenau	des LG Zichenau
OLG Leitmeritz	Leitmeritz	der LGe Böhmisch Leipa, Brüx, Eger, Leitmeritz, Reichenberg und Trautenau
	Troppau	der LGe Mährisch Schönberg, Neutitschein und Troppau
OLG Linz	Linz	des OLG
OLG Marienwerder	Elbing	des LG Elbing
	Schneidemühl	der LGe Meseritz und Schneidemühl
OLG München	München I	des OLG
OLG Naumburg	Halle	der LGe Erfurt, Halle, Naumburg, Nordhausen und Torgau
	Magdeburg	der LGe Dessau, Halberstadt, Magdeburg und Stendal
OLG Nürnberg	Nürnberg-Fürth	des OLG
OLG Oldenburg	Oldenburg	des OLG
OLG Posen	Hohensalza	der LGe Gnesen und Hohensalza
	Kalisch	der LGe Kalisch und Ostrowo
	Lodsch	des LG Lodsch
	Posen	der LGe Lissa und Posen

323

Amtl. Erlasse S. 81

Auflistungen der Sondergerichte

Deutsche Justiz 1940, S. 323 f.

Die Justizlenkung

Die Ausweitung der Sondergerichtsbarkeit mit immer mehr Verordnungen und Zuständigkeiten brachte auch einen entsprechenden Arbeitsanfall mit sich, der zwangsläufig mehr Personal beanspruchte. Eine Personalbesetzung mit „jüngeren, entschieden zum Nationalsozialismus stehenden Richtern" sollte die Gewähr einer Urteilsfindung im nationalsozialistischen Sinn bieten.[14] Tatsächlich musste jedoch auch „auf fachlich durchschnittliche oder unterdurchschnittliche Richter, die auch nicht immer Parteigenossen" waren, zurückgegriffen werden, wie ein Referent im Reichsjustizministerium klagte.[15] Eine der Konsequenzen daraus bestand in der Verstärkung der Justizlenkung. Diese erfolgte insbesondere über das Weisungsrecht gegenüber den Staatsanwaltschaften, das nach der Gleichschaltung der Länder und der Übernahme der Justizverwaltungen zentral beim Reichsjustizministerium lag. Ein Mittel bestand beispielsweise in der direkten Anordnung der Strafverfolgung bei „Heimtücke"-Äußerungsdelikten durch die oberste Reichsjustizbehörde. Weitere Mittel der Justizlenkung waren die Mitteilungspflicht der Staatsanwälte in Form von Zusendung der Anklageschrift sowie des Urteils an das Ministerium, wie aber auch das Verfassen vertraulicher „Lageberichte" durch die Generalstaatsanwälte der Oberlandesgerichtsbezirke.

Die Oberlandesgerichtspräsidenten hatten dem Reichsjustizministerium ebenfalls Lageberichte vorzulegen, die einzelnen Richter blieben in ihren Entscheidungen weiterhin formal weisungsfrei. Was die nicht weisungsgebundene Richterschaft betraf, bediente sich das Regime subtilerer Mittel der Beeinflussung. Kurz nach Kriegsbeginn wurde am 24. Oktober 1939 im Reichsjustizministerium eine Tagung der Sondergerichtsvorsitzenden und Sonderdezernenten für Sondergerichtssachen zum neuen NS-Kriegssonderstrafrecht veranstaltet, unter führender Beteiligung des Staatssekretärs und späteren Präsidenten des Volksgerichtshofs Roland Freisler, um die zuständigen Staatsanwälte und Richter auf Linie zu bringen.[16] In dieser Besprechung, in der die berüchtigte Formulierung Freislers von den Sondergerichten als der „Panzertruppe der Rechtspflege" fiel, wurde den Anwesenden die Bestimmungen des Kriegssonderstrafrechts erläutert und künftige Urteilshärte angemahnt: „Schärfste Strafen, auch unter Hintansetzung jeglicher Scheu vor der Todesstrafe" seien während des Krieges geboten, so Ministerialdirektor Crohne in seinem Referat über die Sondergerichte.

Aber auch nach Kriegsbeginn waren offenbar nicht alle Richter bereit, weder an den Sondergerichten noch in der ordentlichen Justiz, die geforderten „schärfsten Strafen" tatsächlich zu verhängen. So bemerkte der Karlsruher Oberlandesgerichtspräsident in seinem Lagebericht vom 30. März 1944, dass vor allem ältere Richter sich „nicht immer zu der häufig notwendigen Härte durchreißen" könnten.[17] Der Vorwurf mangelnder Strafhärte führte schließlich im Frühjahr 1942 zur sogenannten „Justizkrise". Nach der nächtlichen Lektüre eines sensationsheischenden Zeitungsberichtes über ein zu „mildes" Urteil des Landgerichts Oldenburg rief Adolf Hitler noch in derselben Nacht den amtierenden Justizminister Franz Schlegelberger an, um sich über das Urteil zu beschweren. Schlegelberger ließ sofort über den Oberreichsanwalt einen „außerordentlichen Einspruch" gegen die Gerichtsentscheidung einlegen, und nur wenige Tage später gelangte der „Besondere Strafsenat" des Reichsgerichts zu der von Hitler erwarteten Todesstrafe. Gleichwohl griff Hitler in seiner letzten Reichstagsrede am 26. April 1942 erneut das Oldenburger Urteil auf, und drohte Richtern, „die nicht das Gebot der Stunde erkennen" ihre Amtsenthebung an.[18] Nach dieser Justizschelte

[14] Angermund (Richterschaft), S. 215 mit Bezug auf eine Besprechung von RJM Thierack am 10./11. Februar 1943

[15] Referentenbericht vom 22. September 1943, zitiert nach Gruchmann, Justiz im Dritten Reich, S. 954

[16] Vgl. das Tagungsprotokoll, BA R 22/4158

[17] Zitiert nach Wagner (Umgestaltung), S. 297

[18] Schiller (OLG Karlsruhe), S. 201

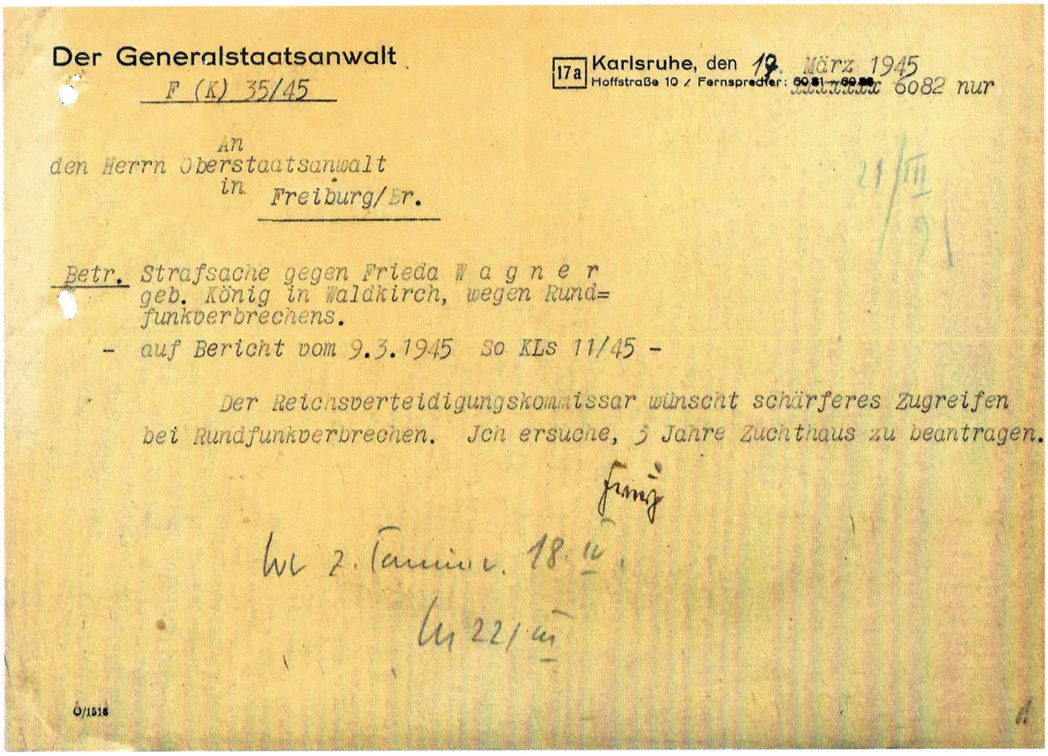

Der Generalstaatsanwalt

F (K) 35/45

17a Karlsruhe, den 17. März 1945
Hoffstraße 10 / Fernsprecher: 6082 nur

An
den Herrn Oberstaatsanwalt
in Freiburg/Br.

Betr. Strafsache gegen Frieda W a g n e r geb. König in Waldkirch, wegen Rundfunkverbrechens.

- auf Bericht vom 9.3.1945 So KLs 11/45 -

Der Reichsverteidigungskommissar wünscht schärferes Zugreifen bei Rundfunkverbrechen. Jch ersuche, 3 Jahre Zuchthaus zu beantragen.

In der Strafsache gegen Frieda Wagner fordert der Generalstaatsanwalt mit Schreiben vom 17. März 1945 die Beantragung von 3 Jahren Zuchthaus

Staatsarchiv Freiburg A 47/1 Nr. 2409 Bild 20

ließ er sich vom Reichstag als „Oberster Gerichtsherr" bestätigen. Justizminister Schlegelberger wurde im August 1942 durch den Volksgerichtshofspräsidenten Otto Thierack ersetzt und Staatssekretär Freisler zum neuen Präsidenten des Volksgerichtshofs ernannt.

Unter Reichsjustizminister Thierack, einem erklärten Nationalsozialisten, wurde die Justizlenkung verstärkt. Hierzu wurde reichsweit die „Vor- und Nachschau" eingeführt, gemeinsame Besprechungen von Richtern und Staatsanwälten zu anstehenden Verfahren und gefällten Urteilen. Ein weiteres Moment der Justizlenkung erfolgte mit der Herausgabe sogenannter „Richterbriefe" durch das Justizministerium. In diesen als vertraulich zu handhabenden Schriftstücken, die den rund 10.000 Justizjuristen über den Dienstweg zugingen, wurden ergangene Urteile aus Straf- und Zivilrecht in anonymisierter Form zusammengestellt, seitens des Reichsjustizministeriums kommentiert, um mittels dieser Kommentierung klarzustellen, wie künftige Entscheidungen auszufallen hätten. In seinem Runderlass vom 7. September 1942 zur Einführung der „Richterbriefe" benannte Thierack auch deren Zielsetzung: „Ich bin überzeugt, daß die Richterbriefe wesentlich zu einer einheitlichen Ausrichtung der Rechtsprechung in nationalsozialistischen Sinne beitragen werden."[19] Die Justizlenkung sollte schließlich auch auf die Rechtsanwälte ausgeweitet werden, durch die Herausgabe von „Rechtsanwaltsbriefen". Der lange angekündigte „Rechtsanwaltsbrief" erschien dann erst am 1. Oktober 1944 und sollte zugleich auch die einzige Ausgabe bleiben.

[19] Zitiert nach Boberach (Richterbriefe), S. 3

Kompetenzabtretung an die Polizei

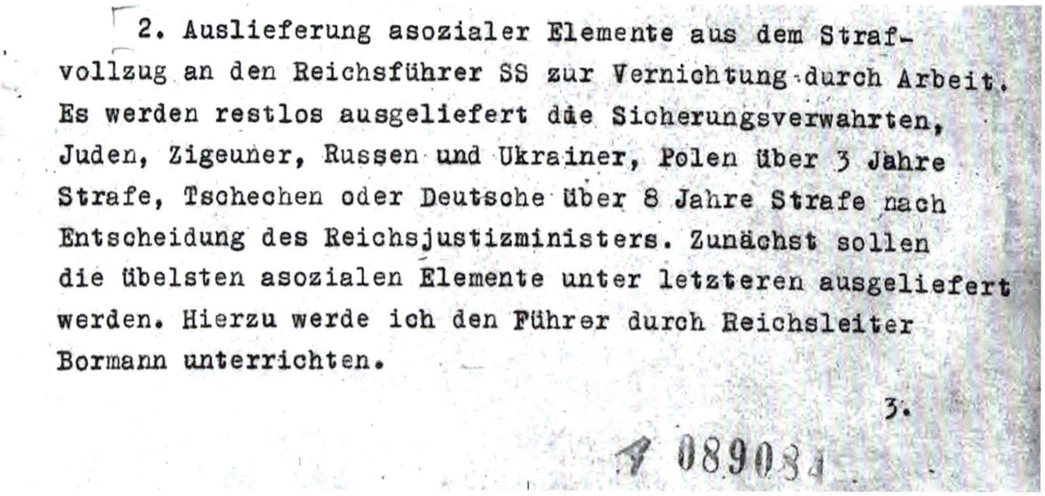

2. Auslieferung asozialer Elemente aus dem Strafvollzug an den Reichsführer SS zur Vernichtung durch Arbeit. Es werden restlos ausgeliefert die Sicherungsverwahrten, Juden, Zigeuner, Russen und Ukrainer, Polen über 3 Jahre Strafe, Tschechen oder Deutsche über 8 Jahre Strafe nach Entscheidung des Reichsjustizministers. Zunächst sollen die übelsten asozialen Elemente unter letzteren ausgeliefert werden. Hierzu werde ich den Führer durch Reichsleiter Bormann unterrichten.

3.

089034

Übereinkunft zwischen Justizminister Thierack und SS-Chef Himmler vom 18. September 1942

IMT Nürnberg, H-2479 S. 4

Reichsjustizminister Thierack intensivierte nicht nur die Justizlenkung, sondern suchte auch die Verständigung mit dem Reichsführer SS und Chef der Deutschen Polizei, Heinrich Himmler. Hintergrund der Bemühungen war, vor allem der „Urteilskorrektur" durch SS und Gestapo zu begegnen. Bei unliebsamen Urteilen übte nicht nur das SS-Organ „Das Schwarze Korps" heftige Urteilsschelte, sondern die Gestapo ergriff wiederholt sogenannte „staatspolizeiliche Maßnahmen": Nach Freispruch oder Strafverbüßung wurde „Schutzhaft" verhängt, die Betroffenen in Konzentrationslager verschleppt oder gar „auf der Flucht" erschossen.[20] Über die künftige Handhabung der „Urteilskorrektur" wurden im September 1942 eine Übereinkunft zwischen Justizminister Thierack und SS-Chef Himmler getroffen, die letztlich eine Kompetenzabtretung der Justiz an die Polizei beinhaltete. Bei der Besprechung in Himmlers Hauptquartier wurde eine „Korrektur bei nicht genügenden Justizurteilen durch polizeiliche Sonderbehandlung" vereinbart.

Weiterhin sah die Übereinkunft die „Auslieferung asozialer Elemente aus dem Strafvollzug an den Reichsführer SS zur Vernichtung durch Arbeit" vor: „Es werden restlos ausgeliefert die Sicherungsverwahrten, Juden, Zigeuner, Russen und Ukrainer, Polen über 3 Jahre Strafe, Tschechen und Deutsche über 8 Jahre Strafe nach Entscheidung des Reichsjustizministeriums." Himmler und Thierack stimmten ferner überein, dass Strafsachen von „Juden, Polen, Zigeuner, Russen und Ukrainer" künftig „durch den Reichsführer SS erledigt werden".[21] In Thieracks erster Amtsbesprechung im September 1942 mit den Präsidenten der Oberlandesgerichte und den Generalstaatsanwälten wurden diese ebenfalls unterrichtet. „In Zukunft werden deutsche Gerichte nicht mehr in Strafsachen gegen Polen, Juden, Russen, Ukrainer und Zigeuner judizieren", führte Thierack aus, um anzufügen: „Diese gehen mich nichts an, das macht die Polizei!"[22] Tatsächlich wurde die ausschließliche „Polizeijustiz" nicht durchgängig angewandt, wie beispielsweise das „Plünderungsurteil" des Sondergerichts Freiburg vom 23. Februar 1945 gegen einen polnischen Zivilarbeiter belegt.

[20] Hierzu Broszat (Perversion), S. 407 f.

[21] Zitiert nach Angermund (Richterkönige), S. 367

[22] Zitiert nach Angermund (Richterkönige), S. 369

Die NS-Strafjustiz – eine Schreckensbilanz

Spätestens mit der Strafkonkurrenz zwischen Polizei und Justiz war ein Grad der Radikalisierung der NS-Strafjustiz erreicht, der sich in der Verhängung von immer mehr Todesstrafen niederschlug. Begründet und gefördert wurde dieser Sachverhalt insbesondere durch das NS-Kriegssonderstrafrecht. Gab es vor 1933 gerade drei Tatbestände, bei denen auf Todesstrafe erkannt werden konnte, so drohten die bis zum Jahre 1944 erlassenen Gesetze und Verordnungen in 46 Fällen die Verhängung der Todesstrafe an.[23]

Die inflationäre Verwendung von Todesurteilen fußte auch auf der Bereitschaft von Justizjuristen, den von Freisler auf der Tagung vom 24. Oktober 1939 im Reichsjustizministerium geforderten 20- oder 50prozentigen Kriegszuschlag auf das normale Strafmaß ohne Skrupel zu erheben. So pflegte beispielsweise der Stuttgarter Sondergerichtsvorsitzende Hermann Cuhorst mit den Worten zur Urteilsverkündung zu gehen: „Auf, meine Herren, zur Schlachtbank!"[24] Die härtesten Urteile seien jedoch, so der während des Nationalsozialismus verfolgte spätere Stuttgarter Oberlandesgerichtspräsident Richard Schmid, meist nicht von den als nationalsozialistisch bekannten Richtern, sondern von „begabten Karrieremachern" gesprochen worden.[25] Es ist bezeichnend für den vorauseilenden Gehorsam in Sachen Urteilshärte, dass selbst das Reichsjustizministerium in den „Richterbriefen" zur Mäßigung aufrief angesichts eines Sondergerichtsurteils, in dem ein 82-Jähriger wegen des „Plünderns" einer auf der Straße liegenden ledernen Pferdeleine zum Tode verurteilt worden war.[26]

Die Bilanz der NS-Strafjustiz ist gekennzeichnet durch den exzessiven Gebrauch der Todesstrafe. Angeführt wird diese blutige Bilanz durch die NS-Militärgerichtsbarkeit: Gegen schätzungsweise 30.000 Wehrmachtangehörige wurden Todesurteile verhängt. Die Sondergerichte fällten rund 11.000 Todesurteile. Allein der Volksgerichtshof verurteilte über 5.000 Angeklagte zum Tode. Die meisten Todesurteile wurden in der zweiten Kriegshälfte gefällt.

[23] Vgl. Broszat (Perversion), S. 397

[24] Hiller (Stuttgart), S. 223

[25] Richard Schmid auf einer justizpolitischen Tagung der Friedrich-Ebert-Stiftung des Jahres 1961, vgl. Stuttgarter Zeitung vom 22. März 1961

[26] Richterbrief vom 1. April 1943; vgl. Boberach (Richterbriefe), S. 95 f.

Das Sondergericht Freiburg im Breisgau

Justizgebäude am Holzmarkt, um 1930
Stadtarchiv Freiburg M 70 S 202/27 Nr. 48

Nach der Verordnung über die Bildung von Sondergerichten vom März 1933 sollte in jedem der 26 Oberlandesgerichtsbezirke des Reiches ein Sondergericht errichtet werden. Der für das ganze Land Baden zuständige OLG-Bezirk mit Sitz des Oberlandesgerichts in Karlsruhe unterteilte sich in acht Landgerichtsbezirke: Mosbach, Mannheim, Heidelberg, Karlsruhe, Offenburg, Freiburg, Waldshut und Konstanz. Das zu errichtende Sondergericht wurde jedoch nicht am Ort des Oberlandesgerichts in Karlsruhe, sondern beim Landgericht Mannheim installiert. Der Grund hierfür lag in der Absicht, die in der Arbeiterstadt Mannheim traditionell starke Linksopposition künftig auch mit justiziellen Mitteln zu verfolgen.[27] Gleichwohl war das Sondergericht Mannheim für ganz Baden in der gesamten Ausdehnung zuständig.

Die mit Kriegsbeginn einhergehende starke Ausweitung der Sondergerichtsbarkeit, insbesondere mit den neuen Kriegssonderstrafrechtsbestimmungen und ihren sondergerichtlichen Zuständigkeiten, musste zwangsläufig zu einer entsprechenden Verfahrenshäufung führen. Daher ließ das Reichsjustizministerium bereits am 9. Dezember 1939 in allen Oberlandesgerichtsbezirken anfragen, ob Bedarf an weiteren Sondergerichten bestünde. Sowohl der OLG-Präsident als auch der Generalstaatsanwalt in Karlsruhe hielten dies für Baden zunächst nicht für notwendig. Als jedoch knapp ein Jahr später im September 1940 durch das Reichsjustizministerium Anweisung erging, dass sogenannte „Kriegsverbrechen" – also Straftaten nach dem Kriegssonderstrafrecht – grundsätzlich vor den Sondergerichten anzuklagen waren, sprach man sich in Karlsruhe für die Schaffung eines Sondergerichts in Freiburg aus: „Dem zu errichtenden Sondergericht in Freiburg wären die sondergerichtlichen Strafsachen aus dem Gebiete der Landgerichtsbezirke Freiburg, Waldshut, Konstanz und Offenburg zuzuweisen. Nach unseren Feststellungen wäre damit etwa eine hälftige Aufteilung der gesamten im Oberlandesgerichtsbezirk Karlsruhe anfallenden Sondergerichtssachen zwischen den Sondergerichten Mannheim und Freiburg gesichert."[28] Am 15. Oktober 1940 wurde schließlich von Reichsjustizminister Gürtner die Bildung des Sondergerichts Freiburg auf Grundlage des Karlsruher Vorschlags mit Wirkung zum 1. November 1940 verfügt.[29] Infolge der Errichtung des Sondergerichts Freiburg halbierte sich der Arbeitsanfall des Mannheimer Sondergerichts um rund die Hälfte.

[27] Vgl. hierzu Oehler, Die Rechtsprechung des Sondergerichts Mannheim, S. 31

[28] OLG-Präsident Reinle und Generalstaatsanwalt Frey am 15. Oktober 1940 an das Reichsjustizministerium, GLA 240/Zg. 1987/53 Nr. 427

[29] Allgemeinverfügung des Reichsjustizministeriums vom 15. Oktober 1940, Deutsche Justiz 1940, S. 1167

Das „Plünderungssondergericht“ beim Landgericht Freiburg und der Fall Laubis

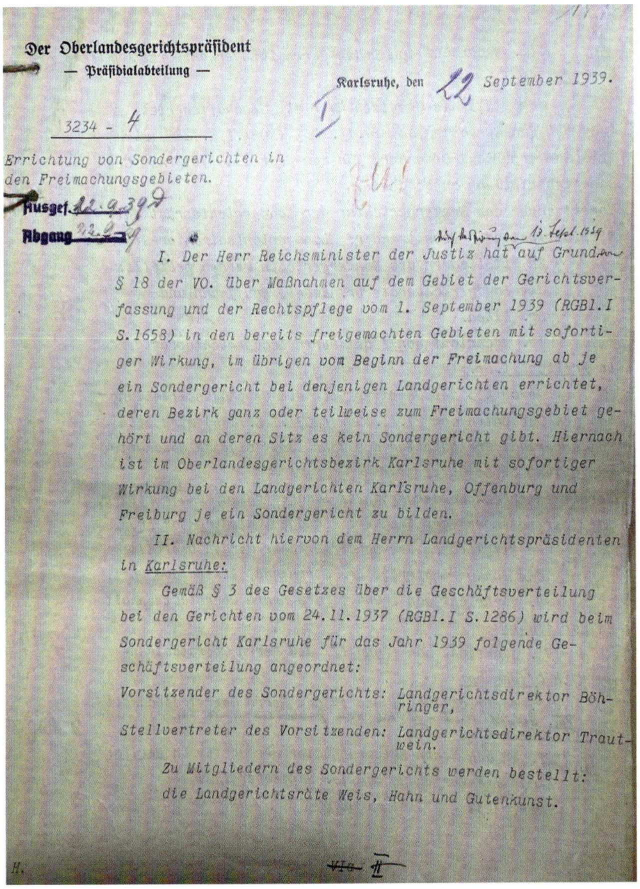

Der Oberlandesgerichtspräsident
— Präsidialabteilung —

Karlsruhe, den 22 September 1939.

3234 - 4

Errichtung von Sondergerichten in den Freimachungsgebieten.

Ausgef. 22.9.39
Abgang 22.9.39

I. Der Herr Reichsminister der Justiz hat auf Grund § 18 der VO. über Maßnahmen auf dem Gebiet der Gerichtsverfassung und der Rechtspflege vom 1. September 1939 (RGBl. I S. 1658) in den bereits freigemachten Gebieten mit sofortiger Wirkung, im übrigen vom Beginn der Freimachung ab je ein Sondergericht bei denjenigen Landgerichten errichtet, deren Bezirk ganz oder teilweise zum Freimachungsgebiet gehört und an deren Sitz es kein Sondergericht gibt. Hiernach ist im Oberlandesgerichtsbezirk Karlsruhe mit sofortiger Wirkung bei den Landgerichten Karlsruhe, Offenburg und Freiburg je ein Sondergericht zu bilden.

II. Nachricht hiervon dem Herrn Landgerichtspräsidenten in Karlsruhe:

Gemäß § 3 des Gesetzes über die Geschäftsverteilung bei den Gerichten vom 24.11.1937 (RGBl. I S. 1286) wird beim Sondergericht Karlsruhe für das Jahr 1939 folgende Geschäftsverteilung angeordnet:

Vorsitzender des Sondergerichts: Landgerichtsdirektor Böhringer,

Stellvertreter des Vorsitzenden: Landgerichtsdirektor Trautwein.

Zu Mitgliedern des Sondergerichts werden bestellt: die Landgerichtsräte Weis, Hahn und Gutenkunst.

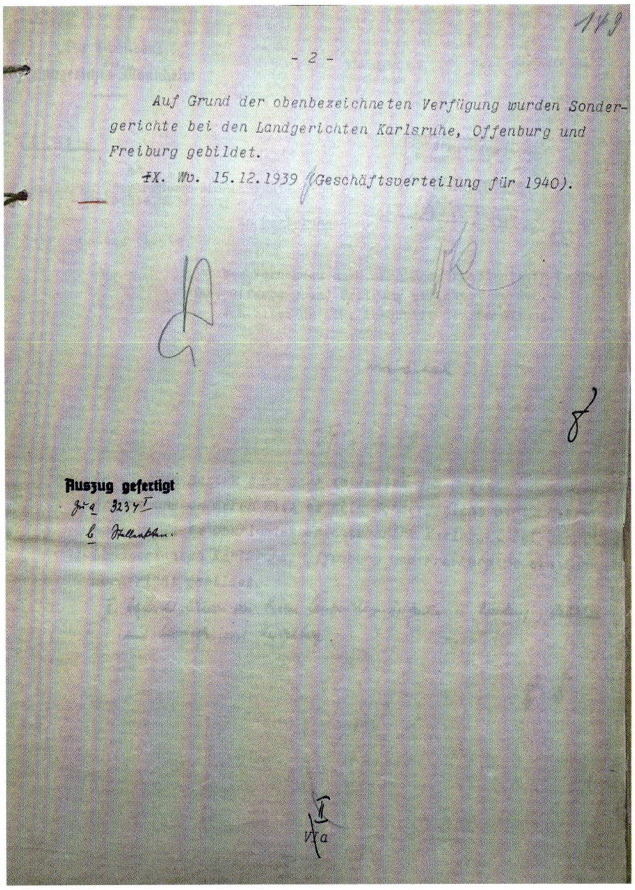

\- 2 -

Auf Grund der obenbezeichneten Verfügung wurden Sondergerichte bei den Landgerichten Karlsruhe, Offenburg und Freiburg gebildet.

IX. Wv. 15.12.1939 (Geschäftsverteilung für 1940).

Auszug gefertigt

OLG-Erlass vom 22. September 1939 über die Bildung von „Plünderungssondergerichte“

GLA 240/Zg. 1987/53 Nr. 427, Bl. 147 u. 149

Wenige Tage nach Kriegsbeginn wurde aufgrund des Erlasses des Reichsjustizministeriums vom 13. September 1939 die Errichtung von speziellen Sondergerichten in sogenannten Freimachungsgebieten angeordnet.[30] Freimachungsgebiete waren Zonen entlang der französischen Grenze, die ganz oder teils geräumt wurden für den Aufmarsch der deutschen Truppen, nachdem aufgrund des deutschen Überfalls auf Polen darauf Frankreich mit der Kriegserklärung gegen Deutschland reagiert hatte. Der Justizerlass betraf für den badischen OLG-Bezirk diejenigen Landgerichtsbezirke mit Grenzlage zu Frankreich. So wurde entsprechend des genannten Erlasses am 22. September 1939 durch den OLG-Präsidenten die Bildung von Sondergerichten beim Landgericht Karlsruhe, Offenburg und Freiburg verfügt.[31]

Diese Spezialsondergerichte waren ausdrücklich zuständig für die Aburteilung von Delikten wie „Plünderungen“ nach der „Volksschädlingsverordnung“, dessen § 1 besagte: „Wer im frei gemachten Gebiet oder in freiwillig geräumten Gebäuden oder Räumen plündert, wird mit dem Tode bestraft.“ Der OLG-Erlass vom 22. September 1939 sah für das „Plünderungssondergericht“ Freiburg folgende Richterbesetzung vor: als Vorsitzender Landgerichtsdirektor Fitzer, als stellvertretender Vorsitzender Landgerichtsdirektor Krug, als Mitglieder die Landgerichtsräte Dr. Straumann, Bieler und Matt.

[30] GLA 309/Zg. 1987/54 Nr. 313

[31] GLA 240/Zg. 1987/53 Nr. 427

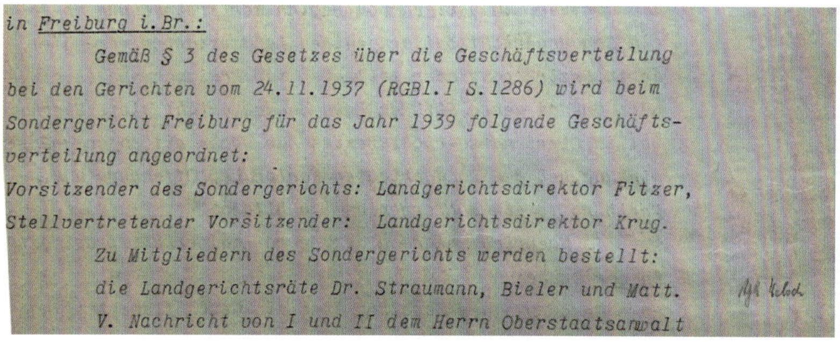

in Freiburg i.Br.:

Gemäß § 3 des Gesetzes über die Geschäftsverteilung bei den Gerichten vom 24.11.1937 (RGBl.I S.1286) wird beim Sondergericht Freiburg für das Jahr 1939 folgende Geschäftsverteilung angeordnet:

Vorsitzender des Sondergerichts: Landgerichtsdirektor Fitzer,
Stellvertretender Vorsitzender: Landgerichtsdirektor Krug.

Zu Mitgliedern des Sondergerichts werden bestellt:
die Landgerichtsräte Dr. Straumann, Bieler und Matt.

V. Nachricht von I und II dem Herrn Oberstaatsanwalt

OLG-Erlass vom 22. September 1939 über die Bildung von „Plünderungssondergerichte"

GLA 240/Zg. 1987/53 Nr. 427, Bl. 148

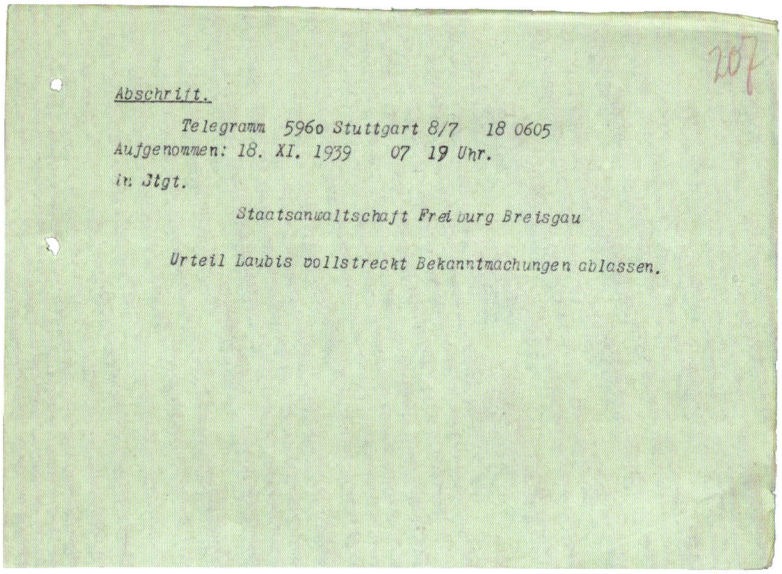

207

Abschrift.

Telegramm 5960 Stuttgart 8/7 18 0605
Aufgenommen: 18. XI. 1939 07 19 Uhr.
in Stgt.

Staatsanwaltschaft Freiburg Breisgau

Urteil Laubis vollstreckt Bekanntmachungen ablassen.

Telegramm über die Hinrichtung von Wilhelm Laubis

Staatsarchiv Freiburg A 40/1 Nr. 747, S. 207

Über die „Plünderungssondergerichte" ist wenig bekannt, hier hat auch die Ausstellung „NS-Justiz in Freiburg" einen neuen Forschungsanstoß bewirkt. Bekannt war bislang lediglich eine Verurteilung in Freiburg mit nachfolgender Hinrichrichtung des Verurteilten in Stuttgart. Am 19. November 1939 hatte das lokale NSDAP-Organ „Der Alemanne" von der Hinrichtung eines „Plünderers" berichtete: Dieser habe „am 20. September 1939 in Freiburg im Breisgau in einem vorübergehend unbewohnten Haus geplündert". Tatsächlich wurde am 18. November 1939 Wilhelm Laubis als „Plünderer" im nördlichen Lichthof des Justizgebäudes an der Urbanstraße 18 in Stuttgart mit dem Fallbeil hingerichtet.

Der 1908 geborene, ledige 31-jährige Hilfsarbeiter Wilhelm Laubis war das fünfte Kind eines Malers. Er „hätte gerne das Schlosserhandwerk erlernt, hat aber angeblich keine Lehrstelle gefunden und war dann Bauhilfsarbeiter geworden", heißt es in der Urteilsniederschrift des Sondergerichts. Während seiner Tätigkeit als Lagerarbeiter am Güterbahnhof hatte Wilhelm Laubis 1927 seinen ersten Diebstahl begangen, wofür er mit 3 Monaten und 3 Wochen Gefängnis bestraft worden war.

Nach der Strafverbüßung begab er sich 1929 auf Wanderschaft durch ganz Deutschland. „Und in diese Zeit fällt die erste Strafe wegen Bettels mit einer Woche Haft durch Strafbefehl des Amtsgericht Marktheidenfeld", so weiter in der Urteilsniederschrift. Weil er dann „in Heidelberg ein Herrenfahrrad gestohlen hatte", erhielt er eine „Gefängnisstrafe von 7 Wochen". Laut Strafliste war er „9 mal vorbestraft, und zwar 6 mal wegen Eigentumsvergehens" und „3 mal wegen Bettels, zuletzt am 6.12.1937 durch die Polizeidirektion Freiburg". Zuvor war Wilhelm Laubis 1932 wegen Einbruchdiebstählen in der Ortenau zu einer Zuchthausstrafe von 5 Jahren verurteilt worden.

Beim Versuch, 1939 einen gestohlen Amethystanhänger „in einem Freiburger Geschäft abzusetzen", wurde Wilhelm Laubis festgenommen. Im Zuge der Ermittlungen musste er bei der Kriminalpolizei auch einen „kriminellen Lebenslauf" verfassen. Darin führte er über seine Zeit nach der Entlassung aus dem Zuchthaus aus:

„Am 10.11.37 hatte ich diese Strafe verbüßt. Da ich in Freiburg, wohin ich entlassen wurde, keine Arbeit bekam, ging ich wieder auf Wanderschaft, kehrte aber Anfangs Dezember wieder nach Freiburg zurück und wurde dann hier am 6.12.1937 durch die Polizeidirektion wegen Landstreicherei und Bettels mit 6 Tagen Gefängnis bestraft. Von dort ab bis Mai 1939 habe ich keine strafbaren Handlungen began-

gen. Erst im Mai 1939 beging ich den Einbruch in Hinterzarten-Breitnau."

Anschließend gestand Wilhelm Laubis noch vier weitere Einbruchdiebstähle, und zwar in der Stephanienstraße, der Reutestraße, der Karlstraße und der Hansastraße. Insbesondere der letzte Einbruch und der Sachverhalt, dass die Tat nach Kriegsbeginn und nach Erlass der „Volksschädlingsverordnung" begangen worden war, wurden dem Angeklagten zum Verhängnis. Das Haus in der Hansastraße war nämlich verlassen. Dieser Sachverhalt, so das Sondergericht in der Urteilsniederschrift, „erfüllt den Sondertatbestand der Plünderung nach § 1 der Verordnung vom 5. September 1939".

Der § 1 der „Volksschädlingsverordnung" lautet:

„Wer im frei gemachten Gebiet oder in freiwillig geräumten Gebäuden oder Räumen plündert, wird mit dem Tode bestraft."

Der Begriff „Plündern" sei – so das Gericht weiter – „nach dem allgemeinen Sprachgebrauch und nach dem Sinn der VO. vom 5. September 1939 weit auszulegen":

„Die Stadt Freiburg liegt zwar im Freimachungsgebiet, sie ist aber nicht geräumt. Wohl aber haben grössere Bevölkerungsteile zu Anfang September 1939 infolge des Kriegszustandes und der Gefährdung der Stadt Häuser und einzelne Wohnungen geräumt."

Das betraf auch das Haus in der Hansastraße und dieser Sachverhalt erfülle somit den „objektiven Tatbestand der Plünderung" nach § 1 der Verordnung gegen Volksschädlinge. Aber auch einen weiteren Paragraphen dieser Verordnung sah das Sondergericht beim Einbruch in der Karlstraße als gegeben an. In § 2 heißt es:

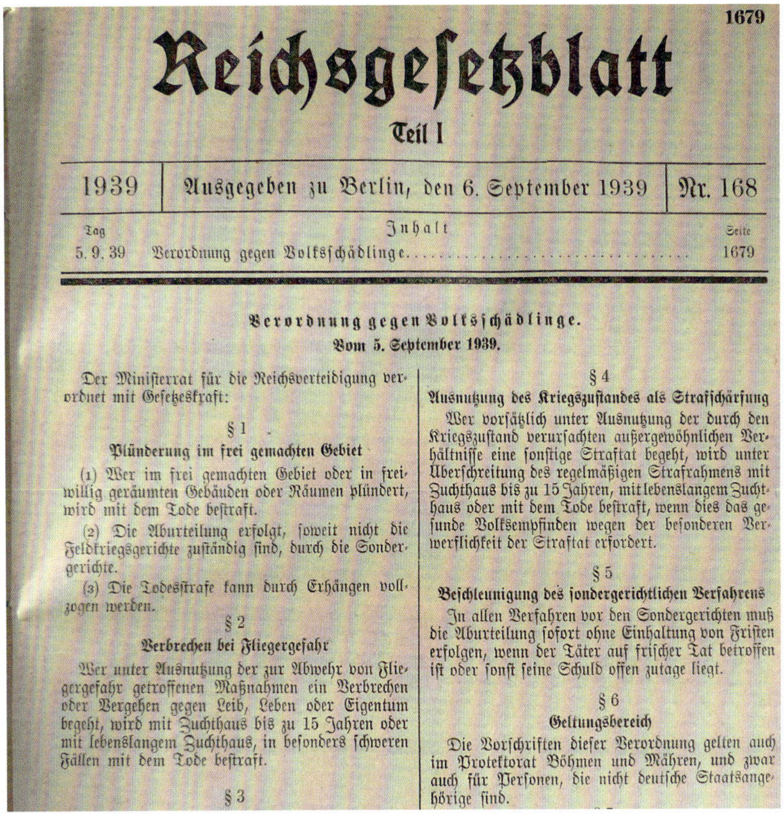

1679

Reichsgesetzblatt

Teil I

1939	Ausgegeben zu Berlin, den 6. September 1939	Nr. 168

Tag	Inhalt	Seite
5. 9. 39	Verordnung gegen Volksschädlinge.	1679

Verordnung gegen Volksschädlinge.
Vom 5. September 1939.

Der Ministerrat für die Reichsverteidigung verordnet mit Gesetzeskraft:

§ 1

Plünderung im frei gemachten Gebiet

(1) Wer im frei gemachten Gebiet oder in freiwillig geräumten Gebäuden oder Räumen plündert, wird mit dem Tode bestraft.

(2) Die Aburteilung erfolgt, soweit nicht die Feldkriegsgerichte zuständig sind, durch die Sondergerichte.

(3) Die Todesstrafe kann durch Erhängen vollzogen werden.

§ 2

Verbrechen bei Fliegergefahr

Wer unter Ausnutzung der zur Abwehr von Fliegergefahr getroffenen Maßnahmen ein Verbrechen oder Vergehen gegen Leib, Leben oder Eigentum begeht, wird mit Zuchthaus bis zu 15 Jahren oder mit lebenslangem Zuchthaus, in besonders schweren Fällen mit dem Tode bestraft.

§ 3

§ 4

Ausnutzung des Kriegszustandes als Strafschärfung

Wer vorsätzlich unter Ausnutzung der durch den Kriegszustand verursachten außergewöhnlichen Verhältnisse eine sonstige Straftat begeht, wird unter Überschreitung des regelmäßigen Strafrahmens mit Zuchthaus bis zu 15 Jahren, mit lebenslangem Zuchthaus oder mit dem Tode bestraft, wenn dies das gesunde Volksempfinden wegen der besonderen Verwerflichkeit der Straftat erfordert.

§ 5

Beschleunigung des sondergerichtlichen Verfahrens

In allen Verfahren vor den Sondergerichten muß die Aburteilung sofort ohne Einhaltung von Fristen erfolgen, wenn der Täter auf frischer Tat betroffen ist oder sonst seine Schuld offen zutage liegt.

§ 6

Geltungsbereich

Die Vorschriften dieser Verordnung gelten auch im Protektorat Böhmen und Mähren, und zwar auch für Personen, die nicht deutsche Staatsangehörige sind.

„Verordnung gegen Volksschädlinge" vom 5. September 1939, Auszug

RGBl. 1939 I, S. 1679

„Wer unter Ausnutzung der zur Abwehr von Fliegergefahr getroffenen Maßnahmen ein Verbrechen oder Vergehen gegen Leib, Leben oder Eigentum begeht, wird mit Zuchthaus bis zu 15 Jahren oder mit lebenslangem Zuchthaus, in besonders schweren Fällen mit dem Tode bestraft."

Nach Ansicht des Sondergerichts war die „Verdunkelung" eine der „zur Abwehr von Fliegergefahr getroffenen Maßnahmen". Und die Anwendung des § 2 der „Volksschädlingsverordnung" begründete das Sondergericht damit, „dass der Angeklagte bei Begehung der Tat absichtlich die Verdunkelung und die dadurch hervorgerufene Menschenleere auf der Karlstraße ausgenutzt hat".

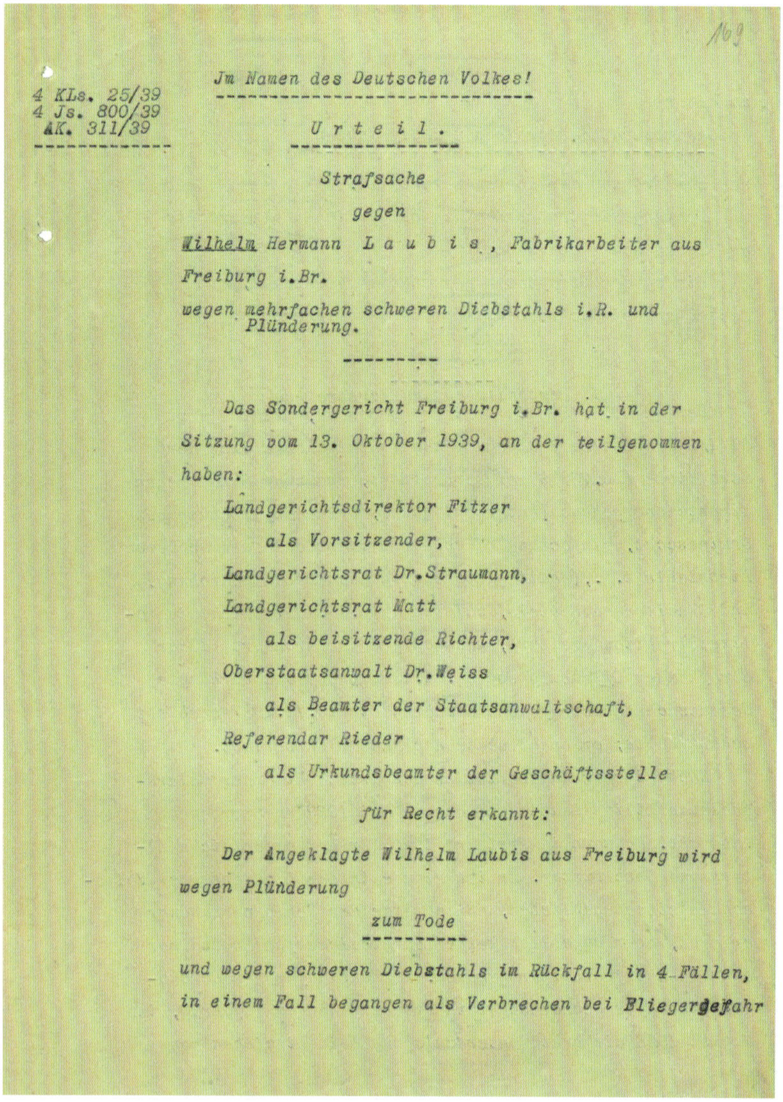

169

4 KLs. 25/39
4 Js. 800/39
AK. 311/39

Jm Namen des Deutschen Volkes!

U r t e i l .

Strafsache

gegen

Wilhelm Hermann L a u b i s , Fabrikarbeiter aus Freiburg i.Br.

wegen mehrfachen schweren Diebstahls i.R. und Plünderung.

Das Sondergericht Freiburg i.Br. hat in der Sitzung vom 13. Oktober 1939, an der teilgenommen haben:

Landgerichtsdirektor Fitzer
als Vorsitzender,
Landgerichtsrat Dr.Straumann,
Landgerichtsrat Matt
als beisitzende Richter,
Oberstaatsanwalt Dr.Weiss
als Beamter der Staatsanwaltschaft,
Referendar Rieder
als Urkundsbeamter der Geschäftsstelle

für Recht erkannt:

Der Angeklagte Wilhelm Laubis aus Freiburg wird wegen Plünderung

zum Tode

und wegen schweren Diebstahls im Rückfall in 4 Fällen, in einem Fall begangen als Verbrechen bei Fliegergefahr

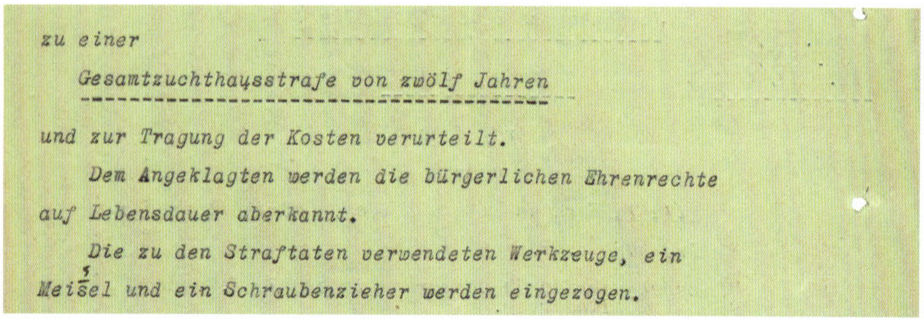

zu einer

Gesamtzuchthausstrafe von zwölf Jahren

und zur Tragung der Kosten verurteilt.

Dem Angeklagten werden die bürgerlichen Ehrenrechte auf Lebensdauer aberkannt.

Die zu den Straftaten verwendeten Werkzeuge, ein Meisel und ein Schraubenzieher werden eingezogen.

Auszug, Todesurteil gegen Wilhelm Laubis

Staatsarchiv Freiburg A 40/1 Nr. 747, Blatt 169 u. 170

Während in der Anklageschrift von Oberstaatsanwalt Dr. Weiß vom 9. Oktober 1939 der Angeklagte noch als „gefährlicher Gewohnheitsverbrecher" bezeichnet wurde, „dessen Sicherungsverwahrung die öffentliche Sicherheit erfordert", gelangte das Sondergericht unter Vorsitz von Landgerichtsdirektor Fitzer und den beisitzenden Landgerichtsräte Dr. Straumann und Matt vier Tage später zu einer weiter gehenden Beurteilung: Der Angeklagte Wilhelm Laubis wird „wegen Plünderung zum Tode und wegen schweren Diebstahls im Rückfall in 4 Fällen" zu einer „Gesamtzuchthausstrafe von 12 Jahren" verurteilt.

Das Sondergerichtsverfahren und Urteil des nicht ständigen, sondern hier im Fall Laubis tätigen „Plünderungssondergericht" kann in mehrfacher Hinsicht als Lehrstück für die Entwicklung der Sondergerichtsbarkeit und der Anwendung des NS-Strafrechts gelten. Zunächst ist festzustellen, wie schnell aus einer Strafkammer des Landgerichts ein Sondergericht wurde – faktisch eine Spezialkammer des Gerichts. Der Oberstaatsanwalt beim Landgericht Freiburg adressierte die Anklageschrift „An das Landgericht – Sondergericht – Freiburg i.Br.", dessen Eingangstempel die Aufschrift „Geschäftsstelle des Landgerichts Freiburg Strafkammer" trug. Die Urteilsniederschrift firmiert unter der Bezeichnung „Sondergericht Freiburg i.Br.".

Bemerkenswert ist auch, dass die Staatsanwaltschaft in den Diebstahlseinbrüchen zwar den Tatbestand der § § 1 und 2 der „Volksschädlingsverordnung" als erfüllt ansah, aber den Angeklagten nicht als Plünderer, sondern als „gefährlichen Gewohnheitsverbrecher" bezeichnete, „dessen Sicherungsverwahrung die öffentliche Sicherheit erfordert". Es scheint beinahe, als habe der zuständige Oberstaatsanwalt Dr. Weiß gezögert, bei der Strafzumessung die Todesstrafe zu fordern, zumindest findet dieses Strafmaß in der Anklage keine Erwähnung. Die Richter der Strafkammer des Landgerichts – nun in der Funktion als Richter des Sondergerichts Freiburg – zeigten sich da weniger zögerlich in der Anwendung der „Volksschädlingsverordnung", auch in ihrer tödlichen Konsequenz. Der Angeklagte Laubis wurde wegen „Plünderung" zum Tode verurteilt. Dabei war der Tatbestand

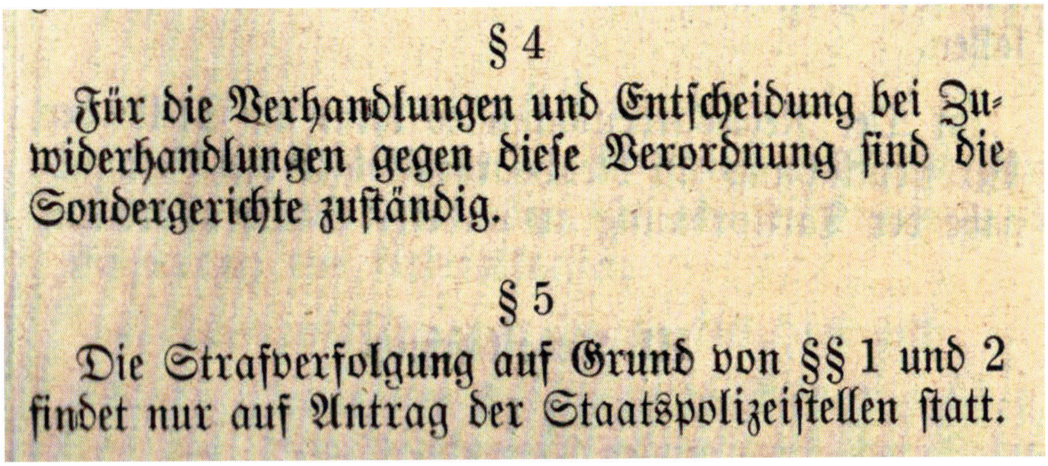

§ 4

Für die Verhandlungen und Entscheidung bei Zuwiderhandlungen gegen diese Verordnung sind die Sondergerichte zuständig.

§ 5

Die Strafverfolgung auf Grund von §§ 1 und 2 findet nur auf Antrag der Staatspolizeistellen statt.

„Verordnung über außerordentliche Rundfunkmaßnahmen"

RGBl. 1939 I, S. 1683, § 4 Zuständigkeit der Sondergerichte, § 5 Strafverfolgung nur auf Antrag der Gestapo

„Plündern" durchaus umstritten, wie die Auseinandersetzung um ein Plünderungsverfahren des „Plünderungssondergericht" Karlsruhe im Jahre 1942 zeigt.[32]

Weiterhin bemerkenswert ist die Art des beschleunigten Verfahrens im Plünderungsfall Laubis. So wurde in der Anklageschrift vom 9. Oktober 1939 eingangs der Antrag gestellt „auf sofortige Anordnung der Hauptverhandlung ohne Einhaltung von Fristen und auf Bestellung eines Verteidigers von Amts wegen". Tatsächlich fand die Verhandlung am 13. Oktober 1939, also vier Tage später statt, und endete am selben Tag mit einem Todesurteil, das sofort rechtskräftig war. Die beschleunigte Verfahrensweise verlieh den „Plünderungssondergerichten" durchaus den Charakter von Schnell- oder Standgerichten, sozusagen Standgerichte der inneren Front. Mit Verfügung des Reichsjustizministers vom 11. März 1940 wurden die „Plünderungssondergerichte" in den Freimachungsgebieten wieder aufgehoben.[33] Allerdings ermächtigte das Reichsjustizministerium nach den schweren alliierten Luftangriffen des Jahres 1942 die OLG-Präsidenten zur erneuten Bildung von Sondergerichten zwecks Aburteilung von „Plünderern", was zur Errichtung der „Plünderungssondergerichte" Karlsruhe, Heidelberg und Pforzheim führte.

Für das „Plünderungssondergericht" Freiburg sind nach dem Plünderungsfall Laubis bis zum 11. März 1940 keine weiteren Verfahren gegen „Plünderer" bekannt. Jedoch liegt ein Verfahren des „Plünderungssondergericht" Freiburg wegen „Rundfunkverbrechens" vom 19. Januar 1940 vor. Das Gericht hatte in derselben Besetzung wie im Fall Laubis einen Fabrikarbeiter in Lörrach wegen des Abhörens des Schweizer Landessenders Beromünster und Radio Straßburg zu der vergleichsweise milden Strafe von vier Monaten Gefängnis verurteilt. Warum sich das „Plünderungssondergericht" Freiburg mit einem Fall von „Rundfunkverbrechen" beschäftigte, lässt sich nur vermuten. Möglicherweise liegt der Grund in der Zuständigkeit. Bei Ahndung von „Rundfunkverbrechen" waren ausdrücklich nur die Sondergerichte zuständig, wobei eine Aburteilung erst aufgrund der Stellung eines Strafantrages durch die Geheime Staatspolizei (Gestapo) erfolgen durfte. Aller Wahrscheinlichkeit nach wurde die Gelegenheit genutzt, dass im gegebenen Zeitraum ein, wenn auch nicht ständiges Sondergericht vor Ort zur Verfügung stand.

[32] Vgl. hierzu auch folgend Oehler, Die Rechtsprechung des Sondergerichts Mannheim, S. 33-35

[33] Deutsche Justiz 1940, S. 323

Die Errichtung des Sondergerichts Freiburg im Breisgau im November 1940

Nachdem mit Wirkung zum 1. November 1940 die Bildung des Sondergerichts Freiburg verfügt worden war, besuchten am 8. November 1940 Landgerichtsdirektor Dr. Göring und Landgerichtsrat Dr. Orth als Vertreter der neuen Freiburger Sonderrichter gleichsam als Einführung eine Sitzung des Sondergerichts Mannheim. Am darauf folgenden Tag wurden, wie der Mannheimer Sondergerichtsvorsitzende Mickel vermerkte, „die Einrichtungen des hiesigen Sondergerichts und die bemerkenswerten Sonderheiten des Strafverfahrens bei einem Sondergericht sowie die hiesigen Erfahrungen besprochen". Dabei kam man überein, „um eine einheitliche Rechtsprechung innerhalb des Oberlandesgerichtsbezirks möglichst herbeizuführen", künftig im ausreichenden Maße Urteilsabschriften beider Gerichtssprengel auszutauschen.[34]

Richterbesetzung, Verhandlungsorte und Geschäftsverteilung

Zum Zeitpunkt der Errichtung des neuen Sondergerichts Freiburg war Heinrich Reinle Präsident im Oberlandesgerichtsbezirk. Reinle hatte als Stellvertreter des seit 1930 amtierende Karl Buzengeiger diesen nach Erreichen des Pensionsalters im Jahre 1937 als Oberlandesgerichtspräsident abgelöst. Heinrich Reinle, ein überzeugter Parteigenosse, hatte das Amt bis zum Schluss inne; am 9. April 1945 erschoss er sich angesichts der heranrückenden amerikanischen Panzer in seinem Dienstzimmer.[35]

Während das Amt des OLG-Präsidenten durch personelle Kontinuität gekennzeichnet war, gab es in der Staatsanwaltschaft am Oberlandesgericht mehrfache Veränderungen. Unmittelbar nach der „Machtergreifung" in Baden über die kommissarische Regierung unter dem späteren badischen Gauleiter Robert Wagner wurde am 13. März 1933 der amtierende Generalstaatsanwalt Karl Hafner durch Emil Brettle ersetzt, der schließlich 1937 als Oberreichsanwalt an das Reichsgericht in Leipzig wechselte. Auf Brettle folgte Ernst Lautz nach, der bereits nach zwei Jahren ab Juli 1939 zum Oberreichsanwalt beim Volksgerichtshof berufen wurde und unter anderem auch Ankläger gegen Beteiligte des Aufstands vom 20. Juli 1944 war. Nach dem Wechsel von Lautz an den Volksgerichtshof übte Wilhelm Frey das Amt des Generalstaatsanwalts bis 1945 aus.

Knapp zwei Wochen nach der Probesitzung der Freiburger Sonderrichter in Mannheim wurde am 20. November 1940 die Richterbesetzung vom OLG-Präsidenten endgültig festgelegt: der Freiburger Landgerichtspräsident von Frankenberg wurde zum Vorsitzenden des Sondergerichts Freiburg ernannt. Als stellvertretende Vorsitzende wurden Landgerichtsdirektor Dr. Göring und Landgerichtsrat Dr. Orth bestellt. Die Landgerichtsräte Dr. Straumann, Stroh, Bieler und Dr. Otto Müller waren als Mitglieder vorgesehen. Als weitere Beisitzer kamen im April 1941 Landgerichtsrat Dr. Künstle und im Oktober 1941 Amtsgerichtsrat Dr. Rieber hinzu. Im Januar 1942 wurde als neuer stellvertretender Vorsitzender Landgerichtsdirektor Walter Krug bestellt, für den offenbar Landgerichtsdirektor Dr. Göring ausschied. Diese Besetzung des Sondergerichts Freiburg mit Landgerichtspräsident von Frankenberg an der Spitze und den inzwischen zu Landgerichtsdirektoren beförderten Dr. Orth und Dr. Rieber als stellvertretende Vorsitzende blieb bis Kriegsende nahe-

[34] Vermerk Mickels v. 9. November 1940, GLA 240/Zg. 1987/53 Nr. 427; vgl. auch folgend zitiert nach Hensle (Rundfunkverbrechen), S. 160 f.

[35] Schiller (OLG Karlsruhe), S. 248; bei Schiller auch weitere Personalangaben zu OLG-Präsidenten und Generalstaatsanwälten

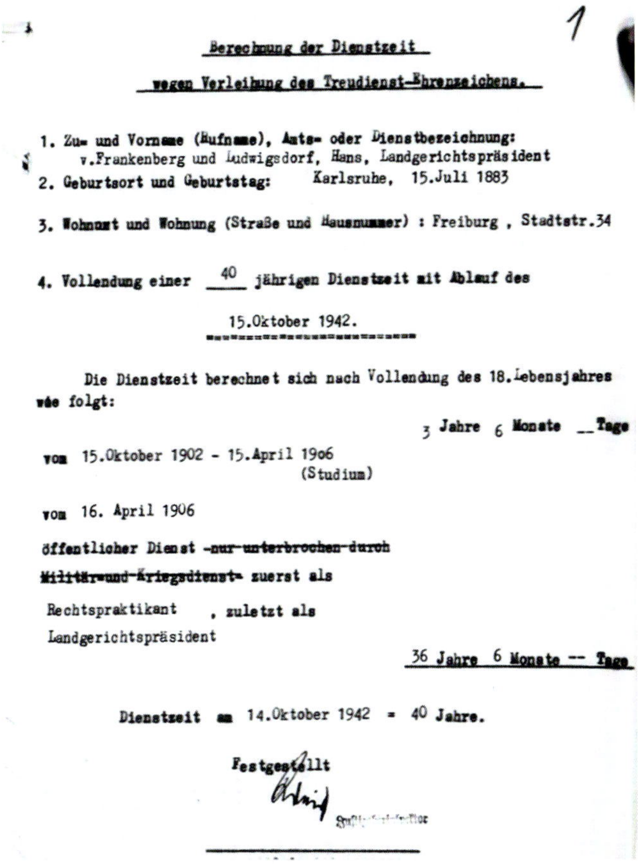

Berechnung der Dienstzeit

wegen Verleihung des Treudienst-Ehrenzeichens.

1. Zu- und Vorname (Rufname), Amts- oder Dienstbezeichnung:
v.Frankenberg und Ludwigsdorf, Hans, Landgerichtspräsident
2. Geburtsort und Geburtstag: Karlsruhe, 15.Juli 1883
3. Wohnort und Wohnung (Straße und Hausnummer) : Freiburg , Stadtstr.34
4. Vollendung einer 40 jährigen Dienstzeit mit Ablauf des

15.Oktober 1942.

Die Dienstzeit berechnet sich nach Vollendung des 18.Lebensjahres wie folgt:

3 Jahre 6 Monate __ Tage

vom 15.Oktober 1902 - 15.April 1906 (Studium)

vom 16. April 1906

öffentlicher Dienst ~~nur unterbrochen durch Militär- und Kriegsdienst~~ zuerst als Rechtspraktikant , zuletzt als Landgerichtspräsident

36 Jahre 6 Monate -- Tage

Dienstzeit am 14.Oktober 1942 = 40 Jahre.

Festgestellt

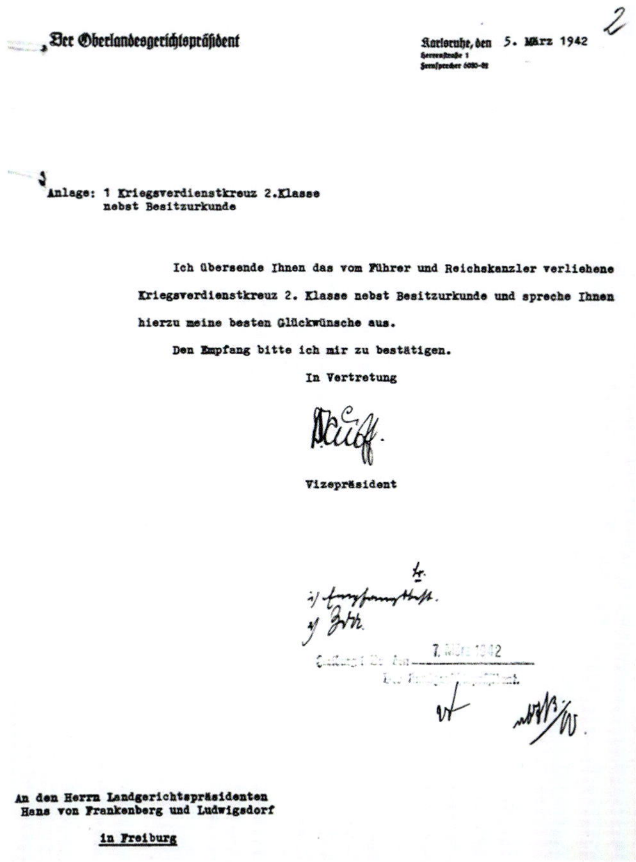

Der Oberlandesgerichtspräsident

Karlsruhe, den 5. März 1942

Anlage: 1 Kriegsverdienstkreuz 2.Klasse nebst Besitzurkunde

Ich übersende Ihnen das vom Führer und Reichskanzler verliehene Kriegsverdienstkreuz 2. Klasse nebst Besitzurkunde und spreche Ihnen hierzu meine besten Glückwünsche aus.

Den Empfang bitte ich mir zu bestätigen.

In Vertretung

Vizepräsident

An den Herrn Landgerichtspräsidenten
Hans von Frankenberg und Ludwigsdorf
in Freiburg

Dienstzeitberechnung von Landgerichtspräsident von Frankenberg und Verleihung des Kriegsverdienstkreuzes im Jahre 1942

Staatsarchiv Freiburg C 20/5 Nr. 89 Bild 2 u. 3

zu unverändert, erweitert im Jahre 1942 um die Bestellung des neuen Landgerichtspräsidenten Dr. Schmoll in Waldshut. Bis auf Dr. Künstle waren alle genannten Richter am Sondergericht NSDAP-Mitglieder, Landgerichtspräsident von Frankenberg war der Partei bereits im Jahre 1931 beigetreten.

Normalerweise tagte das Sondergericht in einer Dreier-Konstellation: ein Vorsitzender und zwei Beisitzer. Aufgrund der Verfahrenshäufungen und zunehmender Verkehrsproblemen während des Krieges sollte je nach Fall die Zahl der Richter reduziert werden. Nach der reichsweiten Vereinfachungsverordnung vom 13. August 1942 (RGBl. 1942 I, S. 508) konnte ein Urteil sogar durch einen Einzelrichter gefällt werden. In der Freiburger Praxis wurde von dieser Regelung kaum Gebrauch gemacht. Allerdings wurden beispielsweise bei den ab August 1942 verhandelten Rundfunksachen in bis zu einem Fünftel der Fälle mit Zweierbesetzung entschieden.

Die Verfahrensverteilung des Sondergerichts Freiburg hinsichtlich der Richterbesetzung erfolgte offenbar nach einer internen Geschäftsverteilung durch den Vorsitzenden: „Alle Sondergerichtssachen laufen regelmäßig durch meine Hand und ich verteile sie dann", so Sondergerichtsvorsitzender von Frankenberg zur Verfahrensweise.[36] Hinzugefügt sei, dass einige der am Sondergericht tätigen Juristen sowohl als Richter wie auch als Anklagevertreter fungierten. Offenbar erfolgte der Einsatz der Richter auch nach regionalen Gesichtspunkten. Dies lässt sich anhand der 26 Verfahren mit verhäng-

[36] Schreiben des LG-Präsidenten von Frankenberg an den OLG-Präsidenten in Karlsruhe vom 18. Juli 1943, GLA 240/ Zg. 1987/53 Nr. 427

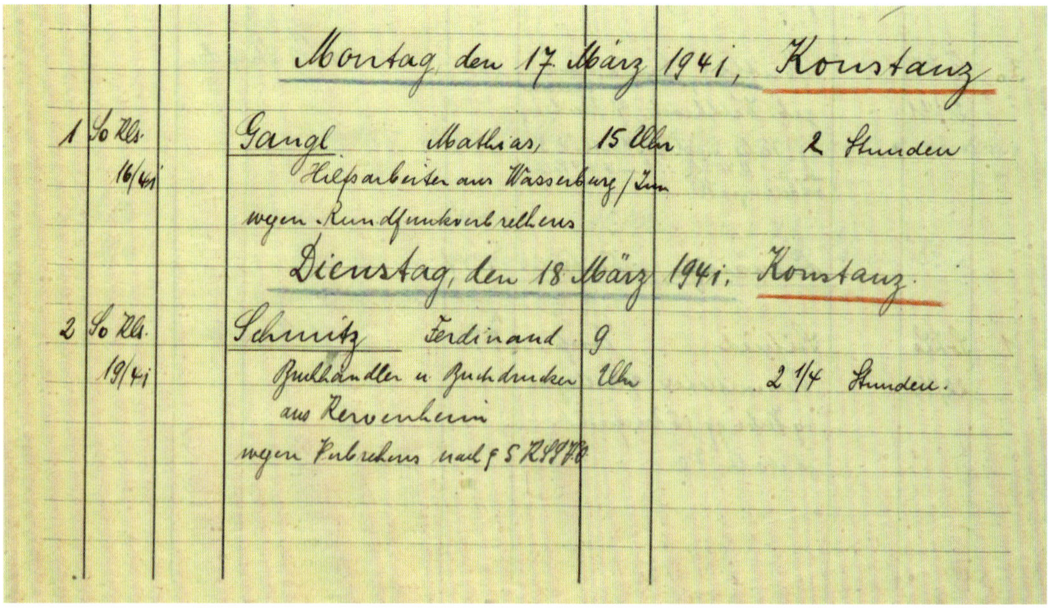

Montag den 17. März 1941, Konstanz

1 So Kls. 16/41 Gangl Mathias, 15 Uhr 2 Stunden
Hilfsarbeiter aus Wasserburg/Inn
wegen Rundfunkverbrechens

Dienstag, den 18. März 1941, Konstanz

2 So Kls. 19/41 Schmitz Ferdinand 9 Uhr 2 1/4 Stunden
Buchhändler u. Buchdrucker

Ausschnitt aus dem Terminkalender des Oberstaatsanwalts beim Sondergericht Freiburg,
Staatsarchiv Freiburg A 40/1 Nr. 725

ten Todesstrafen dokumentieren: So war z. B. Landgerichtspräsident Dr. Schmoll in allen vier Waldshuter Prozessen der Vorsitzende. Landgerichtsdirektor Krug hatte nur zweimal, am 3.6.1943 in Freiburg, den Vorsitz von Sondergerichtsverfahren inne, die am selben Tag gleich mit drei Todesurteilen endeten. Ansonsten saßen Landgerichtsdirektor Dr. Orth sowie Landgerichtspräsident von Frankenberg jeweils achtmal und Landgerichtsdirektor Dr. Rieber viermal den Verhandlungen an unterschiedlichen Orten vor.

Das Sondergericht hatte seinen Sitz beim Landgericht Freiburg, dort wurde in der Regel in den noch erhaltenen Sälen III (Raum 240) und IV (Raum 246) des heutigen Amtsgerichtsgebäudes am Holzmarkt getagt. Darüber hinaus wurden in jeder größeren Stadt des südbadischen Sondergerichtsbezirks Sitzungen abgehalten. So zum Beispiel in Offenburg, Villingen im Schwarzwald, Waldshut am Rhein, Donaueschingen, Lörrach und Singen, wo zumeist in den Land- bzw. Amtsgerichtsgebäuden verhandelt wurde. Aber auch in Rathäusern wurde getagt. So im Falle des 21-jährigen ukrainischen Landarbeiters Michael Jakubowski, der am 24. Februar 1944 im Durbacher Rathaus wegen Brandstiftung zum Tod verurteilt worden war. Bei den auswärtigen Sitzungen wurde auch auf Richter und Staatsanwälte des jeweiligen Landgerichtsbezirks zurückgegriffen. Zum Teil nahmen die Verhandlungen wohl den Charakter von Schauprozessen an, wie Berichten zu entnehmen ist oder die Ausgabe von Hörerkarten belegt.[37]

Mit der Installierung des neuen Sondergerichts beim Landgericht Freiburg war das zweite ständige Sondergericht im Land Baden geschaffen. Dessen Sondergerichtsbezirk schloss neben dem Landgerichtsbezirk Freiburg auch die Bezirke der Landgerichte Offenburg, Waldshut und Konstanz ein. Geografisch erstreckte sich der neue Sondergerichtsbezirk von Offenburg im Norden den Rhein entlang nach Lörrach über Villingen im Schwarzwald bis nach Konstanz am Bodensee und umfasste annähernd das Gebiet des heutigen Südbaden. Hervorzuheben an dem genannten Zuständigkeitsbereich ist vor allem die Grenzlage zur Schweiz, dem einzigen

[37] Vgl. Hensle (Todesurteile), S. 68/69

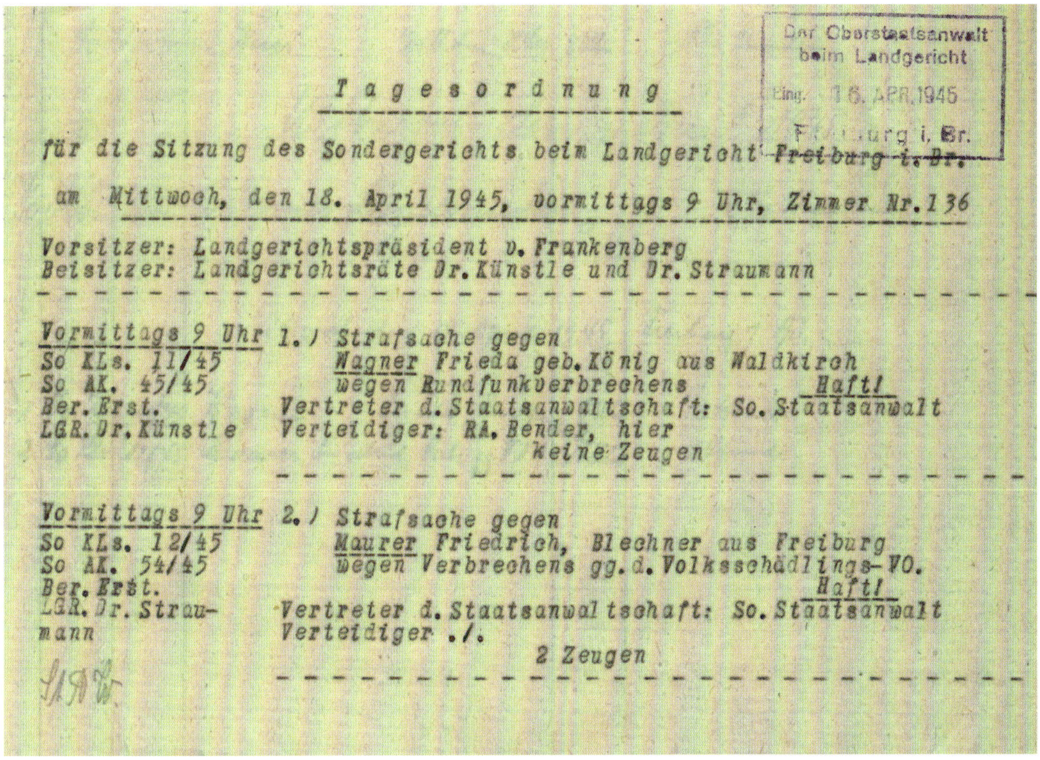

Der Oberstaatsanwalt beim Landgericht
Eing. 16. APR. 1945
Freiburg i. Br.

Tagesordnung

für die Sitzung des Sondergerichts beim Landgericht ~~Freiburg i. Br.~~
am Mittwoch, den 18. April 1945, vormittags 9 Uhr, Zimmer Nr. 136

Vorsitzer: Landgerichtspräsident v. Frankenberg
Beisitzer: Landgerichtsräte Dr. Künstle und Dr. Straumann

Vormittags 9 Uhr So KLs. 11/45 So AK. 45/45 Ber. Erst. LGR. Dr. Künstle	1.)	Strafsache gegen Wagner Frieda geb. König aus Waldkirch wegen Rundfunkverbrechens Haft! Vertreter d. Staatsanwaltschaft: So. Staatsanwalt Verteidiger: RA. Bender, hier keine Zeugen
Vormittags 9 Uhr So KLs. 12/45 So AK. 54/45 Ber. Erst. LGR. Dr. Straumann	2.)	Strafsache gegen Maurer Friedrich, Blechner aus Freiburg wegen Verbrechens gg. d. Volksschädlings-VO. Haft! Vertreter d. Staatsanwaltschaft: So. Staatsanwalt Verteidiger ./. 2 Zeugen

Beilage im Terminkalender des Oberstaatsanwalts beim Sondergericht Freiburg, letzte Sitzung am 18. April 1945 in Freiburg, *Staatsarchiv Freiburg A 40/1 Nr. 725*

direkten Nachbarland des Deutschen Reiches, das während des Krieges nicht von der Wehrmacht besetzt worden war. Immer wieder war die Schweiz das Ziel von Fluchtversuchen, von denen einige auch Gegenstand von Sondergerichtssitzungen wurden.

Ausweislich des Geschäftkalenders der Staatsanwaltschaft beim Sondergericht Freiburg fand die erste Sitzung des neu installierten Sondergerichts am 26. November 1940, die letzte am 18. April 1945 statt. Am 21. April 1945 wurde Freiburg von französischen Truppen besetzt. Am selben Tag sollte noch ein Sondergerichtsverfahren der „Ausweichstelle Radolfzell" am Bodensee stattfinden, wohin man sich vor den vorrückenden Alliierten zurückgezogen hatte. Anberaumt war die Sitzung in Waldshut. Es ging um die Unterschlagung von Kleidungs- und Ausrüstungsstücken. Dieser Straftatbestand war nach der „Verordnung des Führers zum Schutz der Sammlung von Kleidung und Ausrüstungsgegenständen für die Wehrmacht und den Deutschen Volkssturm" vom 10. Januar 1945 mit der Todesstrafe zu ahnden. Entsprechend hielt der Erste Staatsanwalt Prüfer als Vertreter des Oberstaatsanwalt beim Sondergericht Freiburg am 5. April 1945 fest: „Die Beschuldigte kann nur mit dem Tode bestraft werden." Dazu kam es jedoch nicht mehr.[38]

[38] Meine Darstellung, vgl. Hensle (Todesurteile), S. 139-142, von einem abgefassten Todesurteil ist so nicht haltbar. Es handelt sich nicht um ein Urteilsfragment, sondern nur um ein Verfahrensfragment. Die auf den 21. April 1945 terminierte Sondergerichtssitzung mit Dr. Schmoll als vorgesehener Vorsitzender kam wohl nicht mehr zustande, zumindest liegt keine Urteilsniederschrift vor.

Reichsgesetzblatt

Teil I

5

1945	Ausgegeben in Berlin am 11. Januar 1945	Nr. 2

Im Teil II, Nr. 1, ausgegeben am 11. Januar 1945, sind veröffentlicht: Vierundsechzigste Verordnung zur Eisenbahn-Verkehrsordnung. — Verordnung über Schiffspositionslaternen und Abblendung der Seitenlichter. — Dritte Verordnung zur Änderung der Verordnung über die Einrichtung der Positionslaternen und die Abblendung der Seitenlichter (Vereinheitlichung und Normung der Schiffspositionslaternen).

Verordnung des Führers
zum Schutz der Sammlung von Kleidung und Ausrüstungsgegenständen für die Wehrmacht und den Deutschen Volkssturm.
Vom 10. Januar 1945.

Die Sammlung von Kleidung und Ausrüstungsgegenständen ist ein erneutes Opfer des Deutschen Volkes für seine Soldaten. Ich bestimme daher:

Wer sich an gesammelten oder vom Verfügungsberechtigten zur Sammlung bestimmten Sachen bereichert oder solche Sachen sonst ihrer Verwendung entzieht, wird mit dem Tode bestraft.

Diese Verordnung tritt mit ihrer Verkündung durch Rundfunk in Kraft. Sie gilt im Großdeutschen Reich, im Generalgouvernement und in den von deutschen Truppen besetzten Gebieten.

Führer-Hauptquartier, den 10. Januar 1945.

Der Führer
Adolf Hitler

Der Reichsminister und Chef der Reichskanzlei
Dr. Lammers

„Verordnung des Führers zum Schutz der Sammlung von Kleidung und Ausrüstungsgegenständen für die Wehrmacht und den Deutschen Volkssturm" vom 10. Januar 1945

RGBl. 1945 I, S. 5

Wie viele Verfahren das Sondergericht Freiburg in den knapp viereinhalb Jahren seiner Tätigkeit durchführte oder anhängig waren, lässt sich nicht exakt ermitteln, da die entsprechenden Justizregister nicht erhalten sind. Jedoch lassen Erhebungen auf Grundlage archivischer Findmittel und unter Berücksichtigung der Aktenzeichen darauf schließen, dass über 1.000 Verfahren anhängig gewesen waren. Neben den 727 Verfahren, die zur Archivierung gelangten, konnten über Verfahrensbeilagen sechs weitere Verfahren nachgewiesen werden, so dass ein gesicherter Beleg über 733 Sondergerichtsverfahren erbracht werden kann. Als Beschuldigte, Angeklagte oder Verurteilte lassen sich wenigstens 994 Personen nachweisen, davon 775 Männer (78 Prozent) und 219 Frauen (22 Prozent). Die meisten Verfahren – rund 30 Prozent – wurden aufgrund des „Heimtückegesetzes" angestrengt, gefolgt von „Kriegswirtschaftsverbrechen" mit 23 Prozent. Wegen des Hörens ausländischer Sender, sogenannter „Rundfunkverbrechen", erfolgten über 14 Prozent der Verfahren. Ebenso annähernd 14 Prozent der Verfahren wurden auf Grundlage der Kriegssonderstrafrechtsverordnung eröffnet, zumeist wegen „Wehrkraftzersetzung", Wehrdienstentziehung oder Beihilfe zur Fahnenflucht. Rund weitere 12 Prozent betrafen Straftaten nach der „Volksschädlingsverordnung", der Rest verteilt sich auf diverse andere Delikte.

Exemplarische Fälle der Freiburger Urteilspraxis

Im Folgenden werden Fälle aus der Urteilspraxis des Freiburger Sondergerichts vorgestellt. Es handelt sich dabei vor allem um typische Beispiele der Verhängung von Todesstrafen nach dem NS-Täterstrafrecht, namentlich um „Volksschädlinge", auch sogenannte Postmarder, „gefährliche Gewohnheitsverbrecher", „Gewaltverbrecher" und „Kriegswirtschaftsverbrecher". Aber auch exemplarische Fälle wie Vergehen gegen die Rundfunkverordnung oder das „Heimtückegesetz" fließen in die Darstellung ein.[39]

Fall 1 „Volksschädlingsverbrechen"
Ein „Volksschädling" im Freiburger Augustiner-Museum

Diesem Verfahren kam eine gewisse Schlüsselrolle bei der weiteren Entwicklung der sondergerichtlichen Freiburger Urteilspraxis zu, weil hier zum ersten Mal von dem im November 1940 errichteten ständigen Sondergericht Freiburg die Todesstrafe verhängt worden war. Das Gericht tagte unter Vorsitz von Landgerichtsdirektor Dr. Orth mit den Beisitzern, den Landgerichtsräten Stroh und Dr. Müller. Der Fall ist schnell berichtet: Der 29-jährige, wegen Diebstahls mehrfach vorbestrafte Maler August Ullmann, wohnhaft in Freiburg, nutzte bei Malerarbeiten im Luftschutzkeller des Augustiner-Museums die Gelegenheit, eine Münzkassette aufzubrechen und die Münzen sowie zwei Bilder an sich zu bringen (nach Sachverständigenschätzung Wert 12.000 RM). Das Urteil des Sondergerichts vom 28. Januar 1941 nach zweieinhalb Stunden Verhandlungsdauer: acht Jahre Zuchthaus.

Eine Woche nach dem Urteil, am 5. Februar 1941, wandte sich Ministerialdirektor Dr. Crohne vom Reichsjustizministerium über den Generalstaatsanwalt an den Oberstaatsanwalt in Freiburg:

„Ich bitte zu prüfen, ob es nicht angesichts des ungünstigen Persönlichkeitsbildes des Ullmann am Platze ist, gegen ihn die Todesstrafe zu beantragen."

Am 6. April 1941 erhob der frühere Karlsruher Generalstaatsanwalt und spätere damalige Oberreichsanwalt Emil Brettle Nichtigkeitsbeschwerde beim Reichsgericht in Leipzig gegen das Urteil des Sondergerichts Freiburg:

„Zunächst ist schon ein durchgreifender Fehler des Urteils, daß es zur Frage des besonders schweren Falles anscheinend ausschließlich die Tat, nicht aber auch die <u>Täterpersönlichkeit</u> im allgemeinen gewertet hat ...
Wie ich in meiner Nichtigkeitsbeschwerde gegen G. bereits ausgeführt habe, zwingt die Härte der Kriegszeit dazu, daß die Volksgemeinschaft solche Schädlinge, die für sie völlig verloren sind und von denen sie nur noch Schaden und Unheil zu erwarten hat, endgültig ausmerzt ...
Eine rechtlich einwandfreie und erschöpfende Prüfung aller hierfür wesentlichen - bereits feststehenden oder etwa noch zu ermittelnden - Tatsachen muß aller Wahrscheinlichkeit nach zur Bejahung des besonders schweren Falles im Sinne des § 2 der Volksschädlingsverordnung führen." (Unterstreichungen wie im Original, der Verf.)

[39] Jeweils auszugsweise Darstellungen aus Hensle (Todesurteile) und Hensle (Rundfunkverbrechen)

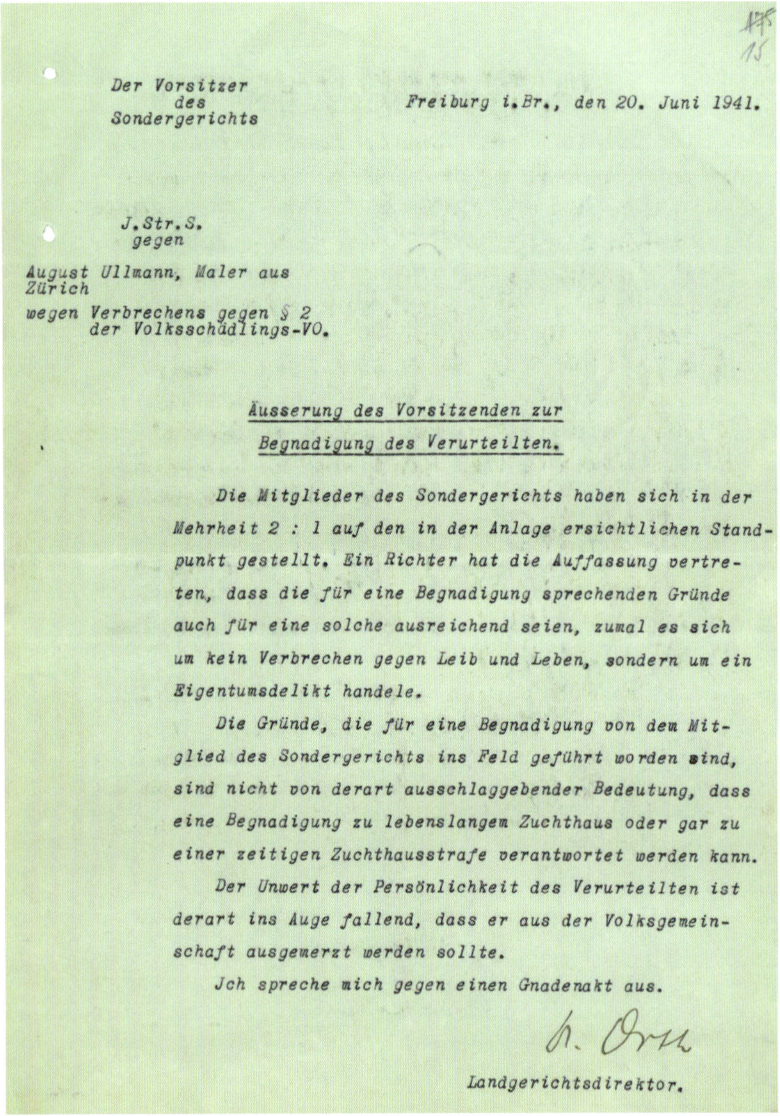

175
15

Der Vorsitzer
des
Sondergerichts

Freiburg i.Br., den 20. Juni 1941.

J.Str.S.
gegen

August Ullmann, Maler aus
Zürich

wegen Verbrechens gegen § 2
der Volksschädlings-VO.

Äusserung des Vorsitzenden zur
Begnadigung des Verurteilten.

Die Mitglieder des Sondergerichts haben sich in der Mehrheit 2 : 1 auf den in der Anlage ersichtlichen Standpunkt gestellt. Ein Richter hat die Auffassung vertreten, dass die für eine Begnadigung sprechenden Gründe auch für eine solche ausreichend seien, zumal es sich um kein Verbrechen gegen Leib und Leben, sondern um ein Eigentumsdelikt handele.

Die Gründe, die für eine Begnadigung von dem Mitglied des Sondergerichts ins Feld geführt worden sind, sind nicht von derart ausschlaggebender Bedeutung, dass eine Begnadigung zu lebenslangem Zuchthaus oder gar zu einer zeitigen Zuchthausstrafe verantwortet werden kann.

Der Unwert der Persönlichkeit des Verurteilten ist derart ins Auge fallend, dass er aus der Volksgemeinschaft ausgemerzt werden sollte.

Jch spreche mich gegen einen Gnadenakt aus.

Dr. Orth

Landgerichtsdirektor.

Stellungnahme des Sondergerichtsvorsitzenden Dr. Orth zur Gnadenfrage, 20. Juni 1941

Staatsarchiv Freiburg A 47/1 Nr. 6 Bild 34

Am 9. Mai 1941 hob das Reichsgericht das Urteil des Sondergerichts Freiburg „im Strafmaß" auf:

„Die Außerachtlassung der Persönlichkeit des Täters läßt es als möglich erscheinen, daß das Sondergericht sich nicht klargemacht hat, welche entscheidende Bedeutung gerade der Gesamtpersönlichkeit des Täters für die Prüfung der Frage zukommt, ob ein besonders schwerer Fall nach dem § 2 der Volksschädlingsverordnung gegeben ist ...

In besonders schweren Fällen ist ... nur die Todesstrafe zulässig ...
Die Gesamtpersönlichkeit des Täters läßt die Annahme eines besonders schweren Falles geboten erscheinen." (Unterstreichungen wie im Original, der Verf.)

Die Zurückverweisung und die Neuverhandlung am 20. Juni 1941 erbrachte nach fünf Stunden Verhandlungsdauer das gewünschte Ergebnis: die Todesstrafe. Dabei wurde dem Verurteilten nicht der Diebstahl an sich, sondern der Tatort, besagter Luftschutzkeller des Museums, oder besser gesagt der § 2 der Volksschädlingsverordnung zum Verhängnis. Er lautet (RGBl. 1939 I, S. 1679):

„Verbrechen bei Fliegergefahr. Wer unter Ausnutzung der zur Abwehr von Fliegergefahr getroffenen Maßnahmen ein Verbrechen oder Vergehen gegen Leib, Leben oder Eigentum begeht, wird mit Zuchthaus bis zu 15 Jahren oder mit lebenslangem Zuchthaus, in besonders schweren Fällen mit dem Tode bestraft."

Auf Grundlage dieses Paragraphen verhängte das Sondergericht schließlich die Todesstrafe:

Während im Urteil noch die Verordnung zitiert wurde und von einem „gefährlichen Gewohnheitsverbrecher" die Rede war, fand der Vorsitzer, Landgerichtsdirektor Dr. Orth, in seiner Stellungnahme zur Gnadenfrage noch am gleichen Tage eine darüber hinausgehende Sprache.

Bekanntmachung

Am 19. Juli 1941 ist der am 3. April 1911 geborene

August Ullmann

aus Freiburg i. B. hingerichtet worden, den das Sondergericht in Freiburg i. B. als Volksschädling zum Tode verurteilt hat.

Ullmann, ein oft vorbestrafter, gefährlicher Gewohnheitsverbrecher, hat wertvolle Kunstgegenstände gestohlen, die zum Schutz gegen Fliegergefahr im Luftschutzkeller eines Museums untergebracht waren, und den Erlös seiner Beute verpraßt.

Der Oberstaatsanwalt
beim Sondergericht Freiburg i. Br.

Bekanntmachungsplakat der Hinrichtung von August Ullmann im Juli 1941

Staatsarchiv Freiburg A 47/1 Nr. 227

„Der Unwert der Persönlichkeit des Verurteilten ist derart ins Auge fallend, daß er aus der Volksgemeinschaft ausgemerzt werden sollte."

Nur einer der drei Richter sprach sich für eine Begnadigung aus. Am 21. Juni, einen Tag nach dem Urteilspruch, meldete der „Alemanne", das Regionalblatt der NSDAP, „das Ende eines Volksschädlings". Der Oberstaatsanwalt bestellte am 19. Juli in einer Verfügung 150 Plakate zur Bekanntgabe der Hinrichtung, von denen 120 an die Städtische Plakatanstalt zum Plakatieren gingen. Und im amtlichen Einwohnerbuch der Stadt Freiburg im Breisgau des Jahres 1942, unter der Rubrik Zeittafel der Stadt Freiburg i. Br., Freiburg unter nationalsozialistischer Führung, S. 18, war zu lesen: „Erstes Todesurteil des Freiburger Sondergerichts über den Museumsdieb August Ullmann (hingerichtet am 19. Juli) 21. Juni 1941."

Der Boden für die Verhängung weiterer Todesurteile war bereitet.

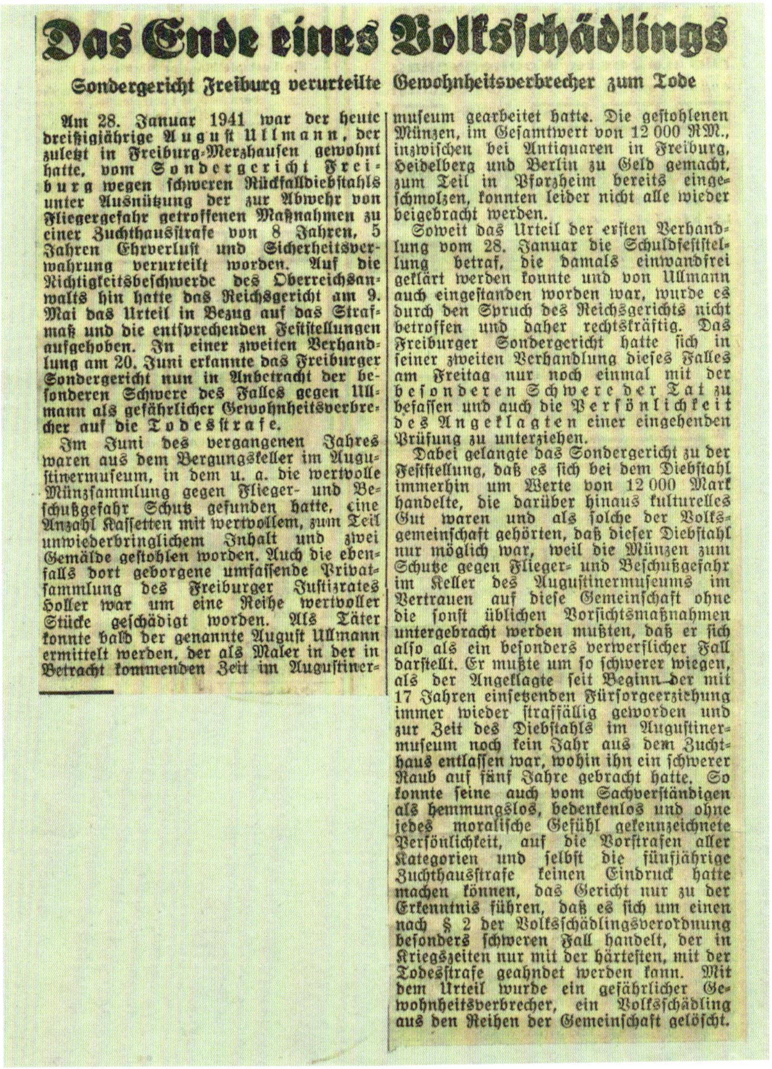

Das Ende eines Volksschädlings

Sondergericht Freiburg verurteilte Gewohnheitsverbrecher zum Tode

Am 28. Januar 1941 war der heute dreißigjährige August Ullmann, der zuletzt in Freiburg-Merzhausen gewohnt hatte, vom Sondergericht Freiburg wegen schweren Rückfalldiebstahls unter Ausnützung der zur Abwehr von Fliegergefahr getroffenen Maßnahmen zu einer Zuchthausstrafe von 8 Jahren, 5 Jahren Ehrverlust und Sicherheitsverwahrung verurteilt worden. Auf die Richtigkeitsbeschwerde des Oberreichsanwalts hin hatte das Reichsgericht am 9. Mai das Urteil in Bezug auf das Strafmaß und die entsprechenden Feststellungen aufgehoben. In einer zweiten Verhandlung am 20. Juni erkannte das Freiburger Sondergericht nun in Anbetracht der besonderen Schwere des Falles gegen Ullmann als gefährlicher Gewohnheitsverbrecher auf die Todesstrafe.

Im Juni des vergangenen Jahres waren aus dem Bergungskeller im Augustinermuseum, in dem u. a. die wertvolle Münzsammlung gegen Flieger- und Beschußgefahr Schutz gefunden hatte, eine Anzahl Kassetten mit wertvollem, zum Teil unwiederbringlichem Inhalt und zwei Gemälde gestohlen worden. Auch die ebenfalls dort geborgene umfassende Privatsammlung des Freiburger Justizrates Holler war um eine Reihe wertvoller Stücke geschädigt worden. Als Täter konnte bald der genannte August Ullmann ermittelt werden, der als Maler in der in Betracht kommenden Zeit im Augustinermuseum gearbeitet hatte. Die gestohlenen Münzen, im Gesamtwert von 12 000 RM., inzwischen bei Antiquaren in Freiburg, Heidelberg und Berlin zu Geld gemacht, zum Teil in Pforzheim bereits eingeschmolzen, konnten leider nicht alle wieder beigebracht werden.

Soweit das Urteil der ersten Verhandlung vom 28. Januar die Schuldfeststellung betraf, die damals einwandfrei geklärt werden konnte und von Ullmann auch eingestanden worden war, wurde es durch den Spruch des Reichsgerichts nicht betroffen und daher rechtskräftig. Das Freiburger Sondergericht hatte sich in seiner zweiten Verhandlung dieses Falles am Freitag nur noch einmal mit der besonderen Schwere der Tat zu befassen und auch die Persönlichkeit des Angeklagten einer eingehenden Prüfung zu unterziehen.

Dabei gelangte das Sondergericht zu der Feststellung, daß es sich bei dem Diebstahl immerhin um Werte von 12 000 Mark handelte, die darüber hinaus kulturelles Gut waren und als solche der Volksgemeinschaft gehörten, daß dieser Diebstahl nur möglich war, weil die Münzen zum Schutze gegen Flieger- und Beschußgefahr im Keller des Augustinermuseums im Vertrauen auf diese Gemeinschaft ohne die sonst üblichen Vorsichtsmaßnahmen untergebracht werden mußten, daß er sich also als ein besonders verwerflicher Fall darstellt. Er mußte um so schwerer wiegen, als der Angeklagte seit Beginn der mit 17 Jahren einsetzenden Fürsorgeerziehung immer wieder straffällig geworden und zur Zeit des Diebstahls im Augustinermuseum noch kein Jahr aus dem Zuchthaus entlassen war, wohin ihn ein schwerer Raub auf fünf Jahre gebracht hatte. So konnte seine auch vom Sachverständigen als hemmungslos, bedenkenlos und ohne jedes moralische Gefühl gekennzeichnete Persönlichkeit, auf die Vorstrafen aller Kategorien und selbst die fünfjährige Zuchthausstrafe keinen Eindruck hatte machen können, das Gericht nur zu der Erkenntnis führen, daß es sich um einen nach § 2 der Volksschädlingsverordnung besonders schweren Fall handelt, der in Kriegszeiten nur mit der härtesten, mit der Todesstrafe geahndet werden kann. Mit dem Urteil wurde ein gefährlicher Gewohnheitsverbrecher, ein Volksschädling aus den Reihen der Gemeinschaft gelöscht.

Zeitungsausschnitt, Der Alemanne vom 21. Juni 1941

Staatsarchiv Freiburg A 47/1 Nr. 6 Bild 26

Fall 2 „Volksschädlingsverbrechen" „... wohl handelt es sich erstmals um eine Frau"

Dies ist das erste Verfahren, in dem im Bereich des Sondergerichts Freiburg die Todesstrafe gegen sogenannte „Postmarder", also wegen Diebstahls oder Unterschlagung von Post bzw. Feldpost, ausgesprochen wurde. Von besonderer Bedeutung ist, dass es sich dabei um eine Frau, die 52-jährige Postzustellerin Berta Fautz geb. Vögele aus Offenburg, handelte. Ihr Mann war eingezogen, sie verfügte nach Angaben des Gerichts über ein Einkommen von etwa 270 RM bei 30 RM Miete. Das am selben Ort am 8. Mai 1942 unter Vorsitz von Landgerichtspräsident von Frankenberg mit den Beisitzern Dr. Künstle und Dr. Müller tagende Sondergericht hielt der Angeklagten vor:

„Sie hat vielmehr die Geldbeträge (vier Feldpostanweisungen, der Verf.) in Höhe von insgesamt 776.95 RM für sich behalten und verbraucht ... Die Empfangsbestätigungen ... mit dem Namen der Empfänger unterschrieben also gefälscht ... Die Aufbewahrung dieser Postabschnitte führte dann auch zu ihrer Entdeckung."

Auf der Sitzung mitverhandelt wurden zwei Fälle von Kuppelei, die nicht im direkten Zusammenhang mit den Unterschlagungen standen. Dieses sexualmoralische Fehlverhalten floss auch in Urteilsbegründung mit ein:

„Die Angeklagte hat somit als Gattin, Mutter und Postbeamtin völlig versagt. Sie ist eine für die Volksgemeinschaft wertlose Persönlichkeit."

Die Angeklagte wurde nach vier Stunden Verhandlungsdauer

„1. als Volksschädling der fortgesetzten Unterschlagung von Feldpost- und sonstigen Postsendungen
2. der Kuppelei in zwei Fällen"

schuldig gesprochen und zum Tode und zu drei Jahren und sechs Monaten Zuchthaus nach der „Volksschädlingsverordnung" verurteilt. Dessen § 4 sah die „Ausnutzung des Kriegszustandes als Strafschärfung" bis zur Todesstrafe vor, „wenn dies das gesunde Volksempfinden erfordert". Bei der Strafzumessung spielte die Abschreckung eine entscheidende Rolle:

„III. Der Abschreckungsgedanke
Die immer wiederkehrenden und sich häufenden Postberaubungen und Unterschlagungen von Post- und insbesondere Feldpostsendungen müssen ausgerottet werden. Nachdem bisher die Verhängung auch hoher Zuchthausstrafen nicht den erwünschten Erfolg gebracht hat, kann dies nunmehr nur noch durch den Ausspruch der schärfsten Strafe, der Todesstrafe, erreicht werden.
... Wohl handelt es sich erstmals um eine Frau."

Die erstmalige Verhängung der Todesstrafe gegen eine Frau schien jedoch selbst bei den Sonderrichtern Skrupel hervorgerufen zu haben. So heißt es in der noch am Verhandlungstag von allen drei Richtern unterzeichneten Gnadenbefürwortung:

„... befürworten wir eine gnadenweise Umwandlung der Todesstrafe in eine längere Zuchthausstrafe ... Dem Abschreckungsgedanken dürfte durch den Ausspruch der Todesstrafe an sich genügend Rechnung getragen werden."

Auch der Oberstaatsanwalt sprach sich drei Tage später für eine zehnjährige Zuchthausstrafe aus. Der Verteidiger reichte ein fünfseitiges, die Verurteilte selbst ein achtseitiges Gnadengesuch ein. Am 30. Juli 1942 wandelte der Reichsjustizminister die Todesstrafe in eine Zuchthausstrafe von acht Jahren um, wobei er anordnete: „Von der Bekanntgabe des Gnadenerweises in der Presse ist abzusehen."

Zwei Wochen nach Kriegsende war die Verurteilte von einer amerikanischen Prüfungskommission aus einem oberbayrischen Zuchthaus entlassen worden. Drei Jahre später wurde ihr aufgrund der Entschließung der Landesregierung des Landes Baden vom 24. Juni 1948 die „noch zu verbüßende Restzuchthausstrafe von 3125 Tagen ... gnadenweise erlassen".

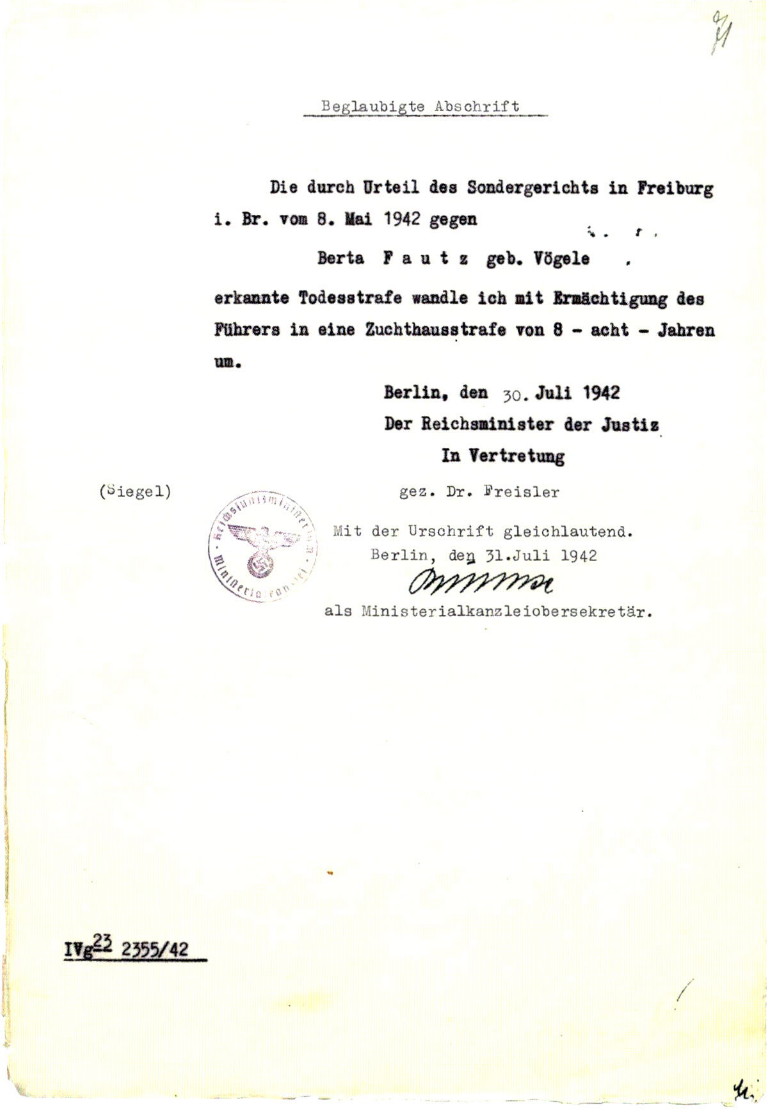
Beglaubigte Abschrift

Die durch Urteil des Sondergerichts in Freiburg i. Br. vom 8. Mai 1942 gegen

Berta F a u t z geb. Vögele

erkannte Todesstrafe wandle ich mit Ermächtigung des Führers in eine Zuchthausstrafe von 8 - acht - Jahren um.

Berlin, den 30. Juli 1942
Der Reichsminister der Justiz
In Vertretung

(Siegel) gez. Dr. Freisler

Mit der Urschrift gleichlautend.
Berlin, den 31. Juli 1942

als Ministerialkanzleiobersekretär.

IVg23 2355/42

Begnadigungsverfügung für Berta Fautz vom 30. Juli 1942

Staatsarchiv Freiburg A 47/1 Nr. 8 Bild 70

Fall 3 „Gewohnheitsverbrecher"
„... planmäßig auf Beraubung von Hasenställen"

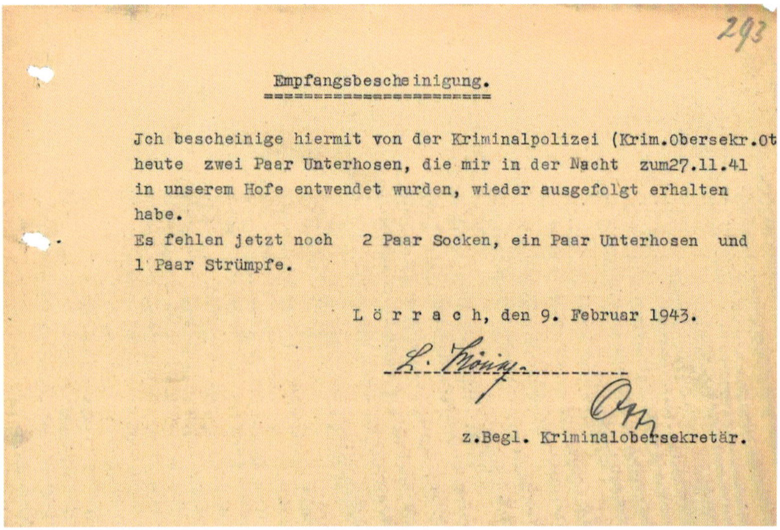

293

Empfangsbescheinigung.

Jch bescheinige hiermit von der Kriminalpolizei (Krim.Obersekr.Ot
heute zwei Paar Unterhosen, die mir in der Nacht zum27.11.41
in unserem Hofe entwendet wurden, wieder ausgefolgt erhalten
habe.
Es fehlen jetzt noch 2 Paar Socken, ein Paar Unterhosen und
1 Paar Strümpfe.

Lörrach, den 9. Februar 1943.

L. König

Ott

z.Begl. Kriminalobersekretär.

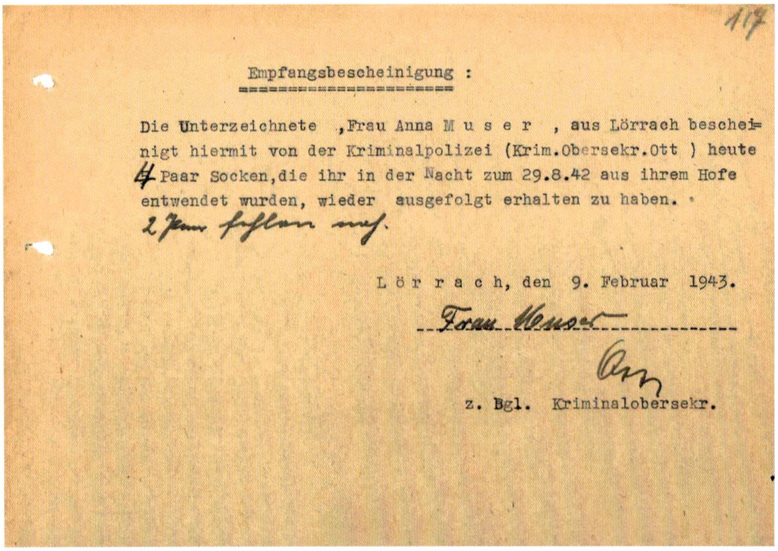

417

Empfangsbescheinigung :

Die Unterzeichnete ,Frau Anna Muser , aus Lörrach bescheinigt hiermit von der Kriminalpolizei (Krim.Obersekr.Ott) heute
4 Paar Socken,die ihr in der Nacht zum 29.8.42 aus ihrem Hofe
entwendet wurden, wieder ausgefolgt erhalten zu haben.
2 Paar fehlen noch.

Lörrach, den 9. Februar 1943.

Frau Muser

Ott

z. Bgl. Kriminalobersekr.

Empfangsbescheinigungen über Rückgabe des Diebesguts, 9. Februar 1943

Staatsarchiv Freiburg A 47/1 Nr. 1450 Bild 227 u. 102

Dieses Verfahren fand unter Vorsitz von Landgerichtsdirektor Dr. Rieber und den Beisitzern Dr. Müller und Dr. Straumann am 22. April 1943 in Lörrach statt. Hauptangeklagter war der 62-jährige Fuhrmann/Kutscher Friedrich Bachmann. Dieser „hatte insbesondere mit der Leerung von Abortgruben für seinen Arbeitgeber zu tun", so beschreibt das Gericht Tätigkeit und soziale Stellung des Angeklagten. Die weitere Schilderung des Gerichts lautete wie folgt:

„Der Angeklagte Bachmann hatte seit längerer Zeit ein geschlechtsvertrauliches Verhältnis mit der Mitangeklagten Schäfer, einer alten Dirne, die er als seine ‚Braut' bezeichnet und bei der er einen ‚ruhigen Lebensabend' zu verbringen hoffte. Da Bachmann nur 14 RM netto wöchentlich bei freier Kost und Wohnung verdiente und andererseits die Schäfer nach Dirnenart größere Aufwendung für ihre Person von ihm verlangte, und weiterhin die Mitangeklagte Weimer ebenfalls sehr deutlich an Bachmann wegen Beschaffung von Fleisch herangetreten war, entschloß er sich, in Zukunft eine laufende Quelle zur Verbesserung seiner Bareinkünfte und zur Beschaffung von Fleisch zu eröffnen, indem er planmäßig auf Beraubung von Hasenställen ausging."

Es folgte eine detaillierte, 49 Punkte umfassende Aufstellung des Diebesgutes, worunter sich 53 Hasen befanden. Darüber hinaus habe der Angeklagte auch Obst und Früchte sowie Wäsche, die zum Trocknen aushing, mitgehen lassen. 22 Hasen hätten die Angeklagten selbst „verschmaust", den Erlös der restlichen 31 bezifferte das Gericht auf 390 RM. Die Taten des Angeklagten bewertete das Gericht folgendermaßen:

„Er hat in selten zahlreicher Menge meist minderbemittelte Volksgenossen, die im Kriege die Ernährungslage durch mühevolle und langwierige Aufzucht von Hasen verbessern wollten, um den verdienten Lohn ihrer Arbeit gebracht, um selbst angenehm leben zu können ... Heute, wo Tausende braver Männer vor dem Feinde fallen, ist für solche Verbrecher kein Platz mehr."

Der Angeklagte wurde nach zweieinhalb Stunden Verhandlungsdauer schließlich nach der Volksschädlingsverordnung „wegen fortgesetzten teils schweren Diebstahls im Rückfall, teilweise unter Ausnützung der Verdunklung begangen, als gefährlicher Gewohnheitsverbrecher und Volksschädling zum Tode" verurteilt. Die Mitangeklagte Schäfer, die bereits „wegen ihres asozialen Lebenswandels im Jahre 1938 auf die Dauer von drei Jahren in ein Konzentrationslager kam", erhielt vier, die Mitangeklagte Weimer drei Jahre Zuchthaus. Pressemitteilung und Plakatieren hatten nach Anweisung aus dem Reichsjustizministerium zu unterbleiben, obwohl der Oberstaatsanwalt in seinem Bericht vom 5. Mai 1943 ausführte:

„Eine Vollstreckung des Urteils erscheint insbesondere auch aus Abschreckungsgründen notwendig, da die Hasendiebstähle immer mehr zunehmen und die Täter, wie überhaupt Verdunklungsverbrecher nur in verhältnismäßig wenig Fällen gefaßt werden können."

Der Verurteilte wurde am 1. Juni 1943 in Stuttgart hingerichtet, der Leichnam dem Anatomischen Institut der Universität Freiburg überstellt.

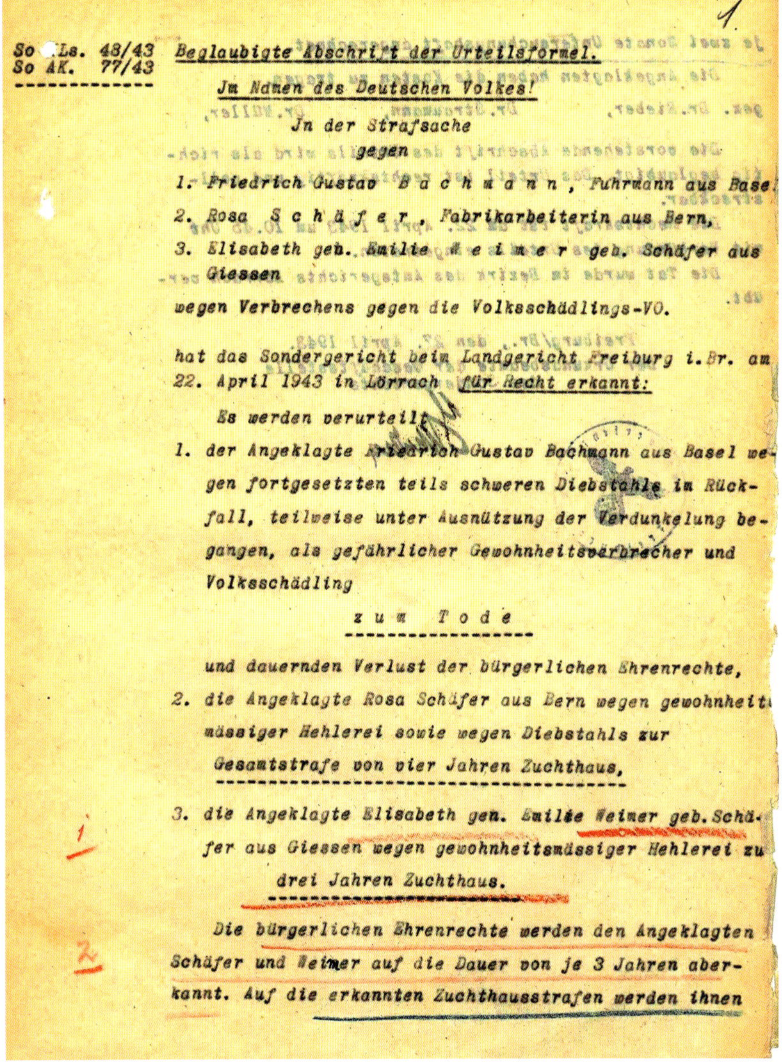

1.

So KLs. 48/43
So AK. 77/43

Beglaubigte Abschrift der Urteilsformel.

Jm Namen des Deutschen Volkes!

Jn der Strafsache

gegen

1. Friedrich Gustav B a c h m a n n , Fuhrmann aus Basel
2. Rosa S c h ä f e r , Fabrikarbeiterin aus Bern,
3. Elisabeth gen. Emilie W e i m e r geb. Schäfer aus Giessen

wegen Verbrechens gegen die Volksschädlings-VO.

hat das Sondergericht beim Landgericht Freiburg i.Br. am 22. April 1943 in Lörrach für Recht erkannt:

Es werden verurteilt

1. der Angeklagte Friedrich Gustav Bachmann aus Basel wegen fortgesetzten teils schweren Diebstahls im Rückfall, teilweise unter Ausnützung der Verdunkelung begangen, als gefährlicher Gewohnheitsverbrecher und Volksschädling

z u m T o d e

und dauernden Verlust der bürgerlichen Ehrenrechte,

2. die Angeklagte Rosa Schäfer aus Bern wegen gewohnheitsmässiger Hehlerei sowie wegen Diebstahls zur Gesamtstrafe von vier Jahren Zuchthaus,
3. die Angeklagte Elisabeth gen. Emilie Weimer geb. Schäfer aus Giessen wegen gewohnheitsmässiger Hehlerei zu drei Jahren Zuchthaus.

Die bürgerlichen Ehrenrechte werden den Angeklagten Schäfer und Weimer auf die Dauer von je 3 Jahren aberkannt. Auf die erkannten Zuchthausstrafen werden ihnen

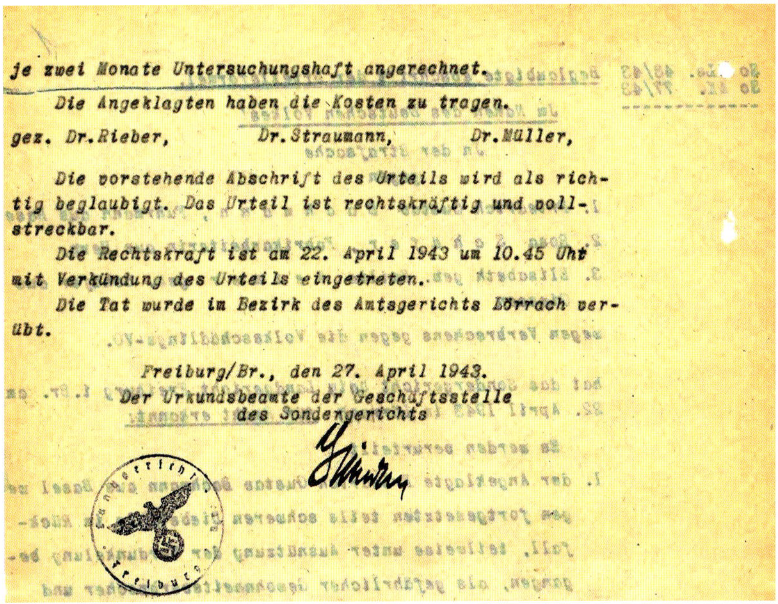

je zwei Monate Untersuchungshaft angerechnet.

Die Angeklagten haben die Kosten zu tragen.

gez. Dr. Rieber, Dr. Straumann, Dr. Müller,

Die vorstehende Abschrift des Urteils wird als richtig beglaubigt. Das Urteil ist rechtskräftig und vollstreckbar.

Die Rechtskraft ist am 22. April 1943 um 10.45 Uhr mit Verkündung des Urteils eingetreten.

Die Tat wurde im Bezirk des Amtsgerichts Lörrach verübt.

Freiburg/Br., den 27. April 1943.

Der Urkundsbeamte der Geschäftsstelle des Sondergerichts

Urteilsabschrift Bachmann u. a., 27. April 1943

Staatsarchiv Freiburg A 47/1 Nr. 1455 Bild 2 u. 3

Fall 4 „Gewaltverbrecher"
„... reifte der Plan zur Flucht ins Ausland"

Ein missglückter Fluchtversuch über die Schweizer Grenze bildete den Tathintergrund für das Sondergerichtsverfahren, das am 8. Dezember 1942 wiederum in Lörrach unter Vorsitz von Landgerichtspräsident von Frankenberg abgehalten wurde. Beisitzer waren Landgerichtsdirektor Dr. Rieber und Landgerichtsrat Dr. Müller. Zu Gericht gesessen wurde über den erst 18-jährigen Helmuth Günther, Bäckergeselle aus Mannheim. Das Gericht schildert den Werdegang des Angeklagten, der unter dem bösen Omen nationalsozialistischer Rassenpolitik aufwächst, wie folgt:

„1938 gab er den Besuch der Schule auf, angeblich wegen der Aussichtslosigkeit als jüdischer Mischling zum Studium zu kommen und absolvierte 1938 bis 1941 eine Bäckerlehre, die er mit einer ausgezeichneten Gesellenprüfung beendigte ... seine Freundin (war) in andere Umstände gekommen und sein Wunsch, als zwölfjährig Dienender zur Marine zu kommen, war ihm wegen seiner Mischlingseigenschaft zunichte geworden. So reifte in ihm im Herbst 1942 der Plan zur Flucht ins Ausland ... Sie hofften dort als Boxer bzw. Kunstradfahrer bei einer Artistengruppe unterkommen zu können. Bei der Vorbereitung der Flucht hielt es der Angeklagte für erforderlich, daß sie sich mit Waffen versehen."

Das ganze Unterfangen mutet geradezu jugendlich naiv und abenteuerlustig an: Die Beiden, Helmuth Günther und sein Freund, setzten sich einfach in einen Zug der Rheintalstrecke, mit dem Ziel Basel. Bei einer Zug-Grenzkontrolle in Weil am Rhein, direkt gegenüber von Basel, kam es, wie es kommen musste:

„Auf diese Kontrolle waren sie nicht vorbereitet, benahmen sich deshalb unsicher und fielen auf."

Die beiden Jugendlichen wurden von Zollbeamten festgenommen und zur Wache gebracht. Bei der Durchsuchung versuchte der Angeklagte zu fliehen. Dabei gab er zwei Schüsse ab, die jedoch nur die Wand treffen, bevor er von den Beamten überwältigt werden konnte. Das Sondergericht sah in dieser Tat zwar eine Affekthandlung, aber:

„Der Entschluß, zu schießen und zu fliehen kam erst in dem Augenblick, als der Zeuge M. (einer der Zollbeamten, der Verf.) dem Ge. die Pistole aus der Tasche geholt und auf den Tisch gelegt hatte, in diesem Augenblick mußte der Angeklagte damit rechnen, daß nun auch er nach Waffen durchsucht und ihm seine Waffe abgenommen werden würde. Dem kam er durch seine Tat zuvor. Es war also eine typische Affekthandlung. Diese kann allerdings den Angeklagten nicht entschuldigen."

Die weiteren Ausführungen des Gerichts klingen geradezu verständnisvoll zugunsten des Angeklagten:

„Es scheint, daß der Angeklagte den auf ihn lastenden Ereignissen – Ablehnung seiner Bewerbung bei der Marine, Unmöglichkeit bei der Wehrmacht Kriegsdienst zu tun, Schwangerschaft seiner Braut ohne Aussicht, die Zustimmung zur Eheschließung zu erhalten, Streit mit seinem Meister, der ihn offensichtlich nicht richtig zu nehmen verstand, – seelisch nicht gewachsen war und daher den einzigen Ausweg aus

diesen Verwicklungen in einer möglichst schnellen Flucht in das Ausland sah, obwohl an sich durch seinen Vater, der übrigens in der Hauptverhandlung auf das Gericht einen sehr guten Eindruck machte, in materieller Hinsicht ausreichend für ihn gesorgt war und auch in Zukunft gesorgt werden sollte, der Angeklagte sich zudem früher in seinem gelernten Beruf tüchtig und brauchbar erwiesen hatte."

All diese vom Gericht selbst artikulierten Entlastungsmomente hinderten dasselbe nicht, den Angeklagten nach einer Verhandlungsdauer von vier Stunden auf Grundlage der Gewaltverbrecherverordnung zum Tode zu verurteilen, „weil er es unternommen hat, Polizeibeamte bei der Ausübung ihres Dienstes zu erschießen". Dennoch scheinen die Richter Zweifel an dem Gewaltverbrecher-Charakter des Verurteilten gehabt zu haben, wie ihrer Äußerung zur Gnadenfrage zu entnehmen ist. Die von allen drei Richtern, einschließlich des Vorsitzenden, unterzeichnete Stellungnahme lautete:

„Das Gericht ist in seiner Mehrheit der Auffassung, daß im Hinblick auf die jugendliche Unbesonnenheit des Verurteilten und die psychologischen Konflikte, die letzten Endes in seiner Mischlingseigenschaft begründet sind, der Vollzug der Todesstrafe nicht geboten erscheint und schon durch ihren Ausspruch allein eine abschreckende Wirkung erreicht werden dürfte."

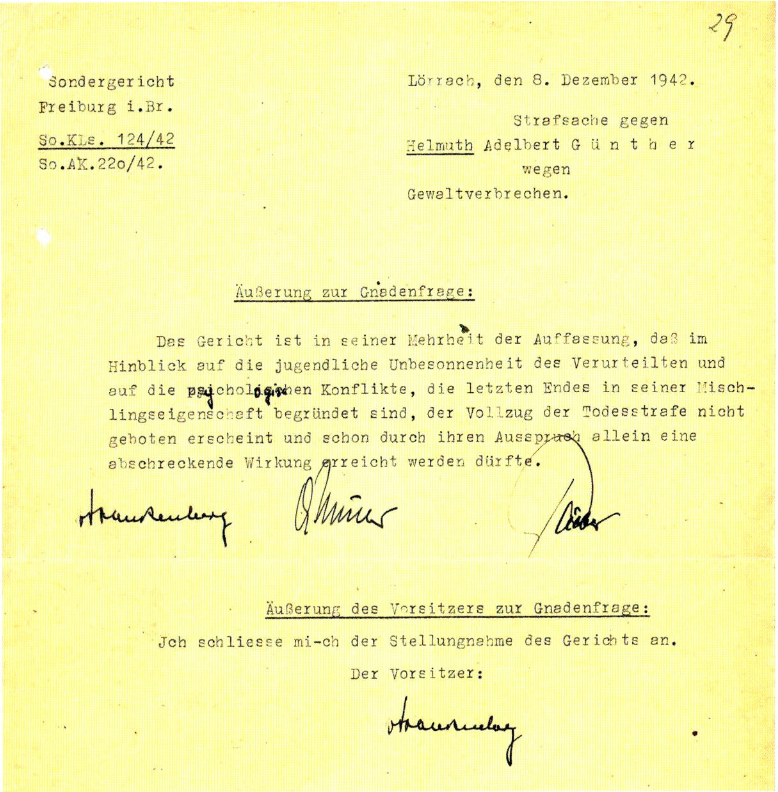

29

Sondergericht
Freiburg i.Br.
So.KLs. 124/42
So.AK.22o/42.

Lörrach, den 8. Dezember 1942.

Strafsache gegen
Helmuth Adelbert G ü n t h e r
wegen
Gewaltverbrechen.

Äußerung zur Gnadenfrage:

Das Gericht ist in seiner Mehrheit der Auffassung, daß im Hinblick auf die jugendliche Unbesonnenheit des Verurteilten und auf die psychologischen Konflikte, die letzten Endes in seiner Mischlingseigenschaft begründet sind, der Vollzug der Todesstrafe nicht geboten erscheint und schon durch ihren Ausspruch allein eine abschreckende Wirkung erreicht werden dürfte.

Äußerung des Vorsitzers zur Gnadenfrage:

Jch schliesse mi-ch der Stellungnahme des Gerichts an.

Der Vorsitzer:

Äußerung des Sondergerichts zur Gnadenfrage, 8. Dezember 1942

Staatsarchiv Freiburg A 47/1 Nr. 4 Bild 28

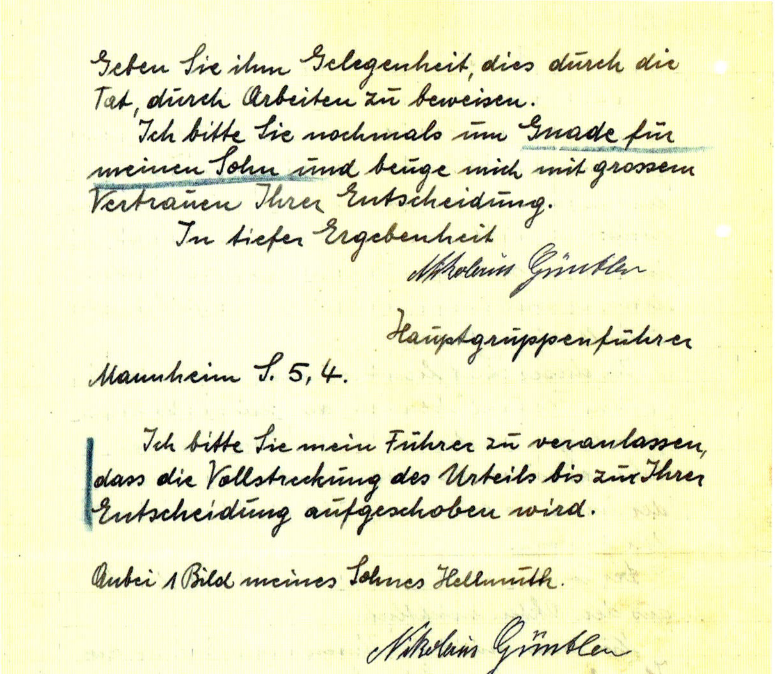

Geben Sie ihm Gelegenheit, dies durch die Tat, durch Arbeiten zu beweisen.
Ich bitte Sie nochmals um Gnade für meinen Sohn und beuge mich mit grossem Vertrauen Ihrer Entscheidung.
In tiefer Ergebenheit
Nikolaus Güntler
Hauptgruppenführer
Mannheim S. 5, 4.

Ich bitte Sie mein Führer zu veranlassen, dass die Vollstreckung des Urteils bis zu Ihrer Entscheidung aufgeschoben wird.

Anbei 1 Bild meines Sohnes Hellmuth.

Nikolaus Güntler

Auszug aus dem Gnadengesuch des Vaters an den „Führer" mit beigelegtem Foto des Verurteilten, 17. Dezember 1942

Staatsarchiv Freiburg A 47/1 Nr. 4 Bild 45 u. 50

In einem Bericht und Stellungnahme zur Gnadenfrage an das Reichsjustizministerium vom 18. Dezember 1942 sprach sich die Staatsanwaltschaft in einem vierseitigen Schreiben „mit allem Nachdruck" gegen eine Begnadigung des Verurteilten unter anderem wie folgt aus:

„Noch viel weniger können m.E. die von der Mehrheit des Sondergerichts zu Gunsten einer Begnadigung angeführten psychologischen Konflikte, die sich aus der Mischlingseigenschaft des Verurteilten ergeben sollen, Anlaß zu einer Begnadigung geben. <u>Eine derartige Auffassung müßte dazu führen, in dem jüdischen Mischling, der als solcher einen seinem jüdischen Blutanteil entsprechenden Teil der geschichtlichen Schuld des Judentums trägt und deren Folgen auf sich zu nehmen hat, ein armes Opfer der deutschen Rassegesetzgebung zu sehen und ihm für alle möglichen Straftaten einen Freibrief auszustellen."</u> (Unterstreichungen wie im Original, der Verf.)

Auf den Exkurs über die „geschichtliche Schuld des Judentums", von Staatsanwalt Müller verfasst und von Oberstaatsanwalt Weiß abgezeichnet, folgt ein denkwürdiger Nachtrag des Oberstaatsanwalts, handschriftlich als Klammerzusatz eingefügt:

„Im Falle einer Begnadigung muß auch mit der Möglichkeit gerechnet werden, daß der Verurteilte wegen angeblichen Versagens ‚der Justiz' von der SS aus dem Gefängnis geholt u. ‚wegen Widerstands' erschossen wird. Der Vollzug der Todesstrafe scheint mir auch für den Verurteilten selbst rein menschlich gesehen das Beste zu sein; denn was hätte er als jüdischer Mischling u. wegen Gewaltverbrechens zu Zuchthaus begnadigt noch zu hoffen oder zu erwarten."

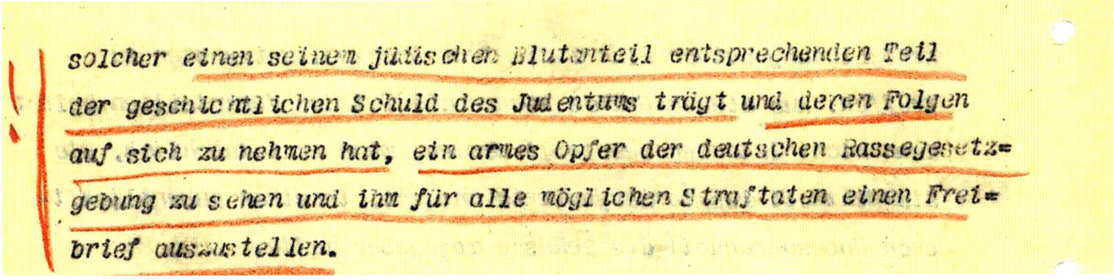
solcher einen seinem jüdischen Blutanteil entsprechenden Teil der geschichtlichen Schuld des Judentums trägt und deren Folgen auf sich zu nehmen hat, ein armes Opfer der deutschen Rassegesetzgebung zu sehen und ihm für alle möglichen Straftaten einen Freibrief auszustellen.

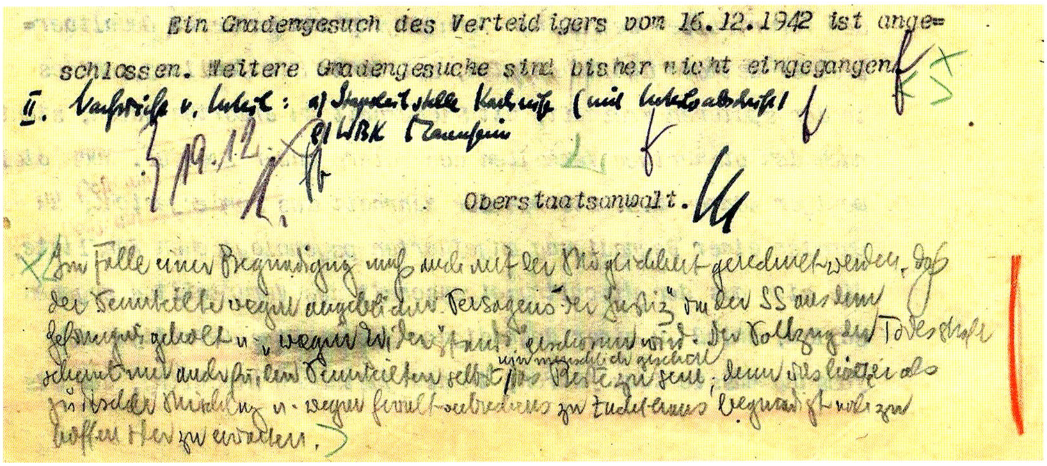
Ein Gnadengesuch des Verteidigers vom 16.12.1942 ist angeschlossen. Weitere Gnadengesuche sind bisher nicht eingegangen.

Oberstaatsanwalt.

Im Falle einer Begnadigung muß auch mit der Möglichkeit gerechnet werden, daß der Verurteilte wegen angeblichen „Versagens der Justiz“ von der SS aus dem Gefängnis geholt u. „wegen Widerstands“ erschossen wird. Der Vollzug der Todesstrafe scheint mir auch für den Verurteilten selbst (vom menschlich gesehen) das Beste zu sein; denn was hätte er als jüdischer Mischling u. wegen Gewaltverbrechens zu Zuchthaus Begnadigter wohl zu hoffen bzw. zu erwarten.

Auszüge aus der Stellungnahme der Staatsanwaltschaft zur Gnadenfrage, 18. Dezember 1942

Staatsarchiv Freiburg A 47/1 Nr. 4 Bild 37

Weder die befürwortende Stellungnahme der Richter zur Gnadenfrage noch das Gnadengesuch des Vaters des Verurteilten bewirkten eine Begnadigung. Die Ablehnung aus dem Reichsjustizministerium erfolgte mit der üblichen Formel „... habe ich mit der Ermächtigung des Führers beschlossen, von dem Begnadigungsrecht keinen Gebrauch zu machen, sondern der Gerechtigkeit freien Lauf zu lassen. Der Reichsminister der Justiz.“ Der Verurteilte wurde hingerichtet, zugleich wurde auch angeordnet, dass von einer Bekanntmachung in der Presse und durch Anschlag abzusehen sei.

Fall 5 „Kriegswirtschaftsverbrechen"
„... im amtlichen Auftrag gedruckte Lebensmittelkarten ... für sich entnommen sowie solche Karten eigens für sich hergestellt"

Drei in einer Müllheimer Druckerei im Markgräflerland tätige Angeklagte hatten sich aufgrund dieser Anklagepunkte vor dem Sondergericht zu verantworten, das am 29. November 1943 in Freiburg unter dem Vorsitz von Landgerichtsdirektor Dr. Rieber mit den Beisitzern Oberlandesgerichtsrat Dr. Müller und Landgerichtsrat Stroh tagte. Es handelte sich bei den Angeklagten um den 47-jährigen Maschinensetzer Max Stark aus Freiburg, den 42-jährigen dienstverpflichteten elsässischen Buchdrucker Josef Zerrelly sowie deren Chef, den 65-jährigen Druckereibesitzer Ewald Schmidt aus Müllheim. In dessen Betrieb wurden bis zur angeordneten Schließung im Zuge der Stilllegungsaktion vom 1. Mai 1943 auch Lebensmittelkarten gedruckt. Von diesen eigneten sich die Angeklagten welche an oder druckten sie nach.

Dem Druckereibesitzer Schmidt warf das Gericht eine Entnahme von monatlich 8–10 Karten in den Jahren 1940 bis 1943 vor.

Der Vorwurf gegen den Angeklagten Stark war umfangreich: in den Monaten April 1941 bis Oktober 1941 etwa 15 Karten pro Zuteilungsperiode, vom November 1941 bis Oktober 1942 von jedem Fleischkartendruck mindestens 100–120 Karten, von November 1942 bis Ende April 1943 ebenfalls mindestens je 50–60 Stück. Insgesamt habe er 250 selbst verbraucht.

Die Beschuldigungen gegen den Angeklagten Zerrelly lauteten, mindestens 70 Karten für sich verbraucht zu haben.

Durch die Schließung des Betriebes fanden die Betrügereien der Angeklagten ein Ende und wären wahrscheinlich nie aufgedeckt worden, hätte nicht ein folgenschwerer Fehler vorgelegen: Ausgerechnet die zur persönlichen Einlösung gedachten Karten wiesen Druckfehler auf. So kamen die Angeklagten vor das Sondergericht. Dieses fällte nach fünfeinhalb Stunden Verhandlungsdauer folgendes Urteil:

„Die Angeklagten haben - teilweise gemeinschaftlich - unter Ausnutzung ihrer beruflichen Vertrauensstellung von den in der Druckerei in Müllheim im amtlichen Auftrag gedruckten Lebensmittelkarten ... eine größere Anzahl von Fleisch- und Zuckerkarten für sich entnommen sowie solche Karten eigens für sich hergestellt und größtenteils für sich verbraucht. Der Angeklagte St. hat dabei in Bereicherungsabsicht gehandelt.
Wegen dieses Kriegswirtschaftsverbrechens und Verstoßes gegen die Verbrauchsregelung werden verurteilt:

Stark zum Tode und dauernden Ehrverlust sowie Geldstrafe von 3000 RM ...
Schmidt zur Zuchthausstrafe von 8 Jahren ...
Zerrelly zur Zuchthausstrafe von 2 Jahren und 6 Monaten ..."

Zur Verhängung der Todesstrafe sowie der Zuchthausstrafen wird auf die „Kriegswirtschaftsverordnung" vom 4. September 1939 (RGBl. 1939 I, S. 1609) zurückgegriffen. Dort heißt es unter Abschnitt I:

„Kriegsschädliches Verhalten § 1 (1) Wer Rohstoffe oder Erzeugnisse, die zum lebenswichtigen Bedarf der Bevölkerung gehören, vernichtet, beiseiteschafft oder zurückhält und dadurch böswillig die Deckung dieses Bedarfs gefährdet, wird mit Zuchthaus oder Gefängnis bestraft. In besonders schweren Fällen kann auf Todesstrafe erkannt werden."

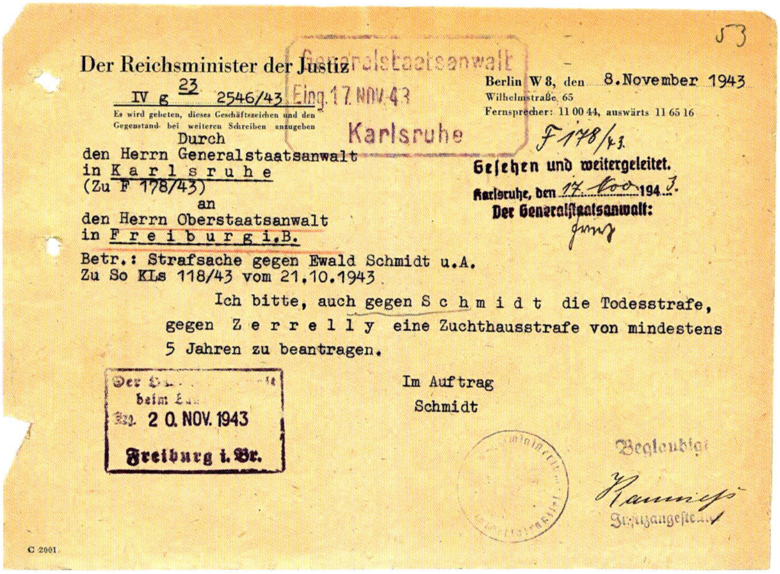

Der Reichsminister der Justiz

IV g 23 2546/43

Es wird gebeten, dieses Geschäftszeichen und den Gegenstand bei weiteren Schreiben anzugeben

Generalstaatsanwalt
Eing. 17. NOV. 43
Karlsruhe

Berlin W 8, den 8.November 1943
Wilhelmstraße 65
Fernsprecher: 11 00 44, auswärts 11 65 16

F 178/43.

Durch
den Herrn Generalstaatsanwalt
in K a r l s r u h e
(Zu F 178/43)
an
den Herrn Oberstaatsanwalt
in F r e i b u r g i.B.

Gesehen und weitergeleitet.
Karlsruhe, den 17. Nov. 1943.
Der Generalstaatsanwalt:

Betr.: Strafsache gegen Ewald Schmidt u.A.
Zu So KLs 118/43 vom 21.10.1943.

Ich bitte, auch gegen S c h m i d t die Todesstrafe, gegen Z e r r e l l y eine Zuchthausstrafe von mindestens 5 Jahren zu beantragen.

20. NOV. 1943
Freiburg i. Br.

Im Auftrag
Schmidt

Beglaubigt

C 2001

Erwünschte Stellung des Antrags auf Todesstrafe

Staatsarchiv Freiburg A 47/1 Nr. 1694 Bild 14

Die ebenfalls zur Anwendung gelangte Verbrauchsregelungs-Strafverordnung sah mildere Strafen vor, Gefängnis- oder Geldstrafen.

Aber nicht nur die Kriegswirtschaftsverordnung oder die Verbrauchsregelungs-Strafverordnung, wie immer das Gericht sie auch anwandte, waren ausschlaggebend für die Strafzumessung, sondern erhebliche Bedeutung maß das Sondergericht dem „Persönlichkeitswert der einzelnen Angeklagten" zu. Unter Einbeziehung dieser Überlegungen führte das Sondergericht zu dem Angeklagten Schmidt aus:

„Immerhin war es notwendig, bezüglich der Strafzumessung, die bedeutenden Unterschiede des Persönlichkeitswertes der einzelnen Angeklagten zu berücksichtigen, die ihrerseits auch eine verschiedene kriminelle Einstellung des einzelnen Angeklagten zu seinen Verfehlungen bedingt hat. Was in dieser Hinsicht zunächst die Person des Angeklagten Schmidt anbelangt, so hat er selbst aus geregelten und geordneten Familienverhältnissen stammend und unvorbestraft seine Pflichten als Familienvater voll und ganz erfüllt und galt in den Augen seiner Bekannten bisher als ein biederer und zuverlässiger Geschäftsmann. Sein und seiner Familie Lebensführung beruhte auf einem bürgerlichen Wohlstand, der es dem Angeklagten auch gestattete, seit 1937 zu privatisieren und das Geschäft seinem Sohn zu überlassen. Dieses gutbürgerliche Lebensniveau seiner Haushaltsführung hat er offenbar geglaubt auf seine alten Tage trotz der durch den Krieg bedingten Einschränkungen nicht sonderlich herabsetzen zu müssen, zumal er nun nach der Einberufung seines Sohnes noch einmal als über 60-Jähriger in den Arbeitsprozeß eingreifen und die Betriebsleitung seines Sohnes übernehmen mußte."

Einen solchen Mann wollte wohl selbst ein Sondergericht nicht unter das Fallbeil schicken, obgleich das Reichsjustizministerium die Staatsanwaltschaft gebeten hatte, auch gegen ihn die Todesstrafe zu beantragen. Aber acht Jahre Zuchthaus für den 65-Jährigen hielt das Gericht für angemessen. Eine gewisse Milde, wenn auch aus anderen Gründen und sicherlich in Anbetracht der geringeren Unterschlagungen, zeigte das Gericht auch für den Angeklagten Zerrelly. Zu ihm heißt es:

„... so war hier neben seinem ordentlichen persönlichen Eindruck seine elsässische Stammeszugehörigkeit zu berücksichtigen, die ihm die Bedeutung der reichsdeutschen kriegswirt-

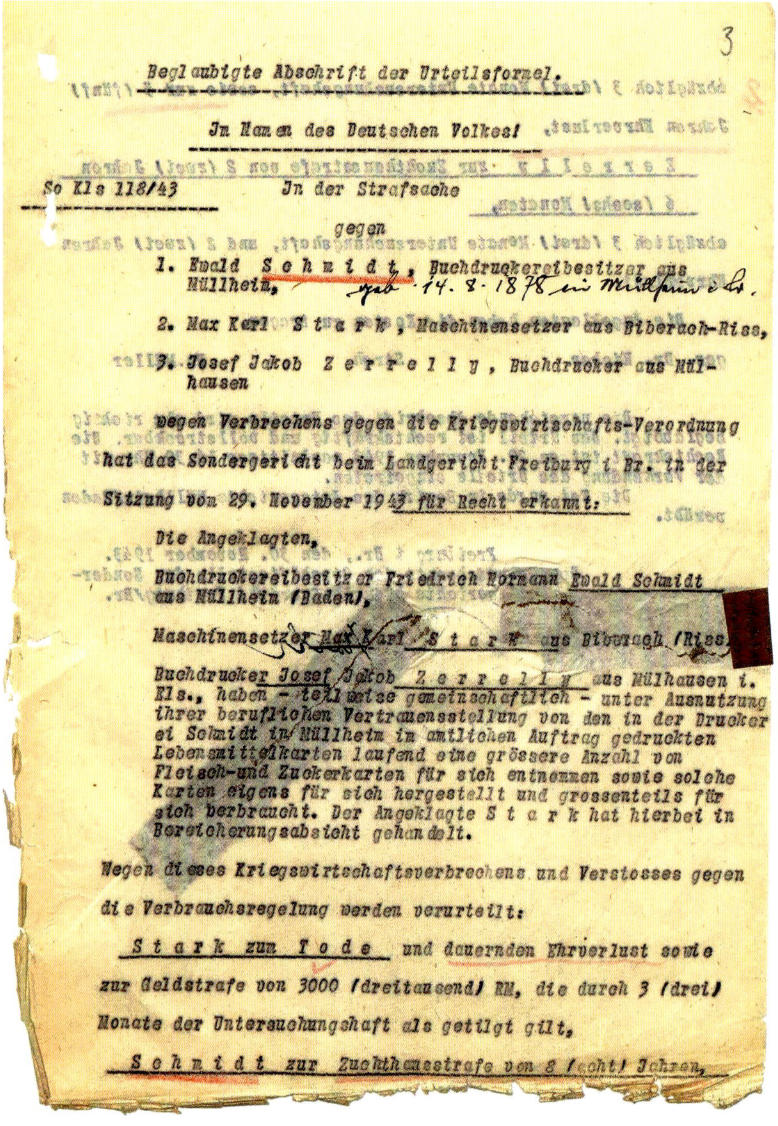

3

Beglaubigte Abschrift der Urteilsformel.

Jm Namen des Deutschen Volkes!

So Kls 118/43 Jn der Strafsache

gegen

1. Ewald S c h m i d t , Buchdruckereibesitzer aus Müllheim, geb. 14. 8. 1878 in Müllheim i. B.

2. Max Karl S t a r k , Maschinensetzer aus Biberach-Riss,

3. Josef Jakob Z e r r e l l y , Buchdrucker aus Mülhausen

wegen Verbrechens gegen die Kriegswirtschafts-Verordnung hat das Sondergericht beim Landgericht Freiburg i. Br. in der Sitzung vom 29. November 1943 für Recht erkannt:

Die Angeklagten,

Buchdruckereibesitzer Friedrich Hermann Ewald Schmidt aus Müllheim (Baden),

Maschinensetzer Max Karl S t a r k aus Biberach (Riss)

Buchdrucker Josef Jakob Z e r r e l l y aus Mülhausen i. Els., haben – teilweise gemeinschaftlich – unter Ausnutzung ihrer beruflichen Vertrauensstellung von den in der Druckerei Schmidt in Müllheim im amtlichen Auftrag gedruckten Lebensmittelkarten laufend eine grössere Anzahl von Fleisch-und Zuckerkarten für sich entnommen sowie solche Karten eigens für sich hergestellt und grossenteils für sich verbraucht. Der Angeklagte S t a r k hat hierbei in Bereicherungsabsicht gehandelt.

Wegen dieses Kriegswirtschaftsverbrechens und Verstosses gegen die Verbrauchsregelung werden verurteilt:

S t a r k zum T o d e und dauernden Ehrverlust sowie zur Geldstrafe von 3000 (dreitausend) RM, die durch 3 (drei) Monate der Untersuchungshaft als getilgt gilt,

S c h m i d t zur Zuchthausstrafe von 8 (acht) Jahren,

Urteilsabschrift vom 30. November 1943

Staatsarchiv Freiburg A 47/1 Nr. 1695 Bild 3

schaftlichen Bestimmungen nicht in ihrer vollen Bedeutung für das Volksganze erkennen ließ, zumal es in seiner Heimat unter französischem Regime an derartig streng durchzuführenden Maßnahmen gefehlt hat. Ihn von vornherein seit seinem Aufenthalt im Reich eines anderen zu belehren, dazu war der Betrieb des Angeklagten Schmidt mit den geschilderten ungeordneten Verhältnissen denkbar ungeeignet."

Ganz anders lesen sich die Strafzumessungsgründe zum Angeklagten Stark, der kein „biederer und zuverlässiger Geschäftsmann" wie Schmidt war:

„Der Angeklagte Stark machte sich so mit seiner bereits in Friedenszeiten übel aufgefallenen asozialen Lebensführung (Trunksucht, der Verf.) die kriegsbedingten Einschränkungen der Ernährungswirtschaft ohne jede Rücksicht auf die Notwendigkeiten der Kriegsverhältnisse zunutze und hat sich damit von selbst aus der Volksgemeinschaft und ihrem Existenzkampf ausgeschieden. Es liegt daher ein besonders schwerer Fall vor und die schwerste Strafe, die das Gesetz kennt, die Todesstrafe, war daher für den Angeklagten Stark die gerechte und erforderliche Sühne."

Der Verteidiger, Rechtsanwalt Dr. Hesel aus Freiburg, setzte sich in seinem Gnadengesuch beherzt für den Verurteilten ein. In dem dreieinhalbseitigen Schreiben vom 2. Dezember 1943 heißt es:

„Der Angeklagte Stark war lediglich der Angestellte. Er hätte die ungeheuren Kartenveruntreuungen nicht vornehmen können, wenn dies sein Dienstherr, der Druckereibesitzer Schmidt, nicht geduldet hätte und selbst sich nicht an den Veruntreuungen beteiligt hätte. Der Hauptverantwortliche ist zweifellos der Dienstherr. Der Angeklagte hat seinen Dienstherrn anständigerweise nicht belastet ... Der Angeklagte hat auch niemand angegeben, dem er Fleisch geliefert hat. Er zeigte damit eine gewisse Anständigkeit, die man sonst nicht immer bei Angeklagten in einer so verzweifelten Lage trifft. Er ist kein Denunziant und hat deswegen auch seinen Dienstherrn und Mitangeklagten nicht belastet. ... Nach Rechtskraft des Urteils muß aber auf den Widerspruch im Urteil hingewiesen werden, der darin liegt, daß der verantwortliche Betriebsführer eine erheblich geringere Strafe bekommt als der Untergebene und abhängig Angestellte.“

Auch zwei weitere Ergänzungsschreiben des Verteidigers zum Gnadengesuch verhinderten die Vollstreckung nicht. Die Ablehnung des Gnadengesuchs erging aus dem Justizministerium erneut mit der Formulierung, „der Gerechtigkeit freien Raum zu lassen“. Zugleich wurde wiederum angeordnet: „Von einer Bekanntmachung in der Presse und durch Anschlag ist abzusehen.“
Die Hinrichtung fand am 15. Januar 1944 in Stuttgart statt.

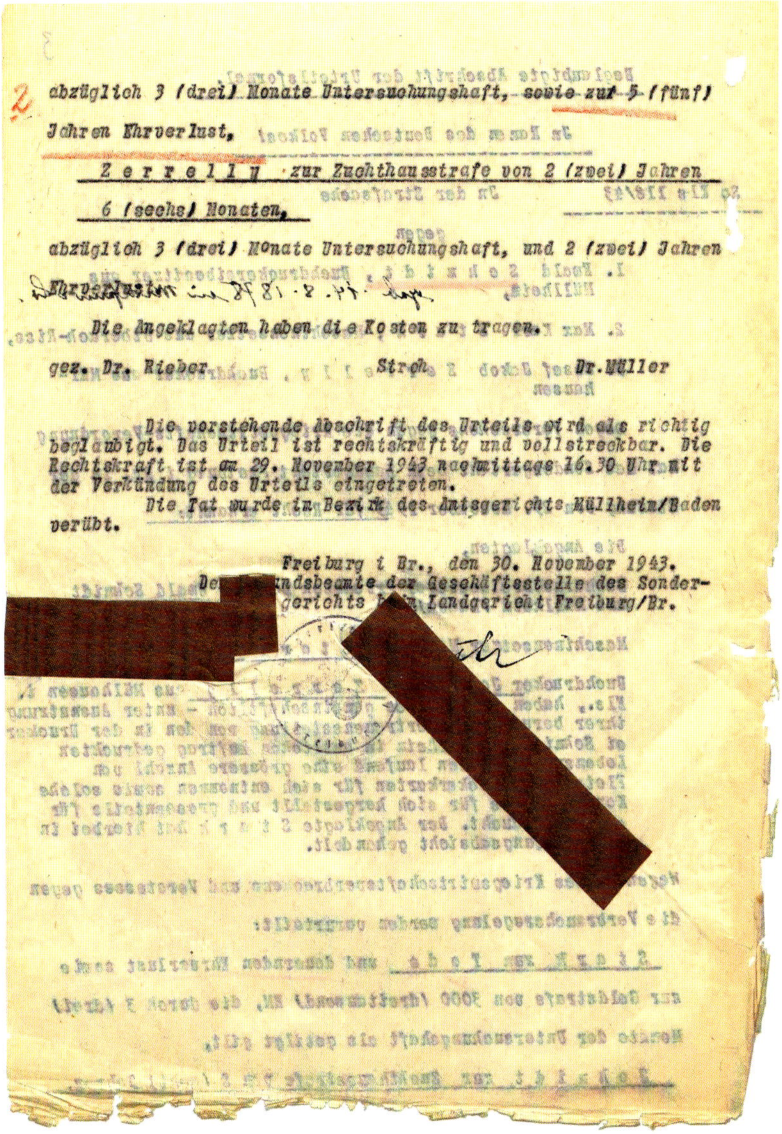

2

abzüglich 3 (drei) Monate Untersuchungshaft, sowie zu 5 (fünf) Jahren Ehrverlust,

Z e r r e l l y zur Zuchthausstrafe von 2 (zwei) Jahren 6 (sechs) Monaten,

abzüglich 3 (drei) Monate Untersuchungshaft, und 2 (zwei) Jahren Ehrverlust.

Die Angeklagten haben die Kosten zu tragen.

gez. Dr. Rieber Stroh Dr. Müller

Die vorstehende Abschrift des Urteils wird als richtig beglaubigt. Das Urteil ist rechtskräftig und vollstreckbar. Die Rechtskraft ist am 29. November 1943 nachmittags 16.30 Uhr mit der Verkündung des Urteils eingetreten.

Die Tat wurde im Bezirk des Amtsgerichts Müllheim/Baden verübt.

Freiburg i. Br., den 30. November 1943.
De [redacted] ndsbeamte der Geschäftsstelle des Sondergerichts [redacted] Landgericht Freiburg/Br.

[redacted]

Urteilsabschrift vom 30. November 1943

Staatsarchiv Freiburg A 47/1 Nr. 1695 Bild 4

Fall 6 „Rundfunkverbrechen"
„Als schweizer Staatsanghörige hätten sie aber die Nachrichtendurchgabe des Schweizer Senders besonders interessiert"

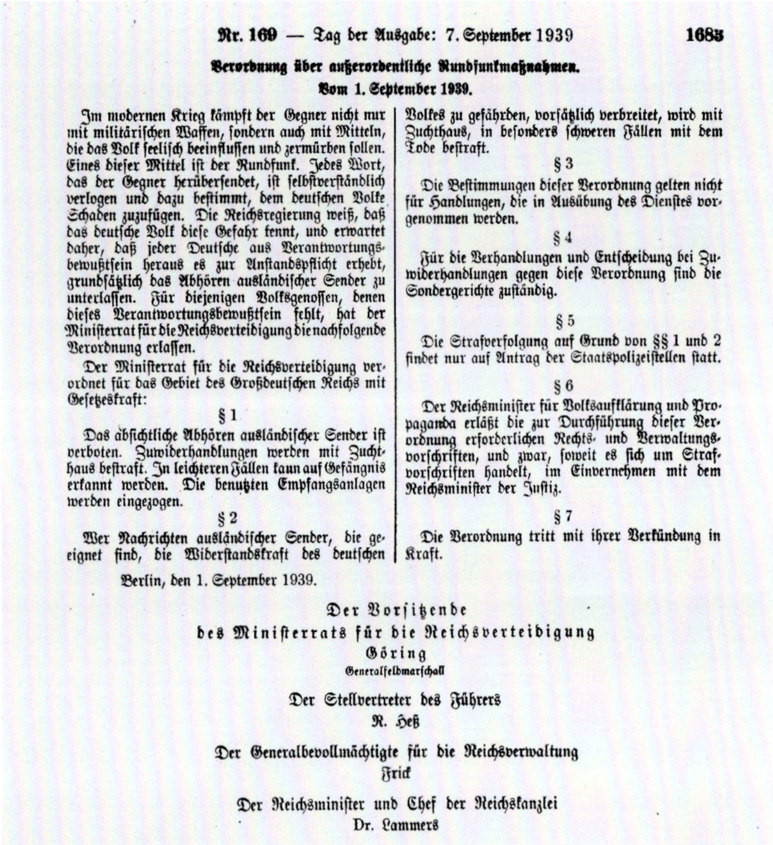

Nr. 169 — Tag der Ausgabe: 7. September 1939 1683

Verordnung über außerordentliche Rundfunkmaßnahmen.
Vom 1. September 1939.

Im modernen Krieg kämpft der Gegner nicht nur mit militärischen Waffen, sondern auch mit Mitteln, die das Volk seelisch beeinflussen und zermürben sollen. Eines dieser Mittel ist der Rundfunk. Jedes Wort, das der Gegner herübersendet, ist selbstverständlich verlogen und dazu bestimmt, dem deutschen Volke Schaden zuzufügen. Die Reichsregierung weiß, daß das deutsche Volk diese Gefahr kennt, und erwartet daher, daß jeder Deutsche aus Verantwortungsbewußtsein heraus es zur Anstandspflicht erhebt, grundsätzlich das Abhören ausländischer Sender zu unterlassen. Für diejenigen Volksgenossen, denen dieses Verantwortungsbewußtsein fehlt, hat der Ministerrat für die Reichsverteidigung die nachfolgende Verordnung erlassen.

Der Ministerrat für die Reichsverteidigung verordnet für das Gebiet des Großdeutschen Reichs mit Gesetzeskraft:

§ 1

Das absichtliche Abhören ausländischer Sender ist verboten. Zuwiderhandlungen werden mit Zuchthaus bestraft. In leichteren Fällen kann auf Gefängnis erkannt werden. Die benutzten Empfangsanlagen werden eingezogen.

§ 2

Wer Nachrichten ausländischer Sender, die geeignet sind, die Widerstandskraft des deutschen Volkes zu gefährden, vorsätzlich verbreitet, wird mit Zuchthaus, in besonders schweren Fällen mit dem Tode bestraft.

§ 3

Die Bestimmungen dieser Verordnung gelten nicht für Handlungen, die in Ausübung des Dienstes vorgenommen werden.

§ 4

Für die Verhandlungen und Entscheidung bei Zuwiderhandlungen gegen diese Verordnung sind die Sondergerichte zuständig.

§ 5

Die Strafverfolgung auf Grund von §§ 1 und 2 findet nur auf Antrag der Staatspolizeistellen statt.

§ 6

Der Reichsminister für Volksaufklärung und Propaganda erläßt die zur Durchführung dieser Verordnung erforderlichen Rechts- und Verwaltungsvorschriften, und zwar, soweit es sich um Strafvorschriften handelt, im Einvernehmen mit dem Reichsminister der Justiz.

§ 7

Die Verordnung tritt mit ihrer Verkündung in Kraft.

Berlin, den 1. September 1939.

Der Vorsitzende
des Ministerrats für die Reichsverteidigung
Göring
Generalfeldmarschall

Der Stellvertreter des Führers
R. Heß

Der Generalbevollmächtigte für die Reichsverwaltung
Frick

Der Reichsminister und Chef der Reichskanzlei
Dr. Lammers

„Verordnung über außerordentliche Rundfunkmaßnahmen"

RGBl. 1939 I, S. 1683

Die „Verordnung über außerordentliche Rundfunkmaßnahmen" vom 1. September 1939 sah nicht nur ein allgemeines Hörverbot ausländischer Radiosender vor, sondern richtete sich auch gegen das Weiterverbreiten abgehörter Nachrichten. Zuwiderhandlungen wurden mit Zuchthausstrafen als Regelstrafen geahndet. Bei bloßem Abhören (§ 1) konnte in leichteren Fällen auch auf Gefängnis erkannt werden. Dagegen führte die Weiterverbreitung (§ 2) zur Strafverschärfung:

„Wer Nachrichten ausländischer Sender, die geeignet sind, die Widerstandskraft des deutschen Volkes zu gefährden, vorsätzlich verbreitet, wird mit Zuchthaus, in besonders schweren Fällen mit dem Tode bestraft."

Die Ahndung von Verstößen gegen die Rundfunkverordnung, die alsbald als „Rundfunkverbrechen" gebrandmarkt wurden, oblag den NS-Sondergerichten. Damit sollte eine abschreckende Wirkung erzielt und ein „kurzer Prozess" gesichert werden. Die Sondergerichte sollten jedoch nur nach Strafantrag (§ 5) der Geheimen Staatspolizei tätig werden, da massenhaft Denunziationen befürchtet wurden. Diese Einschränkung bot die Garantie, dass die Staatsanwaltschaft nicht jeder Denunziation nachgehen musste.

Trotzt der angedrohten Sanktionen konnten weder das Abhören noch das Weiterverbreiten gänzlich unterbunden werden. Dafür war der schon früh von der Gestapo so bezeichnete „Nachrichtenhunger"[40], der mit Verlauf des Krieges wuchs und den das Regime mit seinen gleichgeschalteten Medien nicht zu befriedigen vermochte, zu weit verbreitet. So sind auch Fälle

[40] Eine Bezeichnung, die der SD in seinen „Meldungen aus dem Reich" mehrfach verwandte; vgl. Boberach (Meldungen), S. 60 (15. April 1940) und S. 372 (März 1943).

dokumentiert, in denen Hörer mit einer Landkarte vor dem Radioapparat saßen, um sich anhand der deutschen und der alliierten Heeresberichte ein Bild vom tatsächlichen Frontverlauf zu machen.
Außerdem bestand in Südbaden aufgrund der Grenzlage zur Schweiz und zum Elsass eine gewachsene Tradition, die deutschsprachigen Nachbarsender, allen voran den Schweizer Landessender Beromünster und Radio Straßburg, einzuschalten. Während Radio Straßburg und ebenso Radio Luxemburg im Sommer 1940 im Zuge der Besetzung Frankreichs und der Benelux-Staaten unter deutsche Kontrolle gerieten und fortan als „Reichssender" genutzt wurden, konnte Radio Beromünster während des gesamten Krieges sein Programm ungestört ausstrahlen. In manchen Gegenden war der 100 kW starke Schweizer Landessender zudem noch besser zu empfangen als beispielsweise der Reichssender Stuttgart, der im weiteren Kriegsverlauf in den Abendstunden nach 20 Uhr abgeschaltet bzw. auf die Welle des Reichssenders Breslau umgeschaltet wurde, um alliierten Bomberverbänden keine Peilhilfe zu bieten.

Volksempfänger mit angehängter Hinweiskarte auf das Hörverbot ausländischer Sender

Public Domain

Das Abhörverbot bezog sich jedoch nicht nur auf sogenannte „Feindsender", sondern auch auf Sender neutraler Staaten, wie etwa die Schweiz, und galt nicht nur für Nachrichtensendungen. Selbst das Hören von Stationen des mit Deutschland verbündeten faschistischen Italiens war allgemein untersagt und nur italienischen Arbeitern im Reich ausnahmsweise erlaubt.

Das Abhörverbot für Sender neutraler Staaten durch deren Staatsangehörigen führte bisweilen zu grotesken Rechtssituationen. Dies belegt eine Sondergerichtsverhandlung in der deutschen

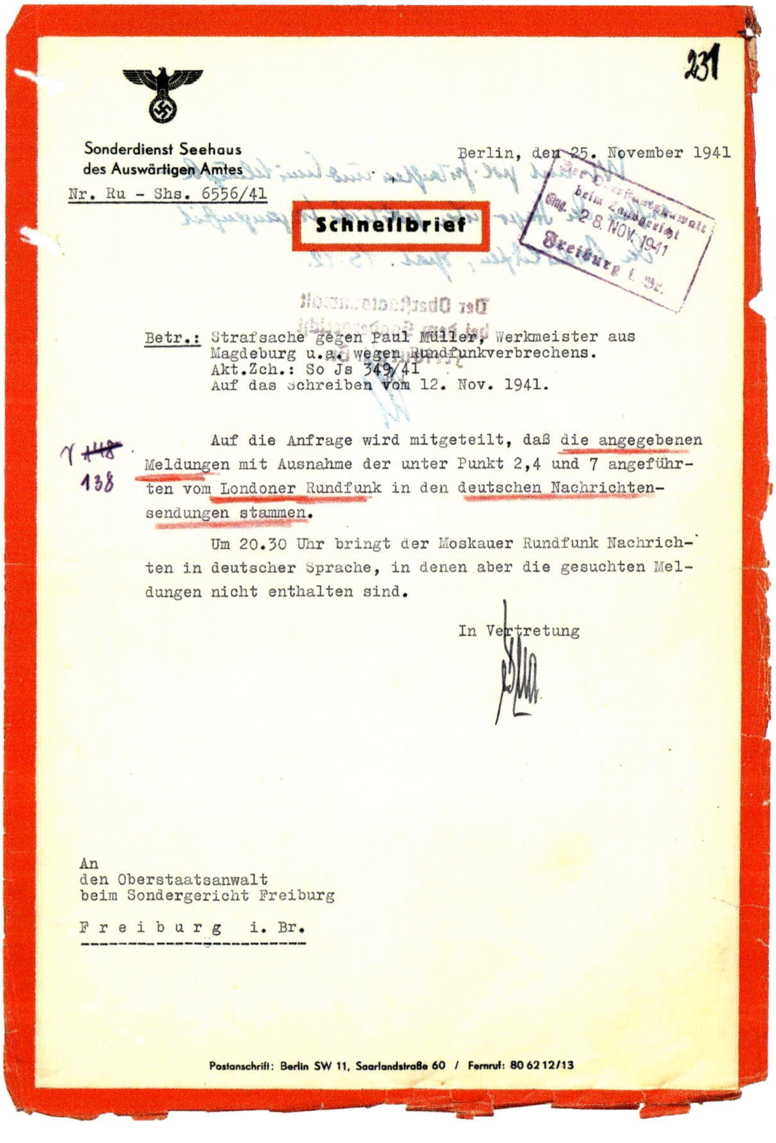

231

Sonderdienst Seehaus
des Auswärtigen Amtes
Nr. Ru - Shs. 6556/41

Berlin, den 25. November 1941

Schnellbrief

Betr.: Strafsache gegen Paul Müller, Werkmeister aus Magdeburg u.a. wegen Rundfunkverbrechens.
Akt.Zch.: So Js 349/41
Auf das Schreiben vom 12. Nov. 1941.

Auf die Anfrage wird mitgeteilt, daß die angegebenen Meldungen mit Ausnahme der unter Punkt 2,4 und 7 angeführten vom Londoner Rundfunk in den deutschen Nachrichtensendungen stammen.

Um 20.30 Uhr bringt der Moskauer Rundfunk Nachrichten in deutscher Sprache, in denen aber die gesuchten Meldungen nicht enthalten sind.

In Vertretung

An
den Oberstaatsanwalt
beim Sondergericht Freiburg

Freiburg i. Br.

Postanschrift: Berlin SW 11, Saarlandstraße 60 / Fernruf: 80 62 12/13

Schnellbrief des Sonderdienstes Seehaus über Meldungen des Londoner Rundfunks, 25. November 1941

Staatsarchiv Freiburg A 47/1 Nr. 539 Bild 164

Grenzstadt Konstanz gegen zwei Schweizer Zwillinge. Während das Sondergericht Rostock noch am 19. September 1939 einen Schweizer Staatsbürger von dem Vorwurf des „Rundfunkverbrechens" freigesprochen hatte, da die Rundfunkverordnung nur für „deutsche Volksgenossen" gelte, gelangte das Sondergericht Freiburg am 13. Januar 1944 zu einer anderen Auffassung. Zunächst befasst sich das Gericht unter Vorsitz von Landgerichtspräsident von Frankenberg mit Landgerichtsdirektor Dr. Rieber und Oberlandesgerichtsrat Dr. Müller mit der Herkunft der erst 20 Jahre alten Zwillinge Alfred und Ernst Salzmann:

„Der Vater besaß die schweizerische Staatsangehörigkeit, sodaß auch die beiden Angeklagten mit der Geburt die gleiche Staatsangehörigkeit erlangten. Die Mutter Theresia Salzmann geb. Schollhammer, von Geburt Deutsche, wurde durch die Ehe mit Salzmann Schweizerin. Seit dem 4.10.1940 ist sie mit dem Maurermeister Josef Steidle in Möhringen in zweiter Ehe verheiratet. Durch diese Eheschließung hat sie die deutsche Staatsangehörigkeit wiedererlangt. ...
Die beiden Angeklagten sind in Möhringen aufgewachsen. ... In den Jahren 1936/38 gehörten beide Angeklagte der HJ. (Hitlerjugend) in Möhringen an. Als schweizerische Staatsangehörige schieden beide aus der HJ. aus. In politischer Hinsicht ist über die Angeklagten nichts Nachteiliges bekannt geworden."

Danach ging das Gericht auf die Straftaten der Angeklagten ein, die mit einem Volksempfänger VE 301 den Sender Beromünster abgehört hatten:

„Die Angeklagten geben zu, daß ihnen das Verbot des Abhörens mindestens hinsichtlich der Nachrichtensendungen bekannt war. Als schweizer Staatsangehörige hätten sie aber die Nachrichtendurchgabe des Schweizer Senders besonders interessiert. Sie haben nicht aus einer deutschfeindlichen Einstellung, sondern aus Neugierde gehandelt.
Im September 1943 hatten beide Angeklagte, um nähere Nachrichten über die Kapitulation des Badoglio-Regimes zu hören auch wieder einmal den Apparat eingestellt und hörten gemeinsam die Schweizer Nachrichten ab. Bei dieser Gelegenheit ließen sie ihre Schwester Elisabeth Salzmann ebenfalls die Nachrichten mitabhören. Außerdem hatten sie den jugendlichen Bierbrauerlehrling Johannes Hanauer, dessen Eltern in der Schweiz wohnen, hierbei zum Mithören veranlasst. ...

Abschließend gelangte das Gericht zur Bewertung der Straftaten der Angeklagten, wobei insbesondere auf den Weiterverbreitungsparagraphen (§ 2) eingegangen wurde:

„Beide Angeklagte haben fortgesetzt absichtlich ausländische Sender abgehört. In Tateinheit damit haben sie fortgesetzt absichtlich Nachrichten ausländischer Sender, die geeignet sind, die Widerstandskraft des deutschen Volkes zu gefährden, vorsätzlich verbreitet. ... Daß das absichtliche Abhörenlassen dritter Personen als ‚Verbreiten' im Sinne der Rundfunkverordnung angesehen werden muß, ist jetzt unbestritten. ... Daß es sich beim Verbreiten der Heeresberichte der Feindmächte stets um solche Nachrichten handelt, die geeignet sind, die Widerstandskraft des deutschen Volkes zu gefährden, ist ebenfalls klar. Denn selbst dort, wo an sich die berichteten Tatsachen wahr sind, werden diese Tatsachen durch die Art, wie sie berichtet werden und welche Folgerungen und Ausrichtungen ihnen vom Feind bewußt gegeben werden, zu Instrumenten der Widerstandsgefährdung."

Bei der Strafzumessung gestand das Sondergericht den Angeklagten allerdings zu, sie hätten „aus Neugierde und nicht aus deutschfeindlicher Einstellung gehandelt". Daher erscheine es vertretbar, „die gesetzliche Mindeststrafe von 1 Jahr Zuchthaus für jeden Angeklagten auszusprechen".

Fall 7 „Rundfunkverbrechen“
„Dieses Abhören ist ihm auch nach seiner politischen Vergangenheit ... zuzutrauen“

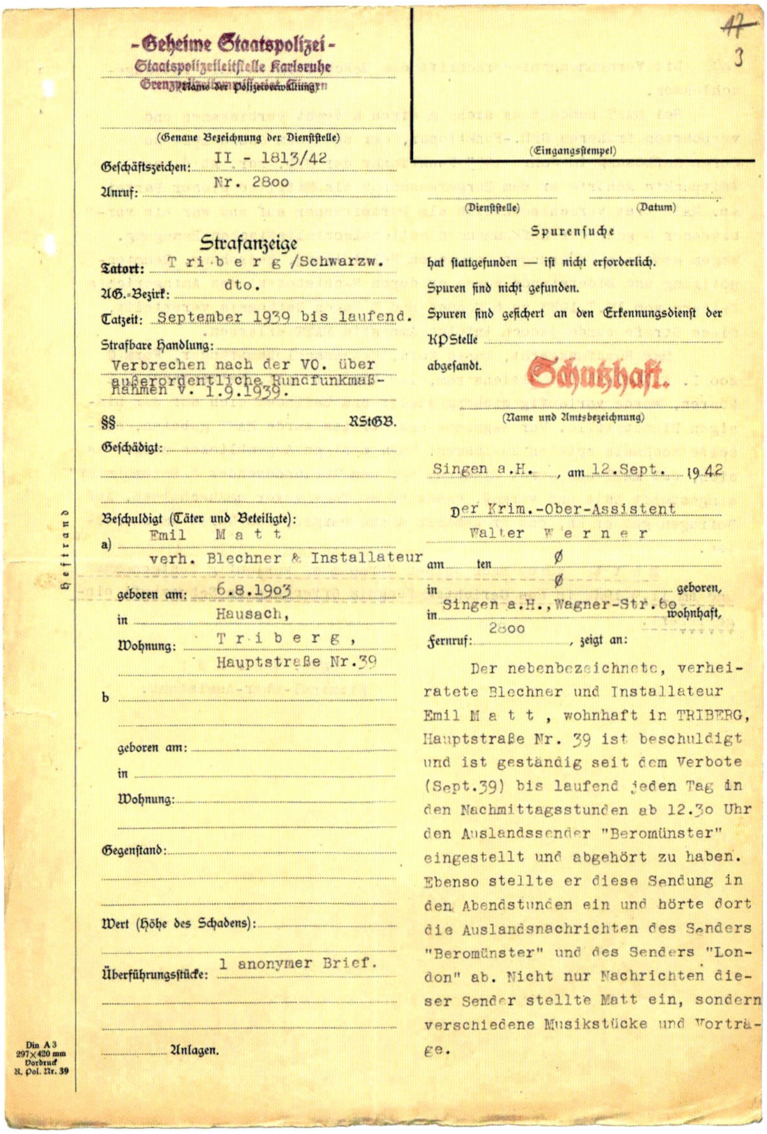
~~47~~ 3

-Geheime Staatspolizei-
Staatspolizeileitstelle Karlsruhe
Grenzpolizeikommissariat Singen
(Name der Polizeiverwaltung)

(Genaue Bezeichnung der Dienststelle)

Geschäftszeichen: II - 1813/42
Anruf: Nr. 2800

(Eingangsstempel)

(Dienststelle) (Datum)

Spurensuche
hat stattgefunden — ist nicht erforderlich.
Spuren sind nicht gefunden.
Spuren sind gesichert an den Erkennungsdienst der KPStelle ... abgesandt.

Schutzhaft.

(Name und Amtsbezeichnung)

Strafanzeige

Tatort: T ri b e r g /Schwarzw.
AG.-Bezirk: dto.
Tatzeit: September 1939 bis laufend.
Strafbare Handlung: Verbrechen nach der VO. über außerordentliche Rundfunkmaßnahmen v. 1.9.1939.
§§ ... RStGB.
Geschädigt:

Singen a.H., am 12.Sept. 1942

Beschuldigt (Täter und Beteiligte):
a) Emil M a t t
verh. Blechner & Installateur
geboren am: 6.8.1903
in Hausach,
Wohnung: T r i b e r g ,
Hauptstraße Nr.39

b

geboren am:
in
Wohnung:

Der Krim.-Ober-Assistent
Walter W e r n e r
am ten ø
in ø geboren,
in Singen a.H., Wagner-Str.60 wohnhaft,
Fernruf: 2800, zeigt an:

Der nebenbezeichnete, verheiratete Blechner und Installateur Emil M a t t , wohnhaft in TRIBERG, Hauptstraße Nr. 39 ist beschuldigt und ist geständig seit dem Verbote (Sept.39) bis laufend jeden Tag in den Nachmittagsstunden ab 12.30 Uhr den Auslandssender "Beromünster" eingestellt und abgehört zu haben. Ebenso stellte er diese Sendung in den Abendstunden ein und hörte dort die Auslandsnachrichten des Senders "Beromünster" und des Senders "London" ab. Nicht nur Nachrichten dieser Sender stellte Matt ein, sondern verschiedene Musikstücke und Vorträge.

Gegenstand:

Wert (Höhe des Schadens):

Überführungsstücke: 1 anonymer Brief.

Anlagen.

Heftrand

Din A 3
297×420 mm
Vordruck
R. Pol. Nr. 39

Strafanzeige und Schutzhaft gegen Emil Matt durch die Gestapo, 12. September 1942

Staatsarchiv Freiburg A 47/1 Nr. 1025 Bild 4

Dieses Rundfunkverfahren gegen den 39-jährigen Blechner und Installateur Emil Matt in Hornberg, geboren 1903 in Hausach im Kinzigtal, entsprang letztlich aus mehrfacher Verärgerung seiner Schwägerin Augusta A. Ausgangspunkt war eine Bemerkung des als „kriegsverwendungsfähig“ gemusterten, jedoch nicht eingezogenen Emil Matt gegenüber seiner Schwägerin und deren Schwester, die an einem Sonntag kurz nach Kriegsbeginn alleine spazieren gingen, da ihre Männer eingezogen waren. Matt, der den beiden Frauen begegnete, bemerkte: „So jetzt könnt ihr alleine spazieren gehen, hätten eure Männer nicht Hitler gewählt, dann wären sie auch noch da.“ Die Verletzung darüber saß wohl so tief, dass nach einer weiteren Verärgerung die Schwägerin Augusta A. schließlich ein anonymes Schreiben an das Wehrmeldeamt Donaueschingen schrieb, da es ihrer Ansicht nach Matt „nichts schaden würde, wenn er einmal zur Wehrmacht eingezogen würde“.
Nachfolgende Untersuchungen der Gestapo, Grenzkommissariat Singen, ergaben den Verdacht, dass Matt ausländische Sender abgehört hatte, was dieser nach dreistündigem Verhör zugab.

Das Sondergericht unter Vorsitz von Landgerichtspräsident von Frankenberg mit den Landgerichtsräten Dr. Straumann und Dr. Müller befasste sich am 23. Oktober 1942 in Offenburg zunächst auch mit der politischen Biografie und den damit verbundenen Vorstrafen des Angeklagten Matt:

„Seit 1929 war er Mitglied der SPD., vertrat diese im Triberger Bürgerausschuss und gehörte 10 Jahre dem Arbeiterturnerbund bis zu dessen Auflösung an. ... Am 19. April 1933 wurde er wegen abträglicher Äusserungen über die politische Führung in Schutzhaft genommen, nach Abgabe eine Loyalitätserklärung kurz darauf aber wieder auf freien Fuß gesetzt. Am 19. Juli 1933 sprach das Amtsgerichts Triberg gegen ihn eine Gesamtgefängnisstrafe von 6 Wochen und 3 Tagen aus, weil er sich bei einer Hausdurchsuchung einer Beleidigung, Bedrohung und eines Widerstandes gegen die Staatsanwaltschaft schuldig gemacht hatte."

Anschließend äußerte sich das Gericht zum Straftatbestand:

„Der Angeklagte hat in der Hauptverhandlung eingeräumt, mit dem von ihm 1936 für 130 oder 135 Reichsmark gekauften Radioapparat Marke „Nora" im Verlaufe des Sommers 1942 etwa 4 bis 5 mal den Schweizerischen Sender Beromünster eingestellt zu haben, um Wetternachrichten zu hören, und zwar in Kenntnis des Verbots des Abhörens ausländischer Sender. Darüber hinaus hielt das Gericht aufgrund der glaubhaften, beeidigten Aussage des Zeugen Kriminaloberassistenten Werner für erwiesen, dass Matt schon seit Erlass des Verbots im September 1939 fortgesetzt jede Woche diesen Sender in seiner Wohnung abgehört habe, und zwar sowohl musikalische Darbietungen, als auch Vorträge, Wetterberichte und Nachrichten. ...

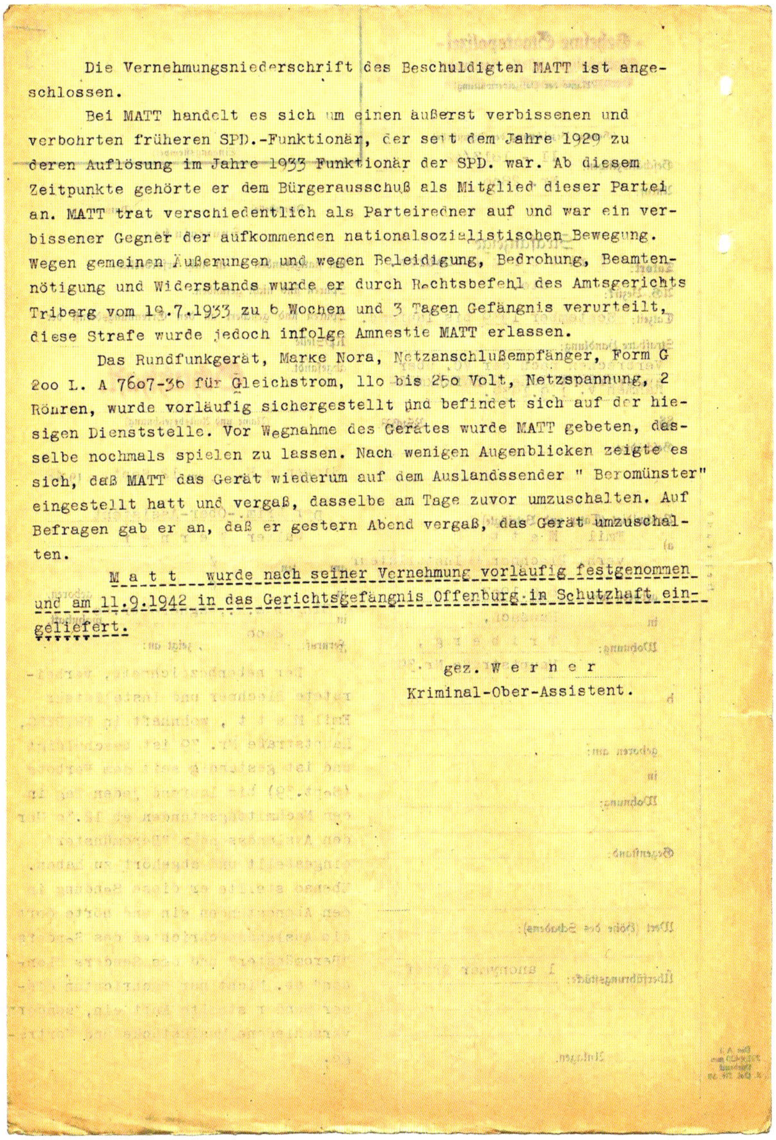

Die Vernehmungsniederschrift des Beschuldigten MATT ist angeschlossen.

Bei MATT handelt es sich um einen äußerst verbissenen und verbohrten früheren SPD.-Funktionär, der seit dem Jahre 1929 zu deren Auflösung im Jahre 1933 Funktionär der SPD. war. Ab diesem Zeitpunkte gehörte er dem Bürgerausschuß als Mitglied dieser Partei an. MATT trat verschiedentlich als Parteiredner auf und war ein verbissener Gegner der aufkommenden nationalsozialistischen Bewegung. Wegen gemeinen Äußerungen und wegen Beleidigung, Bedrohung, Beamtennötigung und Widerstands wurde er durch Rechtsbefehl des Amtsgerichts Triberg vom 19.7.1933 zu 6 Wochen und 3 Tagen Gefängnis verurteilt, diese Strafe wurde jedoch infolge Amnestie MATT erlassen.

Das Rundfunkgerät, Marke Nora, Netzanschlußempfänger, Form G 2oo L. A 76o7-36 für Gleichstrom, 11o bis 25o Volt, Netzspannung, 2 Röhren, wurde vorläufig sichergestellt und befindet sich auf der hiesigen Dienststelle. Vor Wegnahme des Gerätes wurde MATT gebeten, dasselbe nochmals spielen zu lassen. Nach wenigen Augenblicken zeigte es sich, daß MATT das Gerät wiederum auf dem Auslandssender " Beromünster" eingestellt hatt und vergaß, dasselbe am Tage zuvor umzuschalten. Auf Befragen gab er an, daß er gestern Abend vergaß, das Gerät umzuschalten.

M a t t wurde nach seiner Vernehmung vorläufig festgenommen und am 11.9.1942 in das Gerichtsgefängnis Offenburg in Schutzhaft eingeliefert.

gez. W e r n e r
Kriminal-Ober-Assistent.

Strafanzeige und Schutzhaft gegen Emil Matt durch die Gestapo, 12. September 1942

Staatsarchiv Freiburg A 47/1 Nr. 1025 Bild 5

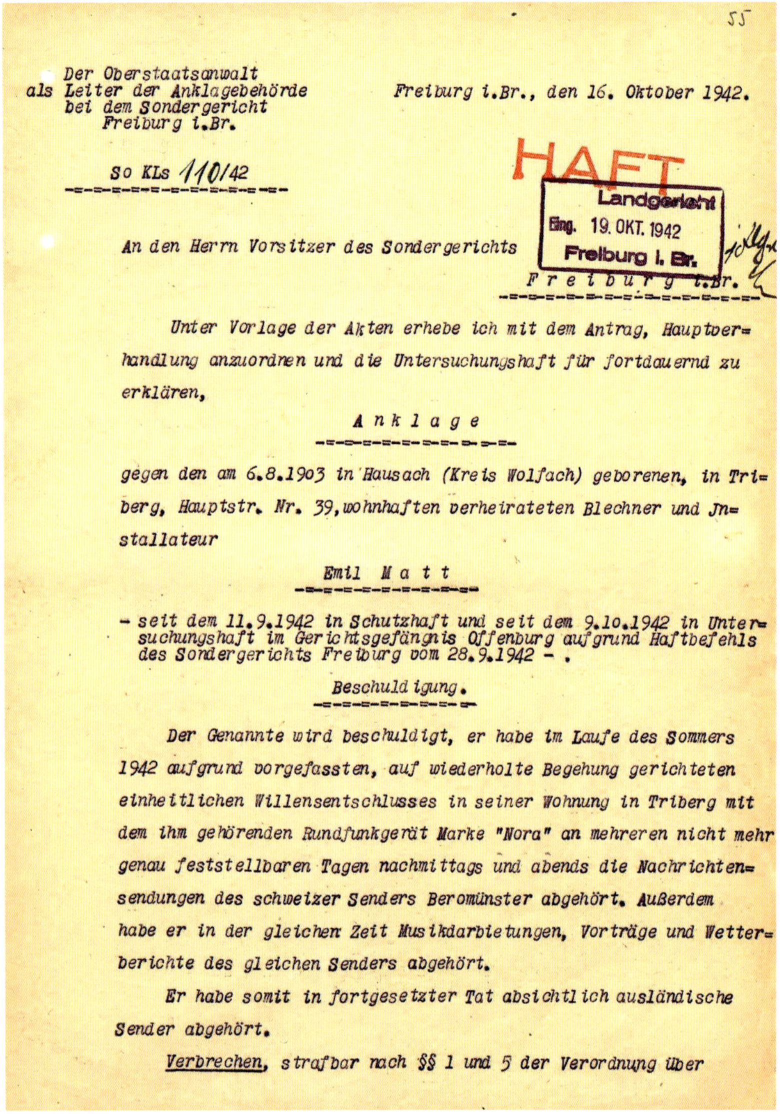

55

Der Oberstaatsanwalt
als Leiter der Anklagebehörde
bei dem Sondergericht
Freiburg i.Br.

Freiburg i.Br., den 16. Oktober 1942.

So KLs 110/42

HAFT

Landgericht
Eing. 19. OKT. 1942
Freiburg i. Br.

An den Herrn Vorsitzer des Sondergerichts

F r e i b u r g i.Br.

Unter Vorlage der Akten erhebe ich mit dem Antrag, Hauptverhandlung anzuordnen und die Untersuchungshaft für fortdauernd zu erklären,

A n k l a g e

gegen den am 6.8.1903 in Hausach (Kreis Wolfach) geborenen, in Triberg, Hauptstr. Nr. 39, wohnhaften verheirateten Blechner und Jnstallateur

Emil M a t t

- seit dem 11.9.1942 in Schutzhaft und seit dem 9.10.1942 in Untersuchungshaft im Gerichtsgefängnis Offenburg aufgrund Haftbefehls des Sondergerichts Freiburg vom 28.9.1942 - .

Beschuldigung.

Der Genannte wird beschuldigt, er habe im Laufe des Sommers 1942 aufgrund vorgefassten, auf wiederholte Begehung gerichteten einheitlichen Willensentschlusses in seiner Wohnung in Triberg mit dem ihm gehörenden Rundfunkgerät Marke "Nora" an mehreren nicht mehr genau feststellbaren Tagen nachmittags und abends die Nachrichtensendungen des schweizer Senders Beromünster abgehört. Außerdem habe er in der gleichen Zeit Musikdarbietungen, Vorträge und Wetterberichte des gleichen Senders abgehört.

Er habe somit in fortgesetzter Tat absichtlich ausländische Sender abgehört.

<u>Verbrechen</u>, strafbar nach §§ 1 und 5 der Verordnung über

Auszug aus der Anklage gegen Emil Matt, 16. Oktober 1942

Staatsarchiv Freiburg A 47/1 Nr. 1025 Bild 42

Dieses Abhören ist ihm auch nach seiner politischen Vergangenheit und den Äusserungen gegenüber seiner Schwägerin Augusta A. in Triberg, wenn ihre Männer nicht Hitler gewählt hätten, wären Sie auch noch da, und seinem auf Urlaub von der Ostfront weilenden Neffen Rudolf A., ihnen geschähe es recht, was sie in Russland suchten, zuzutrauen."

Abschließend begründete das Sondergericht die Strafzumessung:

„Der Angeklagte hat somit in fortgesetzter Tat absichtlich ausländische Sender abgehört. ... Bei Ausmessung der Strafe, die in Verfolg des von der Gestapo gestellten Strafantrages zu erkennen war, konnte im Hinblick auf die Vorstrafen des Angeklagten, das fortgesetzte, bedenkenlose Zuwiderhandeln gegen das Verbot und die auch sonst sich zeigende staatsfeindliche Gesinnung von einem leichteren Fall nicht gesprochen werden. Strafmindernd konnte nur das sonst nicht zu beanstandende Verhalten Matts in seiner Arbeitsstelle und bei der Bedienung der Zentralheizung im Parkhotel in Triberg bewertet werden ... Eine Zuchthausstrafe von 1 Jahr 3 Monaten erschien darnach angemessen."

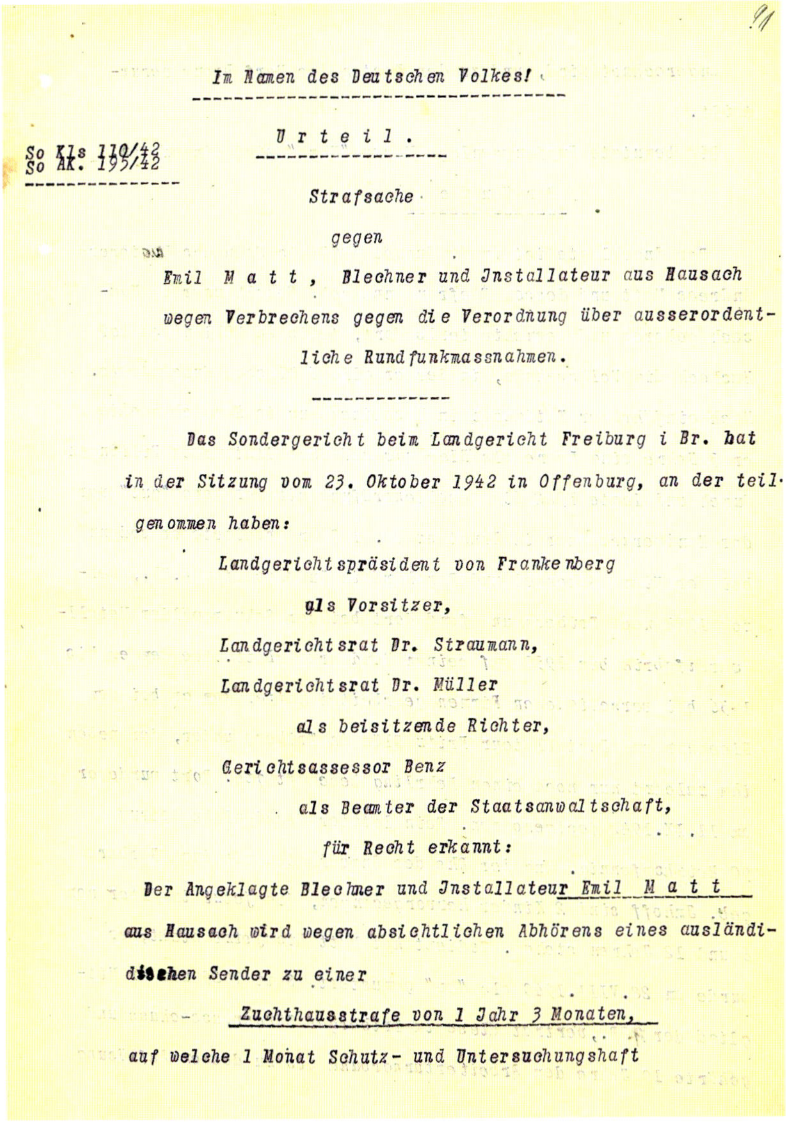

91

Im Namen des Deutschen Volkes!

Urteil.

So KLs 110/42
So AK. 195/42

Strafsache

gegen

Emil Matt, Blechner und Jnstallateur aus Hausach

wegen Verbrechens gegen die Verordnung über ausserordentliche Rundfunkmassnahmen.

Das Sondergericht beim Landgericht Freiburg i Br. hat in der Sitzung vom 23. Oktober 1942 in Offenburg, an der teilgenommen haben:

Landgerichtspräsident von Frankenberg
als Vorsitzer,
Landgerichtsrat Dr. Straumann,
Landgerichtsrat Dr. Müller
als beisitzende Richter,
Gerichtsassessor Benz
als Beamter der Staatsanwaltschaft,

für Recht erkannt:

Der Angeklagte Blechner und Jnstallateur Emil Matt aus Hausach wird wegen absichtlichen Abhörens eines ausländischen Sender zu einer

Zuchthausstrafe von 1 Jahr 3 Monaten,

auf welche 1 Monat Schutz- und Untersuchungshaft

Auszug aus dem Urteil gegen Emil Matt, 23. Oktober 1942

Staatsarchiv Freiburg A 47/1 Nr. 1025 Bild 74

Fall 8 „Heimtücke"-Vergehen „... der Führer sei gemütskrank ..."

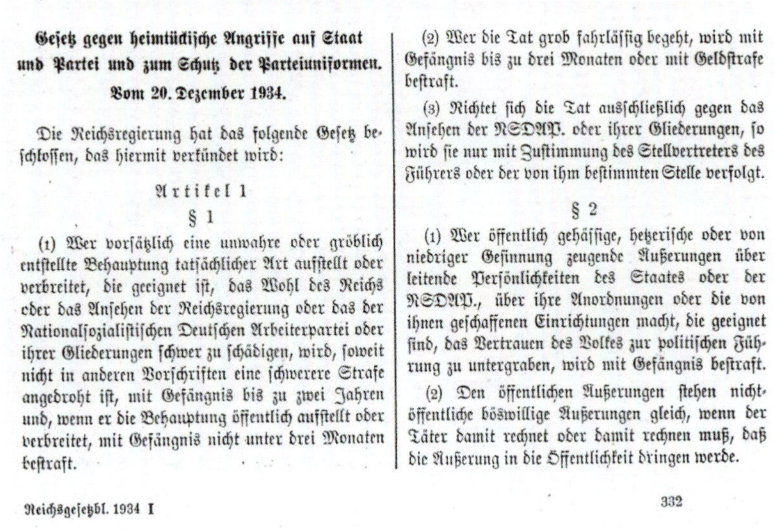

Gesetz gegen heimtückische Angriffe auf Staat und Partei und zum Schutz der Parteiuniformen.

Vom 20. Dezember 1934.

Die Reichsregierung hat das folgende Gesetz beschlossen, das hiermit verkündet wird:

Artikel 1

§ 1

(1) Wer vorsätzlich eine unwahre oder gröblich entstellte Behauptung tatsächlicher Art aufstellt oder verbreitet, die geeignet ist, das Wohl des Reichs oder das Ansehen der Reichsregierung oder das der Nationalsozialistischen Deutschen Arbeiterpartei oder ihrer Gliederungen schwer zu schädigen, wird, soweit nicht in anderen Vorschriften eine schwerere Strafe angedroht ist, mit Gefängnis bis zu zwei Jahren und, wenn er die Behauptung öffentlich aufstellt oder verbreitet, mit Gefängnis nicht unter drei Monaten bestraft.

(2) Wer die Tat grob fahrlässig begeht, wird mit Gefängnis bis zu drei Monaten oder mit Geldstrafe bestraft.

(3) Richtet sich die Tat ausschließlich gegen das Ansehen der NSDAP. oder ihrer Gliederungen, so wird sie nur mit Zustimmung des Stellvertreters des Führers oder der von ihm bestimmten Stelle verfolgt.

§ 2

(1) Wer öffentlich gehässige, hetzerische oder von niedriger Gesinnung zeugende Äußerungen über leitende Persönlichkeiten des Staates oder der NSDAP., über ihre Anordnungen oder die von ihnen geschaffenen Einrichtungen macht, die geeignet sind, das Vertrauen des Volkes zur politischen Führung zu untergraben, wird mit Gefängnis bestraft.

(2) Den öffentlichen Äußerungen stehen nichtöffentliche böswillige Äußerungen gleich, wenn der Täter damit rechnet oder damit rechnen muß, daß die Äußerung in die Öffentlichkeit dringen werde.

Reichsgesetzbl. 1934 I

332

Auszug aus dem „Heimtückegesetz"

RGBl. 1934 I, S. 1269, § § 1 u. 2

Im März 1933 war die sogenannte „Heimtückeverordnung" erlassen worden – 1934 unter Strafverschärfung als „Heimtückegesetz" abgefasst – , nach der Behauptungen unter Strafe gestellt wurden, die geeignet seien, „das Wohl des Reichs oder eines Landes oder das Ansehen der Reichsregierung oder einer Landesregierung oder der hinter diesen Regierungen stehenden Parteien oder Verbände schwer zu schädigen". Die Verordnung und das spätere Gesetz zielten darauf ab, jegliche Oppositionsäußerung zu kriminalisieren und damit auch gerichtlich ahnden zu können.

Viele sogenannte „Heimtücke"-Redner fielen erst dadurch auf, dass sie sich zu Dingen äußerten, die weder in deutschen Zeitungen standen noch von Reichssendern gebracht worden waren. Der Verdacht lag dann nahe, dass die Beschuldigten verbotenerweise ausländische Sender abgehört hatten. So auch im Falle der 44-jährigen Hausfrau Frieda Wagner in Waldkirch, die von einer missgünstigen Nachbarin beim Waldkircher NSDAP-Ortsgruppenleiter denunziert worden war nicht nur wegen „defaitistischen Äußerungen", sondern auch wegen Hörens des „Schweizersenders". In der Sondergerichtsverhandlung unter Vorsitz von Landgerichtspräsident von Frankenberg mit den Landgerichtsräten Dr. Künstle und Dr. Straumann war die Beschuldigte vom Verstoß gegen die Rundfunkverordnung freigesprochen worden. Der Freispruch erfolgte, weil der Angeklagten weder die Verbreitung abgehörter Nachrichten noch das Abhören überhaupt nachgewiesen werden konnte, zumal zweifelhaft war, dass mit dem überalterten Rundfunkapparat tatsächlich ausländische Sender zu empfangen waren. Allerdings blieb der Vorwurf einer sogenannten „Heimtücke"-Äußerung:

„Durch die Aussagen der Zeugin Gertrud M. in der Gerichtsverhandlung ist erwiesen, dass die Angeklagte am 21. November 1944, in ihrer Wohnung bei einer Unterhaltung über die militärische Lage der Frau M. erzählt hat, der Führer sei gemütskrank und bekümmere sich nur noch um die Hochzeit eines Adjutanten. Die Angeklagte gibt diesen Sachverhalt zu und behauptet, sie habe die der Frau M. über den Führer gemachte Mitteilung von einem Feldwebel erhalten, der bei ihr um Quartier gefragt habe.
Diese Mitteilung war unwahr und geeignet, das Ansehen des Führers schwer zu schädigen. Das Gericht ist überzeugt, daß der Angeklagten ihre Unwahrheit bekannt war. Sie war daher wegen eines Vergehens gegen § 1 des Gesetzes gegen heimtückische Angriffe auf Staat und Partei 20.12.1934, des sogenannten Heimtückegesetzes, zu verurteilen. Bei der Strafausmessung berücksichtigte das Gericht strafmindernd, dass die Angeklagte bisher unbescholten war und gegen sie in politischer Hinsicht nichts Nachteiliges bekannt ist, also nicht angenommen werden kann, dass ihre Tat Ausfluß einer feindseligen Gesinnung gegen den nationalsozialistischen Staat ist. Das Gericht hielt eine Gefängnisstrafe von 6 Monaten für angemessen."

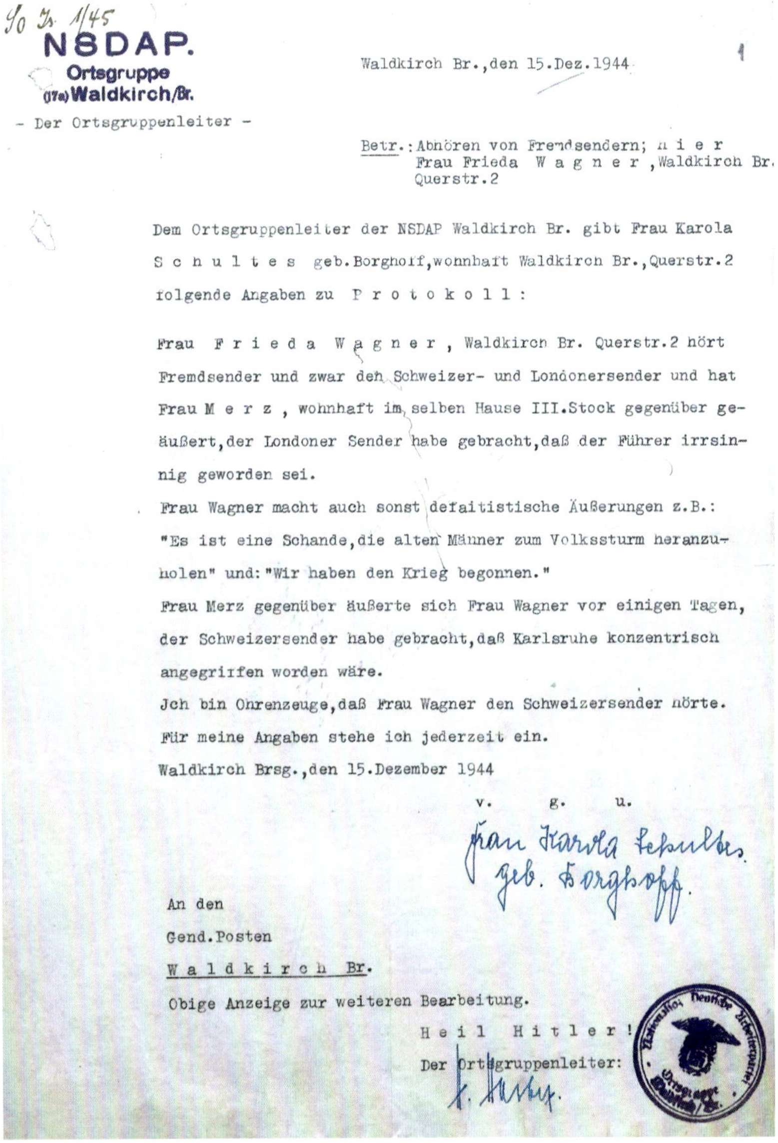

So Js. 1/45

NSDAP.
Ortsgruppe
(17a) Waldkirch/Br.
– Der Ortsgruppenleiter –

Waldkirch Br., den 15. Dez. 1944

1

Betr.: Abhören von Fremdsendern; hier
Frau Frieda Wagner, Waldkirch Br.
Querstr. 2

Dem Ortsgruppenleiter der NSDAP Waldkirch Br. gibt Frau Karola Schultes geb. Borghoff, wohnhaft Waldkirch Br., Querstr. 2 folgende Angaben zu Protokoll:

Frau Frieda Wagner, Waldkirch Br. Querstr. 2 hört Fremdsender und zwar den Schweizer- und Londonersender und hat Frau Merz, wohnhaft im selben Hause III. Stock gegenüber geäußert, der Londoner Sender habe gebracht, daß der Führer irrsinnig geworden sei.
Frau Wagner macht auch sonst defaitistische Äußerungen z.B.: "Es ist eine Schande, die alten Männer zum Volkssturm heranzuholen" und: "Wir haben den Krieg begonnen."
Frau Merz gegenüber äußerte sich Frau Wagner vor einigen Tagen, der Schweizersender habe gebracht, daß Karlsruhe konzentrisch angegriffen worden wäre.
Jch bin Ohrenzeuge, daß Frau Wagner den Schweizersender hörte.
Für meine Angaben stehe ich jederzeit ein.
Waldkirch Brsg., den 15. Dezember 1944

v. g. u.

Frau Karola Schultes,
geb. Borghoff.

An den
Gend. Posten
Waldkirch Br.

Obige Anzeige zur weiteren Bearbeitung.

Heil Hitler!
Der Ortsgruppenleiter:

Anzeige der NSDAP-Ortsgruppe Waldkirch gegen Frieda Wagner, 15. Dezember 1944

Staatsarchiv Freiburg A 47/1 Nr. 2408 Bild 3

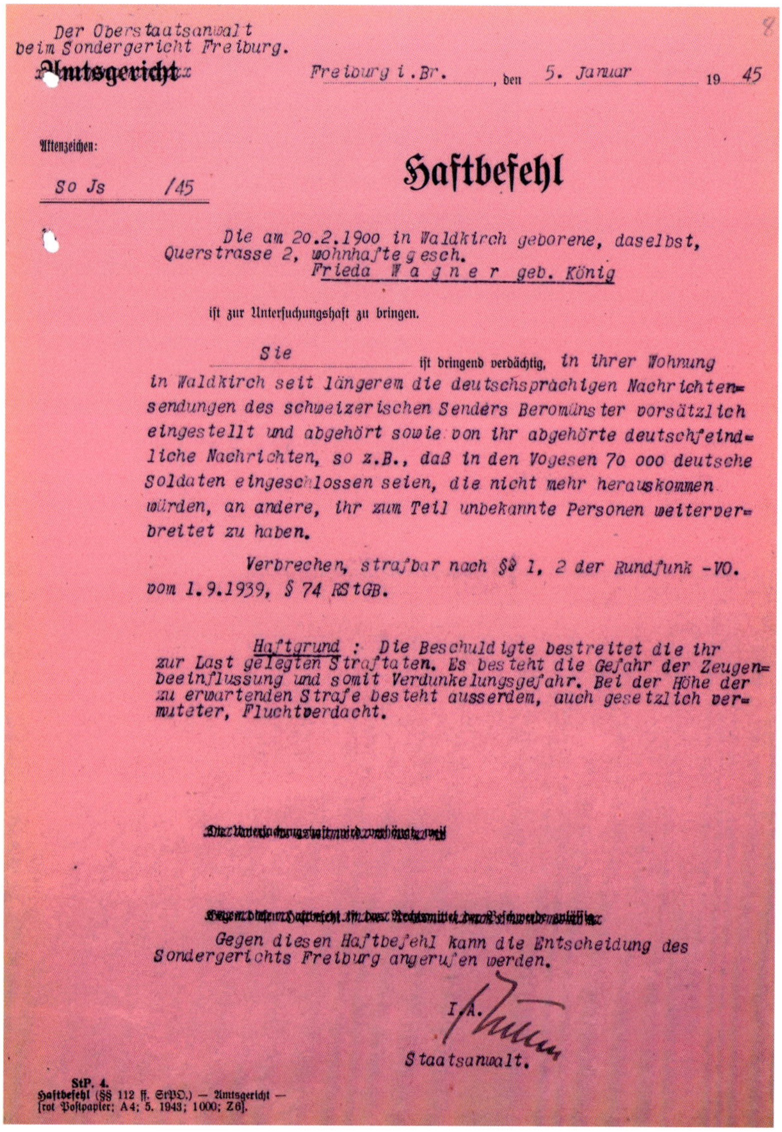
Der Oberstaatsanwalt
beim Sondergericht Freiburg.
Amtsgericht

Freiburg i. Br., den 5. Januar 1945

Aktenzeichen:
So Js /45

Haftbefehl

Die am 20.2.1900 in Waldkirch geborene, daselbst, Querstrasse 2, wohnhafte gesch.
Frieda Wagner geb. König

ist zur Untersuchungshaft zu bringen.

Sie ist dringend verdächtig, in ihrer Wohnung in Waldkirch seit längerem die deutschsprachigen Nachrichtensendungen des schweizerischen Senders Beromünster vorsätzlich eingestellt und abgehört sowie von ihr abgehörte deutschfeindliche Nachrichten, so z.B., daß in den Vogesen 70 000 deutsche Soldaten eingeschlossen seien, die nicht mehr herauskommen würden, an andere, ihr zum Teil unbekannte Personen weiterverbreitet zu haben.

Verbrechen, strafbar nach §§ 1, 2 der Rundfunk-VO. vom 1.9.1939, § 74 RStGB.

Haftgrund: Die Beschuldigte bestreitet die ihr zur Last gelegten Straftaten. Es besteht die Gefahr der Zeugenbeeinflussung und somit Verdunkelungsgefahr. Bei der Höhe der zu erwartenden Strafe besteht ausserdem, auch gesetzlich vermuteter, Fluchtverdacht.

Gegen diesen Haftbefehl kann die Entscheidung des Sondergerichts Freiburg angerufen werden.

I.A.
Staatsanwalt.

StP. 4.
Haftbefehl (§§ 112 ff. StPO.) — Amtsgericht —
[rot Postpapier; A4; 5. 1943; 1000; Z6].

Haftbefehl gegen Frieda Wagner, 5. Januar 1945

Staatsarchiv Freiburg A 47/1 Nr. 2408 Bild 16

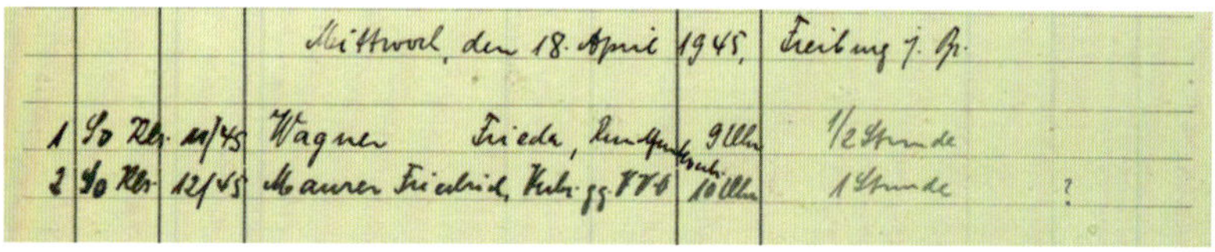
Mittwoch, den 18. April 1945, Freiburg i. Br.

1	So Kls. 11/45	Wagner Frieda, Rundfunk	9 Uhr	1/2 Stunde	
2	So Kls. 12/45	Maurer Friedrich, Kub. §§ 176	10 Uhr	1 Stunde	?

Ausschnitt aus dem am 18. April 1945 abgeschlossenen Terminkalender des Oberstaatsanwalts beim Sondergericht

Freiburg, Staatsarchiv Freiburg A 40/1 Nr. 725

Ausweislich des Geschäftkalenders der Staatsanwaltschaft beim Sondergericht Freiburg war diese Sondergerichtsverhandlung unter Vorsitz von Landgerichtspräsident von Frankenberg am Mittwoch, den 18. April 1945, zusammen mit einer weiteren die letzte in Freiburg abgehaltene Sondergerichtssitzung, drei Tage vor dem Einmarsch der Franzosen. Die Urteilsabschrift vom 18. April 1945 wurde abgezeichnet am 19. April 1945 von Dr. Künstle und Dr. Straumann für den „nicht mehr im Dienst befindlichen Vorsitzenden". Die Zeit des Sondergerichts Freiburg war wohl selbst für den Sondergerichtsvorsitzenden von Frankenberg endgültig abgelaufen.

Grundzüge der Urteilspraxis des Sondergerichts Freiburg – eine Schlussbetrachtung

Anhand der Findmittel der im Staatsarchiv Freiburg archivierten Sondergerichtsverfahren lassen sich statistische Aussagen zu den Verfahrensgründen treffen. Demnach wurden die meisten Sondergerichtsverfahren, rund 30 Prozent, angestrengt aufgrund des „Heimtückegesetzes", gefolgt von „Kriegswirtschaftsverbrechen" mit 23 Prozent. Wegen des Hörens ausländischer Sender, sogenannte „Rundfunkverbrechen", wurden über 14 Prozent der Verfahren eröffnet. Weitere rund 14 Prozent der Verfahren erfolgten nach der „Kriegssonderstrafrechtsverordnung", zumeist wegen „Wehrkraftzersetzung", Wehrdienstentziehung oder Beihilfe zur Fahnenflucht. Mit 12 Prozent sind Delikte nach der „Volksschädlingsverordnung" zu nennen. Die restlichen Verfahren wurden eingeleitet wegen diverser anderer Delikte.

Bezüglich der verhängten 29 Todesurteile lassen sich neben quantitativ-statistische Aussagen auch qualitative Ausführungen machen. Bei der Verwendung der Strafnormen, die den Todesurteilen des Freiburger Sondergerichts zugrunde liegen, kommt der „Volksschädlingsverordnung" die größte Bedeutung zu. Vierzehnmal (48 Prozent) wurde auf diese zurückgegriffen. Zehnmal (34 Prozent) wurde nach der „Gewaltverbrecherverordnung" abgeurteilt. Zweimal bildete die „Kriegswirtschaftsverordnung" und einmal die „Kriegssonderstrafrechtsverordnung" die Urteilsgrundlage. Ebenfalls zweimal gelangte das Gericht über das Gesetz zur Änderung des Reichstrafgesetzbuchs („Gewohnheitsverbrecher") vom 4. September 1941, davon einmal in Verbindung mit dem „Heimtückegesetz", zur Urteilsfindung.

Besonders rigoros wandten die Richter NS-Strafbestimmungen wie die „Volksschädlingsverordnung" auf die „Postmarder" an. Allein sechs Strafverfahren hatten sogenannte „Postmarderfälle" zum Gegenstand: Postbedienstete wurden wegen Unterschlagung oder Diebstahls von Post bzw. Feldpost angeklagt und als „Volksschädlinge" zum Tode verurteilt. Die Entwendungen von Postgut wurden zunehmend als „seuchenhafte Kriegsdelikte" bewertet, gegen die scharf vorgegangen werden sollte. Die kritische Grenze zur Verhängung der Todesstrafe war beispielsweise beim Berliner Sondergericht mit 60 bis 70 entwendeten Postsendungen erreicht.

In den Strafzumessungsgründen bei der Aburteilung von Post- oder auch Bahn-„Mardern" spielte der Abschreckungsgedanke eine herausragende Rolle. Nachdem bisher die Verhängung auch hoher Zuchthausstrafen nicht den gewünschten Erfolg gebracht hätte, so das Gericht im Falle der Postzustellerin Berta Fautz, könne dies nur durch den Ausspruch der Todesstrafe erreicht werden. Auch in einem anderen „Postmarder"-Verfahren wurde auf Abschreckung gesetzt: Wer nach so vielen Strafurteilen und Warnungen nicht verstehen wolle, müsse „rücksichtslos ausgemerzt werden". Die von den Freiburger Sonderrichtern gezeigte Härte in den „Postmarder"-Fällen übertraf sogar die Vorstellungen im Reichjustizministerium: Zwei der sechs ausgesprochenen Todesurteile wurden in Zeitstrafen umgewandelt.

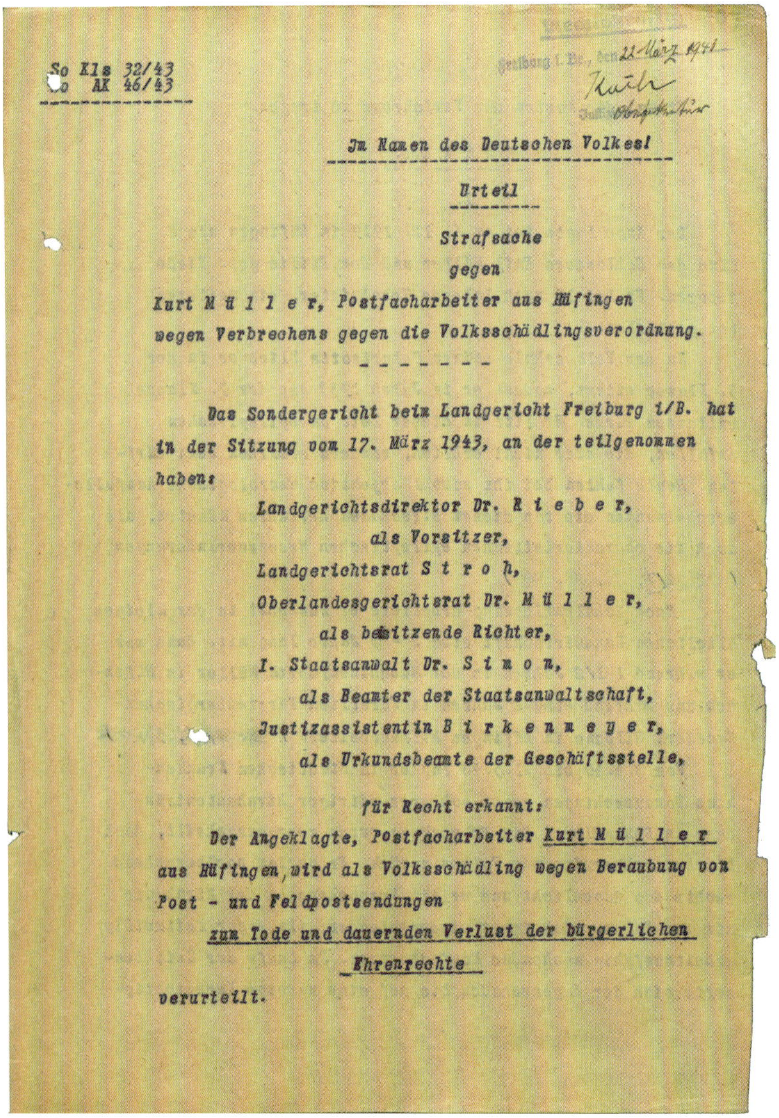

So Kls 32/43
So AK 46/43

Im Namen des Deutschen Volkes!

Urteil

Strafsache
gegen
Kurt M ü l l e r, Postfacharbeiter aus Hüfingen
wegen Verbrechens gegen die Volksschädlingsverordnung.

Das Sondergericht beim Landgericht Freiburg i/B. hat in der Sitzung vom 17. März 1943, an der teilgenommen haben:
Landgerichtsdirektor Dr. R i e b e r,
als Vorsitzer,
Landgerichtsrat S t r o h,
Oberlandesgerichtsrat Dr. M ü l l e r,
als beisitzende Richter,
I. Staatsanwalt Dr. S i m o n,
als Beamter der Staatsanwaltschaft,
Justizassistentin B i r k e n m e y e r,
als Urkundsbeamte der Geschäftsstelle,

für Recht erkannt:
Der Angeklagte, Postfacharbeiter Kurt M ü l l e r aus Hüfingen, wird als Volksschädling wegen Beraubung von Post - und Feldpostsendungen
zum Tode und dauernden Verlust der bürgerlichen Ehrenrechte
verurteilt.

Auszug, Todesurteil gegen Kurt Müller in einem „Postmarder"-Fall, 17. März 1943

Staatsarchiv Freiburg A 47/1 Nr. 1408, Bild 169

Ebenfalls rigoros wurde die „Gewaltverbrecherverordnung" (RGBl. 1939 I, S. 2378) angewandt, um zur Verhängung der Todesstrafe zu gelangen. Begünstigt wurde dies durch Wortlaut der Verordnung, wonach der Täter mit dem Tode zu bestrafen ist, „der Verfolger mit Waffengewalt angreift oder abwehrt". In vier Fällen, in denen es zum Schusswaffengebrauch gekommen war, wurde dann auch entsprechend abgeurteilt, unbeschadet der Tatsache, dass keine Person verletzt worden war. Im Falle des 18-jährigen Bäckergesellen Helmuth Günther, der nicht gerade dem Tätertyp des Gewaltverbrechers entsprach, reichte der Versuch aus. Dieser wurde als „Gewalttat mit der Waffe" nach § 1 der „Gewaltverbrecherverordnung" („hat es unternommen, Polizeibeamte bei der Ausübung ihres Dienstes zu erschießen") für die Verhängung der Todesstrafe gewertet.
Bei den Verfahren gegen die „Gewaltverbrecher" fällt auf, dass in neun von zehn Fällen die Gewaltanwendung in Zusammenhang mit Fluchtversuchen stand. Solch ein Handeln wurde offenkundig gnadenlos geahndet. Dabei war es kaum von Belang, wie gewalttätig die versuchte Fluchterzwingung vonstatten ging. Die Täter waren nach der zugrunde gelegten Verordnung „Gewaltverbrecher", die es „auszumerzen" galt.

Ebenso auszumerzen waren die „gefährlichen Gewohnheitsverbrecher". In den Richterbriefen des Reichsjustizministers wurden unter dem

Stichwort „Bekämpfung Asozialer“ mehrere Urteile aus den Jahren 1941/42 kritisiert, in denen gegen „Gewohnheitsverbrecher“ Freiheitsstrafen verhängt worden waren, zugleich wurde die Verhängung der Todesstrafe gefordert. Auch vor dem Freiburger Sondergericht standen Straftäter zur Aburteilung an, die als mehrfach Vorbestrafte oder als Mehrfachtäter potentiell dem NS-Bild des „gefährlichen Gewohnheitsverbrechers“ entsprachen. Den Tatbeständen nach ging es dabei zumeist um Diebstähle und Einbrüche. Zur Verhängung der Todesstrafe gelangte das Gericht über den Verdunkelungspassus der Volksschädlingsverordnung „Ausnutzung kriegsbedingter, außergewöhnlicher Verhältnisse“ oder das Gesetz zur Änderung des Reichstrafgesetzbuchs vom 4. September 1941, nach dem „gefährliche Gewohnheitsverbrecher“ der Todesstrafe verfallen, „wenn der Schutz der Volksgemeinschaft oder das Bedürfnis nach gerechter Sühne es erfordern“ (RGBl. 1941 I, S. 549). Die Strafbestimmung vom 4. September 1941 über die „gefährlichen Gewohnheitsverbrecher“ zielte auch darauf, statt zur Anordnung der Sicherungsverwahrung zur Verhängung der Todesstrafe zu gelangen. Welche Bedeutung die genannte Strafbestimmung hatte, wird auch am Beispiel des Museumsdiebes Ullmann deutlich: Noch im Januar 1941 hatte der Oberstaatsanwalt beabsichtigt, auf Zuchthausstrafe mit anschließender Sicherungsverwahrung zu plädieren.

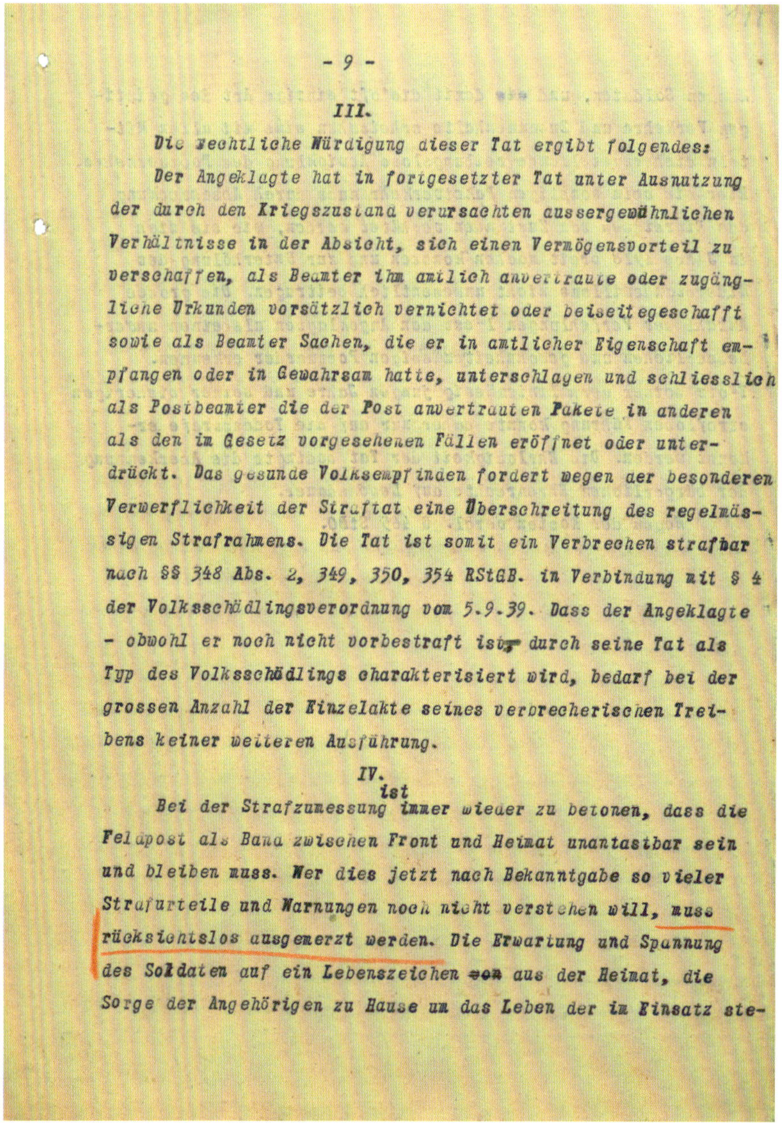

- 9 -

III.

Die rechtliche Würdigung dieser Tat ergibt folgendes:

Der Angeklagte hat in fortgesetzter Tat unter Ausnutzung der durch den Kriegszustand verursachten aussergewöhnlichen Verhältnisse in der Absicht, sich einen Vermögensvorteil zu verschaffen, als Beamter ihm amtlich anvertraute oder zugängliche Urkunden vorsätzlich vernichtet oder beiseitegeschafft sowie als Beamter Sachen, die er in amtlicher Eigenschaft empfangen oder in Gewahrsam hatte, unterschlagen und schliesslich als Postbeamter die der Post anvertrauten Pakete in anderen als den im Gesetz vorgesehenen Fällen eröffnet oder unterdrückt. Das gesunde Volksempfinden fordert wegen der besonderen Verwerflichkeit der Straftat eine Überschreitung des regelmässigen Strafrahmens. Die Tat ist somit ein Verbrechen strafbar nach §§ 348 Abs. 2, 349, 350, 354 RStGB. in Verbindung mit § 4 der Volksschädlingsverordnung vom 5.9.39. Dass der Angeklagte – obwohl er noch nicht vorbestraft ist – durch seine Tat als Typ des Volksschädlings charakterisiert wird, bedarf bei der grossen Anzahl der Einzelakte seines verbrecherischen Treibens keiner weiteren Ausführung.

IV.

Bei der Strafzumessung ist immer wieder zu betonen, dass die Feldpost als Band zwischen Front und Heimat unantastbar sein und bleiben muss. Wer dies jetzt nach Bekanntgabe so vieler Strafurteile und Warnungen noch nicht verstehen will, muss rücksichtslos ausgemerzt werden. Die Erwartung und Spannung des Soldaten auf ein Lebenszeichen aus der Heimat, die Sorge der Angehörigen zu Hause um das Leben der im Einsatz ste-

Auszug, Todesurteil gegen Kurt Müller in einem „Postmarder“-Fall, 17. März 1943

Staatsarchiv Freiburg A 47/1 Nr. 1408, Bild 171

Blutrot leuchtende Plakate

Bekanntmachung

Am 19. Juli 1941 ist der am 3. April 1911 geborene

August Ullmann

aus Freiburg i. B. hingerichtet worden, den das Sondergericht in Freiburg i. B. als Volksschädling zum Tode verurteilt hat.

Ullmann, ein oft vorbestrafter, gefährlicher Gewohnheitsverbrecher, hat wertvolle Kunstgegenstände gestohlen, die zum Schutz gegen Fliegergefahr im Luftschutzkeller eines Museums untergebracht waren, und den Erlös seiner Beute verpraßt.

Der Oberstaatsanwalt
beim Sondergericht Freiburg i. Br.

Bekanntmachung

Am 15. Dezember 1942 ist der 49 Jahre alte

Anton Bechinger

aus Konstanz hingerichtet worden, den das Sondergericht Freiburg im Breisgau als Volksschädling zum Tode verurteilt hat.
Er hatte in großem Umfange Feldpostsendungen beraubt.

Der Oberstaatsanwalt
beim Sondergericht Freiburg i. Br.

Bekanntmachungsplakate der Hinrichtung von August Ullmann und Anton Bechinger

Staatsarchiv Freiburg A 47/1 Nr. 227 u. Staatsarchiv Freiburg A 47/1 Nr. 1241 Bild 17

Der Abschreckungsgedanke spielte auch bei der Bekanntgabe von Todesurteilen und Hinrichtungen eine erhebliche Rolle. Die Bekanntmachung der Hinrichtung von Verurteilten erfolgte neben Pressemitteilungen auch über blutrot leuchtende, ins Auge stechende Plakate. Die Hinrichtung des ersten vom (ständigen) Freiburger Sondergericht zum Tode Verurteilten, des Museumsdiebes Ullmanns, wurde mittels 150 solcher Plakaten bekannt gegeben.

In allen „Post"- und „Bahnmarder"-Fällen, mit Ausnahme der zwei Begnadigungen, wurden grundsätzlich 1.000 Anschläge plakatiert. Dabei waren Plakate in Dienststellen und Postämtern so anzubringen, dass die in Frage kommenden Beamten und Arbeiter sie während ihres Dienstes möglichst oft zu sehen bekämen. Hier stand nachweislich der Abschreckungsgedanke im Vordergrund. Bei den „Gewaltverbrecher"-Fällen, bei denen Vergleichbares hätte erwartet werden können, wurde überraschenderweise weitgehend auf die Bekanntmachung der Hinrichtungen verzichtet. In vier der vorliegenden Fälle untersagte das Reichsjustizministerium sogar ausdrücklich die Bekanntgabe der Urteilsvollstreckungen. Nur die Hinrichtung eines „jugendlichen Schwerverbrechers", der eine junge Frau erschlagen hatte – eine Tat, die sicherlich einige Erregung und Empörung in der Region hervorgerufen haben dürfte – , wurde der Öffentlichkeit über 250 Plakate bekannt gegeben.

Die Plakatierungspraxis wurde allem Anschein nach durch unterschiedliche Zielsetzungen bestimmt. Im hochsensiblen Bereich des Post- und Verkehrswesens, wo das Regime Vergehen wie Unterschlagungen und Diebstähle als „seuchenhafte Kriegsdelikte“ bewertete, wurde aus Gründen der Abschreckung in hoher Auflage plakatiert. In anderen Bereichen unterblieb die Bekanntgabe von Hinrichtungen. Offenbar sollte hier bewusst ein Mantel des Schweigens über die tatsächlich vorhandene Kriminalität gebreitet werden, die nicht so recht zum Bild der „Volksgemeinschaft“ passte. Bei Straftaten jedoch, die nicht nur große Abscheu in der Bevölkerung hervorriefen, sondern auch eine hohe Akzeptanz für die Vollstreckung der Todesstrafe erwarten ließen, wurde entsprechend plakatiert. Hier ist die Absicht unverkennbar, die in der Bevölkerung vorhandenen Stimmungen und Ressentiments aufzugreifen und propagandistisch zu nutzen.

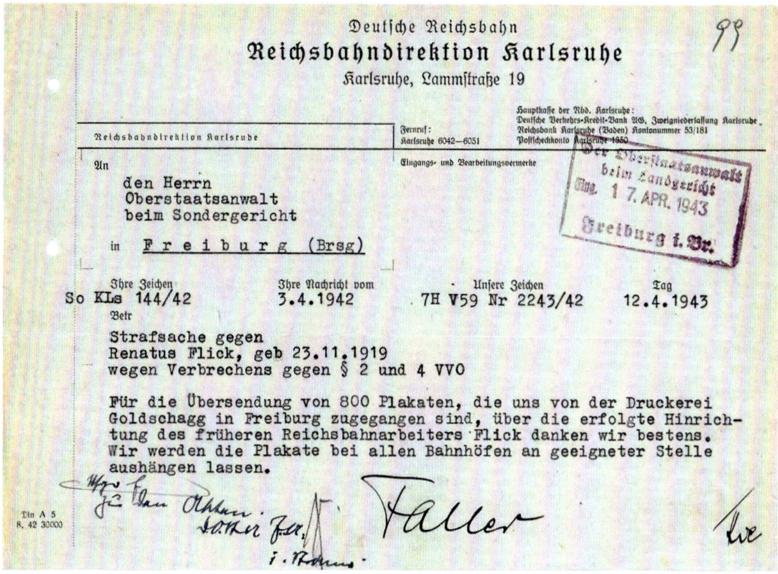

Deutsche Reichsbahn
Reichsbahndirektion Karlsruhe
Karlsruhe, Lammstraße 19

99

Hauptkasse der Rbd. Karlsruhe: Deutsche Verkehrs-Kredit-Bank AG, Zweigniederlassung Karlsruhe, Reichsbank Karlsruhe (Baden) Kontonummer 53/181, Postscheckkonto Karlsruhe 1650

Reichsbahndirektion Karlsruhe

Fernruf: Karlsruhe 6042–6051

Eingangs- und Bearbeitungsvermerke

Der Oberstaatsanwalt beim Landgericht Eing. 17. APR. 1943 Freiburg i. Br.

An
den Herrn
Oberstaatsanwalt
beim Sondergericht
in Freiburg (Brsg)

Ihre Zeichen	Ihre Nachricht vom	Unsere Zeichen	Tag
So KLs 144/42	3.4.1942	7H V59 Nr 2243/42	12.4.1943

Betr
Strafsache gegen
Renatus Flick, geb 23.11.1919
wegen Verbrechens gegen § 2 und 4 VVO

Für die Übersendung von 800 Plakaten, die uns von der Druckerei Goldschagg in Freiburg zugegangen sind, über die erfolgte Hinrichtung des früheren Reichsbahnarbeiters Flick danken wir bestens. Wir werden die Plakate bei allen Bahnhöfen an geeigneter Stelle aushängen lassen.

Faller

Din A 5
8. 42 30000

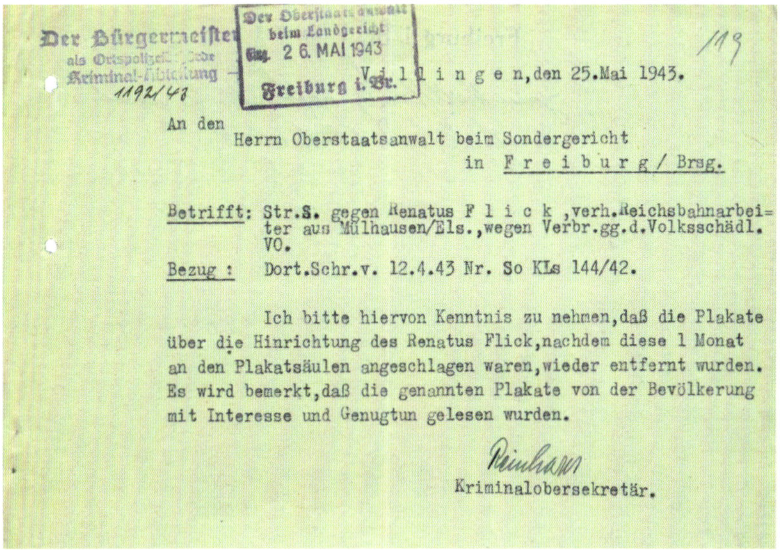

Der Bürgermeister
als Ortspolizeibehörde
Kriminal-Abteilung
1192/43

Der Oberstaatsanwalt beim Landgericht Eing. 26. MAI 1943 Freiburg i. Br.

119

Villingen, den 25. Mai 1943.

An den
Herrn Oberstaatsanwalt beim Sondergericht
in Freiburg / Brsg.

Betrifft: Str.S. gegen Renatus Flick, verh. Reichsbahnarbeiter aus Mülhausen/Els., wegen Verbr.gg.d.Volksschädl. VO.

Bezug : Dort.Schr.v. 12.4.43 Nr. So KLs 144/42.

Ich bitte hiervon Kenntnis zu nehmen, daß die Plakate über die Hinrichtung des Renatus Flick, nachdem diese 1 Monat an den Plakatsäulen angeschlagen waren, wieder entfernt wurden. Es wird bemerkt, daß die genannten Plakate von der Bevölkerung mit Interesse und Genugtun gelesen wurden.

Reinhard
Kriminalobersekretär.

Anbringung von Bekanntmachungsplakaten zur Abschreckung im „Post“- und „Bahnmarder“-Fall Renatus Flick, 12. April 1943 u. 25. Mai 1943,
Staatsarchiv Freiburg A 47/1 Nr. 21 Bild 48 u. 64

Schwerstkriminelle oder Gelegenheitsdiebe?

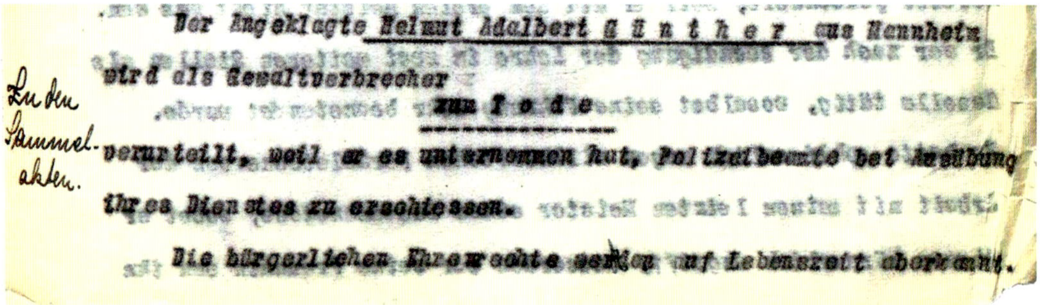

Zu den Sammelakten.

Der Angeklagte Helmut Adalbert G ü n t h e r aus Mannheim
wird als Gewaltverbrecher
zum T o d e
verurteilt, weil er es unternommen hat, Polizeibeamte bei Ausübung
ihres Dienstes zu erschiessen.
Die bürgerlichen Ehrenrechte werden auf Lebenszeit aberkannt.

Auszug aus dem Todesurteil gegen H. Günther die versuchte Tötung betreffend, 8. Dezember 1942

Staatsarchiv Freiburg A 47/1 Nr. 5 Bild 2

Im Gegensatz zum Volksgerichtshof ergingen die Todesstrafen der Sondergerichte in der Regel nicht in politischen Strafsachen, sondern die Todesurteile wurden zumeist auf Grundlage der „Volksschädlingsverordnung", häufig wegen Eigentumsdelikten, verhängt. Ebenso wurden auch Fälle von Schwerstkriminalität, von Gewaltverbrechen verhandelt. Allerdings bildeten diese eher die Ausnahme als die Regel: Von den insgesamt 29 Todesurteilen wurde lediglich eines wegen eines Tötungsdeliktes verhängt sowie eines nach der „Gewaltverbrecherverordnung" aufgrund versuchter Tötung mittels Waffengebrauchs, ein weiteres Mal lag eine schwere Körperverletzung vor.

Da Vorstrafen in die Strafzumessung einfließen, ist deren Erfassung für die Betrachtung der sondergerichtlichen Urteilspraxis, insbesondere für die Verhängung der Todesstrafe, von Belang. Hier ergibt sich folgendes Bild: Bei über zwei Drittel der Verurteilen waren keine Vorstrafen verzeichnet. Auch bei der größten Verurteiltengruppe, den sogenannten „Postmardern" war kein einziger vorbestraft, lediglich der „Bahnmarder" Renatus Flick war als Jugendlicher wegen eines Diebstahls in Fürsorgeerziehung. Selbst in der Gruppe der „Gewaltverbrecher" waren nur drei der Beschuldigten vorbestraft. Zwei dieser Vorstrafen ergingen wegen Arbeitsvertragsbruches. Bei der kleinen Gruppe der vom Gericht als „Gewohnheitsverbrecher" Bezeichneten kehrte sich das Verhältnis allerdings um; hier lagen in der Regel mehrfache Vorstrafen vor. Als Ergebnis kann festgehalten werden: Der überwiegende Teil der zum Tode Verurteilten bestand keineswegs aus Menschen mit kriminellem Vorleben.

In zwei Dritteln der Verfahren spielten – direkt oder indirekt – Eigentumsdelikte eine Rolle. Das wirft die Frage nach den Einkommensverhältnissen und der Sozialstruktur der Verurteilten auf. Hier ergibt sich ein klares Bild: Abgesehen vom Metzger und Fleischgroßhändler Eugen Mülhaupt ist der überwiegende Teil der Beschuldigten der unteren Skala der Sozialhierarchie zuzurechnen. Knapp ein Drittel ist als Facharbeiter zu bezeichnen. Fast die Hälfte der Beschuldigten kann als Hilfsarbeiter gelten, mit eingeschlossen ein ehemaliger Fremdenlegionär und ein Sozialrentner.

Der Ausländeranteil der zum Tode Verurteilten ist hoch. Acht der Beschuldigten waren Ausländer, darunter vier Polen, zwei Sowjetbürger, ein Niederländer und ein Franzose (Elsässer). Mehr als ein Viertel der Angeklagten konnten also nach nationalsozialistischen Maßstäben als „minderwertig“ oder zumindest den „deutschen Volksgenossen“ gegenüber nicht als gleichwertig betrachtet werden. Zwei weitere Verurteilte waren zwar deutsche Staatsbürger, aber als „Zigeunermischlinge“ oder „Halbjuden“ rangierten sie nach der Herrenvolk-Ideologie noch unterhalb der sogenannten „Fremdvölkischen“. Mit ihnen erhöht sich die Zahl der Menschen, die geradezu prädestiniert waren für nationalsozialistische Diskriminierungen, auf zehn. Mit anderen Worten: Rund ein Drittel der Abgeurteilten passten ins Nazi-Feindbild von Volk und Rasse.

Angesichts des hohen Anteils ausländischer Verurteilter hätte in den Urteilsniederschriften mit entsprechenden ausländerfeindlichen bzw. rassistischen Bekundungen gerechnet werden können. In den Niederschriften herrscht diesbezüglich eher Zurückhaltung vor, bis auf zwei Fälle, in denen ein Verurteilter als „verschlagener Fremdvölkischer“, ein anderer als „Ostländer mit primitiver Denkweise“ bezeichnet wurde. Gleichwohl scheint eine zumindest unterschwellig vorhandene Fremdenfeindlichkeit nicht auszuschließen sein, darauf verweisen neben dem bereits hohen Anteil ausländischer auch die große Zahl „auswärtiger“ Beschuldigter unter den zum Tode Verurteilten. Diese Einschätzung lässt sich untermauern mit einer zusätzlichen Unterscheidung nach den Kategorien „Einheimische“ und „Auswärtige“. Als Einheimische sollen hier alle Personen gelten, die seit längerer Zeit in der Region sesshaft waren. Dagegen sind alle übrigen, die Ausländer eingeschlossen, hier als Auswärtige zu betrachten. Das Resultat dieser Kategorisierung: Fast die Hälfte der 29 Verurteilten, nämlich 14 Personen sind Auswärtige.

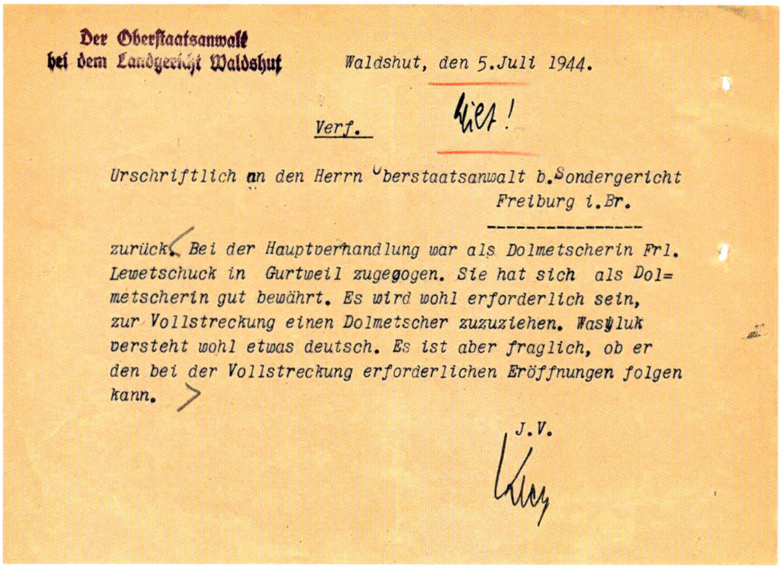
Der Oberstaatsanwalt
bei dem Landgericht Waldshut

Waldshut, den 5.Juli 1944.

Verf.

Urschriftlich an den Herrn Oberstaatsanwalt b.Sondergericht
Freiburg i.Br.

zurück. Bei der Hauptverhandlung war als Dolmetscherin Frl. Lewetschuck in Gurtweil zugegogen. Sie hat sich als Dolmetscherin gut bewährt. Es wird wohl erforderlich sein, zur Vollstreckung einen Dolmetscher zuzuziehen. Wasyluk versteht wohl etwas deutsch. Es ist aber fraglich, ob er den bei der Vollstreckung erforderlichen Eröffnungen folgen kann.

J.V.

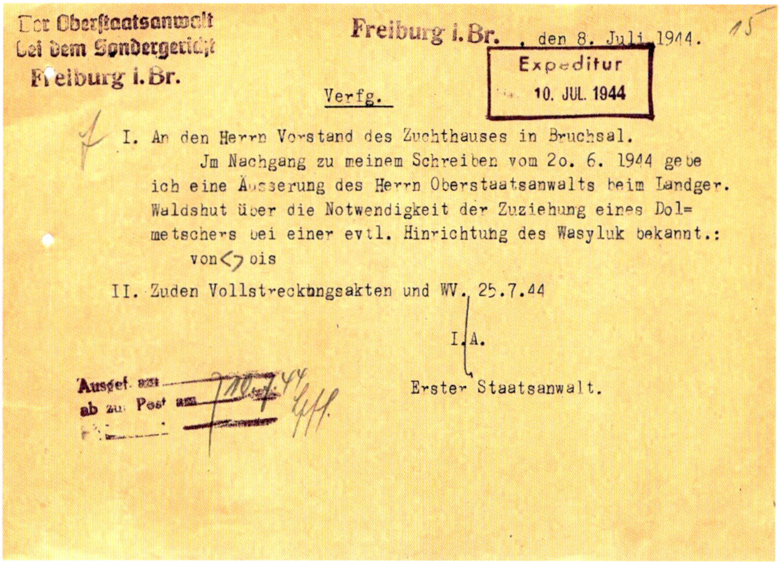
Der Oberstaatsanwalt
bei dem Sondergericht
Freiburg i.Br.

Freiburg i.Br., den 8. Juli 1944.

Expeditur
10. JUL. 1944

Verfg.

I. An den Herrn Vorstand des Zuchthauses in Bruchsal.
Jm Nachgang zu meinem Schreiben vom 20. 6. 1944 gebe ich eine Äusserung des Herrn Oberstaatsanwalts beim Landger. Waldshut über die Notwendigkeit der Zuziehung eines Dolmetschers bei einer evtl. Hinrichtung des Wasyluk bekannt.:
von ois

II. Zuden Vollstreckungsakten und WV. 25.7.44

I.A.

Erster Staatsanwalt.

Ausgef. am
ab zur Post am

Hinzuziehung eines Dolmetschers zum Prozess und zur Hinrichtung des ukrainischen Landarbeiters Michael Wasyluk

Staatsarchiv Freiburg A 47/1 Nr. 26 Bild 21 u. 22

Kurzes Fazit der Freiburger Urteilspraxis bei der Verhängung der Todesstrafe

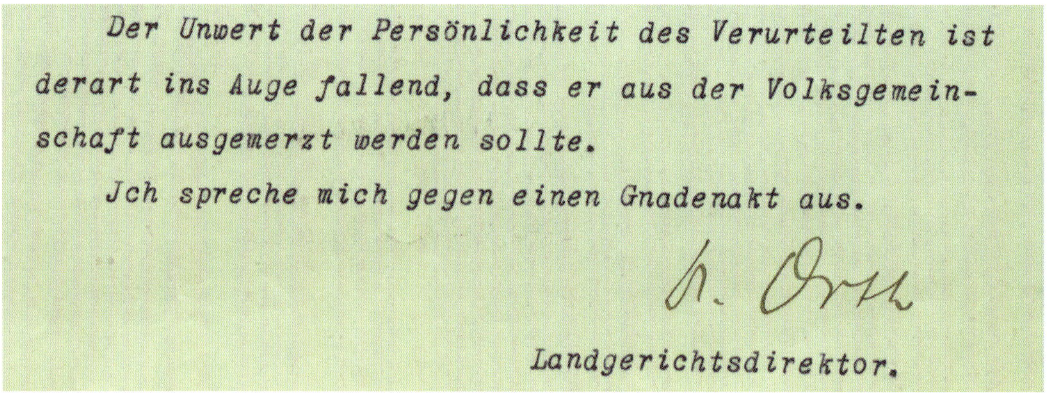

Der Unwert der Persönlichkeit des Verurteilten ist derart ins Auge fallend, dass er aus der Volksgemeinschaft ausgemerzt werden sollte.

Jch spreche mich gegen einen Gnadenakt aus.

Dr. Orth

Landgerichtsdirektor.

Auszug aus der Stellungnahme des Sondergerichtsvorsitzenden Dr. Orth zur Gnadenfrage des verurteilten August Ullmann, 20. Juni 1941

Staatsarchiv Freiburg A 47/1 Nr. 6

Die Freiburger sondergerichtliche Urteilspraxis bei der Verhängung der Todesstrafe ist gekennzeichnet durch die erbarmungslose Anwendung des NS-Strafrechts bei der Ahndung unpolitischer, „kriegsbedingter" Kriminalität. Dieses NS-Strafrecht beinhaltete im Kern ein Täterstrafrecht, das darauf abzielte, dass bestimmte Tätertypen „in der Volksgemeinschaft keinen Platz mehr" haben und daher „auszumerzen" sind. Dies gebiete, so die einschlägigen NS-Strafbestimmungen, „die besondere Verwerflichkeit der Tat", das „gesunde Volksempfinden", der „Schutz der Volksgemeinschaft" oder auch der „Abschreckungsgedanke". Die abwertende Bezeichnung „Volksschädling" steht nicht nur für einen juristischen Terminus der entsprechenden Verordnung, sondern verkörpert als zentrales Feindbild die nationalsozialistische Auffassung vom Täterstrafrecht mit seinem inflationären Gebrauch der Todesstrafe. Die nationalsozialistische Weltanschauung schlägt sich auch in den Urteilsniederschriften des Sondergerichts Freiburg nieder und tritt beispielsweise im Urteil gegen August Ullmann unverhüllt zutage, dessen „Unwert der Persönlichkeit" derart sei, dass er „aus der Volksgemeinschaft ausgemerzt werden sollte".

Dieses Urteil war gewissermaßen der Auftakt zu einer Reihe ähnlicher Schuldsprüche. Verantwortlich für diese Entwicklungen waren nicht nur Maßnahmen der Justizlenkung, sondern vor allem die Bereitschaft der Richter, die NS-Strafbestimmungen und Verordnungen in all ihrer Schwammigkeit und Uferlosigkeit und mit ihren Generalklauseln gegen Menschen anzuwenden, die ins Feindbild vom NS-Täterstrafrecht passten. In welchem Maße die Bereitwilligkeit der Freiburger Sonderrichter hierzu vorhanden war, zeigt die nachträgliche Umwandlung zweier Todesurteile in Zeitstrafen durch das Reichjustizministerium.

Die Freiburger Urteilspraxis bei der Ahndung von „Rundfunkverbrechen“

Mit Verordnung vom 21. Februar 1940 wurden Verstöße gegen die Reichstagsbrandverordnung aus der ausschließlichen Sondergerichtskompetenz ausgeschieden. Weiterhin ging nach dem Fall von Stalingrad mit Verordnung vom 29. Januar 1943 die Zuständigkeit für „Wehrkraftzersetzung“ an den Volksgerichtshof über. Dieser konnte jedoch „minderschwere Fälle“ an die Oberlandesgerichte abgeben oder an die Sondergerichte zurückverweisen. So verblieben neben „Wehrkraftzersetzung“ letztlich zwei „politische“ Delikte in der ausschließlichen Zuständigkeit der Sondergerichte: Äußerungsdelikte nach dem „Heimtückegesetz“ und „Rundfunkverbrechen“.

Da eine Studie zur Thematik „Rundfunkverbrechen“ vorliegt[41], sollen hier die Grundzüge der Freiburger Urteilspraxis dargestellt werden. Hierbei ist in Erinnerung zu bringen, dass die Rundfunkverordnung nach zwei Straftatbeständen unterschied: Abhören (§ 1) und Weiterverbreitung (§ 2), jeweils mit Zuchthausstrafen als Regelstrafen. Bei bloßem Abhören (§ 1) konnte in leichteren Fällen auch auf Gefängnis erkannt werden. Dagegen führte die Weiterverbreitung (§ 2) zur Strafverschärfung bis hin zur möglichen Verhängung der Todesstrafe.

Trotz der Strafandrohung wurde dennoch gehört, wenn auch nun unter verstärkten Sicherheitsvorkehrungen. Hauptmotivation zum Abhören war ein weit verbreiteter „Nachrichtenhunger“, den das Regime mit seinen gleichgeschalteten Medien nicht zu befriedigen vermochte. Selbst gläubige NS-Anhänger stellten „Feindsender“ ein. Meist handelte es sich bei den abgehörten Nachrichten um Tagesmeldungen vom Kriegsgeschehen und Berichte über den Frontverlauf. Die Einschaltquoten stiegen an bei

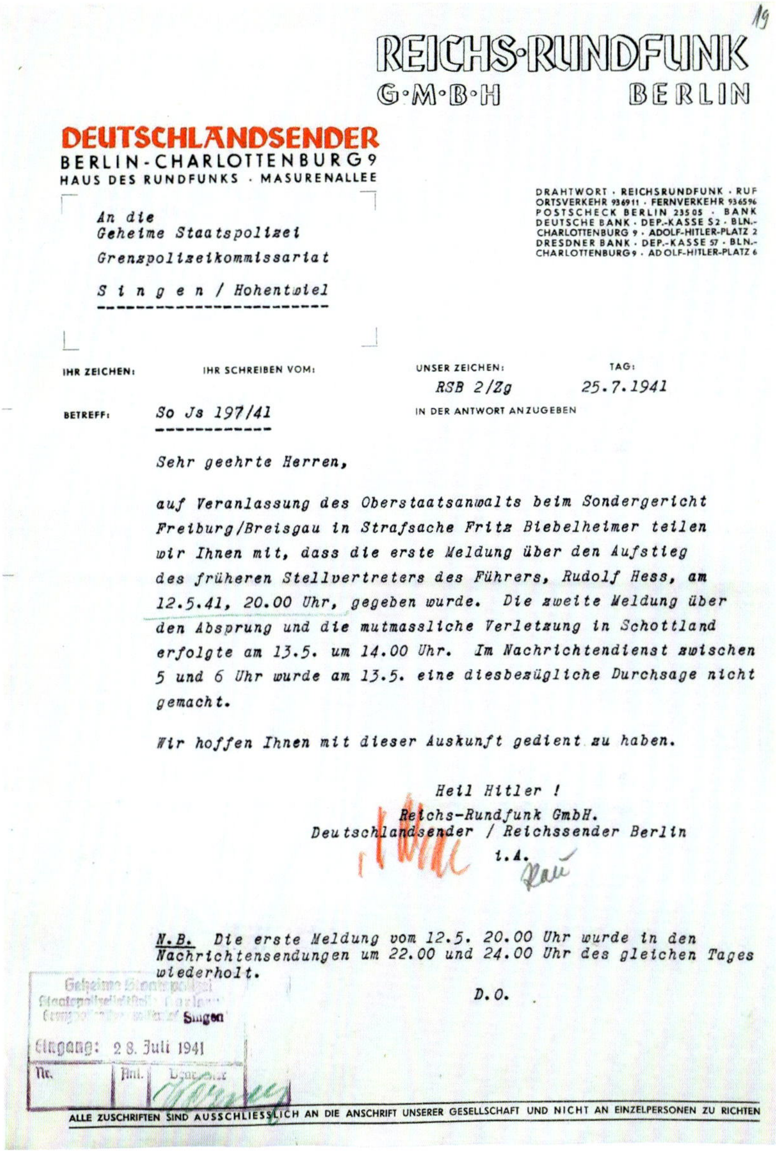

19

REICHS-RUNDFUNK
G·M·B·H BERLIN

DEUTSCHLANDSENDER
BERLIN-CHARLOTTENBURG 9
HAUS DES RUNDFUNKS · MASURENALLEE

DRAHTWORT · REICHSRUNDFUNK · RUF
ORTSVERKEHR 936911 · FERNVERKEHR 936596
POSTSCHECK BERLIN 23505 · BANK
DEUTSCHE BANK · DEP.-KASSE 52 · BLN.-
CHARLOTTENBURG 9 · ADOLF-HITLER-PLATZ 2
DRESDNER BANK · DEP.-KASSE 57 · BLN.-
CHARLOTTENBURG 9 · ADOLF-HITLER-PLATZ 6

An die
Geheime Staatspolizei
Grenzpolizeikommissariat

S i n g e n / Hohentwiel

IHR ZEICHEN: IHR SCHREIBEN VOM: UNSER ZEICHEN: RSB 2/Zg TAG: 25.7.1941

BETREFF: So Js 197/41 IN DER ANTWORT ANZUGEBEN

Sehr geehrte Herren,

auf Veranlassung des Oberstaatsanwalts beim Sondergericht Freiburg/Breisgau in Strafsache Fritz Biebelheimer teilen wir Ihnen mit, dass die erste Meldung über den Aufstieg des früheren Stellvertreters des Führers, Rudolf Hess, am 12.5.41, 20.00 Uhr, gegeben wurde. Die zweite Meldung über den Absprung und die mutmassliche Verletzung in Schottland erfolgte am 13.5. um 14.00 Uhr. Im Nachrichtendienst zwischen 5 und 6 Uhr wurde am 13.5. eine diesbezügliche Durchsage nicht gemacht.

Wir hoffen Ihnen mit dieser Auskunft gedient zu haben.

Heil Hitler !
Reichs-Rundfunk GmbH.
Deutschlandsender / Reichssender Berlin
i.A.

N.B. Die erste Meldung vom 12.5. 20.00 Uhr wurde in den Nachrichtensendungen um 22.00 und 24.00 Uhr des gleichen Tages wiederholt.

D.O.

Singen
Eingang: 28. Juli 1941

ALLE ZUSCHRIFTEN SIND AUSSCHLIESSLICH AN DIE ANSCHRIFT UNSERER GESELLSCHAFT UND NICHT AN EINZELPERSONEN ZU RICHTEN

Ermittlungen zu den Londoner BBC-Meldungen über den Englandflug des Führerstellvertreters Rudolf Heß im Mai 1941

Staatsarchiv Freiburg A 47/1 Nr. 109 Bild 14

[41] Vgl. folgend Hensle (Rundfunkverbrechen), S. 240 f.

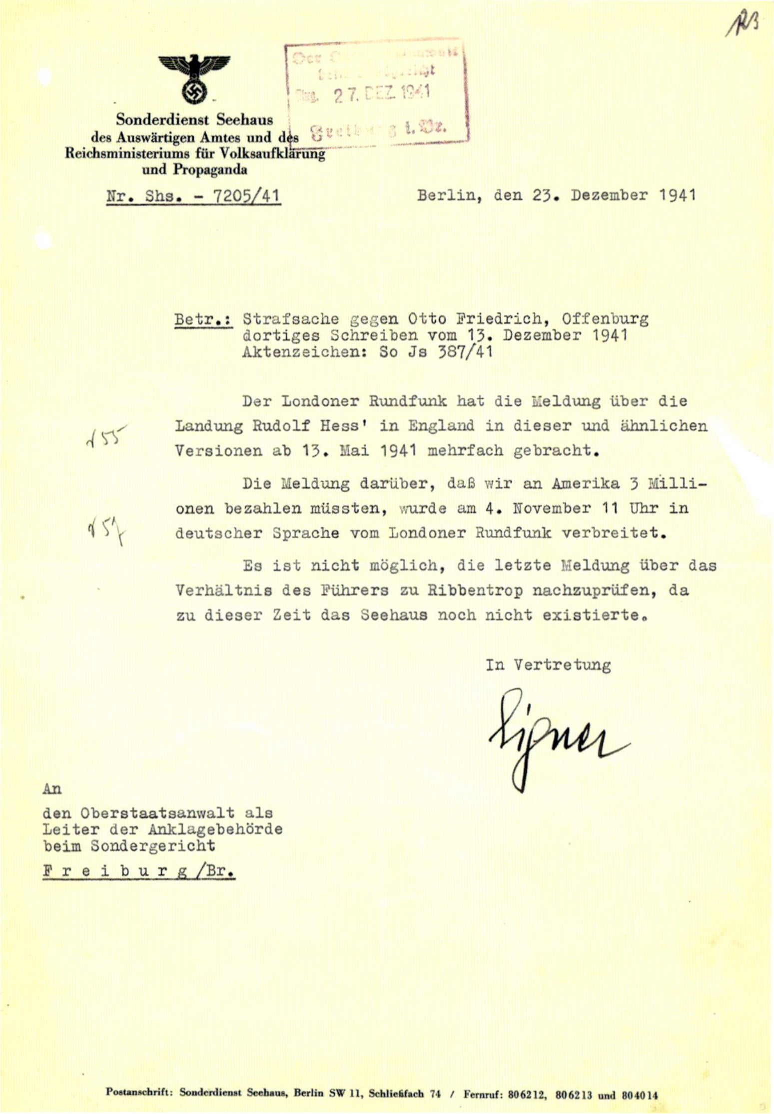

Sonderdienst Seehaus
des Auswärtigen Amtes und des
Reichsministeriums für Volksaufklärung
und Propaganda

Nr. Shs. - 7205/41

Berlin, den 23. Dezember 1941

Betr.: Strafsache gegen Otto Friedrich, Offenburg
dortiges Schreiben vom 13. Dezember 1941
Aktenzeichen: So Js 387/41

Der Londoner Rundfunk hat die Meldung über die Landung Rudolf Hess' in England in dieser und ähnlichen Versionen ab 13. Mai 1941 mehrfach gebracht.

Die Meldung darüber, daß wir an Amerika 3 Millionen bezahlen müssten, wurde am 4. November 11 Uhr in deutscher Sprache vom Londoner Rundfunk verbreitet.

Es ist nicht möglich, die letzte Meldung über das Verhältnis des Führers zu Ribbentrop nachzuprüfen, da zu dieser Zeit das Seehaus noch nicht existierte.

In Vertretung

An
den Oberstaatsanwalt als
Leiter der Anklagebehörde
beim Sondergericht
F r e i b u r g /Br.

Postanschrift: Sonderdienst Seehaus, Berlin SW 11, Schließfach 74 / Fernruf: 806212, 806213 und 804014

Ermittlungen zu den Londoner BBC-Meldungen über den Englandflug des Führerstellvertreters Rudolf Heß im Mai 1941

Staatsarchiv Freiburg A 47/1 Nr. 563 Bild 75

besonderen Ereignissen, so beispielsweise nach dem denkwürdigen Englandflug des Führerstellvertreters Rudolf Heß im Mai 1941. Auch während der alliierten Landung in der Normandie wurde verstärkt gehört. Aber insbesondere nach dem deutschen Desaster in Stalingrad 1942/43 schaltete man „Feindsender" als Informationsquellen ein.

Das Hörverbot richtete sich in erster Linie gegen ausländische Nachrichtensendungen, aber nicht nur. So wurde eine 41-jährige Freiburger Ehefrau zu einer Gefängnisstrafe von acht Monaten verurteilt, wobei es in der Urteilsbegründung hieß, der Fall „wurde als ein leichter betrachtet, weil glaubhaft ist, dass die Angeklagte nur Musik hören wollte und hörte". Dagegen erfolgte für einen anderen Angeklagten ein Freispruch, da der Beschuldigte „lediglich Musiksendungen gehört habe, ohne zu wissen, ob es sich dabei um Darbietungen deutscher oder ausländischer Sender handele", wie es in den Urteilsgründen hieß. Dass das Abhören von Nachrichten härter geahndet wurde, zeigt das Beispiel der zwei Schweizer Zwillinge, die für das Nachrichtenhören ihrer Heimatsender mit der Mindeststrafe von einem Jahr Zuchthaus bestraft worden waren.

Bei der Weiterverbreitung von „Feindnachrichten" wurde in der Regel nach § 2 der Rundfunkverordnung eine weitere Strafverschärfung vorgenommen. Zunächst war jedoch festzustellen, dass die verbreitete Nachricht tatsächlich dem ausländischen Rundfunk entstammte. In Zweifelsfällen holten die Richter durchaus entsprechende Auskünfte beim zuständigen

„Sonderdienst Seehaus" ein. Bei Verurteilungen nach dem § 2 mussten jedoch laut Verordnungstext, die weiterverbreiteten Nachrichten ausländischer Sender „geeignet" sein, „die Widerstandskraft des deutschen Volkes zu gefährden". Die Formulierung von der „Geeignetheit" zur Gefährdung der „Widerstandskraft des deutschen Volkes" war eine der typischen Generalklauseln des NS-Rechts, die allerlei Auslegungen zuließ unter anderem auch pauschale Bewertungen der Nachrichtensendungen. So heißt es etwa in einem Urteil des Freiburger Sondergerichts vom Mai 1944, es sei „gerichtsbekannt", dass der Schweizer Sender Sottens bei Genf „deutschfeindlich ist und dass seine Nachrichten geeignet waren, die Widerstandskraft des deutschen Volkes zu gefährden".

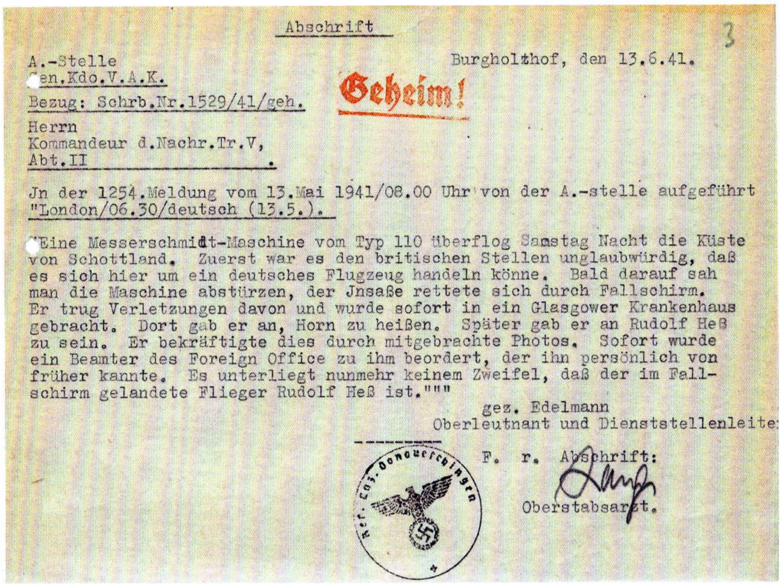
Abschrift

A.-Stelle
Gen.Kdo.V.A.K.
Bezug: Schrb.Nr.1529/41/geh.

Burgholzhof, den 13.6.41.

Geheim!

Herrn
Kommandeur d.Nachr.Tr.V,
Abt.II

Jn der 1254.Meldung vom 13.Mai 1941/08.00 Uhr von der A.-stelle aufgeführt "London/06.30/deutsch (13.5.).

"Eine Messerschmidt-Maschine vom Typ 110 überflog Samstag Nacht die Küste von Schottland. Zuerst war es den britischen Stellen unglaubwürdig, daß es sich hier um ein deutsches Flugzeug handeln könne. Bald darauf sah man die Maschine abstürzen, der Jnsaße rettete sich durch Fallschirm. Er trug Verletzungen davon und wurde sofort in ein Glasgower Krankenhaus gebracht. Dort gab er an, Horn zu heißen. Später gab er an Rudolf Heß zu sein. Er bekräftigte dies durch mitgebrachte Photos. Sofort wurde ein Beamter des Foreign Office zu ihm beordert, der ihn persönlich von früher kannte. Es unterliegt nunmehr keinem Zweifel, daß der im Fallschirm gelandete Flieger Rudolf Heß ist."""

gez. Edelmann
Oberleutnant und Dienststellenleite

F. r. Abschrift:
Oberstabsarzt.

Ermittlung zu der Londoner BBC-Meldung über den Englandflug des Führerstellvertreters Rudolf Heß im Mai 1941

Staatsarchiv Freiburg A 47/1 Nr. 109 Bild 4

Eine zusätzliche Bedeutung gewann der Weiterverbreitungsparagraph dadurch, dass das Mithörenlassen Dritter als Tatbestand des Verbreitens nach § 2 gewertet wurde: „Dass das absichtliche Abhören lassen dritter Personen als ‚Verbreiten' im Sinne der Rundfunkverordnung angesehen werden muß", so das Sondergericht Freiburg in einer Entscheidung vom Januar 1944, „ist jetzt unbestritten."

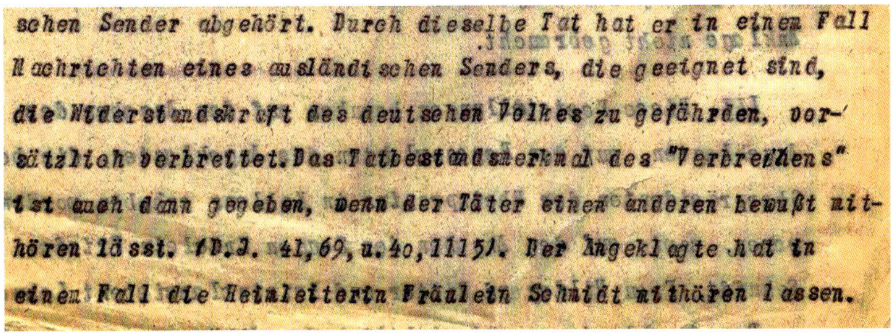
schen Sender abgehört. Durch dieselbe Tat hat er in einem Fall Nachrichten eines ausländischen Senders, die geeignet sind, die Widerstandskraft des deutschen Volkes zu gefährden, vorsätzlich verbreitet. Das Tatbestandsmerkmal des "Verbreitens" ist auch dann gegeben, wenn der Täter einen anderen bewußt mithören lässt. (D.J. 41,69, u. 40,1115). Der Angeklagte hat in einem Fall die Heimleiterin Fräulein Schmidt mithören lassen.

Tatbestand des Verbreitens (§ 2) durch mithören lassen dritter Personen

Staatsarchiv Freiburg A 47/1 Nr. 2018 Bild 26

Bei allen Weiterbreitungstatbeständen nach § 2 wurden grundsätzlich nur Zuchthausstrafen verhängt. Die durchschnittlich verhängte Zuchthausstrafe (meist im Zusammenhang mit Verbreitung nach § 2) betrug mit etwas mehr als 21 Monate fast zwei Jahre Zuchthaus. Die Höhe der durchschnittlichen Gefängnisstrafe (meist im Zusammenhang mit bloßem Abhören nach

§ 1) erreichte mit etwas über 9 Monaten nicht ganz ein Jahr Gefängnis. Das höchste Strafmaß insgesamt, das durch das Sondergericht Freiburg in einem Rundfunkverfahren verhängte wurde, betrug dreieinhalb Jahren Zuchthaus. Eine Todesstrafe wegen „Rundfunkverbrechen" ist beim Sondergericht Freiburg nicht nachweisbar. Während bei kriminellen Straftaten auch beim Sondergericht Freiburg vielfach Todesurteile ausgesprochen wurden, zögerten die Richter der Sondergerichte mit der Verhängung des Höchstmaßes bei politischen Delikten. In Zweifelsfällen, ob ein „Rundfunkverbrechen" nicht im Zusammenhang mit „Feindbegünstigung", „Wehrkraftzersetzung" oder gar „Vorbereitung zum Hochverrat" stand, wurden die Verfahren an den Volksgerichtshof abgeben, der bekanntermaßen wenig Skrupel bei der Verhängung politisch motivierter Todesurteile besaß.

Die Strafvollstreckung

Die Hinrichtung mit dem Fallbeil

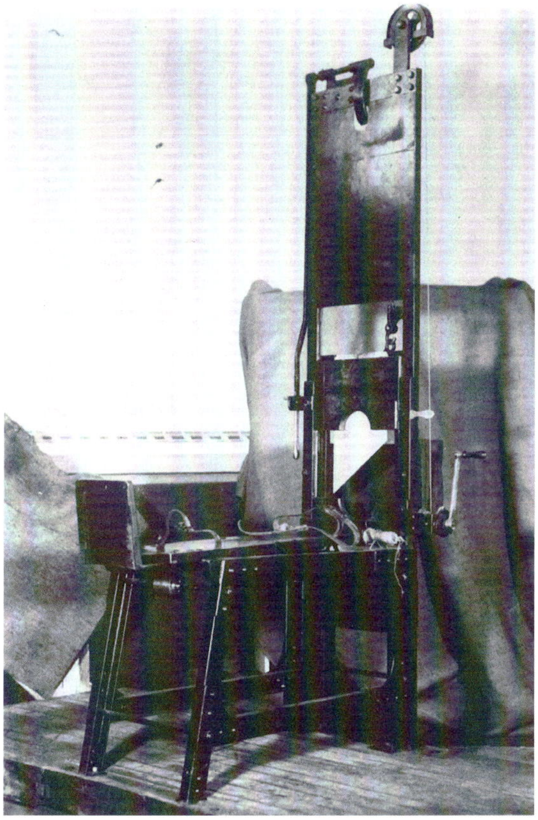

Guillotine der Richtstätte im Strafgefängnis Bruchsal

Bundesarchiv R 3001/25019

Die Urteilsvollstreckung ist über die Vollstreckungsakte minutiös dokumentiert. Stellte der Verurteilte selbst bzw. dessen Rechtsvertreter oder Angehörige ein Gnadengesuch, so wurde die Stellungnahme der Richter zur Gnadenfrage eingeholt. In der Regel erfolgt eine Ablehnung aus dem Reichsjustizministerium mit der üblichen Formel „... habe ich mit der Ermächtigung des Führers beschlossen, von dem Begnadigungsrecht keinen Gebrauch zu machen, sondern der Gerechtigkeit freien Lauf zu lassen. Der Reichsminister der Justiz". Die Ablehnung des Gnadengesuchs wurde dem Verurteilten einen Tag vor der Hinrichtung mitgeteilt und dabei dessen Reaktion protokolliert. Die Hinrichtungen fanden in Stuttgart als „zentraler Hinrichtungsstätte" für den deutschen Südwesten im nördlichen Lichthof des Justizgebäudes in der Urbanstraße statt, bis zu dessen Zerstörung durch den Bombenangriff vom 12./13. September 1944. Zusätzlich wurde im Mai 1944 im Strafgefängnis Bruchsal eine weitere Richtstätte eingerichtet. Von den 29 Todesurteilen des Sondergerichts Freiburg wurden 25 vollstreckt, 21 in Stuttgart und 4 in Bruchsal.

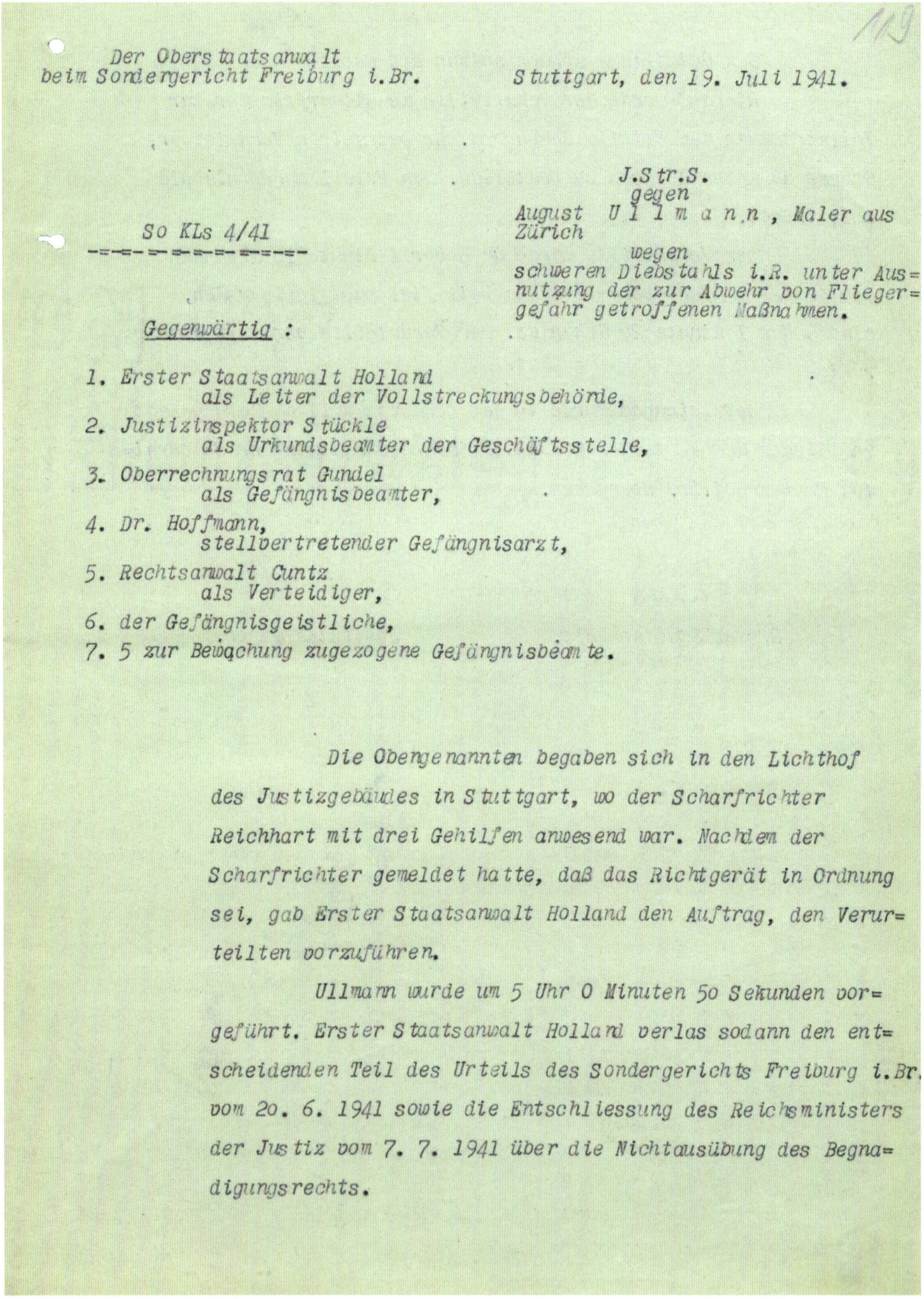

119

Der Oberstaatsanwalt
beim Sondergericht Freiburg i.Br.

Stuttgart, den 19. Juli 1941.

J.Str.S.
gegen
August Ullmann, Maler aus Zürich
wegen
schweren Diebstahls i.R. unter Ausnutzung der zur Abwehr von Fliegergefahr getroffenen Maßnahmen.

So KLs 4/41

Gegenwärtig :

1. Erster Staatsanwalt Holland
als Leiter der Vollstreckungsbehörde,
2. Justizinspektor Stückle
als Urkundsbeamter der Geschäftsstelle,
3. Oberrechnungsrat Gundel
als Gefängnisbeamter,
4. Dr. Hoffmann,
stellvertretender Gefängnisarzt,
5. Rechtsanwalt Cuntz
als Verteidiger,
6. der Gefängnisgeistliche,
7. 5 zur Bewachung zugezogene Gefängnisbeamte.

Die Obengenannten begaben sich in den Lichthof des Justizgebäudes in Stuttgart, wo der Scharfrichter Reichhart mit drei Gehilfen anwesend war. Nachdem der Scharfrichter gemeldet hatte, daß das Richtgerät in Ordnung sei, gab Erster Staatsanwalt Holland den Auftrag, den Verurteilten vorzuführen.

Ullmann wurde um 5 Uhr 0 Minuten 50 Sekunden vorgeführt. Erster Staatsanwalt Holland verlas sodann den entscheidenden Teil des Urteils des Sondergerichts Freiburg i.Br. vom 20. 6. 1941 sowie die Entschliessung des Reichsministers der Justiz vom 7. 7. 1941 über die Nichtausübung des Begnadigungsrechts.

Hinrichtung von August Ullmann, 19. Juli 1941

Staatsarchiv Freiburg A 47/1 Nr. 6 Bild 106

Der Geistliche sprach sodann ein Gebet.

Hierauf wurde der Verurteilte dem Scharfrichter zur Vollstreckung des Urteils übergeben. Er bat seinen Verteidiger, Grüsse an seine Ehefrau zu bestellen. Das Urteil wurde alsbald vollstreckt.

Der Verurteilte wurde um 5 Uhr 1 Minute lo Sekunden dem Scharfrichter übergeben. Das Beil fiel nach lo Sekunden, also 5 Uhr 1 Minute 2o Sekunden. Der Verurteilte verhielt sich ruhig.

Der Leichnam wurde in den bereitgestellten Sarg gelegt und dieser dem Vertreter des anatomischen Jnstituts der Universität Freiburg i.Br. übergeben.

Erster Staatsanwalt. Justizinspektor.

Hinrichtung von August Ullmann, 19. Juli 1941

Staatsarchiv Freiburg A 47/1 Nr. 6 Bild 107

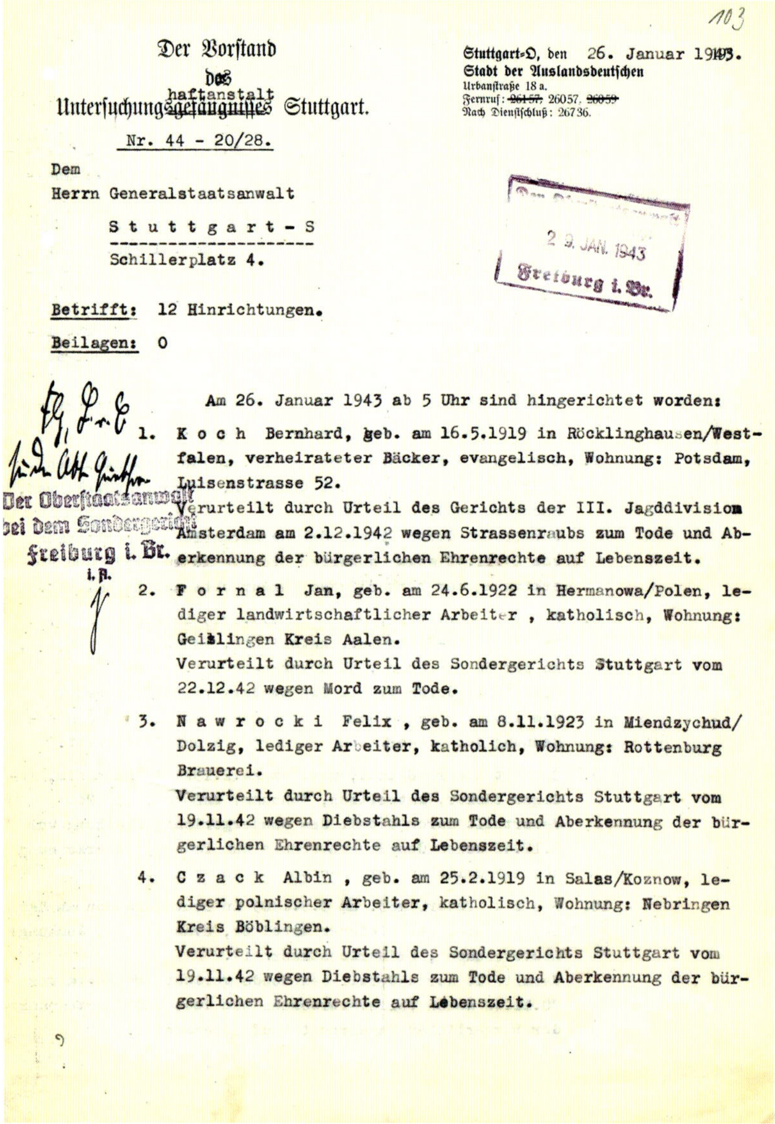

Der Vorstand
des
Untersuchungshaftanstalt Stuttgart.

Stuttgart-O, den 26. Januar 1943.
Stadt der Auslandsdeutschen
Urbanstraße 18 a.
Fernruf: ~~26157~~, 26057, ~~26059~~
Nach Dienstschluß: 26736.

Nr. 44 - 20/28.

Dem
Herrn Generalstaatsanwalt

S t u t t g a r t - S
Schillerplatz 4.

2 9. JAN. 1943
Freiburg i. Br.

Betrifft: 12 Hinrichtungen.

Beilagen: 0

Am 26. Januar 1943 ab 5 Uhr sind hingerichtet worden:

1. K o c h Bernhard, geb. am 16.5.1919 in Röcklinghausen/Westfalen, verheirateter Bäcker, evangelisch, Wohnung: Potsdam, Luisenstrasse 52.
Verurteilt durch Urteil des Gerichts der III. Jagddivision Amsterdam am 2.12.1942 wegen Strassenraubs zum Tode und Aberkennung der bürgerlichen Ehrenrechte auf Lebenszeit.
2. F o r n a l Jan, geb. am 24.6.1922 in Hermanowa/Polen, lediger landwirtschaftlicher Arbeiter, katholisch, Wohnung: Geislingen Kreis Aalen.
Verurteilt durch Urteil des Sondergerichts Stuttgart vom 22.12.42 wegen Mord zum Tode.
3. N a w r o c k i Felix, geb. am 8.11.1923 in Miendzychud/Dolzig, lediger Arbeiter, katholich, Wohnung: Rottenburg Brauerei.
Verurteilt durch Urteil des Sondergerichts Stuttgart vom 19.11.42 wegen Diebstahls zum Tode und Aberkennung der bürgerlichen Ehrenrechte auf Lebenszeit.
4. C z a c k Albin, geb. am 25.2.1919 in Salas/Koznow, lediger polnischer Arbeiter, katholisch, Wohnung: Nebringen Kreis Böblingen.
Verurteilt durch Urteil des Sondergerichts Stuttgart vom 19.11.42 wegen Diebstahls zum Tode und Aberkennung der bürgerlichen Ehrenrechte auf Lebenszeit.

Der Oberstaatsanwalt
bei dem Sondergericht
Freiburg i. Br.
i. A.

Zwölf Hinrichtungen in Stuttgart am 26. Januar 1943, darunter der 19-jährige Helmut Günther

Staatsarchiv Freiburg A 47/1 Nr. 4 Bild 82

Allein in Stuttgart wurden in der NS-Zeit mindestens 423 Menschen hingerichtet, meist durch den Scharfrichter Johann Reichhart. Reichhart hatte nach eigenen Tagebucheintragungen in den Jahren 1940 bis 1945 insgesamt 2.805 Hinrichtungen durchgeführt, an manchem Tag in Stuttgart mehrere Dutzend. So fanden beispielsweise am Morgen des 26. Januars 1943 zwölf Hinrichtungen statt. „Die Gefangenen standen in einer Reihe vor der Richtmaschine, sie wateten im Blut", heißt es im Katalog zur Dauerausstellung „NS-Justiz in Stuttgart" (S. 158) von 2019. Und weiter: „Der gesamte Ablauf muss grauenhaft gewesen sein."

Den Ablauf einer solchen Hinrichtung schildert Harald Poelchau, der als Gefängnispfarrer in Berlin-Plötzensee an manchen Tagen 30 bis 40 mit ansehen musste:

„Der gefesselte Delinquent wurde mit entblößtem Oberkörper in den Hinrichtungsschuppen geführt. Nach der Verlesung des Urteils in Gegenwart der üblichen Zeugen wandte sich der Staatsanwalt an den Scharfrichter mit der feststehenden Formel: ‚Scharfrichter, walten Sie Ihres Amtes!'…
Der Verurteilte hatte sich an ein hochgeklapptes, am Kopfende ausgekehltes Brett zu stellen. Ehe er sich besinnen konnte, warfen ihn die Henkersknechte auf das Brett, das in einem Scharnier befestigt war und um neunzig Grad umschlug. Der Delinquent kam mit dem umgeklappten Brett blitzschnell in eine Lage, in der sich sein Kopf genau unter dem Fallbeil befand. Es war die ‚Kunst' der Gesellen, die Länge des Opfers vorher richtig einzuschätzen. In derselben Sekunde drückte der Scharfrichter auf den Knopf. Das Fallbeil sauste herab, der Kopf des Verurteilten flog in einen bereitgestellten Weidenkorb. Der Blutverlust war ungeheuer, die Beine des Sterbenden zuckten jedesmal so zusammen, daß die Holzpantinen im weiten Bogen fortgeschleudert wurden...
In strammer militärischer Haltung meldete der Scharfrichter: ‚Herr Oberstaatsanwalt, das Urteil ist vollstreckt!'" [42]

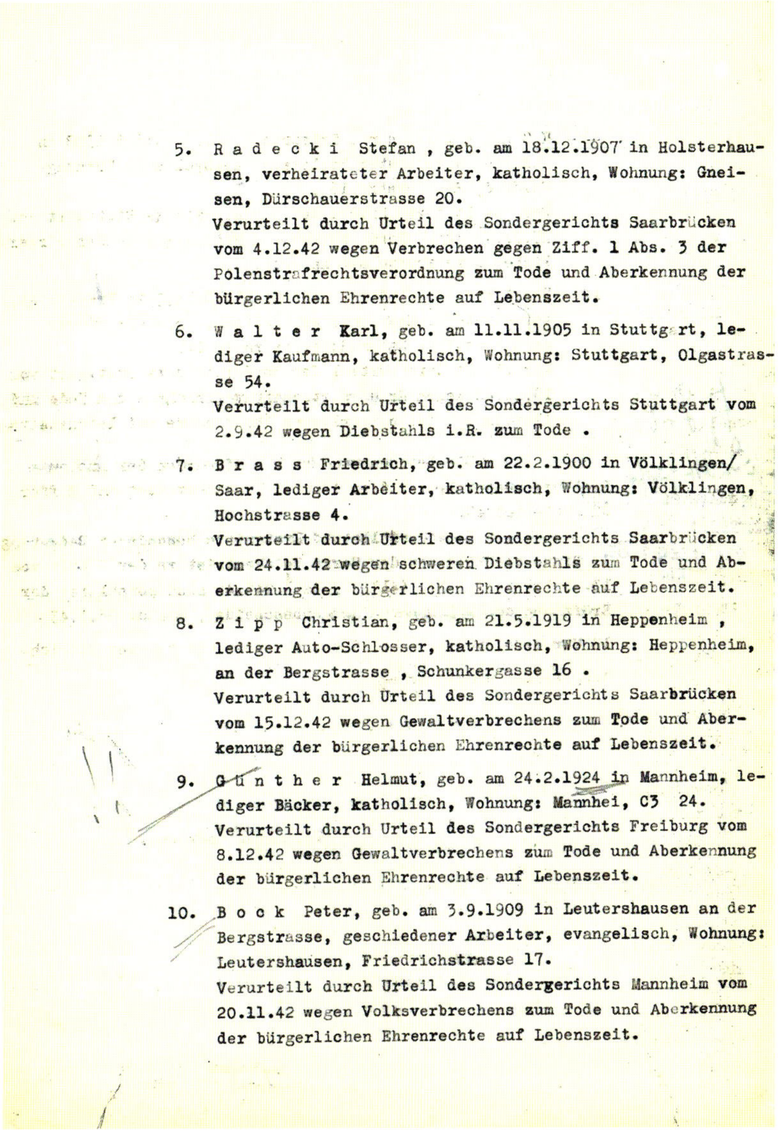

5. R a d e c k i Stefan , geb. am 18.12.1907 in Holsterhausen, verheirateter Arbeiter, katholisch, Wohnung: Gneisen, Dürschauerstrasse 20.
Verurteilt durch Urteil des Sondergerichts Saarbrücken vom 4.12.42 wegen Verbrechen gegen Ziff. 1 Abs. 3 der Polenstrafrechtsverordnung zum Tode und Aberkennung der bürgerlichen Ehrenrechte auf Lebenszeit.

6. W a l t e r Karl, geb. am 11.11.1905 in Stuttgart, lediger Kaufmann, katholisch, Wohnung: Stuttgart, Olgastrasse 54.
Verurteilt durch Urteil des Sondergerichts Stuttgart vom 2.9.42 wegen Diebstahls i.R. zum Tode .

7. B r a s s Friedrich, geb. am 22.2.1900 in Völklingen/Saar, lediger Arbeiter, katholisch, Wohnung: Völklingen, Hochstrasse 4.
Verurteilt durch Urteil des Sondergerichts Saarbrücken vom 24.11.42 wegen schweren Diebstahls zum Tode und Aberkennung der bürgerlichen Ehrenrechte auf Lebenszeit.

8. Z i p p Christian, geb. am 21.5.1919 in Heppenheim , lediger Auto-Schlosser, katholisch, Wohnung: Heppenheim, an der Bergstrasse , Schunkergasse 16 .
Verurteilt durch Urteil des Sondergerichts Saarbrücken vom 15.12.42 wegen Gewaltverbrechens zum Tode und Aberkennung der bürgerlichen Ehrenrechte auf Lebenszeit.

9. G ü n t h e r Helmut, geb. am 24.2.1924 in Mannheim, lediger Bäcker, katholisch, Wohnung: Mannhei, C3 24.
Verurteilt durch Urteil des Sondergerichts Freiburg vom 8.12.42 wegen Gewaltverbrechens zum Tode und Aberkennung der bürgerlichen Ehrenrechte auf Lebenszeit.

10. B o c k Peter, geb. am 3.9.1909 in Leutershausen an der Bergstrasse, geschiedener Arbeiter, evangelisch, Wohnung: Leutershausen, Friedrichstrasse 17.
Verurteilt durch Urteil des Sondergerichts Mannheim vom 20.11.42 wegen Volksverbrechens zum Tode und Aberkennung der bürgerlichen Ehrenrechte auf Lebenszeit.

Zwölf Hinrichtungen in Stuttgart am 26. Januar 1943, darunter der 19-jährige Helmut Günther

Staatsarchiv Freiburg A 47/1 Nr. 4 Bild 83

[42] Zitiert nach Poelchau (Die letzten Stunden), S. 30/31

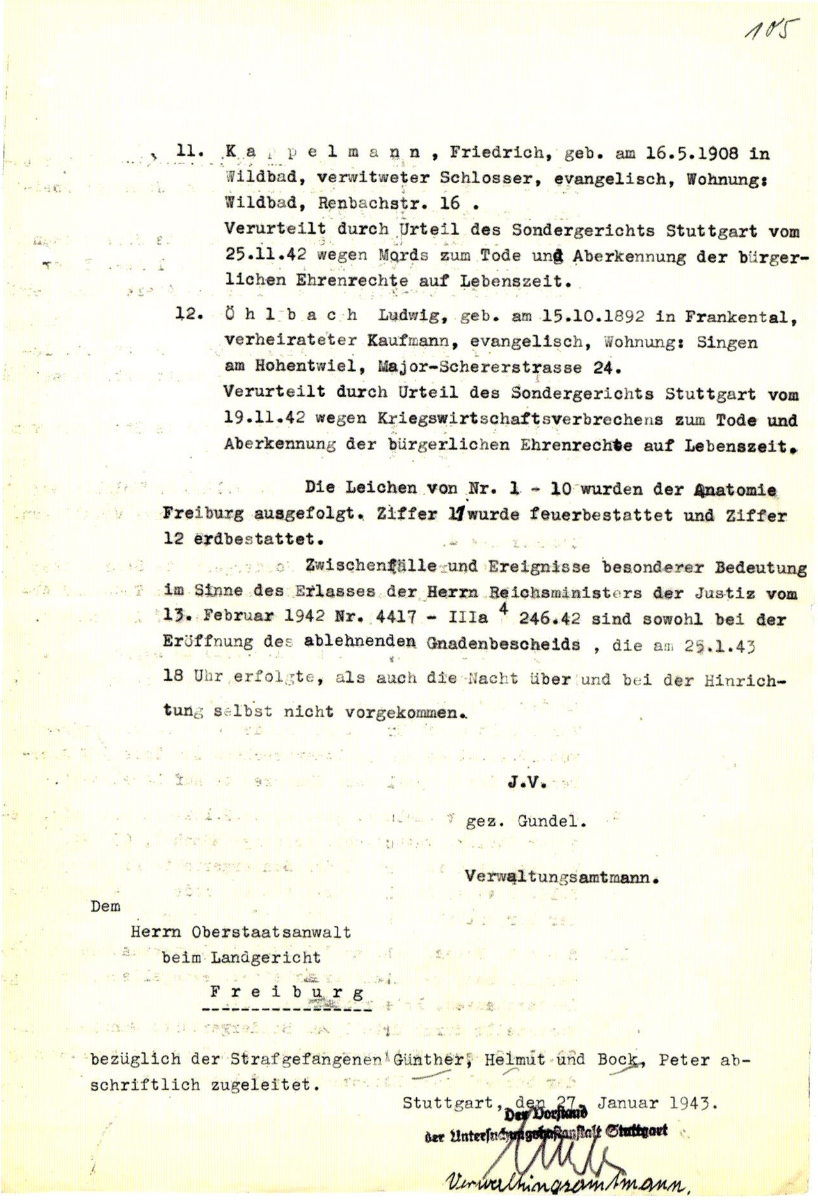
105

11. Kappelmann, Friedrich, geb. am 16.5.1908 in Wildbad, verwitweter Schlosser, evangelisch, Wohnung: Wildbad, Renbachstr. 16.
Verurteilt durch Urteil des Sondergerichts Stuttgart vom 25.11.42 wegen Mords zum Tode und Aberkennung der bürgerlichen Ehrenrechte auf Lebenszeit.

12. Öhlbach Ludwig, geb. am 15.10.1892 in Frankental, verheirateter Kaufmann, evangelisch, Wohnung: Singen am Hohentwiel, Major-Schererstrasse 24.
Verurteilt durch Urteil des Sondergerichts Stuttgart vom 19.11.42 wegen Kriegswirtschaftsverbrechens zum Tode und Aberkennung der bürgerlichen Ehrenrechte auf Lebenszeit.

Die Leichen von Nr. 1 - 10 wurden der Anatomie Freiburg ausgefolgt. Ziffer 11 wurde feuerbestattet und Ziffer 12 erdbestattet.

Zwischenfälle und Ereignisse besonderer Bedeutung im Sinne des Erlasses der Herrn Reichsministers der Justiz vom 13. Februar 1942 Nr. 4417 - IIIa 4 246.42 sind sowohl bei der Eröffnung des ablehnenden Gnadenbescheids, die am 25.1.43 18 Uhr erfolgte, als auch die Nacht über und bei der Hinrichtung selbst nicht vorgekommen.

J.V.

gez. Gundel.

Verwaltungsamtmann.

Dem

Herrn Oberstaatsanwalt

beim Landgericht

Freiburg

bezüglich der Strafgefangenen Günther, Helmut und Bock, Peter abschriftlich zugeleitet.

Stuttgart, den 27. Januar 1943.

Der Vorstand

der Untersuchungsgefängnis Stuttgart

Verwaltungsamtmann.

Zwölf Hinrichtungen in Stuttgart am 26. Januar 1943, darunter der 19-jährige Helmut Günther

Staatsarchiv Freiburg A 47/1 Nr. 4 Bild 84

Zuchthaus- und Gefängnisstrafen

Sondergerichtsurteile waren mit Urteilsverkündung rechtskräftig und damit sofort vollstreckbar. Die Verurteilten wurden unmittelbar von der Untersuchungshaft in die Strafhaft überführt, die vorwiegend in den Haftanstalten Freiburg, Bruchsal, Ensisheim/Elsass und Hagenau/Elsass vollstreckt wurden. Von erheblicher Bedeutung für die Verurteilten war, ob sie eine Gefängnis- oder eine Zuchthausstrafe erhalten hatten, da die Haftbedingungen im Gefängnis nicht ganz so hart waren wie im Zuchthaus. Das Zuchthaus galt allgemein als „Haus des Schreckens". Allerdings wurden mit Kriegsbeginn die Haftbedingungen in Gefängnissen und Zuchthäusern nicht nur angeglichen, sondern auch verschärft. Allen Strafgefangenen sollte „volkswichtige Arbeit" zugewiesen werden. Dabei wurde die tägliche Arbeitszeit im Zuchthaus auf zwölf Stunden, im Gefängnis auf elf Stunden erhöht. Zuchthausgefangene sollten das erste halbe Jahr in Einzelhaft verbringen, Besuch oder Schriftverkehr wurden nur in dringenden Fällen erlaubt. Ansonsten galten für Besuche die Fristen bei Zuchthaus alle drei Monate (Gefängnis zwei Monate), für Schriftverkehr von Zuchthausgefangenen alle sechs Wochen (Gefängnis alle vier Wochen).

Der „strenge Arrest" wurde zur allgemein zulässigen Hausstrafe erklärt. Spätestens seit der zweiten Kriegshälfte waren die Haftbedingungen gekennzeichnet von ständiger Überbelegung der Haftanstalten, chronischer Unterernährung der Häftlinge, unzureichender Kleidung und völliger Überarbeitung. Bei Kriegsende wurden Strafgefangene oftmals von den Besatzungsstreitkräften auf freien Fuß gesetzt oder unerwartet aus der Haft entlassen. So heißt es etwa über einen zu eineinhalb Jahren Zuchthaus wegen „Rundfunkverbrechens" verurteilten Studienrat im Ruhestand, er sei am 26. März 1945 „aus kriegsbedingten Gründen" kurz vor dem Einrücken der Alliierten aus dem Zuchthaus Bruchsal entlassen worden. Statt „kriegsbedingter" Entlassung konnte jedoch Häftlingen zum Kriegsende Gefahr für Leib und Leben drohen. Vielfach wurden insbesondere „politische" Strafgefangene von Gestapo und SS aus ihren Zellen geholt und kurzerhand erschossen.

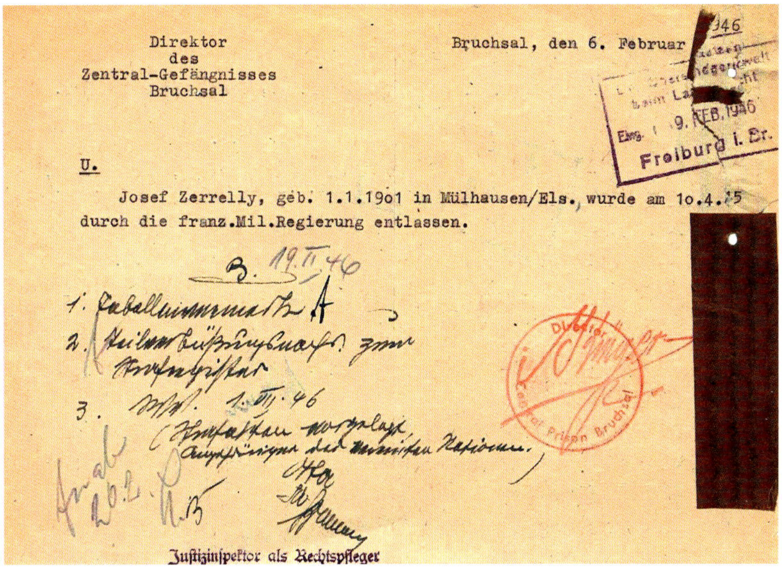

Direktor
des
Zentral-Gefängnisses
Bruchsal

Bruchsal, den 6. Februar 1946

U.

Josef Zerrelly, geb. 1.1.1901 in Mülhausen/Els., wurde am 10.4.45 durch die franz.Mil.Regierung entlassen.

Justizinspektor als Rechtspfleger

Mitteilung über die Entlassung aus dem Gefängnis Bruchsal am 10. April 1945 durch die französische Militärregierung

Staatsarchiv Freiburg A 47/1 Nr. 1694 Bild 36

Verurteilte Strafgefangene als „Kriegstäter“

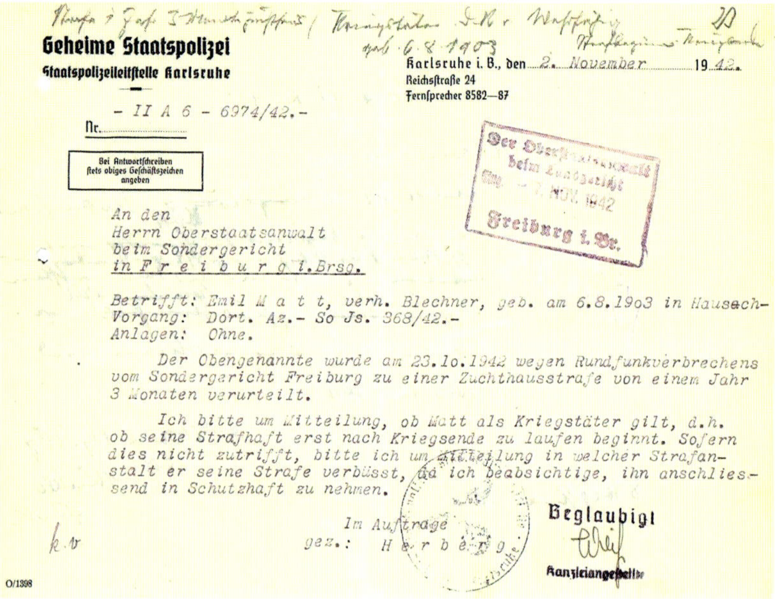

Geheime Staatspolizei
Staatspolizeileitstelle Karlsruhe

– II A 6 – 6974/42.–
Nr.

Bei Antwortschreiben stets obiges Geschäftszeichen angeben

Karlsruhe i. B., den 2. November 1942.
Reichsstraße 24
Fernsprecher 8582–87

An den
Herrn Oberstaatsanwalt
beim Sondergericht
in F r e i b u r g i.Brsg.

Betrifft: Emil M a t t, verh. Blechner, geb. am 6.8.19o3 in Hausach-
Vorgang: Dort. Az.- So Js. 368/42.-
Anlagen: Ohne.

Der Obengenannte wurde am 23.1o.1942 wegen Rundfunkverbrechens vom Sondergericht Freiburg zu einer Zuchthausstrafe von einem Jahr 3 Monaten verurteilt.

Ich bitte um Mitteilung, ob Matt als Kriegstäter gilt, d.h. ob seine Strafhaft erst nach Kriegsende zu laufen beginnt. Sofern dies nicht zutrifft, bitte ich um Mitteilung in welcher Strafanstalt er seine Strafe verbüsst, da ich beabsichtige, ihn anschliessend in Schutzhaft zu nehmen.

Im Auftrage
gez.: H e r b e r g

Beglaubigt
Kanzleiangestellte

O/1398

Anfrage der Gestapo, ob der Verurteilte als „Kriegstäter“ gilt, 2. November 1942

Staatsarchiv Freiburg A 47/1 Nr. 1028 Bild 15

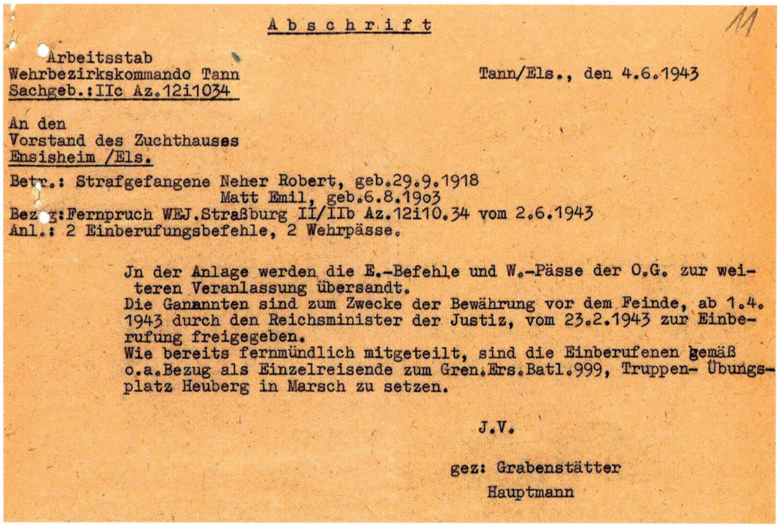

A b s c h r i f t

Arbeitsstab
Wehrbezirkskommando Tann
Sachgeb.: IIc Az.12i1034

Tann/Els., den 4.6.1943

An den
Vorstand des Zuchthauses
Ensisheim /Els.

Betr.: Strafgefangene Neher Robert, geb.29.9.1918
Matt Emil, geb.6.8.19o3
Bezug: Fernpruch WEJ.Straßburg II/IIb Az.12i10.34 vom 2.6.1943
Anl.: 2 Einberufungsbefehle, 2 Wehrpässe.

Jn der Anlage werden die E.-Befehle und W.-Pässe der O.G. zur weiteren Veranlassung übersandt.
Die Genannten sind zum Zwecke der Bewährung vor dem Feinde, ab 1.4. 1943 durch den Reichsminister der Justiz, vom 23.2.1943 zur Einberufung freigegeben.
Wie bereits fernmündlich mitgeteilt, sind die Einberufenen gemäß o.a.Bezug als Einzelreisende zum Gren.Ers.Batl.999, Truppen- Übungsplatz Heuberg in Marsch zu setzen.

J.V.

gez: Grabenstätter
Hauptmann

Strafunterbrechung „zum Zwecke der Bewährung vor dem Feinde“, 4. Juni 1943

Staatsarchiv Freiburg A 47/1 Nr. 1029 Bild 10

Eine besondere Form der Doppelbestrafung bzw. Strafverlängerung erging auf Anordnung des Ministerrats für Reichsverteidigung im Sommer 1940. Laut der „Verordnung über die Vollstreckung von Freiheitsstrafen wegen einer während des Krieges begangenen Tat“ vom 11. Juni 1940 „wird die in die Zeit des Kriegszustandes fallende Vollzugszeit in die Strafzeit nicht eingerechnet“ (RGBl. 1940 I, S. 877). Das hieß, die Strafverbüßung während des Krieges zählte nicht. Zusätzlich sollte die Strafvollstreckung unter „verschärften Bedingungen“ vollzogen werden, wofür die Strafgefangenen in Straflager zu überführen waren. Diese sogenannte „Kriegstäter“-Verordnung sollte im zivilen Bereich auf alle wehrfähigen deutschen Straftäter bis zum Alter von 45 Jahren angewandt werden, gegen die Zuchthausstrafen verhängt worden waren. Im Januar 1942 wurde die Verordnung dahingehend gemildert, dass die Nichteinrechung der Vollzugszeit im Allgemeinen erst ab der Verhängung von zwei Jahren Zuchthaus erfolgen solle. Allerdings sind beim Sondergericht Freiburg zumindest zwei Verurteilte nachweisbar, die lediglich zu einem Jahr und drei Monaten Zuchthaus verurteilt worden waren, und deren Vollzugszeit nicht angerechnet wurde.

Die Betroffenen wurden auf einer Liste für „unterbrochene Zuchthausstrafen“ vermerkt, und nach anstaltsärztlicher Prüfung der „Lagerfähigkeit“ wurde ihre Überstellung in ein Straflager verfügt. Der Straflagervollzug erfolgte hauptsächlich in den Emslandlagern, dem Straflager Rodgau/Dieburg in Hessen, dem Elberegulierungslager in Griebo/Coswig und einem der Haftanstalt Bernau/Chiemsee angegliedertem Lager, wo die Häftlinge ausnahmslos unter erschwerten Bedingungen arbeiten mussten.[43]

Es bestand jedoch die Möglichkeit, ein Gnadengesuch gegen die Anwendung der „Kriegstäter"-Verordnung zu stellen. So hatte die Ehefrau eines wegen „Rundfunkverbrechens" zu zwei Jahren Zuchthaus verurteilten „Kriegstäters" ein Gnadengesuch für ihren Ehemann gestellt. Der Vertreter der Gestapo-Leitstelle Karlsruhe, Herberg, über dessen Schreibtisch der Vorgang ging, wandte sich am 13. Februar 1943 gegen einen solchen Gnadenerweis:

„Bei D. handelt es sich um einen alten verbissenen KPD-Funktionär, bei dem nach seinem Gesamtverhalten zu urteilen, eine Umstellung im nationalsozialistischen Sinne nicht erfolgen wird. Ein Gnadenerweis wird staatspolizeilicherseits nicht befürwortet. Ich bitte gleichzeitig, die Kriegsvollzugszeit nicht in Anrechnung bringen zu wollen."

Der für den Strafvollzug zuständige Oberstaatsanwalt blieb jedoch dabei, dass die „getroffene Anordnung der Nichteinrechung" widerrufen werde. Der Straflagervollzug blieb dem Betroffenen jedoch nicht erspart, er wurde nach der vollständigen Verbüßung seiner zweijährigen Strafzeit am 8. Februar 1944 aus dem Lager Rodgau entlassen.

Im Falle des Blechners Emil Matt, einem ehemaligen SPD-Mitglied und kleinen Funktionär aus Triberg im Schwarzwald, der wegen Abhörens zu einem Jahr und drei Monaten Zuchthaus verurteilt worden war (s. Fall 7, oben), intervenierte die Gestapo ebenfalls. Wenige Tage nach der Urteilsverkündung wandte sich die Leitstelle der Gestapo in Karlsruhe an den Oberstaatsanwalt beim Sondergericht Freiburg:

„Ich bitte um Mitteilung, ob Matt als Kriegstäter gilt, d.h. ob seine Strafhaft erst nach Kriegsende zu laufen beginnt. Sofern dies nicht zutrifft, bitte ich um Mitteilung in welcher Strafanstalt er seine Strafe verbüsst, da ich beabsichtige, ihn anschliessend in Schutzhaft zu nehmen."

Die Forderung der Gestapo wurde letztlich gegenstandslos, als der Oberstaatsanwalt eine Strafaussetzung zum Zwecke des Fronteinsatzes verfügte:

„Dem Verurteilten Emil Matt wird ... Strafaussetzung gemäß § 9 des Gnadenerlasses des Führers und Reichskanzlers für die Wehrmacht vom 1. September 1939 bis auf weiteres bewilligt. Die Strafaussetzung hat nur Gültigkeit solange der Verurteilte der Wehrmacht angehört und nicht u.k. gestellt ist. ...
Den Strafgefangenen ersuche ich erst auf den Tag seiner Einberufung zu dem in Frage kommenden Truppenteil in Marsch zu setzten. Eine Entlassung in die Heimat ist zu vermeiden."

[43] Vgl. folgend Hensle (Rundfunkverbrechen), S. 269 f.

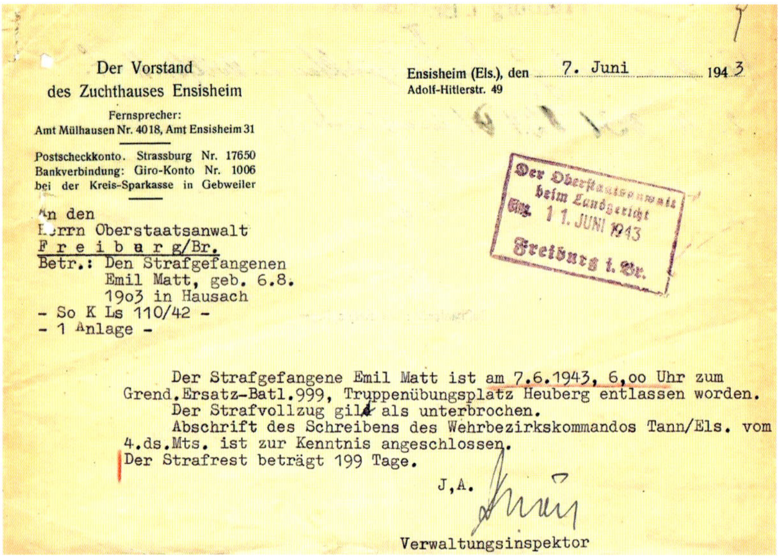

Der Vorstand
des Zuchthauses Ensisheim

Fernsprecher:
Amt Mülhausen Nr. 4018, Amt Ensisheim 31

Postscheckkonto. Strassburg Nr. 17650
Bankverbindung: Giro-Konto Nr. 1006
bei der Kreis-Sparkasse in Gebweiler

Ensisheim (Els.), den 7. Juni 1943
Adolf-Hitlerstr. 49

Der Oberstaatsanwalt beim Landgericht
Eing. 11. JUNI 1943
Freiburg i. Br.

An den
Herrn Oberstaatsanwalt
F r e i b u r g/Br.
Betr.: Den Strafgefangenen
Emil Matt, geb. 6.8.
19o3 in Hausach
- So K Ls 110/42 -
- 1 Anlage -

Der Strafgefangene Emil Matt ist am 7.6.1943, 6,oo Uhr zum Grend.Ersatz-Batl.999, Truppenübungsplatz Heuberg entlassen worden. Der Strafvollzug gilt als unterbrochen.
Abschrift des Schreibens des Wehrbezirkskommandos Tann/Els. vom 4.ds.Mts. ist zur Kenntnis angeschlossen.
Der Strafrest beträgt 199 Tage.

J.A.

Verwaltungsinspektor

Entlassung zum Grend.Ersatz-Batl. 999, Truppenübungsplatz Heuberg, 7. Juni 1943

Staatsarchiv Freiburg A 47/1 Nr. 1029 Bild 8

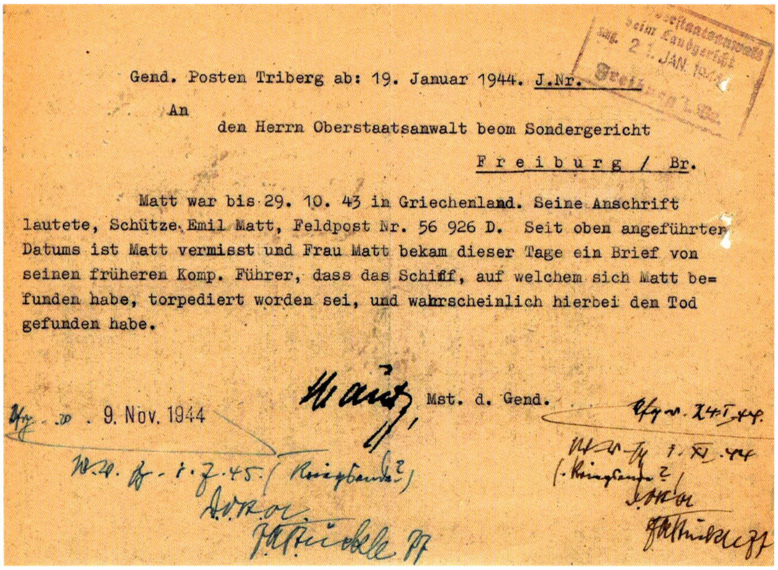

Oberstaatsanwalt beim Landgericht
Eing. 21. JAN. 1944
Freiburg i. Br.

Gend. Posten Triberg ab: 19. Januar 1944. J.Nr.

An
den Herrn Oberstaatsanwalt beom Sondergericht
F r e i b u r g / Br.

Matt war bis 29. 10. 43 in Griechenland. Seine Anschrift lautete, Schütze Emil Matt, Feldpost Nr. 56 926 D. Seit oben angeführter Datums ist Matt vermisst und Frau Matt bekam dieser Tage ein Brief von seinen früheren Komp. Führer, dass das Schiff, auf welchem sich Matt befunden habe, torpediert worden sei, und wahrscheinlich hierbei den Tod gefunden habe.

Mst. d. Gend.

9. Nov. 1944

Mitteilung von der Torpedierung des Schiffes, 19. Januar 1944

Staatsarchiv Freiburg A 47/1 Nr. 1029 Bild 13

Eine Strafaussetzung wegen Einberufung zur Wehrmacht war auch für nicht als „Kriegstäter" geführte Verurteilte durchaus gebräuchlich. Für sogenannte „Kriegstäter" führte jedoch in der Regel nur der Weg über die Frontbewährung aus den Straflagern. Der Fronteinsatz erfolgte zum Teil in den Straf- bzw. Bewährungskompanien 999 der Wehrmacht. Der Wehrmachteinsatz erforderte zunächst die (bedingte) Wiederverleihung der Wehrwürdigkeit. Die Strafaussetzung galt jedoch nur für die Dauer des Fronteinsatzes, sobald die Wehrfähigkeit nicht mehr gegeben war, war der Betreffende erneut in Strafhaft zu überführen.

Nachdem Emil Matt eine Strafaussetzung erteilt worden war, wurde er am 7. Juni 1943 aus dem Zuchthaus Ensisheim/Elsass zum Grend.Ersatz-Batl. 999, Truppenübungsplatz entlassen. Eine Justizanfrage vom Januar 1944 zu dessen weiterem Verbleib erbrachte folgende Auskunft:

„Matt war bis 29.10.43 in Griechenland. … Seit oben angeführten Datums ist Matt vermisst und Frau Matt bekam dieser Tage ein Brief von seinem früheren Komp. Führer, dass das Schiff, auf welchem sich Matt befunden habe, torpediert worden sei, und wahrscheinlich hierbei den Tod gefunden habe."

Emil Matt hatte nicht überlebt und wurde 1952 für tot erklärt. Aber bereits ein halbes Jahr nach Kriegsende wurde am 29. Januar 1946 dessen Sondergerichtsurteil von 1942 durch die Straftilgungskommission in der französischen Zone Badens getilgt. Die Tilgung des Urteils wegen „Rundfunkverbrechens" erging, „da die Verurteilung wegen einer politischen Straftat erfolgte".

KZ-Einweisung als „Schutzhaft" nach der Strafverbüßung

Nach gerichtlicher Aburteilung und nachfolgender Strafverbüßung konnten Strafhäftlinge keineswegs sicher sein, entlassen zu werden und auf freien Fuß zu kommen. Generell behielt sich die Gestapo das Recht vor, „Schutzhaft" gegen zur Entlassung kommende Justizgefangene zu verhängen. Für das Land Baden und damit auch für den Bereich des Sondergerichts Freiburg war der Informationsaustausch zwischen Justiz und Gestapo über Strafende und bevorstehende Entlassung seit 1935 eindeutig geregelt. Einer Übereinkunft zufolge hatten die Strafanstalten jeweils einen Monat vor der Entlassung politischer Strafgefangener über deren Führung zu berichten, zwecks Prüfung einer eventuellen „Inschutzhaftnahme" durch die Gestapo.[44]

Eine solche Inschutzhaftnahme betrieb die Gestapo gegen Verurteilte aus dem politisch-katholischen Milieu in Freiburg, die gemeinschaftlich Auslandssender abgehört hatten. Bei dieser Abhörgemeinschaft handelte sich um einen 52-jährigen Verwaltungsinspektor der AOK Freiburg, dessen 50-jährige Ehefrau sowie deren Untermieter, eine 23-jährige Angestellte des Caritas-Verbandes und einen 28-jährigen Angestellten bei der Allgemeinen Katholischen Kirchensteuerkasse. Das Sondergericht Freiburg unter Vorsitz von Landgerichtspräsident von Frankenberg mit den Landgerichtsräten Dr. Künstle und Stroh hatte am 12. August 1943 nach dreistündiger Verhandlung den AOK-Inspektor Philipp Auer, der in der Klageschrift als „dem politisierenden Katholizismus nahestehend" bezeichnet wurde, zu eineinhalb Jahren Zuchthaus verurteilt. Seine Frau Camilla Auer erhielt zehn Monate, die Untermieterin ein Jahr und der Untermieter acht Monate Gefängnis. Dem Verfahren war eine Denunziation vorausgegangen: Ein gemeinsamer Bekannter hatte die Bewohner bei der Gestapo angezeigt. Er selbst wurde – unter der Drohung, er werde seine inhaftierte Braut, die einer verbotenen katholischen Jugendgruppe angehörte, nicht wiedersehen, wenn er nicht andere verrate – von der Gestapo zu dieser Denunziation gepresst. Doch auch nach der Verurteilung ließ die Gestapo nicht locker und teilte der Staatsanwaltschaft mit, dass beabsichtigt werde, gegen die Strafgefangenen gegebenenfalls „staatspolizeiliche Maßnahmen" nach Haftverbüßung zu ergreifen. Und tatsächlich wurde der AOK-Inspektor Philipp Auer nach Strafende in „Schutzhaft" genommen. Die letzte Meldung über ihn stammte vom 28. Januar 1945 aus dem KZ Dachau, es war die Todesmeldung. Die mitverurteilte Ehefrau Camilla Auer wurde in gleichfalls in ein Konzentrationslager verbracht, in das Frauen-KZ Ravensbrück, das sie im Gegensatz zu ihrem Ehemann überlebte. Als die Gestapo auch gegen die zu einem Jahr Gefängnis verurteile Untermieterin „Schutzhaft" nach der Strafverbüßung verhängen wollte, intervenierte Oberstaatsanwalt Weiß beim Generalstaatsanwalt und direkt bei der Gestapo, worauf diese von dem Vorhaben abließ.

Es war also dem Engagement des Oberstaatsanwalts Weiß zu verdanken, dass die mitverurteilte Untermieterin der vorgesehenen Einweisung in ein Konzentrationslager entging. Es gab allerdings auch Fälle einer Zusammenarbeit der Staatsanwaltschaft mit der Gestapo, die über das dienstlich nötige Maß hinaus ging und auf

[44] Vgl. folgend Hensle (Rundfunkverbrechen), S. 281 f. sowie S. 217/218

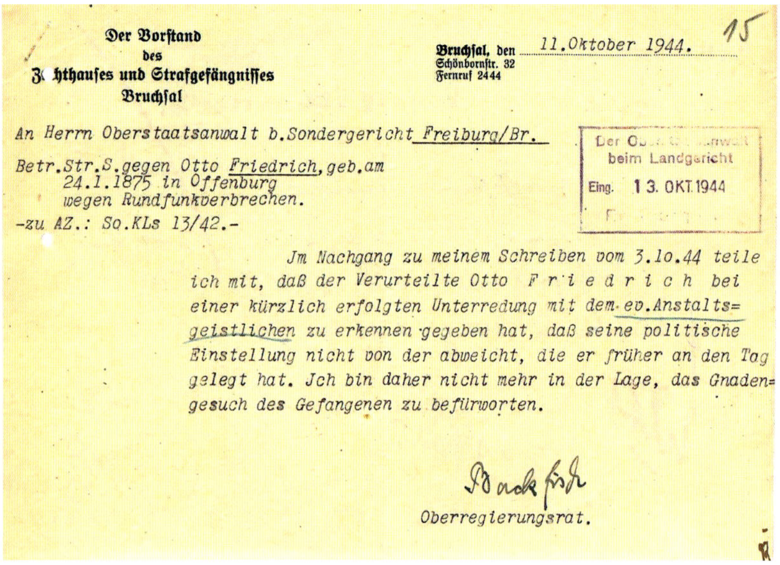

15

Der Vorstand
des
Zuchthauses und Strafgefängnisses
Bruchsal

Bruchsal, den 11. Oktober 1944.
Schönbornstr. 32
Fernruf 2444

An Herrn Oberstaatsanwalt b.Sondergericht Freiburg/Br.

Der Oberstaatsanwalt
beim Landgericht
Eing. 13. OKT. 1944

Betr.Str.S.gegen Otto Friedrich,geb.am
24.1.1875 in Offenburg
wegen Rundfunkverbrechen.
-zu AZ.: So.KLs 13/42.-

Jm Nachgang zu meinem Schreiben vom 3.10.44 teile ich mit, daß der Verurteilte Otto Friedrich bei einer kürzlich erfolgten Unterredung mit dem ev.Anstalts=geistlichen zu erkennen gegeben hat, daß seine politische Einstellung nicht von der abweicht, die er früher an den Tag gelegt hat. Jch bin daher nicht mehr in der Lage, das Gnaden=gesuch des Gefangenen zu befürworten.

Backfisch
Oberregierungsrat.

Mitteilung des Strafanstaltsleiters über die „politische Einstellung" des Strafgefangenen Otto Friedrich, 11. Oktober 1944

Staatsarchiv Freiburg A 47/1 Nr. 566 Bild 24

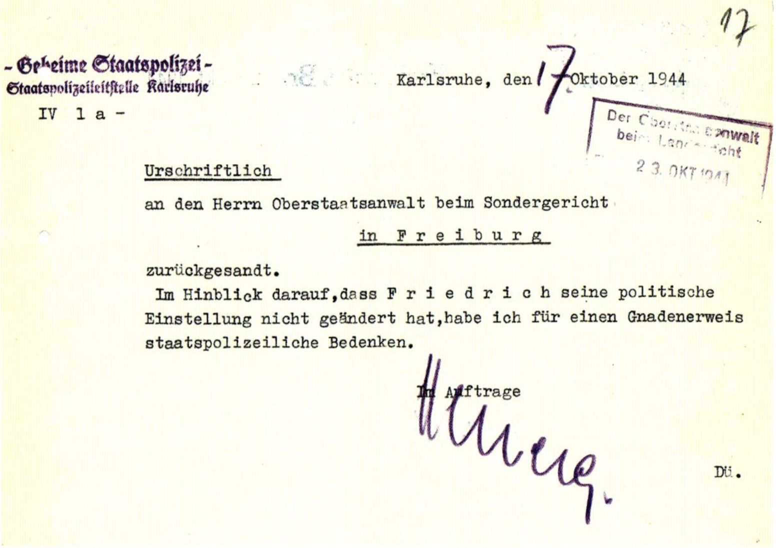

17

- Geheime Staatspolizei -
Staatspolizeileitstelle Karlsruhe
IV 1 a -

Karlsruhe, den 17. Oktober 1944

Der Oberstaatsanwalt
beim Landgericht
23. OKT. 1944

Urschriftlich
an den Herrn Oberstaatsanwalt beim Sondergericht
in Freiburg
zurückgesandt.

Im Hinblick darauf,dass Friedrich seine politische Einstellung nicht geändert hat,habe ich für einen Gnadenerweis staatspolizeiliche Bedenken.

Im Auftrage

Dü.

Bekanntgabe der Gestapo über „staatspolizeiliche Bedenken", 17. Oktober 1944

Staatsarchiv Freiburg A 47/1 Nr. 566 Bild 26

außergerichtliche Sanktionierung und Abstrafung Beschuldigter zielte. Als beispielsweise dem zuständigen Sonderstaatsanwalt beim Sondergericht Freiburg, Gerichtsassessor Benz, 1942 eine Anklage wegen „Heimtückevergehens" und „Rundfunkverbrechens" Schwierigkeiten bereitete und er einen Freispruch befürchtete, wandte er sich direkt an die Gestapo-Leitstelle in Karlsruhe:

„Ich würde es auch in diesem Falle für notwendig erachten, die Beschuldigte, die sich durch ihr Verhalten ausserhalb der deutschen Volksgemeinschaft gestellt hat, für dauernd aus dieser zu entfernen und sie in ein Konzentrationslager überstellen. Falls diese meine Ansicht dort gebilligt wird, bitte ich, den gem. § 5 der Rundfunkverordnung gestellten Strafantrag zurückzunehmen."

Die Gestapo lehnt ab und sollte Recht behalten. Die Befürchtungen des Staatsanwaltes über möglicherweise mangelnden Aburteilungswillen der Richter waren unbegründet. Das Sondergericht Freiburg verurteilte die Angeklagte sechs Wochen später zu einer Gesamtgefängnisstrafe von einen Jahr und sechs Monaten.

Ein weiterer vom Sondergericht Freiburg Verurteilter wurde nach Strafverbüßung und Haftentlassung ebenfalls in ein Konzentrationslager verbracht. Der Privatier Otto Friedrich aus Offenburg war am 27. Februar 1942 unter Vorsitz von Landgerichtspräsident von Frankenberg mit den Landgerichtsräten Dr. Künstle und Dr. Müller wegen „Rundfunkverbrechen" zu drei Jahren

Zuchthaus verurteilt worden, und ihm sollte gegen Strafende wie nicht unüblich ein geringer Teil seiner Reststrafe erlassen werden. Zunächst hatte die Gestapo-Leitstelle Karlsruhe gegen „die Erlassung der Reststrafe von 2 Monaten im Gnadenwege" in Anlehnung an die Stellungnahme der Strafanstalt keine Einwände. Doch dann erstattete der Leiter des Zuchthauses Bruchsal am 11. Oktober 1944 folgende Meldung:

„Im Nachgang zu meinem Schreiben vom 3.10.44 teile ich mit, daß der Verurteilte Otto Friedrich bei einer kürzlich erfolgten Unterredung mit dem ev. Anstaltsgeistlichen zu erkennen gegeben hat, daß seine politische Einstellung nicht von der abweicht, die er früher an den Tag gelegt hat. Ich bin daher nicht mehr in der Lage, das Gnadengesuch zu befürworten."

Angesichts der geänderten Stellungnahme der Strafanstalt meldete die Gestapo „staatspolizeiliche Bedenken" gegen einen Gnadenerweis an. Während der Sondergerichtsvorsitzende eine Entlassung vor Weihnachten nicht befürwortet – die reguläre Entlassung wäre zum 26. Dezember angestanden –, verfügte der Oberstaatsanwalt eine Strafaussetzung mit dreijähriger Bewährungsfrist zum 1. Dezember 1944. Der Entlassene war nur kurz in Freiheit, bereits am 22. Januar 1945 wurde er erneut verhaftet und am 18. März 1945 in das KZ Dachau eingeliefert. Die KZ-Einweisung überlebt Otto Friedrich nicht einmal sechs Wochen, sein Tod wurde auf den 30. April 1945 datiert, einen Tag nach der Befreiung des Konzentrationslagers.

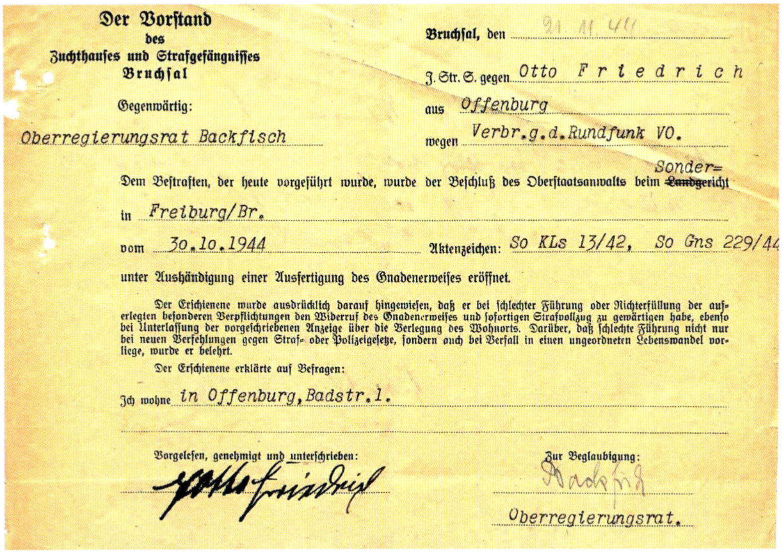

Der Vorstand
des
Zuchthauses und Strafgefängnisses
Bruchsal

Gegenwärtig:

Oberregierungsrat Backfisch

Bruchsal, den 21. 11. 44

J. Str. S. gegen Otto Friedrich

aus Offenburg

wegen Verbr. g. d. Rundfunk VO.

Dem Bestraften, der heute vorgeführt wurde, wurde der Beschluß des Oberstaatsanwalts beim ~~Land~~ Sonder=gericht

in Freiburg/Br.

vom 30.10.1944 Aktenzeichen: So KLs 13/42, So Gns 229/44

unter Aushändigung einer Ausfertigung des Gnadenerweises eröffnet.

Der Erschienene wurde ausdrücklich darauf hingewiesen, daß er bei schlechter Führung oder Nichterfüllung der auferlegten besonderen Verpflichtungen den Widerruf des Gnadenerweises und sofortigen Strafvollzug zu gewärtigen habe, ebenso bei Unterlassung der vorgeschriebenen Anzeige über die Verlegung des Wohnorts. Darüber, daß schlechte Führung nicht nur bei neuen Verfehlungen gegen Straf- oder Polizeigesetze, sondern auch bei Verfall in einen ungeordneten Lebenswandel vorliege, wurde er belehrt.

Der Erschienene erklärte auf Befragen:

Ich wohne in Offenburg, Badstr. 1.

Vorgelesen, genehmigt und unterschrieben:

Otto Friedrich

Zur Beglaubigung:

Backfisch

Oberregierungsrat.

Bekanntgabe des Gnadenerweises für Otto Friedrich, 21. November 1944

Staatsarchiv Freiburg A 47/1 Nr. 566 Bild 32

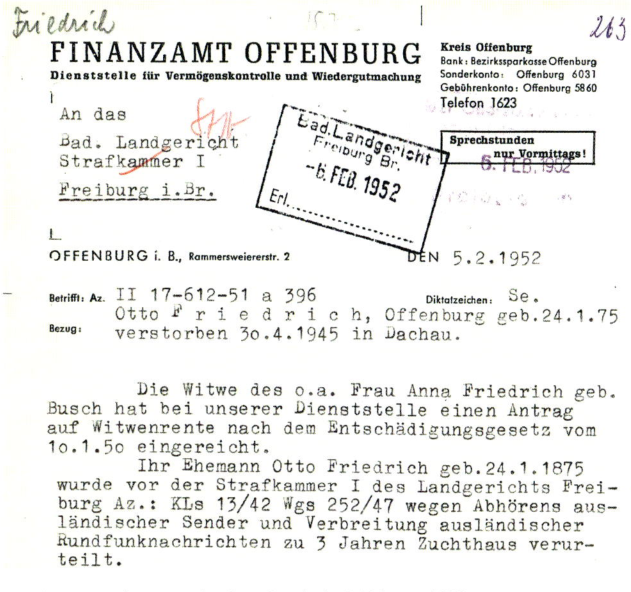

Friedrich

263

FINANZAMT OFFENBURG
Dienststelle für Vermögenskontrolle und Wiedergutmachung

Kreis Offenburg
Bank: Bezirkssparkasse Offenburg
Sonderkonto: Offenburg 6031
Gebührenkonto: Offenburg 5860
Telefon 1623

An das
Bad. Landgericht
Strafkammer I
Freiburg i.Br.

Bad. Landgericht
Freiburg Br.
-6. FEB. 1952
Erl.

Sprechstunden
nur Vormittags!

OFFENBURG i. B., Rammersweiererstr. 2 DEN 5.2.1952

Betrifft: Az. II 17-612-51 a 396 Diktatzeichen: Se.
Otto Friedrich, Offenburg geb. 24.1.75
Bezug: verstorben 30.4.1945 in Dachau.

Die Witwe des o.a. Frau Anna Friedrich geb. Busch hat bei unserer Dienststelle einen Antrag auf Witwenrente nach dem Entschädigungsgesetz vom 10.1.50 eingereicht.

Ihr Ehemann Otto Friedrich geb. 24.1.1875 wurde vor der Strafkammer I des Landgerichts Freiburg Az.: KLs 13/42 Wgs 252/47 wegen Abhörens ausländischer Sender und Verbreitung ausländischer Rundfunknachrichten zu 3 Jahren Zuchthaus verurteilt.

Wiedergutmachungssache Otto Friedrich, 5. Februar 1952

Staatsarchiv Freiburg A 47/1 Nr. 563 Bild 184

Die Straftilgung bzw. Aufhebung der Urteile des Sondergerichts Freiburg

Was die Urteilsaufhebungen betrifft, so kann von zwei Phasen bzw. Formen gesprochen werden: zum einen von der Straftilgung, zum anderen von der formellen Urteilsaufhebung durch Gerichtsbeschluss.

Straftilgung

Eine mit drei Richtern besetzte Straftilgungskommission überprüfte 1945/46 in der NS-Zeit ergangene (Sonder-)Gerichtsurteile auf deren möglichen Unrechtscharakter vor dem Hintergrund des alliierten Kontrollratsgesetz Nr. 1 vom 20. September 1945, das unter anderem die Aufhebung diverser Nazi-Gesetze und Verordnungen vorsah. Auf Grundlage einer Anordnung der Militärregierung in Baden (franz. Zone) vom 31. Oktober 1945 (Nr. 7310/726/45/Just/JA) wurde eine Urteilsstrafe getilgt, wenn diese im Sinne der Anordnung „wegen einer politischen Straftat" verhängt worden war. Das galt beispielsweise durchgängig bei Verurteilungen wegen „Rundfunkverbrechen". Zusätzlich wurde die entsprechende Strafe gemäß einer Rundverfügung vom November 1945 (Vfg. v. 9.11.1945 - 4241- Abschnitt C) im Strafregister getilgt, so dass die Betreffenden diesbezüglich nicht mehr als vorbestraft galten. Zwar blieb das Urteil formal bestehen, jedoch kam die Straftilgung de facto von der Wirkung her einer Urteilsaufhebung gleich, da der Tilgungsakt mit einer nachfolgenden Beendigung der Strafvollstreckung verbunden war. Spätestens jetzt verfügte die Staatsanwaltschaft eine Strafaussetzung. Die Durchnummerierung der Aktenzeichnen mit dem Anfangskürzel „ART (P)" lässt Rückschlüsse auf den Umfang der Straftilgungen zu. Demnach hat die Straftilgungskommission mit über 750 Tilgungsverfahren fast ein Dreiviertel der geschätzten rund 1.000 Sondergerichtsstrafen geprüft und getilgt. Das war wohl nur möglich, weil es sich bei den Straftilgungen augenscheinlich um stark schematisierte Verfahren handelte.

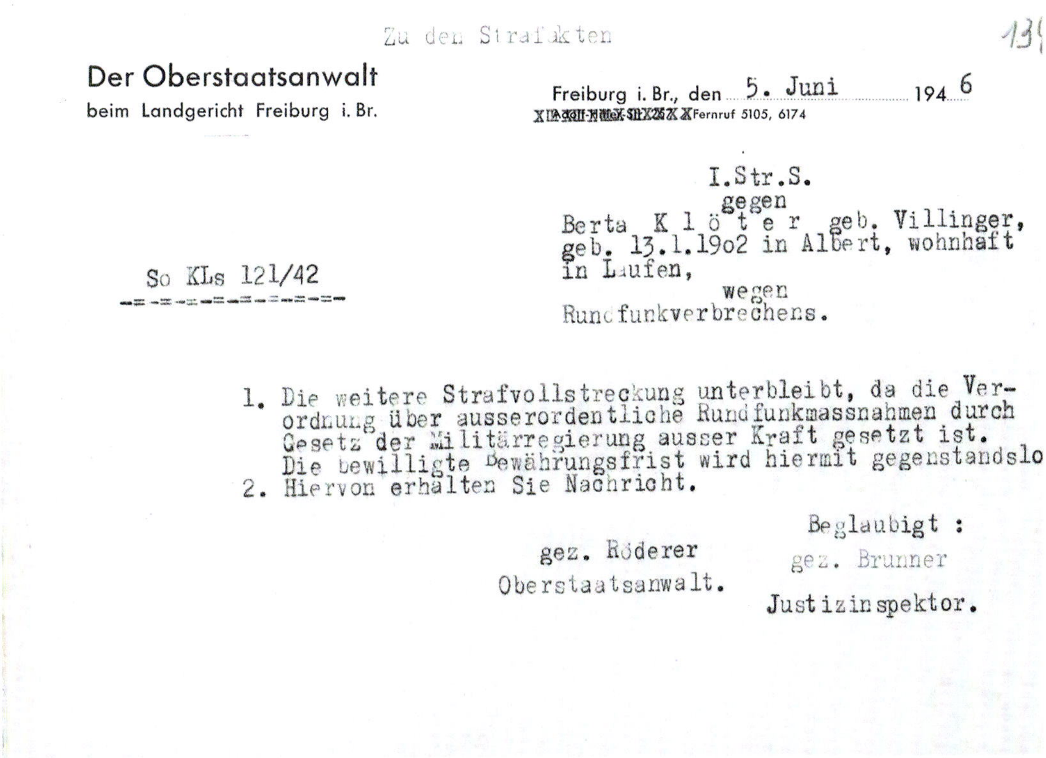

Zu den Strafakten

131

Der Oberstaatsanwalt
beim Landgericht Freiburg i. Br.

Freiburg i. Br., den 5. Juni 1946
Fernruf 5105, 6174

So KLs 121/42

I. Str. S.
gegen
Berta K l ö t e r geb. Villinger,
geb. 13.1.1902 in Albert, wohnhaft
in Laufen,
wegen
Rundfunkverbrechens.

1. Die weitere Strafvollstreckung unterbleibt, da die Verordnung über ausserordentliche Rundfunkmassnahmen durch Gesetz der Militärregierung ausser Kraft gesetzt ist. Die bewilligte Bewährungsfrist wird hiermit gegenstandslo
2. Hiervon erhalten Sie Nachricht.

gez. Röderer
Oberstaatsanwalt.

Beglaubigt :
gez. Brunner
Justizinspektor.

Unterbleibung der Strafvollstreckung für Berta Klöter, 5. Juni 1946

Staatsarchiv Freiburg A 47/1 Nr. 1050 Bild 6

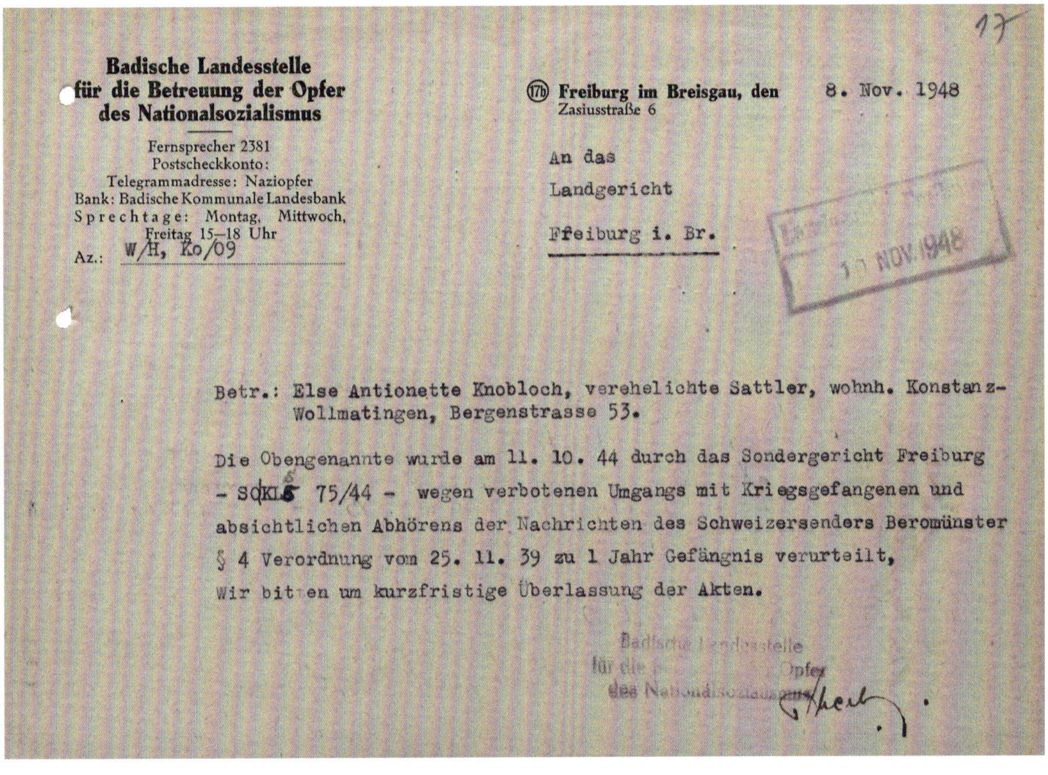

17

Badische Landesstelle für die Betreuung der Opfer des Nationalsozialismus

Fernsprecher 2381
Postscheckkonto:
Telegrammadresse: Naziopfer
Bank: Badische Kommunale Landesbank
Sprechtage: Montag, Mittwoch, Freitag 15–18 Uhr
Az.: W/H, Ko/09

(17b) **Freiburg im Breisgau, den** 8. Nov. 1948
Zasiusstraße 6

An das
Landgericht
Freiburg i. Br.

10 NOV. 1948

Betr.: Else Antionette Knobloch, verehelichte Sattler, wohnh. Konstanz-Wollmatingen, Bergenstrasse 53.

Die Obengenannte wurde am 11. 10. 44 durch das Sondergericht Freiburg – SoKLs 75/44 – wegen verbotenen Umgangs mit Kriegsgefangenen und absichtlichen Abhörens der Nachrichten des Schweizersenders Beromünster § 4 Verordnung vom 25. 11. 39 zu 1 Jahr Gefängnis verurteilt.
Wir bitten um kurzfristige Überlassung der Akten.

Badische Landesstelle
für die Betreuung der Opfer
des Nationalsozialismus

Aktenanfrage der Badische Landesstelle für die Betreuung der Opfer des Nationalsozialismus, 6. November 1948

Staatsarchiv Freiburg A 47/1 Nr. 2161 Bild 15

Urteilsaufhebung

Eine formale Urteilsaufhebung erfolgte schließlich auf Grundlage der „Landesverordnung über die Aufhebung von Urteilen der Strafgerichte und die Beseitigung nationalsozialistischer Eingriffe in die Strafrechtspflege vom 23. Dezember 1946". Gemäß dieser Landesverordnung sollten Verurteilungen wegen Handlungen aufgehoben werden, „die in der Zeit vom 30. Januar 1933 bis 8. Mai 1945 ausschließlich aus politischen, rassemäßigen oder weltanschaulichen Gründen aus Gegnerschaft zum Nationalsozialismus begangen worden sind oder allein nach nationalsozialistischen Auffassungen zu bestrafen waren" (Amtsblatt der Landesverwaltung Baden 1946.1 Nr. 28, S. 151). Voraussetzung hierfür war ein Antrag des Verurteilten oder dessen Hinterbliebenen bzw. der Staatsanwaltschaft. Zuständig war die Strafkammer des Landgerichts, in dessen Bezirk das einstige Verfahren stattgefunden hatte, wobei auf jeden Fall ein früherer Richter, „der bei der aufzuhebenden Entscheidung mitgewirkt hat", kraft Gesetzes ausgeschlossen sein sollte. Dies stand im Gegensatz zur Straftilgungskommission, bei der auch Richter beteiligt waren, die zumindest zeitweise am Sondergericht Freiburg tätig gewesen waren, wie beispielsweise Landgerichtsrat Maximilian Matt. Ein anderer Richter der Straftilgungskommission, Dr. Müller, war höchstwahrscheinlich Dr. Wilhelm Müller – späterer Landgerichtspräsident in Karlsruhe und Bruder des im Januar 1945 gefallenen Sonderrichters Dr. Otto Müller – und hatte somit 1946/47 auch an der Tilgung der Urteile seines toten Bruders mitgewirkt.

Die Urteilsaufhebung war auf Antrag hin öffentlich bekannt zu machen. Der Aufhebungsbeschluss war – soweit aus den Akten ersichtlich – ein rein formaler Akt. Darauf lassen die untersuchten Rundfunkverfahren schließen, in denen sich kein abschlägiger Bescheid findet. Dagegen finden sich zahlreiche Verfahren, in denen die Urteilsstrafe bereits von der Straftilgungskommission getilgt worden war und nun noch zusätzlich das Urteil durch Gerichtsbeschluss aufgehoben wurde. In über der Hälfte der untersuchten Fälle lagen den Akten Tilgungs- bzw. Aufhebungsbeschlüsse bei. Insbesondere bei den Urteilsaufhebungen ging es auch um Verfahren wegen Wiedergutmachung.

Das Aufhebungsverfahren nach der Landesverordnung mittels Antrag kann durchaus kritisch gesehen werden. Beinhaltete es doch, dass eine abgeurteilte Handlung erneut durch ein (deutsches) Gericht überprüft werden sollte, und bei den einstigen Verurteilten leicht das Gefühl aufkommen konnte, als Antragssteller oder gar als Bittsteller betrachtet zu werden. Ebenso problematisch kann auch die Antragsfrist „binnen Jahresfrist" nach Inkrafttreten der Landesverordnung gesehen werden. Ein Jahr war wenig im Nachkriegs-Deutschland, in dem es vor allem um das tägliche materielle Überleben ging.

Eine Besonderheit der Landesverordnung betraf die „Änderung von Todesurteilen". Es ging dabei um eine solche Todesstrafe, „die aus politischen Gründen oder unter politischer Beeinflussung durch rechtskräftiges Urteil" erkannt worden

Amtsblatt der Landesverwaltung Baden

Französisches Besatzungsgebiet

1. Jahrgang | Freiburg i. Br., 31. Dezember 1946 | Nummer 28

Inhalt

Anordnungen, Bekanntmachungen, Rundschreiben.

Landesverordnung über die Aufhebung von Urteilen der Strafgerichte und die Beseitigung nationalsozialistischer Eingriffe in die Strafrechspflege, Aufnahmeprüfung für das Pädagogium (Lehrerbildungsanstalt). Vereinfachung der Verwaltungsarbeit, besonders der Rechnungsführung und der Statistik in der Krankenversicherung. Statistische Zeitschrift. Beilage. Amtlicher Anzeiger.

Landesverordnung

über die Aufhebung von Urteilen der Strafgerichte und die Beseitigung nationalsozialistischer Eingriffe in die Strafrechtspflege

vom 23. Dezember 1946

In Anwendung der Proklamationen Nr. 1 und 3, der Gesetze Nr. 1, 2 und 10 des Kontrollrats und des Gesetzes Nr. 1 der Militärregierung Deutschland wird verordnet:

Staatskosten bekannt zu machen. Die Art der Bekanntmachung und die Frist, innerhalb deren sie erfolgen soll, sind in der Entscheidung festzusetzen.

2. Falls hinsichtlich einer zur Bildung einer Gesamtstrafe herangezogenen Einzelstrafe die Voraussetzungen der Aufhebung auf Grund des § 1 vorliegen, ist die Gesamtstrafe aufzulösen, die Einzelstrafe aufzuheben und, falls mehr als eine weitere Einzelstrafe bestehen bleibt, eine neue Gesamtstrafe zu bilden.

Ausschnitt, Landesverordnung über die Aufhebung von Urteilen der Strafgerichte und die Beseitigung nationalsozialistischer Eingriffe in die Strafrechtspflege vom 23. Dezember 1946

Amtsblatt der Landesverwaltung Baden 1946, S. 151

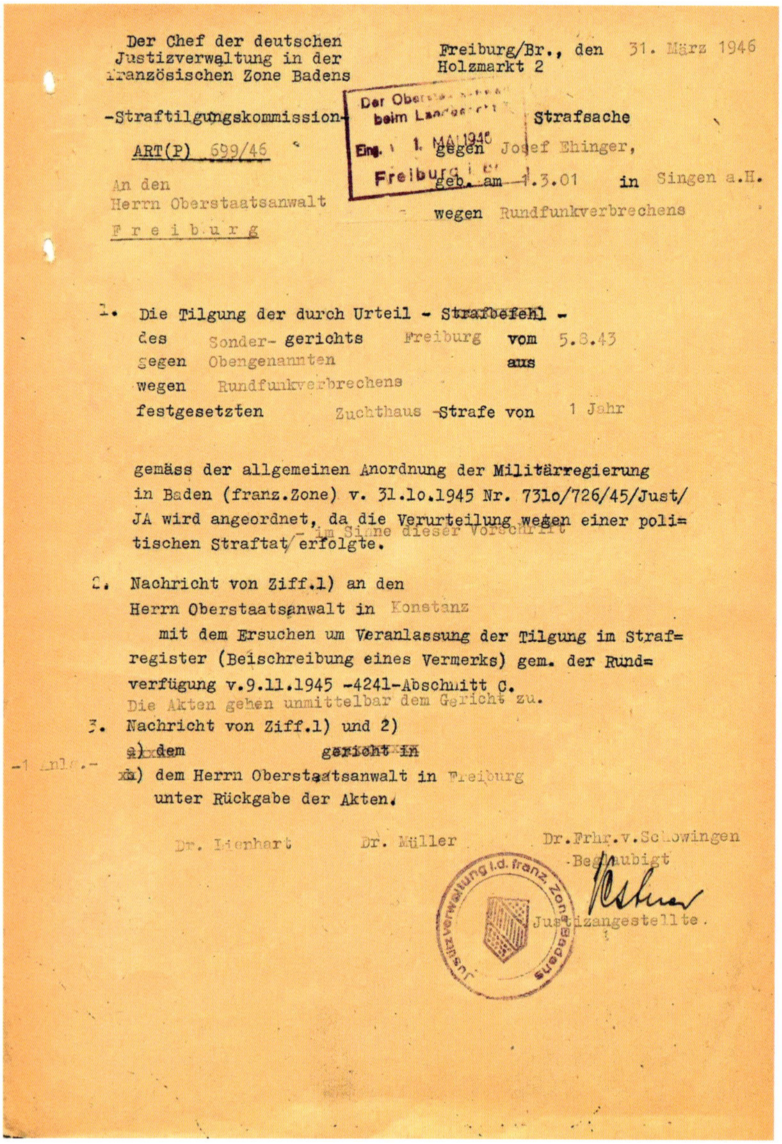

Der Chef der deutschen
Justizverwaltung in der
französischen Zone Badens

Freiburg/Br., den 31. März 1946
Holzmarkt 2

-Straftilgungskommission-

ART(P) 699/46

Der Oberstaatsanwalt
beim Landgericht
Eing. 1. MAI 1946
Freiburg i. Br.

An den
Herrn Oberstaatsanwalt
Freiburg

Strafsache
gegen Josef Ehinger,
geb. am 1.3.01 in Singen a.H.
wegen Rundfunkverbrechens

1. Die Tilgung der durch Urteil - ~~Strafbefehl~~ -
des Sonder- gerichts Freiburg vom 5.8.43
gegen Obengenannten aus
wegen Rundfunkverbrechens
festgesetzten Zuchthaus -Strafe von 1 Jahr

gemäss der allgemeinen Anordnung der Militärregierung
in Baden (franz.Zone) v. 31.10.1945 Nr. 7310/726/45/Just/
JA wird angeordnet, da die Verurteilung wegen einer poli=
tischen Straftat - im Sinne dieser Vorschrift erfolgte.

2. Nachricht von Ziff.1) an den
Herrn Oberstaatsanwalt in Konstanz
mit dem Ersuchen um Veranlassung der Tilgung im Straf=
register (Beischreibung eines Vermerks) gem. der Rund=
verfügung v.9.11.1945 -4241-Abschnitt C.
Die Akten gehen unmittelbar dem Gericht zu.

3. Nachricht von Ziff.1) und 2)
~~a) dem gericht in~~
-1 Anl.- b) dem Herrn Oberstaatsanwalt in Freiburg
unter Rückgabe der Akten.

Dr. Lienhart Dr. Müller Dr. Frhr. v. Schowingen

Beglaubigt
Justizverwaltung i.d. franz. Zone Badens
Justizangestellte.

Straftilgung am 31. März 1946 des Urteils gegen Josef Ehinger wegen „Rundfunkverbrechen"

Staatsarchiv Freiburg A 47/1 Nr. 1609 Bild 11

oder „durch eine in der Zeit vom 30. Januar 1933 bis 8. Mai 1945 in Kraft getretene Rechtsvorschrift angedroht worden war". Ein derartiger Fall lag vor beim Todesurteil gegen einen sogenannten „Postmarder", das also wegen Diebstahls oder Unterschlagung von Post bzw. Feldpost vom Sondergericht Freiburg am 11. November 1942 in Konstanz verhängt worden war. Am 7. September 1956 wurde der Fall des Postschaffners Josef Anton Bechinger, der am 15. Dezember 1942 mit acht anderen Verurteilten in Stuttgart hingerichtet worden war, vor dem Landgericht Freiburg neu verhandelt. Die Große Strafkammer beschäftigte sich mittels eines seinerzeitigen Gutachtens des Gesundheitsamtes Konstanz zuerst mit der Person des Angeklagten, um dann auf den Tatbestand einzugehen:

„Dieser Sachverhalt (Diebstahl von Postgut, der Verf.) wurde in der Hauptverhandlung durch die Aussage des Zeugen Menschenmoser, der in dem Prozeß vor dem Sondergericht der Pflichtverteidiger des Angeklagten war, erwiesen. Der Zeuge sagte glaubwürdig und unter Eid aus, daß der Angeklagte damals den angegebenen Hergang der Tat nach Ausführung und Umfang eingestanden habe."

Nach der Erörterung einer eventuell verminderten Zurechnungsfähigkeit des Angeklagten wandte sich die Strafkammer den gesetzlichen Grundlagen für ein mögliches Strafmaß zu:

„Für die rechtliche Bewertung der Tat des Angeklagten sind die Gesetze maßgebend, die ohne die Volksschädlingsverordnung zur Geltung kommen würden.
... Zwar ist es (das Gericht, der Verf.) davon überzeugt, daß die aufgrund der Volksschädlingsverordnung verhängte Todesstrafe schlechthin nicht gerechtfertigt werden kann. Es muß aber berücksichtigt werden, daß unabhängig von politischen Ideologien, auch vom rechtsstaatlichen Standpunkt aus im Kriege besondere Strenge gegen Straftaten, die mit dieser erhöhten Not- und Gefahrenlage im Zusammenhang stehen, zu billigen ist. Im Falle von Beraubungen von Feldpostsendungen bildet der immaterielle Schaden, der damit angerichtet wird, daß das oft einzige Band zwischen Front und Heimat zerschnitten wurde, einen erheblichen Erschwerungsgrund. Aus diesen Erwägungen heraus hält das Gericht die Festsetzung einer Strafe von 2 Jahren Gefängnis für angemessen.“

Das Todesurteil wurde in eine zweijährige Gefängnisstrafe umgewandelt.

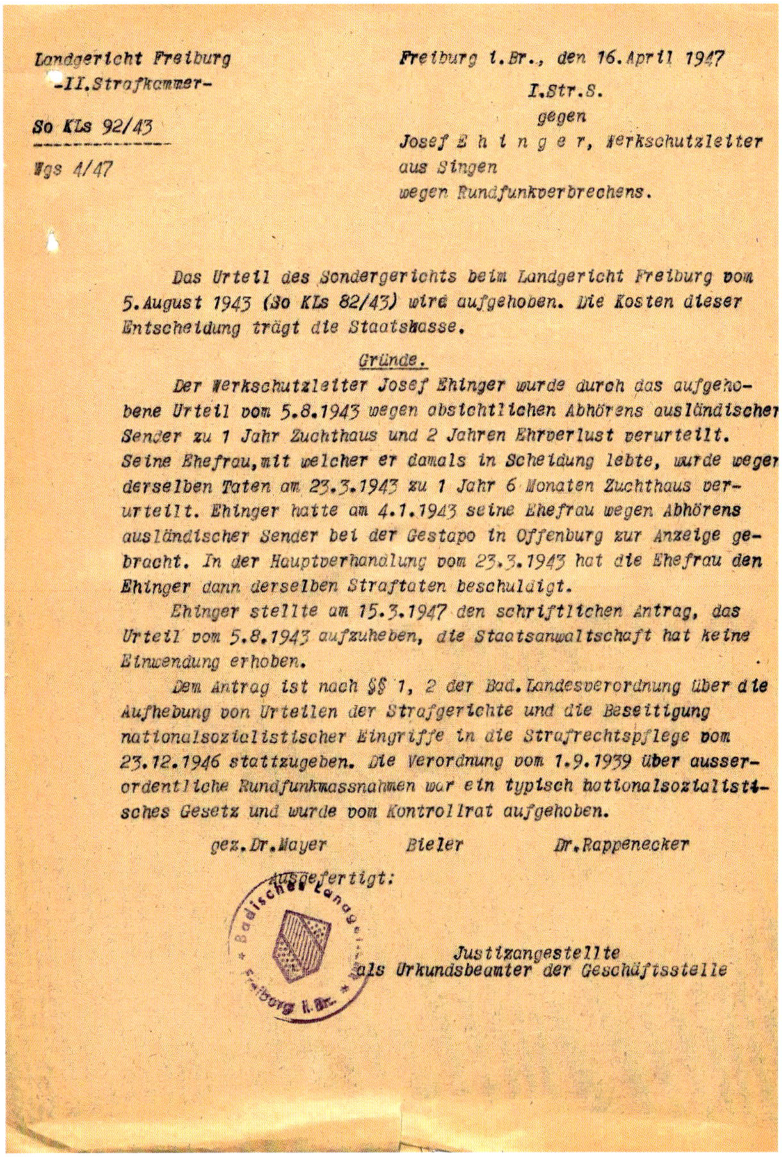

Landgericht Freiburg
-II.Strafkammer-

So KLs 92/43

Wgs 4/47

Freiburg i.Br., den 16.April 1947

I.Str.S.
gegen
Josef E h i n g e r, Werkschutzleiter
aus Singen
wegen Rundfunkverbrechens.

Das Urteil des Sondergerichts beim Landgericht Freiburg vom 5.August 1943 (So KLs 82/43) wird aufgehoben. Die Kosten dieser Entscheidung trägt die Staatskasse.

Gründe.

Der Werkschutzleiter Josef Ehinger wurde durch das aufgehobene Urteil vom 5.8.1943 wegen absichtlichen Abhörens ausländischer Sender zu 1 Jahr Zuchthaus und 2 Jahren Ehrverlust verurteilt. Seine Ehefrau, mit welcher er damals in Scheidung lebte, wurde wegen derselben Taten am 23.3.1943 zu 1 Jahr 6 Monaten Zuchthaus verurteilt. Ehinger hatte am 4.1.1943 seine Ehefrau wegen Abhörens ausländischer Sender bei der Gestapo in Offenburg zur Anzeige gebracht. In der Hauptverhandlung vom 23.3.1943 hat die Ehefrau den Ehinger dann derselben Straftaten beschuldigt.

Ehinger stellte am 15.3.1947 den schriftlichen Antrag, das Urteil vom 5.8.1943 aufzuheben, die Staatsanwaltschaft hat keine Einwendung erhoben.

Dem Antrag ist nach §§ 1, 2 der Bad.Landesverordnung über die Aufhebung von Urteilen der Strafgerichte und die Beseitigung nationalsozialistischer Eingriffe in die Strafrechtspflege vom 23.12.1946 stattzugeben. Die Verordnung vom 1.9.1939 über ausserordentliche Rundfunkmassnahmen war ein typisch nationalsozialistisches Gesetz und wurde vom Kontrollrat aufgehoben.

gez.Dr.Mayer Bieler Dr.Rappenecker

Ausgefertigt:

Badisches Landgericht Freiburg i.Br.

Justizangestellte
als Urkundsbeamter der Geschäftsstelle

Urteilsaufhebung am 16. April 1947 des Urteils gegen Josef Ehinger wegen „Rundfunkverbrechen“
Staatsarchiv Freiburg A 47/1 Nr. 1609 Bild 21

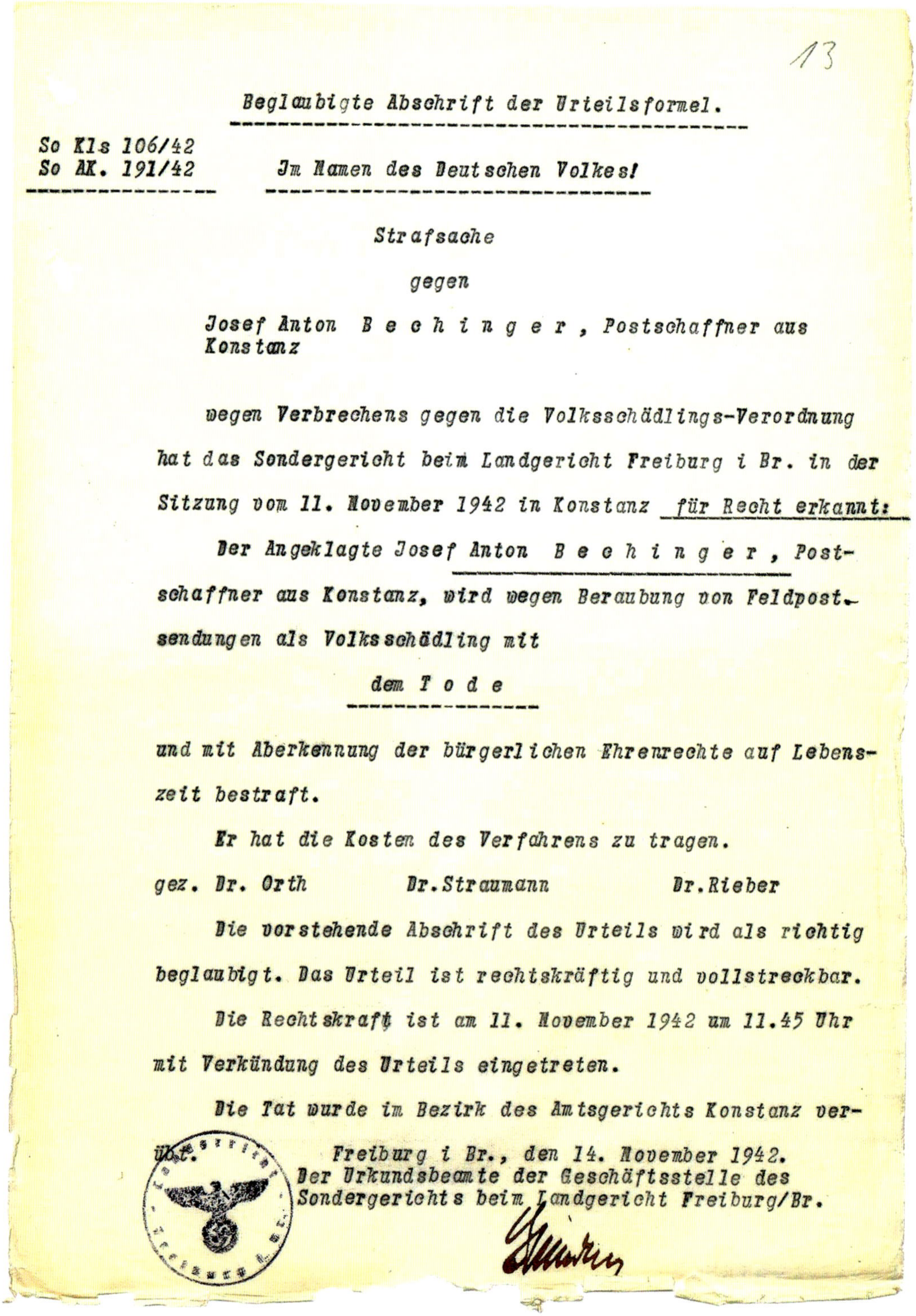

13

Beglaubigte Abschrift der Urteilsformel.

So Kls 106/42
So AK. 191/42

Im Namen des Deutschen Volkes!

Strafsache

gegen

Josef Anton B e c h i n g e r , Postschaffner aus Konstanz

wegen Verbrechens gegen die Volksschädlings-Verordnung hat das Sondergericht beim Landgericht Freiburg i Br. in der Sitzung vom 11. November 1942 in Konstanz für Recht erkannt:

Der Angeklagte Josef Anton B e c h i n g e r , Postschaffner aus Konstanz, wird wegen Beraubung von Feldpostsendungen als Volksschädling mit

dem T o d e

und mit Aberkennung der bürgerlichen Ehrenrechte auf Lebenszeit bestraft.

Er hat die Kosten des Verfahrens zu tragen.

gez. Dr. Orth Dr. Straumann Dr. Rieber

Die vorstehende Abschrift des Urteils wird als richtig beglaubigt. Das Urteil ist rechtskräftig und vollstreckbar.

Die Rechtskraft ist am 11. November 1942 um 11.45 Uhr mit Verkündung des Urteils eingetreten.

Die Tat wurde im Bezirk des Amtsgerichts Konstanz verübt.

Freiburg i Br., den 14. November 1942.
Der Urkundsbeamte der Geschäftsstelle des Sondergerichts beim Landgericht Freiburg/Br.

Todesurteil gegen Josef Anton Bechinger, 11. November 1942

Staatsarchiv Freiburg A 47/1 Nr. 3 Bild 8

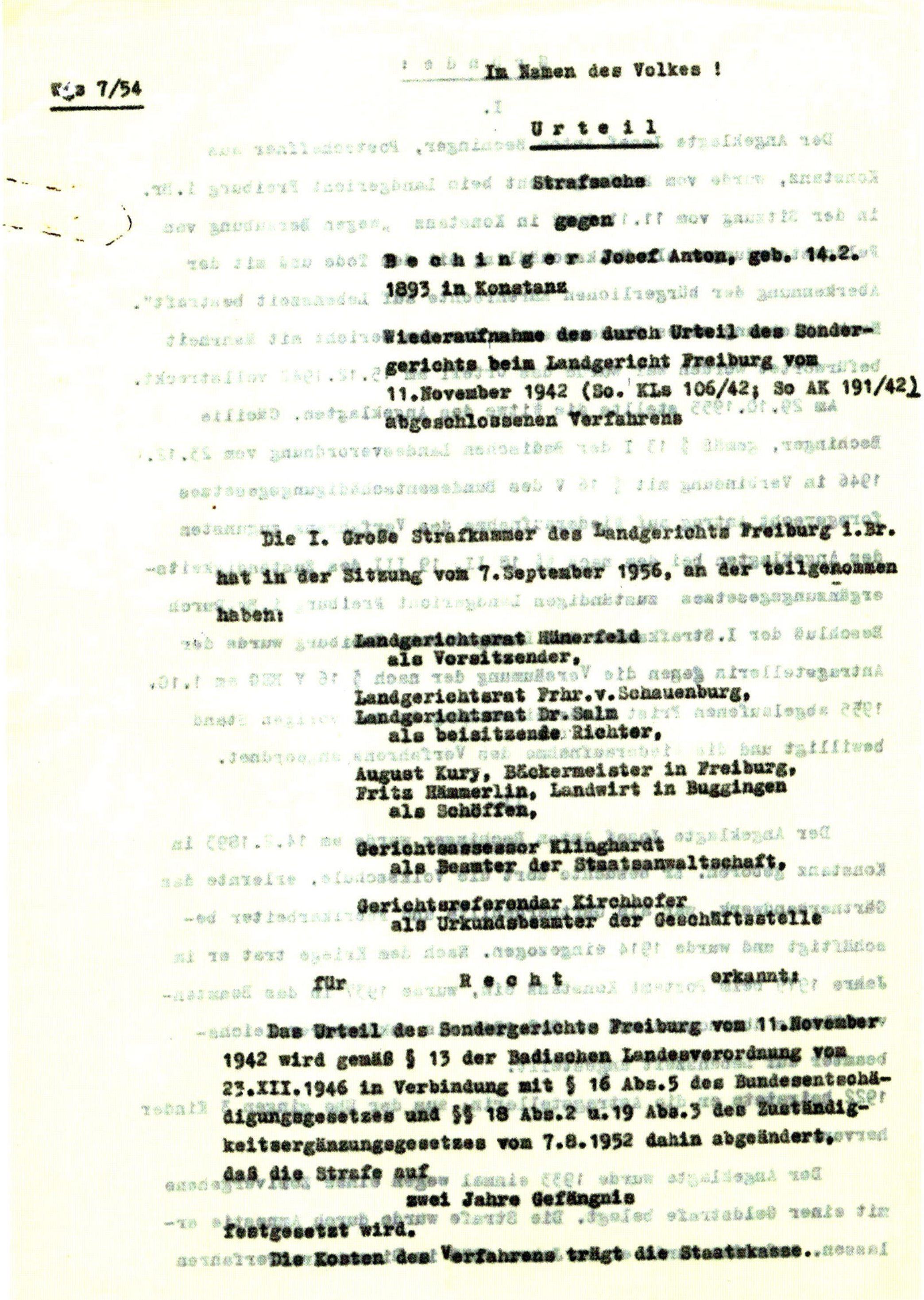

K[illegible]s 7/54

Im Namen des Volkes !

U r t e i l

Strafsache

gegen

B e c h i n g e r Josef Anton, geb. 14.2. 1893 in Konstanz

Wiederaufnahme des durch Urteil des Sondergerichts beim Landgericht Freiburg vom 11.November 1942 (So. KLs 106/42; So AK 191/42) abgeschlossenen Verfahrens

Die I. Große Strafkammer des Landgerichts Freiburg i.Br. hat in der Sitzung vom 7.September 1956, an der teilgenommen haben:

Landgerichtsrat Hünerfeld
als Vorsitzender,
Landgerichtsrat Frhr.v.Schauenburg,
Landgerichtsrat Dr.Salm
als beisitzende Richter,
August Kury, Bäckermeister in Freiburg,
Fritz Hämmerlin, Landwirt in Buggingen
als Schöffen,

Gerichtsassessor Klinghardt
als Beamter der Staatsanwaltschaft,

Gerichtsreferendar Kirchhofer
als Urkundsbeamter der Geschäftsstelle

für R e c h t erkannt:

Das Urteil des Sondergerichts Freiburg vom 11.November 1942 wird gemäß § 13 der Badischen Landesverordnung vom 23.XII.1946 in Verbindung mit § 16 Abs.5 des Bundesentschädigungsgesetzes und §§ 18 Abs.2 u.19 Abs.3 des Zuständigkeitsergänzungsgesetzes vom 7.8.1952 dahin abgeändert, daß die Strafe auf

zwei Jahre Gefängnis

festgesetzt wird.

Die Kosten des Verfahrens trägt die Staatskasse..

Urteilsabänderung Josef Anton Bechinger in zwei Jahre Gefängnis, 7. September 1956

Staatsarchiv Freiburg A 47/1 Nr. 1240 Bild 83

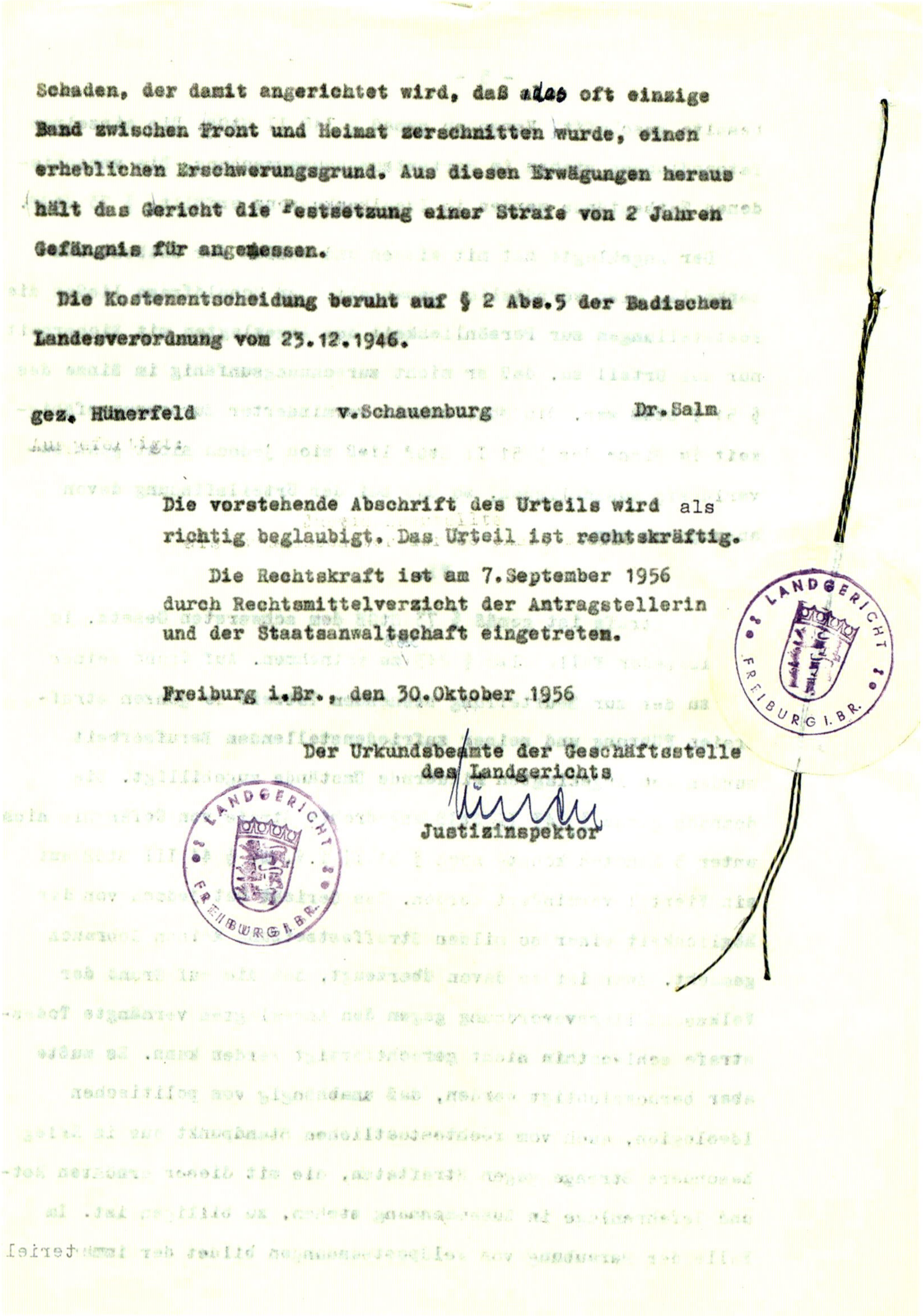

Schaden, der damit angerichtet wird, daß das oft einzige Band zwischen Front und Heimat zerschnitten wurde, einen erheblichen Erschwerungsgrund. Aus diesen Erwägungen heraus hält das Gericht die Festsetzung einer Strafe von 2 Jahren Gefängnis für angemessen.

Die Kostenentscheidung beruht auf § 2 Abs.5 der Badischen Landesverordnung vom 23.12.1946.

gez. Hünerfeld v.Schauenburg Dr.Salm

Die vorstehende Abschrift des Urteils wird als richtig beglaubigt. Das Urteil ist rechtskräftig.

Die Rechtskraft ist am 7.September 1956 durch Rechtsmittelverzicht der Antragstellerin und der Staatsanwaltschaft eingetreten.

Freiburg i.Br., den 30.Oktober 1956

Der Urkundsbeamte der Geschäftsstelle des Landgerichts

Justizinspektor

LANDGERICHT FREIBURG I. BR.

LANDGERICHT FREIBURG I. BR.

Urteilsabänderung Josef Anton Bechinger in zwei Jahre Gefängnis, 7. September 1956

Staatsarchiv Freiburg A 47/1 Nr. 1240 Bild 88

Der Umgang mit Richtern und Staatsanwälten des Sondergerichts Freiburg nach 1945

Von den Richtern des Sondergerichts Freiburg, auch denjenigen 16 Richtern, die an den Todesurteilen beteiligt waren, ist wenig bekannt. Bis auf Dr. Künstle waren alle Richter Mitglieder der NSDAP. Ebenso wenig bekannt ist auch über die am Sondergericht tätigen Staatsanwälte, von denen sieben als Anklagevertreter bei Verfahren mit verhängten Todesstrafen aufgetreten waren. Gerichtsassessor Dr. Kleiner und Landgerichtsrat Kley waren sowohl als Richter und als Vertreter der Anklage in unterschiedlichen Verfahren tätig gewesen. Auffällig ist, dass neun der Richter, also über die Hälfte, promovierte Juristen waren. Das heißt, die Verhandlungen wurden von Richtern geleitet, die nicht nur über praktische, sondern auch über vertiefte theoretische Rechtskenntnisse verfügten. Ins Auge fällt auch ein hohes Maß von personeller Kontinuität innerhalb der sondergerichtlichen Richterschaft. Diese hohe personelle Kontinuität wird bei der Staatsanwaltschaft noch übertroffen. In 14 der 26 dokumentierten Verfahren mit Todesstrafen fungierten Helmut bzw. Robert Müller als Vertreter der Anklage, wobei es sich meist um Helmut Müller handelte, der so die Bezeichnung „Sonder-Müller" erlangt hatte.

Auch wenn, wie eingangs erwähnt, wenig über die beteiligten Justizjuristen bekannt ist, so ist es hier im Rahmen eines Ausstellungskatalogs weder möglich noch beabsichtigt, umfangreiche Biografien dieser Juristen zu erstellen. Lediglich biografische Exkurse oder Biografieausschnitte, die auch nicht den Anspruch auf Vollständigkeit erheben, sollen dargeboten werden. Dabei wird der Schwerpunkt auf den Umgang mit den Richtern und Staatsanwälten in der unmittelbaren Nachkriegszeit gelegt. Abschließend werden in tabellarischer Form die Entscheidungen im Verfahren über politische Säuberungen, veröffentlicht ab 1946 im Amtsblatt der Landesverwaltung Baden, vorgestellt.

Das Ende der Freiburger Sondergerichtsbarkeit und die „auto-épuration" als Selbstreinigung

Mit Einmarsch der Besatzungsstreitkräfte war jegliche weitere sondergerichtliche Tätigkeit unterbunden. Es folgte bald die formelle Entlassung der Sonderrichter, und zwar „ohne Pension oder Abfindung", wie es in der Anordnung der französischen Militärregierung, Abt. Justiz, vom 17. Mai 1945 heißt (Staatsarchiv Freiburg C 20/5 Nr. 290, Bild 126/27). In der Entlassungsverfügung zum 19. Mai 1945 werden namentlich aufgeführt:
Landgerichtspräsident von Frankenberg, die Landgerichtsdirektoren Dr. Orth und Dr. Rieber sowie Landgerichtsrat Stroh, bis auf letzteren alle zeitweise Vorsitzende des Sondergerichts Freiburg. Oberlandesgerichtsrat Dr. Müller, eigentlich dem OLG-Bezirk Karlsruhe zugehörig, war wohl in Unkenntnis seines Todes an der Ostfront im Januar 1945 zum 1. Mai 1945 von der amerikanischen Militärregierung entlassen worden. Landgerichtspräsident Dr. Schmoll und Landgerichtsdirektor Kloos befanden sich im Internierungslager Freiburg, ebenso Staatsanwalt Helmut Müller. Auch Oberstaatsanwalt Dr. Weiß wurde aufgrund der Verfügung der Militärregierung vom 17. Mai 1945 entlassen. Somit waren führende Akteure der Freiburger Sondergerichtsbarkeit von den Besatzungsbehörden entlassen worden. Weitere Mitglieder des Freiburger Sondergerichts wurden zunächst im Justizdienst belassen.

Mit der Anordnung der französischen Militärregierung vom 17. Mai 1945 wurde zugleich Dr. Paul Zürcher zum kommissarischen Präsidenten des Landgerichts Freiburg ernannt. Zürcher war von 1932 bis 1944 Amtsgerichtsrat am Amtsgericht Freiburg, und 1944/45 als Rüstungsarbeiter in Freiburg eingesetzt. Mit dem neuen Landgerichtspräsidenten Dr. Zürcher, der im Oktober 1945 zum „Chef der deutschen Justizverwaltung in der französische Zone Badens" ernannt wurde, setzte die Militärregierung auf eine „auto-épuration", also Selbstreinigung der deutschen Verwaltung. Hierzu wurde eine Säuberungskommission, zuständig für alle Justizangehörigen, gebildet. Den Vorsitz dieser Kommission übernahm Zürcher selbst und gewann damit eine gewichtige Position bei der Entnazifizierung der Justizwaltung. Diese Verfahrensweise stand nicht völlig im Einklang mit den Entnazifizierungsrichtlinien der „auto-épuration", die auf verwaltungsunabhängige und zweistufige Gremien bei Säuberungsentscheidungen setzte.[45] Die Entscheidungen der Verfahren über politische Säuberungen wurden ab 1946 im „Amtsblatt der Landesverwaltung Baden", Französisches Besatzungsgebiet, veröffentlicht.

Die Haltung der Säuberungskommission gegenüber belasteten Richtern war nach Auskunft des damaligen Generalstaatsanwalts Karl Siegfried Bader insgesamt moderat:

„Die Tätigkeit in Sonder- und Militärgerichten galt nicht von vornherein als Belastungsmerkmal. Die Reinigungskommission unterschied beispielsweise zwischen solchen Richtern, die fest und hauptamtlich an den Sondergerichten wirkten, und ad hoc dazu abgeordneten Beisitzern. Letztere schieden nur aus, wenn sonstige Belastungen vorlagen." (Grohnert (Entnazifizierung), S. 100)

[45] Vgl. folgend Grohnert (Entnazifizierung), S. 99 f.

1.frz.Armee
Militärregierung von
Freiburg
-Abteilg.Justiz-

Freiburg, den 17. Mai 1945 123

E n t s c h e i d u n g !

Auf Anordnung der Militärregierung:

Artikel I:

werden aus ihrem Amt ohne Pension oder Abfindung mit Wirkung von Samstag, den 19. Mai 0 Uhr entlassen:

1) Landgerichtspräsident von Frankenberg-u.Ludwigsdorf.
2) Dr.Orth, Landgerichtsdirektor,
3) Dr.Rieber, " "
4) Landgerichtsrat Hessel,
5) " " Stroh.

Artikel II:

wird Dr.Zürcher zum komm.Präsidenten des Landgerichts mit Wirkung vom 19.Mai 1945 0 Uhr ernannt. Er wird die Aufsicht und die Verwaltungsführung aller Gerichte u.Verwaltungsdienststellen, aller Beamten, Notare und Rechtsanwälte und anderer Hilfskräfte bis zur Wiedereröffnung der deutschen Gerichte übernehmen und zwar für den Bereich des ganzen Landeskommissariatsbezirks von Freiburg.

Artikel IV:

wird Dr.Zürcher mit der Durchführung der vorstehenden Entscheidung und der Eröffnung an die verschiedenen in Frage kommenden Personen beauftragt.

Der Oberstleutnant
Chef der Militärregierung
von Freiburg.

Entlassung der Sonderrichter und Ernennung von Dr. Zürcher zum komm. Präsidenten des Landgerichts, 17. Mai 1945

Staatsarchiv Freiburg C 20/5 Nr. 290 Bild 126/27

Von diesem Grundsatz, wie Dr. Zürcher formulierte, „ließ sich in der administrativen Säuberung die von mir präsidierte Säuberungskommission leiten, als sie vorschlug, die stark hervorgetretenen Mitglieder der Sondergerichtsbarkeit zu pensionieren" (Staatsarchiv, Freiburg, D 180/2 Nr. 5158 Bild 43). Die Säuberungskommission konnte und wollte wohl auch nicht die von der Militärregierung ausgesprochenen Entlassungen zurücknehmen, ihre Entscheidungen sorgten jedoch für die Gewährung von Ruhegehältern oder Versorgungsbezügen (Sondergerichtsvorsitzender von Frankenberg und dessen zeitweise Stellenvertreter Dr. Orth und Dr. Rieber waren bereits 1945/46 verstorben).

Auch Oberstaatsanwalt Dr. Weiß, der von der Militärregierung entlassen worden war, wurde aufgrund der Entscheidung der Säuberungskommission zum 1. Mai 1946 in Ruhestand versetzt. Ebenso war dessen Untergebener, Staatsanwalt Helmut Müller mit der bezeichnenden Etikette „Sonder-Müller", am 19. August 1945 entlassen worden. Müller war zudem vom 11. Mai bis 21. Dezember 1945 und vom 19. März 1947 bis 21. Dezember 1948 interniert. Der Entscheid der Reinigungskommission vom 16. November 1946 zu ihm lautete auf Rückstufung auf das Anfangsgehalt, vier Jahre Zulagensperre und Versetzung. Im Säuberungsverfahren vom 21. Dezember 1948 wurde er als „Minderbelasteter" mit einer Bewährungsfrist von drei Jahren eingruppiert und sollte „keine Verwendung in der Strafrechtspflege" finden. Helmut Müller ist wohl klar geworden, dass er mit dieser Entscheidung und angesichts seines Rufs keine Karriere mehr im Justizdienst machen konnte, obwohl er 1951/52 den Versuch einer Wiedereinstellung unternahm. Im Adressbuch der Stadt Freiburg ist er 1949/50 als Staatsanwalt a. D. und ab 1953 als Rechtsanwalt geführt. Der Einstieg in den Rechtsanwaltsstand fiel Müller schwer. So suchte beispielsweise die Badische Rechtsanwaltkammer noch 1957, dessen Zulassung mit dem Hinweis auf die Tätigkeit als Staatsanwalt am Sondergericht zu verhindern. Müller habe sich hierbei „sowohl den Anwälten gegenüber als auch den Angeklagten gegenüber in einer mehr als selbst damals ungewöhnlichen Weise hervorgetan, sodass sein damaliges Wirken noch in sehr schlechter Erinnerung ist und von manchen Kreisen seine Tätigkeit als Rechtsanwalt in Freiburg als provozierend empfunden werden dürfte". (Personalakte Müller 7-P.143/We) Tatsächlich war Helmut Müller ab 1951 an verschiedenen Orten, ab 1957 dann in Freiburg als Rechtsanwalt tätig, bis er schließlich 1982 seine Zulassung zurückgab.

Amtsblatt der Landesverwaltung Baden

Französisches Besatzungsgebiet

2. Jahrgang — Freiburg i. Br., 15. April 1947 — Nummer 14

Inhalt

Landesverordnungen

Landesverordnung vom 29. März 1947 über die Befreiung vom Nationalsozialismus und Militarismus.

Landesverordnung über die Befreiung vom Nationalsozialismus und Militarismus vom 29. März 1947

b) die nationalsozialistischen und militaristischen Organisationen dadurch völlig und dauernd zu vernichten, daß die maßgebenden Mitglieder der nationalsozialistischen Partei und die Anhänger ihrer Lehre in ihrer persönlichen Freiheit oder Handlungsfreiheit beschränkt werden.

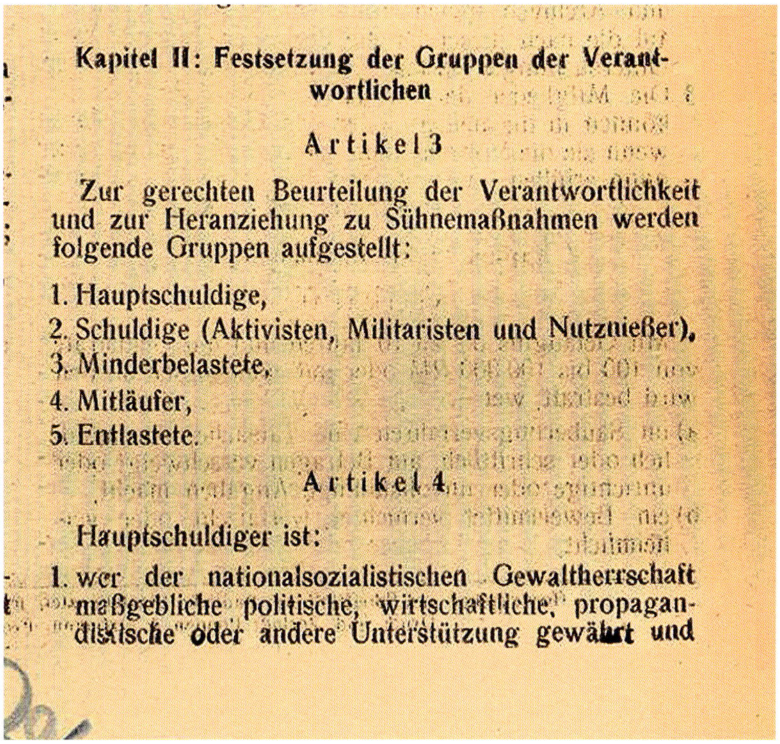

Kapitel II: Festsetzung der Gruppen der Verantwortlichen

Artikel 3

Zur gerechten Beurteilung der Verantwortlichkeit und zur Heranziehung zu Sühnemaßnahmen werden folgende Gruppen aufgestellt:

1. Hauptschuldige,
2. Schuldige (Aktivisten, Militaristen und Nutznießer),
3. Minderbelastete,
4. Mitläufer,
5. Entlastete.

Artikel 4

Hauptschuldiger ist:

1. wer der nationalsozialistischen Gewaltherrschaft maßgebliche politische, wirtschaftliche, propagandistische oder andere Unterstützung gewährt und

Ausschnitte, Landesverordnung über die Befreiung von Nationalsozialismus und Militarismus vom 29. März 1947

Spätestens mit Erlass der „Landesverordnung über die Befreiung von Nationalsozialismus und Militarismus" vom 29. März 1947 fanden die französisch bestimmten Selbstreinigungsmaßnahmen der „auto-épuration" ein Ende. Über die Landesverordnung wurden fünf Belastungskategorien (Hauptschuldige, Schuldige, Minderbelastete, Mitläufer, Entlastete) eingeführt, die sich an denen der Kontrollratsdirektive Nr. 38 des Alliierten Kontrollrats vom 12. Oktober 1946 orientierten. Zugleich wurden entsprechende Sühnemaßnahmen benannt, die vor allem durch die Spruchkammern – mit einem Staatskommissar für politische Säuberung an der Spitze – verhängt werden konnten. Mit den Spruchkammerentscheiden, die arbeitsteilig in mehreren Abteilungen gefällt wurden, wurde der moderate Kurs der Säuberungskommission nicht nur fortgesetzt, sondern darüber hinaus wurden die Sühnemaßnahmen weiter abgemildert oder ganz ausgesetzt.

So wurde beispielsweise für Landgerichtsdirektor Dr. Rieber, der 1945 ohne Pension entlassen worden war, in einer Spruchkammer-Revisionsverhandlung vom Oktober 1948 die Einstufung als „Minderbelasteter" mit dem Pensionsanspruch eines Landgerichtsrats getroffen. Im Juni 1950 wurde die Pensionsrückstufung des im Oktober 1945 Verstorbenen revidiert und vom Justizministerium Versorgungsansprüche der zuletzt innegehabten Planstelle eines Landgerichtsdirektors seiner Witwe gewährt. Ähnlich verhielt es sich mit den Versorgungsbezügen des gefallenen und in Unkenntnis des Todes zum 1. Mai

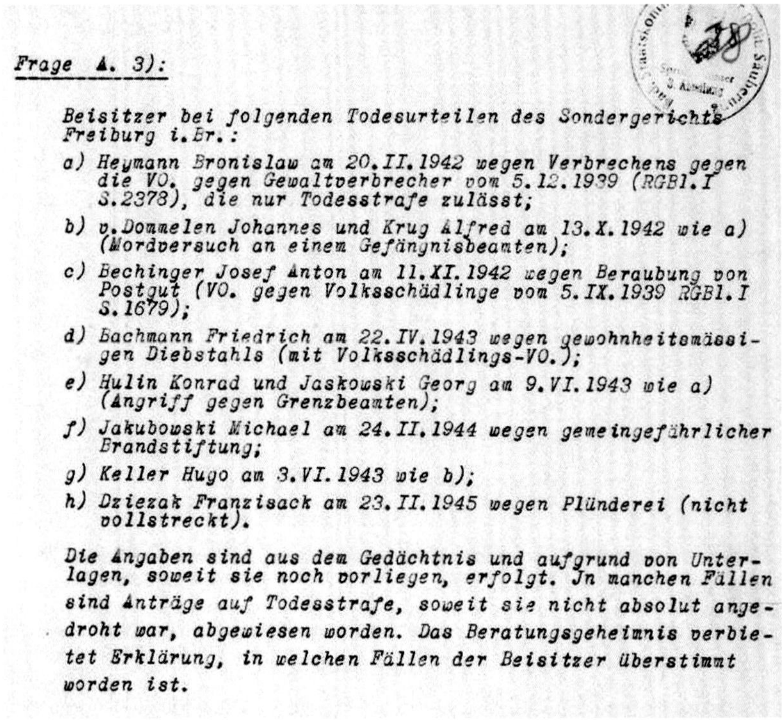
Frage A. 3):

Beisitzer bei folgenden Todesurteilen des Sondergerichts Freiburg i.Br.:

a) Heymann Bronislaw am 20.II.1942 wegen Verbrechens gegen die VO. gegen Gewaltverbrecher vom 5.12.1939 (RGBl.I S.2378), die nur Todesstrafe zulässt;

b) v.Dommelen Johannes und Krug Alfred am 13.X.1942 wie a) (Mordversuch an einem Gefängnisbeamten);

c) Bechinger Josef Anton am 11.XI.1942 wegen Beraubung von Postgut (VO. gegen Volksschädlinge vom 5.IX.1939 RGBl.I S.1679);

d) Bachmann Friedrich am 22.IV.1943 wegen gewohnheitsmässigen Diebstahls (mit Volksschädlings-VO.);

e) Hulin Konrad und Jaskowski Georg am 9.VI.1943 wie a) (Angriff gegen Grenzbeamten);

f) Jakubowski Michael am 24.II.1944 wegen gemeingefährlicher Brandstiftung;

g) Keller Hugo am 3.VI.1943 wie b);

h) Dziezak Franzisack am 23.II.1945 wegen Plünderei (nicht vollstreckt).

Die Angaben sind aus dem Gedächtnis und aufgrund von Unterlagen, soweit sie noch vorliegen, erfolgt. In manchen Fällen sind Anträge auf Todesstrafe, soweit sie nicht absolut angedroht war, abgewiesen worden. Das Beratungsgeheimnis verbietet Erklärung, in welchen Fällen der Beisitzer überstimmt worden ist.

Selbstauskunft von Dr. Straumann über Mitwirkung an Todesurteilen, Juli 1948

Staatsarchiv Freiburg D 180/2 Nr. 5158 Bild 51

1945 entlassenen Oberlandesgerichtsrat Dr. Müller: Im Reinigungsverfahren vom Februar 1947 wurde für ihn Versorgungsbezüge eines Amtsgerichtsrats bewilligt, im Juni 1951 wurden Versorgungsbezüge der zuletzt innegehabten Planstelle eines Oberlandesgerichtsrats rückwirkend zum August 1950 vom Justizministerium gewährt.

Gegen eine weitere Abmilderung der Sühnemaßnahmen schritt die französische Militärregierung mit der Anordnung vom 11. August 1947 ein, nach der „alle Beamten, die einem Sondergericht, Standgericht oder Kriegsgericht als Vorsitzender, Richter oder Beamter der Staatsanwaltschaft angehört haben, vor der Spruchkammer zur Verantwortung zu ziehen" seien. Unter Bezugnahme auf die Kontrollratsdirektive Nr. 38 heißt es weiter, zu diesem Zwecke sei es erforderlich, „dass hinsichtlich derjenigen Beamten, gegen die im politischen Säuberungsverfahren eine Entscheidung bereits ergangen ist, der Staatskommissar für politische Säuberung Revision von Amts wegen einlegt". Dies traf unter anderem auf Landgerichtsrat Dr. Rudolf Straumann zu, dem vorgeworfen wurde, er sei „vom 1.11.1941 bis Kriegsende Beisitzer des Sondergerichts Freiburg" gewesen, und habe „an etwa 10 ausgesprochenen Todesurteilen mitgewirkt" (Staatsarchiv Freiburg D 180/2 Nr. 5158 Bild 22 und folgend). Daraufhin wurden zwecks Revision die Akten angefordert und ein erneutes Säuberungsverfahren eingeleitet. In dessen Verlauf legt Dr. Straumann auch eine Auflistung der zehn Todesurteile vor, an denen er mitgewirkt hatte, u. a. am Todesurteil gegen Friedrich Bachmann (s. oben Fall 3, Bachmann: „... planmäßig auf Beraubung von Hasenställen"). Dr. Straumann war nach einer Entscheidung der früheren Säuberungskommission vom Oktober

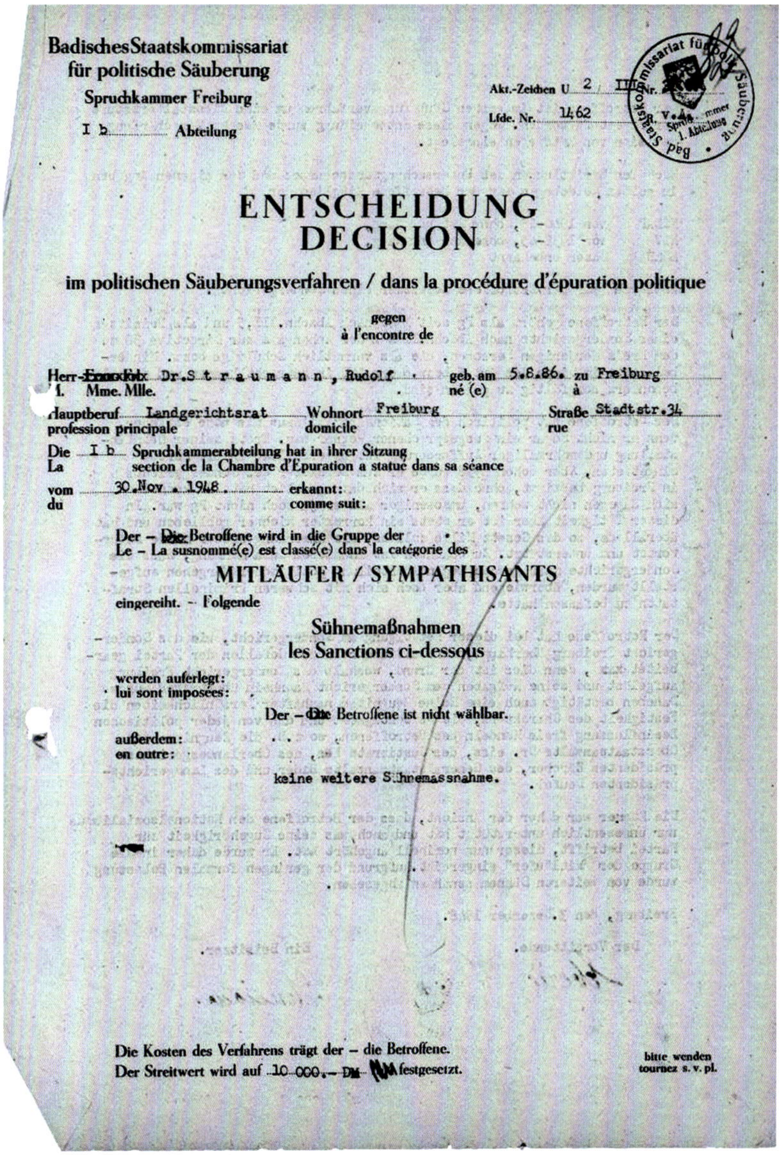

Badisches Staatskommissariat
für politische Säuberung
Spruchkammer Freiburg
I b Abteilung

Akt.-Zeichen U 2 / III Nr.
Lfde. Nr. 1462

ENTSCHEIDUNG
DECISION

im politischen Säuberungsverfahren / dans la procédure d'épuration politique

gegen
à l'encontre de

Herr ~~Frau Frl.~~ Dr. S t r a u m a n n , Rudolf . geb. am 5.8.86. zu Freiburg
M. Mme. Mlle. né (e) à

Hauptberuf Landgerichtsrat Wohnort Freiburg Straße Stadtstr. 34
profession principale domicile rue

Die I b Spruchkammerabteilung hat in ihrer Sitzung
La section de la Chambre d'Épuration a statué dans sa séance

vom 30. Nov. 1948. erkannt:
du comme suit:

Der – ~~Die~~ Betroffene wird in die Gruppe der
Le – La susnommé(e) est classé(e) dans la catégorie des

MITLÄUFER / SYMPATHISANTS

eingereiht. – Folgende

Sühnemaßnahmen
les Sanctions ci-dessous

werden auferlegt:
lui sont imposées:

Der – ~~Die~~ Betroffene ist nicht wählbar.

außerdem:
en outre:

keine weitere Sühnemassnahme.

Die Kosten des Verfahrens trägt der – die Betroffene.
Der Streitwert wird auf 10.000,– DM festgesetzt.

bitte wenden
tournez s. v. pl.

Spruchkammerentscheid gegen Dr. Straumann, 30. November 1948

Staatsarchiv Freiburg D 180/2 Nr. 5158 Bild 87

1946 im Justizdienst belassen worden mit der Einschränkung: „Rückstufung um 1 Zulage, Verwendung als Zivilrichter". Die Entscheidung im Revisionsverfahren der Spruchkammer I vom 30. November 1948 lautete: „Mitläufer", außerdem „keine weiteren Sühnemaßnahmen". Daraufhin intervenierten die französischen Besatzungsbehörden: „Die Militärregierung hat die Genehmigung zu dem vorliegenden Urteil der Spruchkammer verweigert und gegen die Entscheidung Einspruch erhoben" und ist der Ansicht, „daß der Betroffene in den Ruhestand zu versetzen ist." Aufgrund des Einspruchs wurde das Verfahren im Februar 1949 an eine andere Spruchkammer überwiesen. Die Spruchkammer III blieb mit Entscheid vom März 1949 bei der Einstufung „Mitläufer", bestätigte dabei die Einschränkung vom Oktober 1946: Verwendung nur als Zivilrichter, keine Strafsachen. Somit verblieb Dr. Straumann im Justizdienst.

Ein „ausgesprochener Schädling seines Berufsstandes" als Sündenbock?

Einen anderen Verlauf nahm das Spruchkammer-Verfahren gegen den Waldshuter Landgerichtspräsidenten Dr. Schmoll.[46] Der promovierte Jurist Oskar Schmoll, geb. am 3. Mai 1894 in Karlsruhe, begann seine Laufbahn 1926 als Staatsanwalt in Konstanz. Bereits im März 1931 trat er in die NSDAP ein und erwies sich insbesondere bei der NS-Machtergreifung als deren radikaler Unterstützer. So wirkte Schmoll als parteiamtlicher Referent für Kommunalpolitik auch bei den personellen Säuberungen in den Rathäusern seines Landkreises mit. Im April 1933 war er gar Mitanstifter eines von SA-Schlägern ausgeübten, gewalttätigen Überfalls gegen den Zentrumsabgeordneten Anton Hilbert. Die Gestapo bescheinigte ihm 1938 auf eine Anfrage aus Karlsruhe: „Politisch und weltanschaulich steht der Angefragte unbedingt und rückhaltlos auf dem Boden der nationalen Erhebung." (Bundesarchiv R58/Film 61214)

Von 1933 bis 1938 war Dr. Schmoll Erster Staatsanwalt in Freiburg, von 1938 bis 1942 Landgerichtsdirektor in Mannheim und zugleich stellvertretender Vorsitzender des Mannheimer Sondergerichts. Schmolls Hoffnung auf eine Justizkarriere im besetzten Elsass erfüllte sich nicht, stattdessen wurde er 1942 Landgerichtspräsident in Waldshut und Mitglied des Sondergerichts Freiburg. In der Eigenschaft als Waldshuter Vorsitzender des Sondergerichts Freiburg verurteilte er am 28. April 1944 den Metzgermeister Eugen Mülhaupt zum Tode, weil dieser „der deutschen Kriegswirtschaft durch Angabe unrichtiger Gewichte und markenfreie Fleischabgabe eine Fleischmenge von 700 Zentnern entzogen" habe – ein Prozess, der weit über Waldshut hinaus seine Kreise zog.

Kurz vor dem Einrücken der französischen Streitkräfte im April 1945 versuchte sich Schmoll aus Waldshut abzusetzen, wurde jedoch bald gefasst und ab 7. Mai 1945 zunächst in Singen, dann in Freiburg interniert. Noch während der Internierung begann das Entnazifizierungsverfahren, das im Dezember 1948 mit dem Spruchkammer-Entscheid „Schuldiger" endete. Damit war Dr. Schmoll definitiv entlassen und ging jeglicher Pension verlustig. Obgleich es seitens des Staatskommissariats für politische Säuberung hieß, die Entscheidung sei unanfechtbar, gelang Schmoll ein Berufungsverfahren. In diesem Berufungsverfahren vom Februar 1950 wurde Schmoll zwar blinder Fanatismus vorgeworfen, aber er sei eben „kritiklos der nat.soz. Epidemie anheimgefallen, deren Gift durch Hitler in die Blutbahn des deutschen Volkskörpers gekommen ist". Letztlich stufte die Spruchkammer Schmoll als „Minderbelasteten" ein, der mit der Pension eines Amtsgerichtsrats in den Ruhestand zu versetzen sei.

[46] Vgl. folgend, wenn nicht anders gekennzeichnet, Seidelmann (Schmoll), S. 327-342

Das Bekanntwerden dieses Spruchkammer-Entscheids löste nicht nur im Rechtsausschuss des Badischen Landtags Empörung aus, auch das Justizministerium wandte sich gegen das Urteil. „Wenn Schmoll nur minderbelastet sei, so wäre kaum jemand sonst schuldig zu sprechen", lautete der Tenor. Kurzum, das Urteil war nicht zu halten. In einem erneuten Revisionsverfahren, in dem nun erstmal systematisch Belastungsmaterial ausgewertet wurde, unterstrich die Spruchkammer unter Bezugnahme auf den Überfall auf den Zentrumsabgeordneten die Rolle von Schmoll als Aktivist und Nutznießer des NS-Systems. Der Spruchkammer-Entscheid vom Dezember 1950 lautete „Schuldiger" und war verbunden mit dem endgültigen pensionslosen Ausscheiden aus dem Justizdienst. Mit dem Schuldspruch gegen Schmoll ging einher eine generelle Entschuldung der Justiz:

„Während der grösste Teil der Richter und Justizbeamten sich den Zumutungen der Partei gegenüber zurückhaltend gezeigt und die Würde und das Ansehen des deutschen Richterstandes gewahrt hat, die diesem Stand den guten Ruf der deutschen Rechtspflege gesichert haben, hat Schmoll diese Eigenschaften in unverantwortlicher Weise schmählich verletzt und sich als ausgesprochener Schädling seines Berufsstandes erwiesen und den Namen der Bad. Justiz geschändet."

Eine solche Einschätzung fünf Jahre nach Ende der Diktatur, als ob es das ganze System der NS-Unrechtsjustiz nicht gegeben hätte. Aber immerhin, man hatte einen Schuldigen ausgemacht, einen Schädling seines Berufsstandes, der auch als Sündenbock zur Entlastung der deutschen Rechtspflege und des deutschen Richterstandes brauchbar war.

Die Nichtbeförderung als Wiedergutmachungsfall?

Diese Ehrenrettung der deutschen Rechtspflege und des deutschen Richterstandes weckte gar die Hoffnung auf Rehabilitation, auch bei ehemaligen Sonderrichtern. So etwa bei Landgerichtsrat Dr. Franz Xaver Künstle, geb. 8. Oktober 1879 in Schutterwald, achtmal Beisitzer bei Todesurteilen des Sondergerichts. Aber im Gegensatz zu allen anderen Sonderrichtern war Dr. Künstle kein NSDAP-Mitglied. Dieser Umstand sicherte wohl nach der französischen Besetzung vorerst seinen Verbleib als Landgerichtsrat im Justizdienst. Auf Beschluss der Säuberungskommission vom Dezember 1945 wurde Dr. Künstle zunächst zum Januar 1946, dann wegen Erreichens der Altersgrenze zum April 1946 in den Ruhestand versetzt. Gegen die Zurruhesetzung erhob Künstle Beschwerde, er hätte gerne weiter gearbeitet und erhoffte sich noch eine Beförderung zum Landgerichtsdirektor. Die Beschwerde wäre beinahe nach hinten losgegangen, denn nun erinnerte man sich an Künstles Tätigkeit als „beisitzender Richter" des Sondergerichts und fasste eine Entlassung ohne Ruhestandsbezüge ins Auge, wozu es aber auch Dank der Fürsprache von Dr. Zürcher, Chef der deutschen Justizverwaltung, letztlich nicht kam. So blieb es bei der Ruhegehaltsgewährung, im Jahre 1947 immerhin monatlich 592 M. Zum Vergleich: 1949, dem Gründungsjahr der Bundesrepublik, betrug das Durchschnittsgehalt eines vollzeitbeschäftigten Arbeitnehmers rund 237 DM im Monat.

Aber der Landgerichtsrat a. D. Künstle hatte offenbar seine Nichtbeförderung nicht überwunden. Nach Inkrafttreten des Badischen Landesgesetzes vom 6. September 1950 „über die Wiedergutmachung nationalsozialistischen Unrechts an Angehörigen des Öffentlichen Dienstes" fühlte Künstle sich als Opfer bestätigt, und wandte sich am 14. Dezember 1950 an das Justizministerium wegen Wiedergutmachung (vgl. auch folgend Staatsarchiv Freiburg C 20/5 Nr. 220, Bild 25f.):

„Ich habe die feste Überzeugung, dass ich nach dem Ergebnis meiner beiden juristischen Staatsexamina und meinem Ansehen als Richter, das wohl auch in meinen Dienstzeugnissen niedergelegt sein dürfte, von der früheren Regierung zum Landgerichtsdirektor am Landgericht Freiburg ernannt worden wäre, und dass ich von der nationalsozialistischen Regierung nur deshalb nicht befördert und von jüngeren, der NSDAP angehörenden Herren übergangen worden bin, weil ich nicht Mitglied der NSDAP war und als Bruder eines katholischen Theologieprofessors – des im Jahre 1932 gestorbenen Theologieprofessor der Universität Freiburg, Dr. Karl Künstle –, als Katholik, der seine katholische Weltanschauung nicht verleugnet hat und auch nach 1933 seinen religiösen Pflichten offen nachgekommen ist, ferner als alter Herr einer katholischen Studentenverbindung und als früherer Zentrumswähler als ein Staatsfeind gehalten worden bin.

Die nach 1933 am Landgericht Freiburg frei gewordene Landgerichtsdirektor-Stellen sind mit Landgerichtsräten besetzt worden, die sämtlich an Lebens- und Dienstalter jünger waren als ich, und von denen m.W. drei Herren in beiden Staatsexamen Lokationen hatten, die hinter den meinigen lagen.

Ich habe die feste Überzeugung, dass ich nach dem Ergebnis meiner beiden juristischen Staatsexamina und meinem Ansehen als Richter, das wohl auch in meinen Dienstzeugnissen niedergelegt sein dürfte, von der früheren Regierung zum Landgerichtsdirektor am Landgericht Freiburg ernannt worden wäre, und dass ich von der nationalsozialistischen Regierung nur deshalb nicht befördert und von jüngeren, der NSDAP angehörenden Herren übergangen worden bin, weil ich nicht Mitglied der NSDAP war und als Bruder eines katholi-

schen Theologieprofessors -des im Jahr 1932 gestorbenen Theologieprofessors der Universität Freiburg, Dr.Karl Künstle -, als Katholik, der seine katholische Weltanschauung nicht verleugnet hat und auch nach 1933 seinen religiösen Pflichten offen nachgekommen ist, ferner als alter Herr einer katholischen Studentenverbindung und als früherer Zentrumswähler als ein Staatsfeind gehalten worden bin.

Ich fühle mich durch die unterbliebene Beförderung zum Landgerichtsdirektor durch nationalsozialistische Unterdrückungsmassnahmen wegen meines Glaubens und meiner Weltanschauung unterdrückt.

Daher bitte ich, mich gemäss § 6 Absatz II des im Betreff angeführten Badischen Landesgesetzes nachträglich zum Landgerichtsdirektor zu befördern und mir die Pension eines Landgerichtsdirektors zukommen zu lassen.

Dr. F. X. Künstle

Landgerichtsrat a.D.

Ausschnitt, Antrag auf Wiedergutmachung von Dr. Künstle, 14. Dezember 1950

Staatsarchiv Freiburg C 20/5 Nr. 220 Bild 26

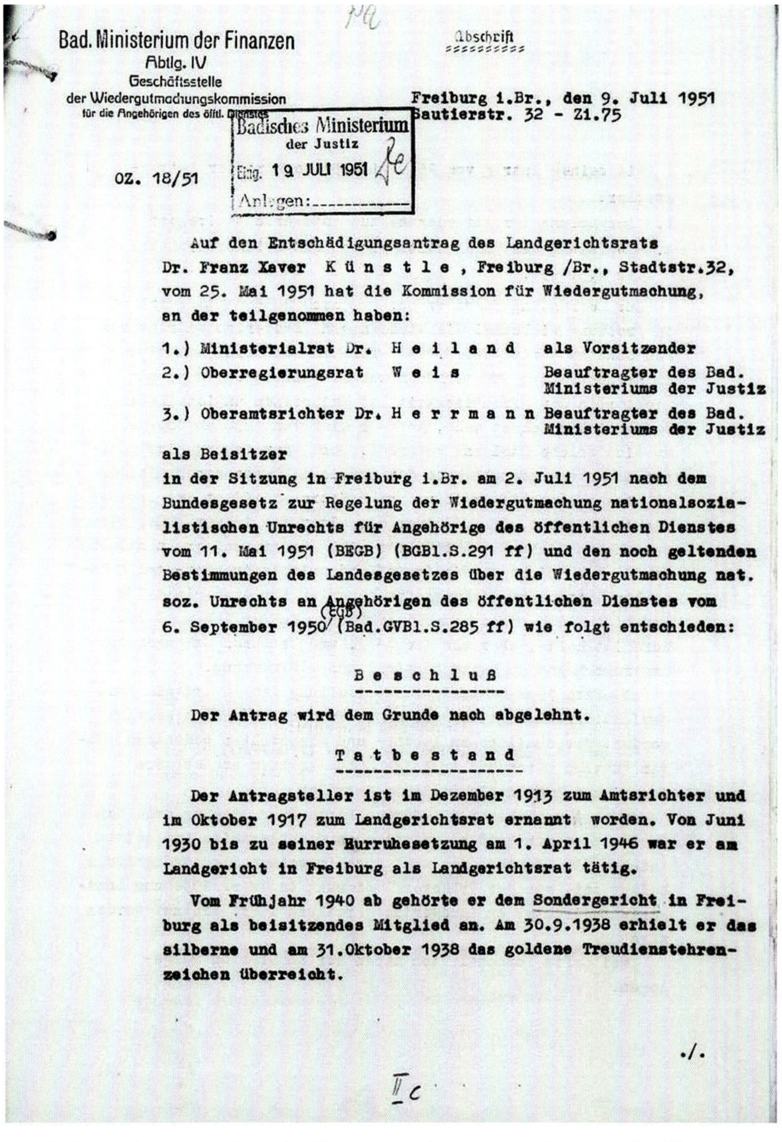
Bad. Ministerium der Finanzen
Abtlg. IV
Geschäftsstelle
der Wiedergutmachungskommission
für die Angehörigen des öffl. Dienstes

Abschrift

Freiburg i.Br., den 9. Juli 1951
Sautierstr. 32 - Zi.75

Badisches Ministerium
der Justiz
Eing. 19. JULI 1951
Anlagen:

OZ. 18/51

Auf den Entschädigungsantrag des Landgerichtsrats Dr. Franz Xaver K ü n s t l e , Freiburg /Br., Stadtstr.32, vom 25. Mai 1951 hat die Kommission für Wiedergutmachung, an der teilgenommen haben:

1.) Ministerialrat Dr. H e i l a n d als Vorsitzender
2.) Oberregierungsrat W e i s Beauftragter des Bad. Ministeriums der Justiz
3.) Oberamtsrichter Dr. H e r r m a n n Beauftragter des Bad. Ministeriums der Justiz

als Beisitzer
in der Sitzung in Freiburg i.Br. am 2. Juli 1951 nach dem Bundesgesetz zur Regelung der Wiedergutmachung nationalsozialistischen Unrechts für Angehörige des öffentlichen Dienstes vom 11. Mai 1951 (BEGB) (BGBl.S.291 ff) und den noch geltenden Bestimmungen des Landesgesetzes über die Wiedergutmachung nat. soz. Unrechts an Angehörigen des öffentlichen Dienstes vom 6. September 1950 (EGB) (Bad.GVBl.S.285 ff) wie folgt entschieden:

B e s c h l u ß

Der Antrag wird dem Grunde nach abgelehnt.

T a t b e s t a n d

Der Antragsteller ist im Dezember 1913 zum Amtsrichter und im Oktober 1917 zum Landgerichtsrat ernannt worden. Von Juni 1930 bis zu seiner Zurruhesetzung am 1. April 1946 war er am Landgericht in Freiburg als Landgerichtsrat tätig.

Vom Frühjahr 1940 ab gehörte er dem Sondergericht in Freiburg als beisitzendes Mitglied an. Am 30.9.1938 erhielt er das silberne und am 31.Oktober 1938 das goldene Treudienstehrenzeichen überreicht.

./.

Ausschnitt, Ablehnungsbeschluss der Wiedergutmachungskommission gegen Dr. Künstle, 9. Juli 1951

Staatsarchiv Freiburg C 20/5 Nr. 220 Bild 32

Ich fühle mich durch die unterbliebene Beförderung zum Landgerichtsdirektor durch nationalsozialistische Unterdrückungsmassnahmen wegen meines Glauben und meiner Weltanschauung unterdrückt."

Landgerichtsrat a. D. Künstle erhielte eine knappe Antwort des Justizministeriums. Da er bis zum 8. Mai 1945 (Kapitulation) im Dienst verblieben sei, könne „eine unterbliebene Beförderung nicht als Benachteiligung im Sinne des Landesgesetzes über die Wiedergutmachung nationalsozialistischen Unrechts an Angehörigen des Öffentlichen Dienstes gelten", und ob er daher auf eine Vorlage seines Gesuches verzichte. Künstle verzichtete zunächst, betrieb jedoch dann sein Wiedergutmachungsvorhaben weiter, das schließlich am 9. Juli 1951 vor der Wiedergutmachungskommission des Badischen Finanzministeriums verhandelt wurde. Konkret ging es um die Forderung von Künstle, um „Nachholung der Beförderung zum Landgerichtsdirektor" und „Bezahlung des Ruhegehalts eines Landgerichtsdirektor ab 1.5.1951". Bei der Entscheidungsfindung bezog sich die Wiedergutmachungskommission ausdrücklich auf die Dienstzeugnisse, auf die Künstle selbst verwiesen hatte. Die Kommission warf Künstle vor, er sei im Sinne des NS-Regimes „politisch zuverlässig" gewesen, was in den Beurteilungen seiner

Vorgesetzen von 1937 und 1942 „ausdrücklich festgestellt" worden sei. Aus der Beurteilung des Sondergerichtsvorsitzenden von Frankenberg vom 3. September 1942 wurde wörtlich zitiert:

„Auch im Sondergericht ist er mir eine wertvolle Kraft. Er hat sich den Erfordernissen des Kriegsstrafrechts und -Verfahrens durchaus angepaßt und wird jetzt auch mit dem notwendigen erhöhten Strafmaß innerlich fertig.
Auch gegen seine politische Haltung ist nichts einzuwenden. K. ist wohl ein religiös veranlagter Mensch, ohne daß aber der früher gegen ihn erhobene Vorwurf, er sei kirchlich gebunden, nach meiner Überzeugung berechtigt erscheint."

Außerdem, so die Kommission weiter, habe Künstle, auch „das silberne und goldene Treudienstehrenzeichen" überreicht bekommen, eine Verleihung die nur erfolge, wenn „keine politischen Bedenken" dagegen bestünden. Folglich könne Künstle „nicht begründet darauf abheben, daß er infolge politischer oder religiöser Anschauungen während des Naziregimes geschädigt worden sei". Auch der Sachverhalt der Nichtbeförderung als Nicht-Parteigenosse und ehemaliger Zentrumsanhänger genüge nicht, Künstle „als Opfer des Nationalsozialismus zu charakterisieren":

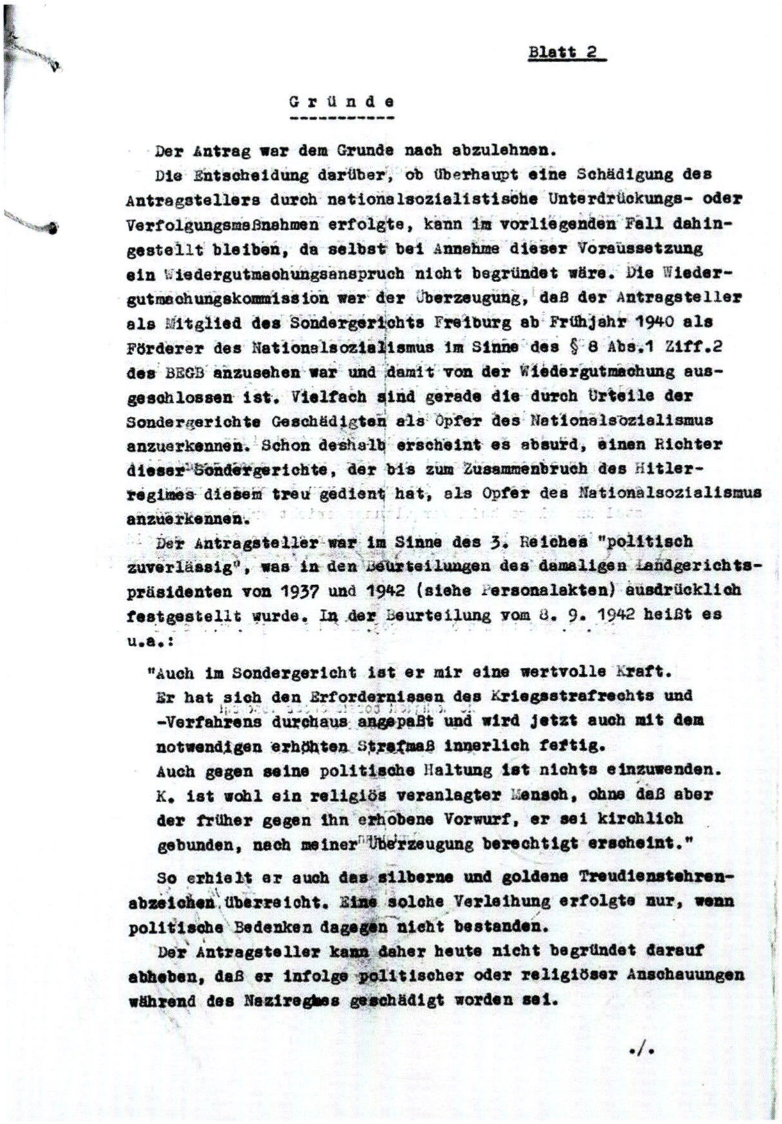

Blatt 2

G r ü n d e

Der Antrag war dem Grunde nach abzulehnen.
Die Entscheidung darüber, ob überhaupt eine Schädigung des Antragstellers durch nationalsozialistische Unterdrückungs- oder Verfolgungsmaßnahmen erfolgte, kann im vorliegenden Fall dahingestellt bleiben, da selbst bei Annahme dieser Voraussetzung ein Wiedergutmachungsanspruch nicht begründet wäre. Die Wiedergutmachungskommission war der Überzeugung, daß der Antragsteller als Mitglied des Sondergerichts Freiburg ab Frühjahr 1940 als Förderer des Nationalsozialismus im Sinne des § 8 Abs.1 Ziff.2 des BEGB anzusehen war und damit von der Wiedergutmachung ausgeschlossen ist. Vielfach sind gerade die durch Urteile der Sondergerichte Geschädigten als Opfer des Nationalsozialismus anzuerkennen. Schon deshalb erscheint es absurd, einen Richter dieser Sondergerichte, der bis zum Zusammenbruch des Hitlerregimes diesem treu gedient hat, als Opfer des Nationalsozialismus anzuerkennen.
Der Antragsteller war im Sinne des 3. Reiches "politisch zuverlässig", was in den Beurteilungen des damaligen Landgerichtspräsidenten von 1937 und 1942 (siehe Personalakten) ausdrücklich festgestellt wurde. In der Beurteilung vom 8. 9. 1942 heißt es u.a.:

"Auch im Sondergericht ist er mir eine wertvolle Kraft.
Er hat sich den Erfordernissen des Kriegsstrafrechts und -Verfahrens durchaus angepaßt und wird jetzt auch mit dem notwendigen erhöhten Strafmaß innerlich fertig.
Auch gegen seine politische Haltung ist nichts einzuwenden.
K. ist wohl ein religiös veranlagter Mensch, ohne daß aber der früher gegen ihn erhobene Vorwurf, er sei kirchlich gebunden, nach meiner Überzeugung berechtigt erscheint."

So erhielt er auch das silberne und goldene Treudienstehrenabzeichen überreicht. Eine solche Verleihung erfolgte nur, wenn politische Bedenken dagegen nicht bestanden.
Der Antragsteller kann daher heute nicht begründet darauf abheben, daß er infolge politischer oder religiöser Anschauungen während des Naziregimes geschädigt worden sei.

./.

Ausschnitt, Ablehnungsbeschluss der Wiedergutmachungskommission gegen Dr. Künstle, 9. Juli 1951

Staatsarchiv Freiburg C 20/5 Nr. 220 Bild 33

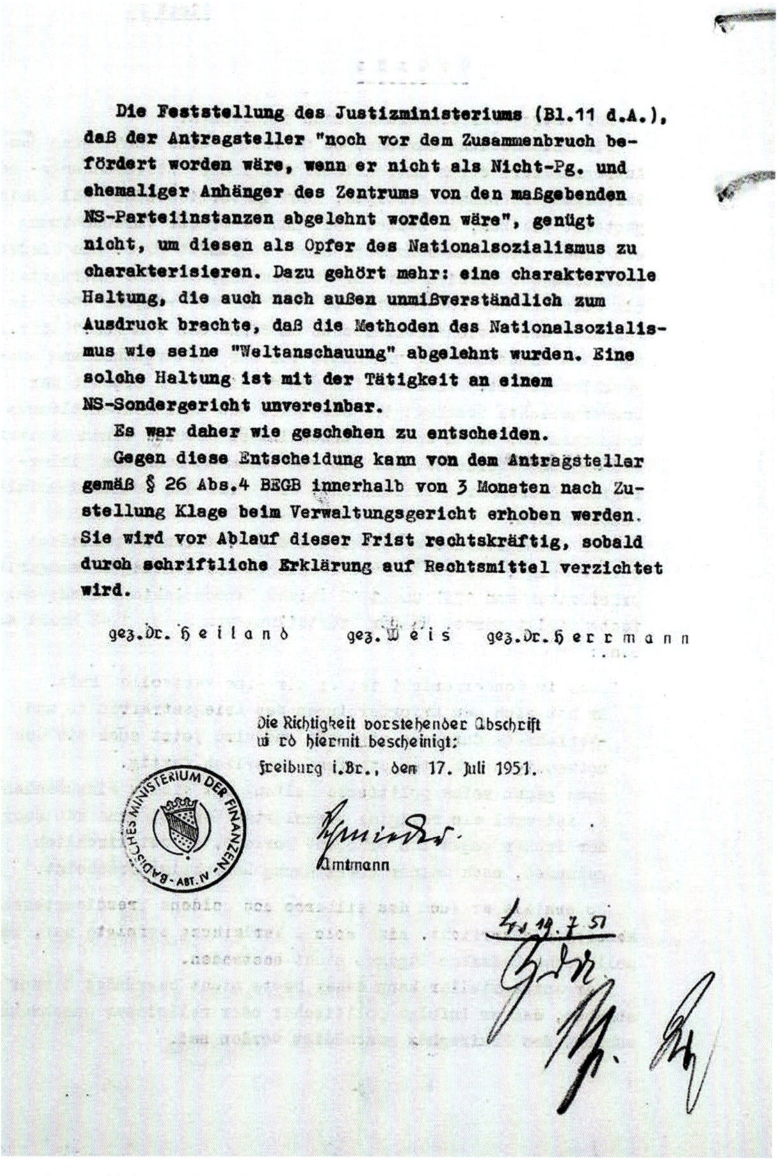

Die Feststellung des Justizministeriums (Bl.11 d.A.), daß der Antragsteller "noch vor dem Zusammenbruch befördert worden wäre, wenn er nicht als Nicht-Pg. und ehemaliger Anhänger des Zentrums von den maßgebenden NS-Parteiinstanzen abgelehnt worden wäre", genügt nicht, um diesen als Opfer des Nationalsozialismus zu charakterisieren. Dazu gehört mehr: eine charaktervolle Haltung, die auch nach außen unmißverständlich zum Ausdruck brachte, daß die Methoden des Nationalsozialismus wie seine "Weltanschauung" abgelehnt wurden. Eine solche Haltung ist mit der Tätigkeit an einem NS-Sondergericht unvereinbar.

Es war daher wie geschehen zu entscheiden.

Gegen diese Entscheidung kann von dem Antragsteller gemäß § 26 Abs.4 BEGB innerhalb von 3 Monaten nach Zustellung Klage beim Verwaltungsgericht erhoben werden. Sie wird vor Ablauf dieser Frist rechtskräftig, sobald durch schriftliche Erklärung auf Rechtsmittel verzichtet wird.

gez.Dr.Heiland gez.Weis gez.Dr.Herrmann

Die Richtigkeit vorstehender Abschrift wird hiermit bescheinigt:
Freiburg i.Br., den 17. Juli 1951.

Badisches Ministerium der Finanzen - Abt. IV

Amtmann

Ausschnitt, Ablehnungsbeschluss der Wiedergutmachungskommission gegen Dr. Künstle, 9. Juli 1951

Staatsarchiv Freiburg C 20/5 Nr. 220 Bild 34

„Dazu gehört mehr: eine charaktervolle Haltung, die auch nach außen unmißverständlich zum Ausdruck brachte, daß die Methoden des Nationalsozialismus wie seine ‚Weltanschauung' abgelehnt wurden. Eine solche Haltung ist mit der Tätigkeit an einem NS-Sondergericht unvereinbar."

Dementsprechend lehnte die Wiedergutmachungskommission den Antrag von Künstle ab, der zuvor in einer Stellungnahme des Justizministeriums befürwortet worden war. Ein NS-Sonderrichter als NS-Opfer, das hielt die Kommission nicht für tragbar und stellte vielmehr klar:

„Vielfach sind gerade die durch Urteile der Sondergerichte Geschädigten als Opfer des Nationalsozialismus anzuerkennen. Schon deshalb erscheint es absurd, einen Richter dieser Sondergerichte, der bis zum Zusammenbruch des Hitlerregimes diesem treu gedient hat, als Opfer des Nationalsozialismus anzuerkennen."

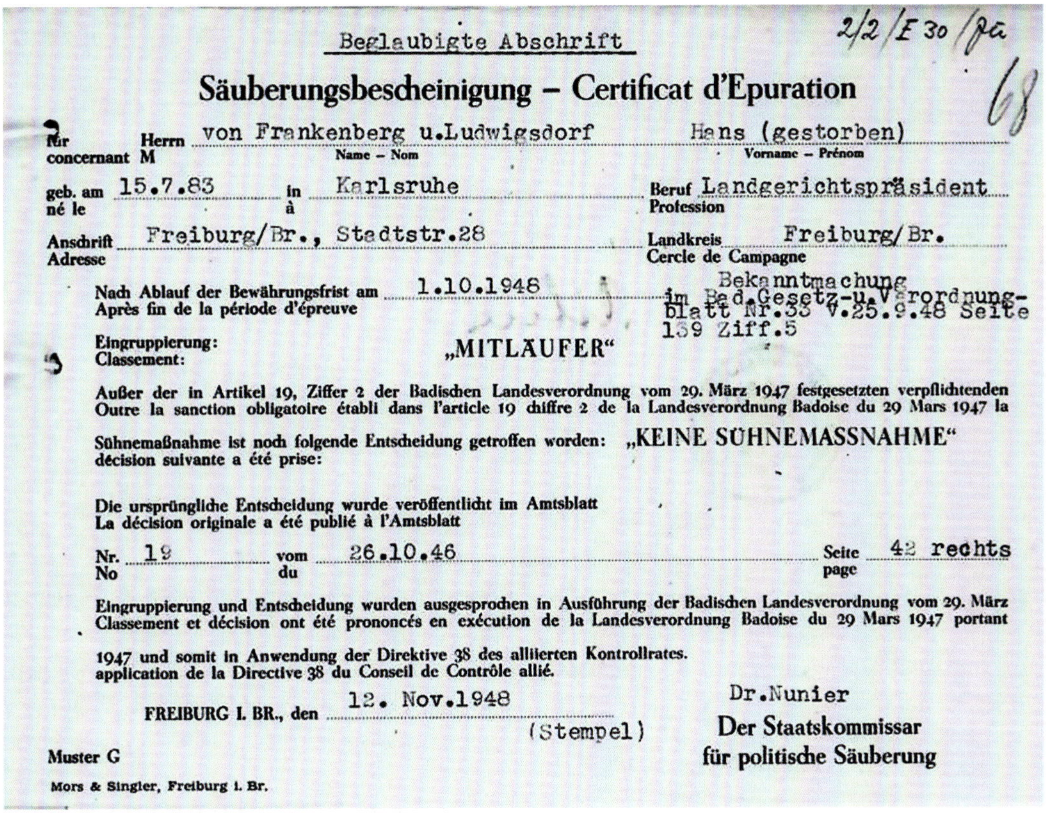

2/2/E 30/Pa

68

Beglaubigte Abschrift

Säuberungsbescheinigung – Certificat d'Epuration

Für / concernant Herrn / M von Frankenberg u.Ludwigsdorf (Name – Nom) Hans (gestorben) (Vorname – Prénom)

geb. am / né le 15.7.83 in / à Karlsruhe Beruf / Profession Landgerichtspräsident

Anschrift / Adresse Freiburg/Br., Stadtstr.28 Landkreis / Cercle de Campagne Freiburg/Br.

Nach Ablauf der Bewährungsfrist am / Après fin de la période d'épreuve 1.10.1948 Bekanntmachung im Bad.Gesetz-u.Verordnungblatt Nr.33 v.25.9.48 Seite 139 Ziff.5

Eingruppierung: / Classement: „MITLÄUFER"

Außer der in Artikel 19, Ziffer 2 der Badischen Landesverordnung vom 29. März 1947 festgesetzten verpflichtenden
Outre la sanction obligatoire établi dans l'article 19 chiffre 2 de la Landesverordnung Badoise du 29 Mars 1947 la

Sühnemaßnahme ist noch folgende Entscheidung getroffen worden: „KEINE SÜHNEMASSNAHME"
décision suivante a été prise:

Die ursprüngliche Entscheidung wurde veröffentlicht im Amtsblatt
La décision originale a été publié à l'Amtsblatt

Nr. / No 19 vom / du 26.10.46 Seite / page 42 rechts

Eingruppierung und Entscheidung wurden ausgesprochen in Ausführung der Badischen Landesverordnung vom 29. März
Classement et décision ont été prononcés en exécution de la Landesverordnung Badoise du 29 Mars 1947 portant

1947 und somit in Anwendung der Direktive 38 des alliierten Kontrollrates.
application de la Directive 38 du Conseil de Contrôle allié.

FREIBURG I. BR., den 12. Nov.1948 (Stempel)

Dr.Nunier
Der Staatskommissar
für politische Säuberung

Muster G

Mors & Singler, Freiburg i. Br.

Bescheinigung über die Eingruppierung des ehemaligen Freiburger Sondergerichtsvorsitzenden von Frankenberg als „Mitläufer", 12. November 1948

Staatsarchiv Freiburg C 20/5 Nr. 89 Bild 70

Zieht man ein Fazit der Säuberung und Entnazifizierung im Bereich der Justizjuristen für die ersten Nachkriegsjahre, lässt sich folgende Tendenz erkennen. Die ersten Säuberungsmaßnahmen der Militärregierung mit Entlassungen ohne Pension und Abfindung waren einschneidend. In den Verfahren der „auto-épuration", der Selbstreinigung, wurden die Entlassungen zwar nicht zurückgenommen, jedoch deren Folgen über (verminderte) Ruhestands- bzw. Versorgungsbezüge abgemildert. Eine weitere Abmilderung oder Aussetzung der Sühnemaßnahmen erfolgte im Zuge der „Landesverordnung über die Befreiung von Nationalsozialismus und Militarismus" vom 29. März 1947. Die Spruchkammerentscheidungen lauteten regelmäßig auf „Mitläufer", „Entlastete" oder gar „Nicht vom Gesetz betroffen". Eine Ausnahme bildete der oben beschriebene Fall des promovierten Juristen Oskar Schmoll mit der Entscheidung „Schuldiger".

Die Entlassungen betrafen das Gros der Sonderrichter und Oberstaatsanwälte und damit überwiegend ältere Justizjuristen. Die schieden unwiederbringlich aus dem Justizdienst aus. Den jüngeren, ebenfalls in die Sonderjustiz verwickelten aber im Dienst belassenen Juristen, gelang nach Unterbrechungen eine zum Teil beachtliche Fortsetzung der Karriere.

Die erkennbare Milde der deutschen Entnazifizierungsentscheidungen dürfte in mehreren Gründen zu sehen sein. Zu nennen wären hier neben einem sicherlich vorhandenen Korpsgeist und einem ausgeprägten Karrieredenken auch ein augenfällig hervortretender Rechtspositivismus mit einem prekären Staats- und Justizverständnis. Hinzu kam, der Landgerichtsbezirk Freiburg war überschaubar, und der des Freiburger Sondergerichts in Südbaden wohl ebenso. Man kannte sich. So äußerte sich Dr. Zürcher über den ehemaligen Sonderrichter Dr. Straumann, der seit Mitte der 1920er Jahre Landgerichtsrat beim Landgericht Freiburg war, er kenne ihn seit dieser Zeit, „sein Wirken und seine politische Haltung" und er sei „einer der befähigtsten Richter" gewesen, dessen „beruflich Stärke" habe vor allem „auf zivilistischem Gebiet" gelegen. Daher, so Dr. Zürcher weiter in seiner Stellungnahme vom 19. Juli 1948, sei es, bei dem heutigen Bedarf an „wirklich fähigen Zivilrichtern", für die Justiz „ein schwerer Verlust, wenn sie auf Dr. Straumann verzichten müßte". (Staatsarchiv Freiburg D 180/2 Nr. 5158 Bild 41/42) Dr. Straumann fand tatsächlich Verwendung als Zivilrichter.

Bei der Entnazifizierung der Justizverwaltung nahm Dr. Zürcher eine überaus einflussreiche Rolle ein. Immerhin war Paul Zürcher – der erste von den Franzosen eingesetzte kommissarische Landgerichtspräsident in Freiburg, der bereits im Oktober 1945 zum „Chef der deutschen Justizverwaltung in der französische Zone Badens" ernannt worden war – auch noch Vorsitzender der Säuberungskommission. Die „Dienststelle des Chefs der dtsch. Justizverwaltung in der franz. Zone Badens" wurde schon zum 1. April 1946 in „Badisches Justizministerium" umbenannt worden, nun mit Dr. Zürcher als Ministerialdirektor (Staatssekretär) an der Spitze. In einem Aktenvermerk vom 3. Dezember 1946 führte er über seine eigene Rolle bei der Entnazifizierung der Verwaltung aus, er habe vermocht, „bei der Besatzungsmacht zu erzwingen, daß die politische Säuberungsprozedur im Gegensatz zur US-Zone, in ihren Grenzen blieb. Einer großen Anzahl von Justizbediensteten konnte so der Arbeitsplatz erhalten werden" (Staatsarchiv Freiburg C 20/5 Nr. 393 Bild 30).
Und es mutet schon sehr nach Korpsgeist an, zu sehen, wie Dr. Zürcher über fast jeden der ehemaligen Sonderrichter die schützende Hand hielt, wenn dieser nicht gerade ein ausgesprochener Nazi-Aktivist gewesen war. Dazu werden von Dr. Zürcher auch zweifelhafte und unbelegbare Argumente gebraucht, wie im Falle des Landgerichtsrats a. D. Künstle, der zum Sondergericht abgeordnet oder wie Zürcher formulierte „befohlen" worden war: „Ein Ausweichen hätte für Dr. Künstle, der als praktizierender Katholik und früherer Zentrumsanhänger ver-

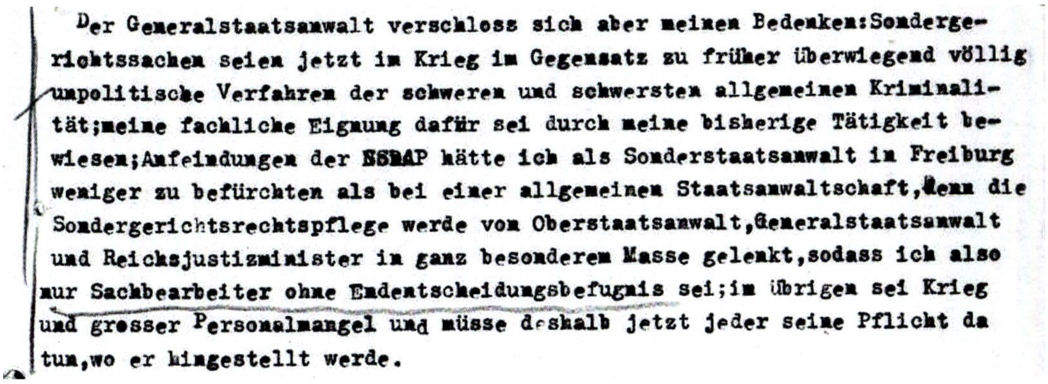
Der Generalstaatsanwalt verschloss sich aber meinen Bedenken:Sonderge-
richtssachen seien jetzt im Krieg im Gegensatz zu früher überwiegend völlig
unpolitische Verfahren der schweren und schwersten allgemeinen Kriminali-
tät;meine fachliche Eignung dafür sei durch meine bisherige Tätigkeit be-
wiesen;Anfeindungen der NSDAP hätte ich als Sonderstaatsanwalt in Freiburg
weniger zu befürchten als bei einer allgemeinen Staatsanwaltschaft,denn die
Sondergerichtsrechtspflege werde vom Oberstaatsanwalt,Generalstaatsanwalt
und Reichsjustizminister in ganz besonderem Masse gelenkt,sodass ich also
nur Sachbearbeiter ohne Endentscheidungsbefugnis sei;im übrigen sei Krieg
und grosser Personalmangel und müsse deshalb jetzt jeder seine Pflicht da
tun,wo er hingestellt werde.

Ausschnitt, Rechtfertigungsschrift des Ersten Staatsanwalts Dr. Friedrich Simon, 25. August 1948

Staatsarchiv Freiburg D 180/2 Nr. 6450 Bild 36

schrien war, nach damaliger Übung die Einweisung in ein Konzentrationslager zur Folge gehabt." Überhaupt, so Zürcher weiter, sei es bei der vom Nationalsozialismus beherrschten Justizverwaltung die Übung gewesen, „seine ideologischen Gegner durch Verwendung in derartigen Stellen für den Augenblick zu binden und später zu diskriminieren" (Staatsarchiv Freiburg C 20/5 Nr. 220 Bild 16).

Dieser Auffassung widerspricht in seiner Rechtfertigungsschrift vom 25. August 1948 der Erste Staatsanwalt Dr. Friedrich Simon in Waldshut, der sich als Nicht-NSDAP-Mitglied nicht an das Sondergericht Freiburg versetzen lassen wollte, und sich daher an den Generalstaatsanwalt in Karlsruhe gewandt hatte:

„Der Generalstaatsanwalt verschloss sich aber meinen Bedenken: Sondergerichtssachen seien jetzt im Krieg im Gegensatz zu früher überwiegend völlig unpolitische Verfahren der schweren und schwersten allgemeinen Kriminalität; meine fachliche Eignung dafür sei durch meine bisherige Tätigkeit bewiesen; Anfeindungen der NSDAP hätte ich als Sonderstaatsanwalt in Freiburg weniger zu befürchten als bei der allgemeinen Staatsanwaltschaft, denn die Sondergerichtspflege werde vom Oberstaatsanwalt, Generalstaatsanwalt und Reichsjustizminister in ganz besonderem Masse gelenkt, sodass ich also nur Sachbearbeiter ohne Entscheidungsbefugnis sei."

Der Erste Staatsanwalt Dr. Friedrich Simon, der von Oktober 1942 bis September 1943 Sonderstaatsanwalt in Freiburg und danach im besetzten Straßburg war, verwies auf die Zuständigkeitsverordnung vom Februar 1940, nach der die Zuständigkeit auf „Rundfunkverbrechen, Kriegswirtschaftsverbrechen, Volksschädlingsverbrechen, Gewaltverbrechen" und sonstige schweren Verbrechen und Vergehen ausgedehnt worden sei. Zu deren Verfolgung sei es „wegen der kriegsbedingten Personalknappheit" nicht möglich und „wegen der veränderten Zweckbestimmung auch nicht nötig" gewesen, das Personal „nach dem Gesichtspunkt der nationalsozialistischen Zuverlässigkeit auszuwählen". Dies träfe insbesondere auf Staatsanwälte bei Sondergerichten zu, die „nicht selbständig arbeiten, insbesondere keine Abschlussverfügungen selbständig unterzeichnen durften, sondern Einstellungs- und Anklageverfügungen nur entwerfen und den nach politischen Gesichtspunkten ausgewählten Oberstaatsanwälten zu Unterschrift vorlegen mussten".

„Stets nur nach den rechtsgültig erlassenen Gesetzen gehandelt“

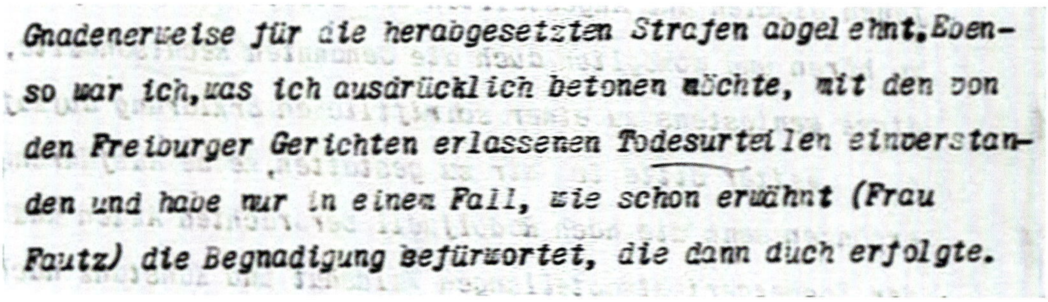
Gnadenerweise für die herabgesetzten Strafen abgelehnt.Eben-
so war ich,was ich ausdrücklich betonen möchte, mit den von
den Freiburger Gerichten erlassenen Todesurteilen einverstan-
den und habe nur in einem Fall, wie schon erwähnt (Frau
Fautz) die Begnadigung befürwortet, die dann auch erfolgte.

Ausschnitt, Schreiben Oberstaatsanwalt Dr. Weiß, 26. Juni 1945
Staatsarchiv Freiburg C 20/5 Nr. 379 Bild 37

Die Weisungsgebundenheit der Staatsanwälte an Anweisungen ihrer Vorgesetzten war ein wichtiges Mittel der Justizlenkung, worauf der Generalstaatsanwalt in Karlsruhe mit Bezug auf Staatsanwalt Dr. Simon hingewiesen hatte. So trat zwar Staatsanwalt Helmut Müller, der „Sonder-Müller“, hauptsächlich als Ankläger vor dem Sondergericht auf, aber dessen Verfügungen gingen immer über den Schreibtisch von Oberstaatsanwalt Dr. Eugen Weiß. Dies bestätigte auch der zeitweilige Ankläger beim Sondergericht, Staatsanwalt Dr. Walter Melcher, in seinem Beschwerdeschreiben gegen seine Suspendierung. In dem Schreiben vom 21. September 1946 führte er aus, es sei „ja bekannt, dass wir in allem weisungsgebundene Sachbearbeiter waren, die, besonders unter Oberstaatsanwalt Dr. Weiss, genauen Anweisungen folgen mussten“. Und in der Tat war Oberstaatsanwalt Dr. Weiß der leitende Staatsanwalt und firmierte unter „Der Oberstaatsanwalt als Leiter der Anklagebehörde beim Sondergericht Freiburg i. Br.“. Diese Funktion hatte Dr. Weiß, ab 1934 Oberstaatsanwalt in Freiburg, seit Errichtung des Sondergerichts im November 1940 inne.

Aufgrund der Verfügung der Militärregierung vom 17. Mai 1945 war Dr. Weiß zunächst ohne Pension entlassen worden. Darauf legte er am 26. Juni 1945 in einem 38-seitigen Schreiben Beschwerde ein (vgl. folgend Staatsarchiv Freiburg C 20/5 Nr. 379). Am Ende des Schreibens mit zahlreichen Entlastungsbelegen zu seinen Gunsten führte Dr. Weiß aus, er wäre „weder ein sogen. milder Richter noch ein weicher Staatsanwalt“, sondern sei sich „seiner Verantwortung gegenüber der Allgemeinheit durchaus bewusst“ gewesen. „Die von Karlsruhe und Berlin ausgehenden Beanstandungen wegen nicht genügend hoher Strafen“ habe er „insoweit als richtig angesehen“, als in früheren Jahren viele Verbrechen und Vergehen seiner Auffassung nach „nicht die erforderliche strenge Bestrafung erfuhren.“ Und, so Weiß weiter:

„Ebenso war ich, was ich ausdrücklich betonen möchte, mit den von den Freiburger Gerichten erlassenen Todesurteilen einverstanden und habe nur in einem Fall, wie schon erwähnt (Frau Fautz) die Begnadigung befürwortet, die dann auch erfolgte.“

In dem angesprochen Fall „Frau Fautz" (vgl. oben Fall 2 „Volksschädlingsverbrechen" „... wohl handelt es sich erstmals um eine Frau") war Dr. Weiß der Ankläger vor Ort. Abgesehen von dem erwähnten Plünderungsfall Laubis war es das einzige Mal, dass der Oberstaatsanwalt die Anklage bei Fällen mit verhängten Todesstrafen selbst vertrat. Dies überließ er ansonsten seinen Staatsanwälten, die bekanntermaßen weisungsgebunden zu handeln hatten. Zur Erinnerung: Gab es vor 1933 gerade drei Tatbestände, bei denen auf Todesstrafe erkannt werden konnte, so drohten die bis zum Jahre 1944 erlassenen Gesetze und Verordnungen in 46 Fällen die Verhängung der Todesstrafe an. Aber bei der erstmaligen Verhängung der Todesstrafe gegen eine Frau scheint es nicht nur bei den Sonderrichtern Skrupel, sondern auch beim Oberstaatsanwalt Dr. Weiß gegeben haben, daher wohl die Befürwortung der Begnadigung.

Generell jedoch befürwortete der Oberstaatsanwalt die von Karlsruhe und Berlin geforderte Strafhärte der Sondergerichtsbarkeit. Und was die beinhaltete, hatte der Erste Staatsanwalt Dr. Friedrich Simon in seiner Rechtfertigungsschrift am Beispiel der Entwicklung der Sondergerichtsbarkeit detailliert auf vier Seiten dargelegt, von der Zuständigkeit für die Reichstagsbrandverordnung vom 28. Februar 1933 bis zur Gewaltverbrecherverordnung vom 5. Dezember 1939, also die ganze Systematik der Ausweitung und Verschärfung der Sondergerichtsbarkeit bis hin zum Kriegssonderstrafrecht. Wenn ein einfacher Staatsanwalt sich des Systems der Sondergerichtsbarkeit bewusst war, umso mehr musste ein Oberstaatsanwalt Kenntnis vom Ausmaß der NS-Strafjustiz haben.

Aber, Dr. Weiß weiter: „Im übrigen habe ich in meinem Dienst als Oberstaatsanwalt stets nur nach den rechtsgültig erlassenen Gesetzen gehandelt." Da fällt es nun, das rechtspositivistische Argument von der Rechtmäßigkeit des NS-Rechts. Diese Argumentation geht einher mit einem prekären Staats- und Justizverständnis, wie es im Wiedergutmachungsantrag vom Dezember 1950 von Dr. Künstle zum Ausdruck kommt. Er sei „von der früheren Regierung" zum Landsgerichtsdirektor ernannt worden, und „von der nationalsozialistischen Regierung" nur

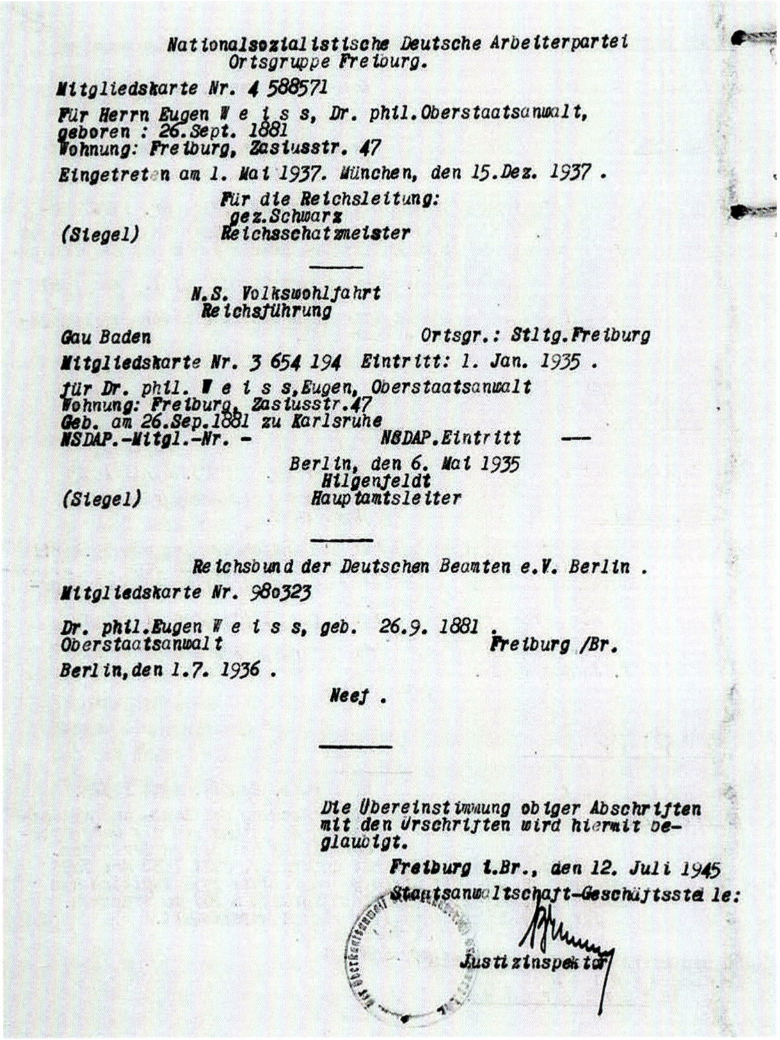
Nationalsozialistische Deutsche Arbeiterpartei
Ortsgruppe Freiburg.

Mitgliedskarte Nr. 4 588571

Für Herrn Eugen W e i s s, Dr. phil. Oberstaatsanwalt,
geboren : 26. Sept. 1881
Wohnung: Freiburg, Zasiusstr. 47

Eingetreten am 1. Mai 1937. München, den 15. Dez. 1937 .

Für die Reichsleitung:
gez. Schwarz
(Siegel) Reichsschatzmeister

N.S. Volkswohlfahrt
Reichsführung

Gau Baden Ortsgr.: Stltg. Freiburg

Mitgliedskarte Nr. 3 654 194 Eintritt: 1. Jan. 1935 .

für Dr. phil. W e i s s, Eugen, Oberstaatsanwalt
Wohnung: Freiburg, Zasiusstr. 47
Geb. am 26. Sep. 1881 zu Karlsruhe
NSDAP.-Mitgl.-Nr. - NSDAP. Eintritt —

Berlin, den 6. Mai 1935
Hilgenfeldt
(Siegel) Hauptamtsleiter

Reichsbund der Deutschen Beamten e.V. Berlin .

Mitgliedskarte Nr. 980323

Dr. phil. Eugen W e i s s, geb. 26.9. 1881 .
Oberstaatsanwalt Freiburg /Br.

Berlin, den 1.7. 1936 .

Neef .

Die Übereinstimmung obiger Abschriften
mit den Urschriften wird hiermit beglaubigt.

Freiburg i.Br., den 12. Juli 1945
Staatsanwaltschaft-Geschäftsstelle:

Justizinspektor

Beglaubigte Bescheinigung über Mitgliedschaften von Dr. Weiß, 12. Juli 1945

Staatsarchiv Freiburg C 20/5 Nr. 379 Bild 65

deshalb nicht befördert worden, weil er kein NSDAP-Mitglied war. In der Begrifflichkeit von der „früheren" Regierung kommt ein Verständnis eines Staatsdieners und Beamten zum Tragen, gemäß der die nationalsozialistische „Machtergreifung" offenbar nur ein Regierungswechsel darstellte. Karriere im Staatsdienst einer Diktatur zu machen, war anscheinend kein Problem. Im Gegenteil, wenn die Diktatur nicht rechtzeitig eine angemessen Beförderung garantierte, fühlte man sich wie Dr. Künstle berechtigt, Wiedergutmachung zu verlangen.

Andererseits hatte Oberstaatsanwalt Dr. Weiß, seiner Erklärung, er habe „stets nur nach den rechtsgültig erlassenen Gesetzen gehandelt", hinzugefügt „allerdings unter Ablehnung" der ihm „willkürlich und ungesetzlich erscheinenden Ausdehnungen". In der Tat hatte Dr. Weiß, der wie viele andere erst 1937 in die NSDAP eingetreten war, nicht immer parteikonform gehandelt. So hatte er beispielsweise die Ehefrau des Freiburger Oberbürgermeisters wegen Hortens von Lebensmitteln mit einem Strafbefehl belegt, was ihm nicht nur Wohlwollen in der Partei einbrachte. Auch sonst war er mit der NSDAP angeeckt, etwa bei der juristischen Verfolgung der Zerstörung von Wegkreuzen durch SS- und Parteiangehörige. Darüber hinaus hatte er sich außerdem für Verurteilte und Verfolgte eingesetzt und die Einweisung in ein Konzentrationslager nach der Strafverbüßung verhindert. So im Fall einer Abhörgemeinschaft aus dem katholischen Milieu.

Dr. Weiß hatte wohl Verbindung zu dem Kripo-Beamten Eugen Selber. Über Selber, der 1937 „in die Gestapo übergeleitet" wurde, heißt es, der „gläubige Katholik" stünde mit dem Leiter der Freiburger Staatsanwaltschaft in Kontakt, „um

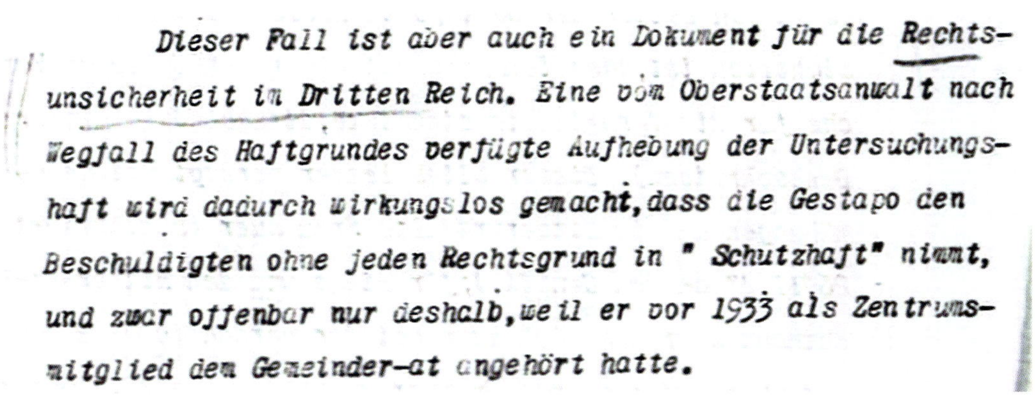

Dieser Fall ist aber auch ein Dokument für die Rechtsunsicherheit im Dritten Reich. Eine vom Oberstaatsanwalt nach Wegfall des Haftgrundes verfügte Aufhebung der Untersuchungshaft wird dadurch wirkungslos gemacht, dass die Gestapo den Beschuldigten ohne jeden Rechtsgrund in " Schutzhaft" nimmt, und zwar offenbar nur deshalb, weil er vor 1933 als Zentrumsmitglied dem Gemeinderat angehört hatte.

Ausschnitt, Beschwerdeschrift von Oberstaatsanwalt Dr. Weiß gegen seine Entlassung, 26. Juni 1945

Staatsarchiv Freiburg C 20/5 Nr. 379 Bild 33

politisch und rassisch Verfolgten zu helfen".[47] Oberstaatsanwalt Dr. Weiß wies bezüglich der Verhinderung von KZ-Einweisungen und sonstigen Gestapo-Maßnahmen daraufhin, dass er „bei dem Leiter der Aussendienststelle Freiburg der Gestapo, Kriminalkommissar Traub" dabei „volles Verständnis und Entgegenkommen gefunden habe, soweit ihm dies bei seiner Abhängigkeit von der Leitstelle Karlsruhe und dem Reichssicherheitshauptamt in Berlin möglich war". Ob der Chef der Freiburger Gestapo tatsächlich so ein Menschenfreund war, da dürften Zweifel angebracht sein. Im Spruchkammer-Entscheid von 1949 wurde er als gefürchteter Gestapo-Mann charakterisiert.

Dr. Weiß berief sich noch auf einen weiteren fragwürdigen Unterstützer, auf Ministerialdirigent Dr. Wolfgang Mettgenberg im Reichsjustizministerium in Berlin. Dieser sei „im Mai 1941 bei dem Zusammenstoss mit Staatssekretär Freisler" für ihn eingetreten, und er sei dann mit Mettgenberg „noch durch einen Besuch in Freiburg näher bekannt geworden". Auch in einem späteren Fall hätte Ministerialdirigent Dr. Mettgenberg für seine „Stellungnahme Verständnis" gehabt, und sei „abermals in Berlin" für ihn „eingetreten". Über den Grund des „Zusammenstosses" des Oberstaatsanwalts aus der südbadischen Provinz mit dem Staatssekretär und späteren berüchtigten Präsidenten des Volksgerichtshofs, Roland Freisler, schweigt sich Dr. Weiß leider aus.

Über Zeitpunkt und Zweck des Besuches von Mettgenberg in Freiburg ist ebenso wenig zu erfahren. Mettgenberg leitete während des Zweiten Weltkriegs die Durchführung des Nacht-und-Nebel-Erlasses und wurde wegen dieses Kriegsverbrechens im Nürnberger Juristenprozess 1947 zu zehn Jahren Zuchthaus verurteilt. 1943/44 wurde französischen Nacht-und-Nebel-Häftlingen, die über den Rhein geschafft worden waren, in Freiburg vor dem Reichskriegsgericht der Prozess gemacht. War Mettgenberg deshalb in Freiburg gewesen, um sich ein Bild vor Ort zu machen? Zwar hatte Oberstaatsanwalt Dr. Weiß mit den Reichskriegsgerichtprozessen nichts zu tun, aber diese dürften ihm nicht entgangen sein, zumal die Verhandlungen im selben Saal stattfanden, in dem auch das Freiburger Sondergericht tagte.

[47] Vgl. Hensle (Rundfunkverbrechen), S. 284/85; auch Haumann (Eugen Selber)

In der Beschwerdeschrift gegen seine Entlassung hatte Dr. Weiß betont, er habe „stets nur nach den rechtsgültig erlassenen Gesetzen gehandelt", mit der Hinzufügung „allerdings unter Ablehnung" der ihm „willkürlich und ungesetzlich erscheinenden Ausdehnungen". Es ist dem Oberstaatsanwalt abzunehmen, dass ihm Willkür und Ungesetzlichkeit zuwider waren. Den Fall einer Inschutzhaftnahme nach Aufhebung der Untersuchungshaft führte Dr. Weiß als ein „Dokument für die Rechtsunsicherheit im Dritten Reich" an. Seine oberstaatsanwaltliche Aufhebungsverfügung werde „dadurch wirkungslos gemacht, dass die Gestapo den Beschuldigten ohne jeden Rechtsgrund in ‚Schutzhaft' nimmt und zwar offenbar nur deshalb, weil er vor 1933 als Zentrumsmitglied dem Gemeinderat angehört hatte". Abschließend rechtfertigte sich der entlassene Oberstaatsanwalt und bewertete sein Verhalten wie folgt:

„Es ist jetzt nach der Befreiung vom Terror sehr billig, auf Hitler, seine Regierung und den Nationalsozialismus zu schimpfen; ich habe während 11 Jahren gegen die Auswüchse dieses System gekämpft auf der Stelle, auf welcher ich gestellt war, und habe oft meine Stellung und das Wohl meiner Familie auf's Spiel gesetzt, um das zu tun, was nach meiner Überzeugung und nach meinem Gewissen recht war und was Recht und Gesetz und Gerechtigkeit erforderten."

Ob der ehemalige Oberstaatsanwalt Dr. Weiß mit seinem Handeln seine Stellung und das Wohl seiner Familie aufs Spiel gesetzt haben könnte, ist eine schwierige, weil spekulative Fragestellung. Sein Verhalten wurde von führenden Parteimitgliedern mit Argwohn beobachtet, auch wusste Gauleiter Robert Wagner dessen 1941 vorgesehene Beförderung zum Landgerichtspräsidenten zu verhindern. Andererseits war diese Beförderung sowohl vom Generalstaatsanwalt Frey als auch vom Oberlandgerichtspräsidenten Reinle, ein überzeugter Parteigenosse, in Karlsruhe beim Reichsjustizminister in Berlin beantragt worden. Einen offensichtlich unzuverlässigen Volksgenossen würde man schwerlich auf eine solche Position befördern. Gleichwohl ist festzuhalten, dass Dr. Weiß sich in außergewöhnlicher Weise für Verurteilte und Verfolgte eingesetzt hatte. Er hätte keinen fünfseitigen Brief an den Karlsruher Gestapo-Chef

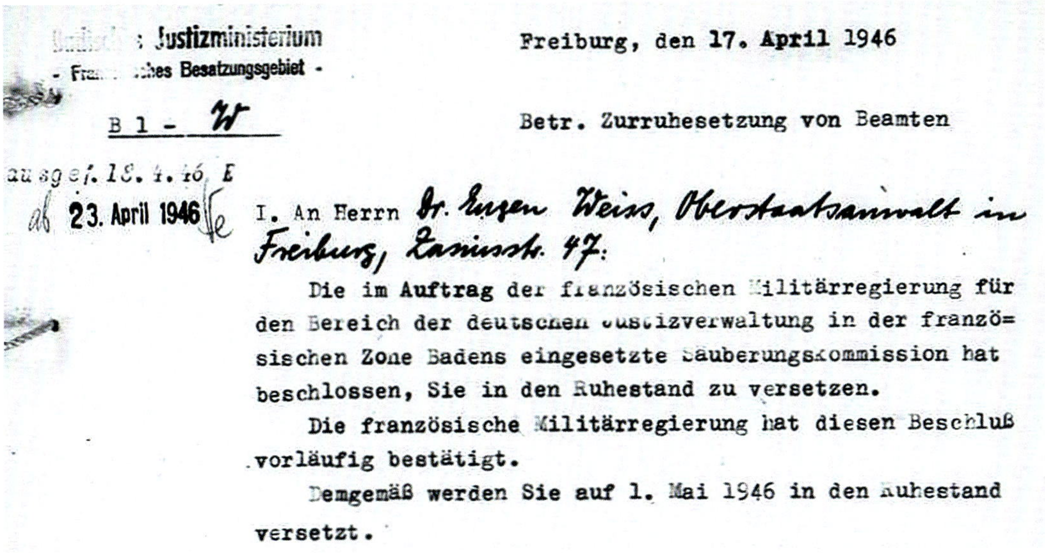

Badisches Justizministerium
- Französisches Besatzungsgebiet -

Bl - W

ausgef. 18. 4. 46 E
ab 23. April 1946

Freiburg, den 17. April 1946

Betr. Zurruhesetzung von Beamten

I. An Herrn Dr. Eugen Weiss, Oberstaatsanwalt in Freiburg, Zasiusstr. 47.

Die im Auftrag der französischen Militärregierung für den Bereich der deutschen Justizverwaltung in der französischen Zone Badens eingesetzte Säuberungskommission hat beschlossen, Sie in den Ruhestand zu versetzen.

Die französische Militärregierung hat diesen Beschluß vorläufig bestätigt.

Demgemäß werden Sie auf 1. Mai 1946 in den Ruhestand versetzt.

Ausschnitt, Mitteilung an Oberstaatsanwalt Dr. Weiß über seine Versetzung in den Ruhestand, 17. April 1946

Staatsarchiv Freiburg C 20/5 Nr. 379 Bild 136

Gmeiner schreiben müssen, um diesen im Falle einer katholischen Abhörgemeinschaft von staatspolizeilichen Maßnahmen, d.h. Konzentrationslager nach Haftverbüßung, abbringen zu wollen.

Dr. Weiß hätte aber auch nicht die Ablehnung der Begnadigung des zum Tode verurteilten erst 18-jährigen Helmuth Günther am 18. Dezember 1942 mit dem handschriftlichen Zusatz versehen müssen (Staatsarchiv Freiburg A 47/1 Nr. 4 Bild 37):

„Im Falle einer Begnadigung muß auch mit der Möglichkeit gerechnet werden, daß der Verurteilte wegen angeblichen Versagens ‚der Justiz' von der SS aus dem Gefängnis geholt u. ‚wegen Widerstands' erschossen wird. Der Vollzug der Todesstrafe scheint mir auch für den Verurteilten selbst rein menschlich gesehen das Beste zu sein; denn was hätte er als jüdischer Mischling u. wegen Gewaltverbrechens zu Zuchthaus begnadigt noch zu hoffen oder zu erwarten."

Spricht aus solchen Sätzen Realismus, oder ist hier die Grenze zum Zynismus überschritten?

Festzuhalten bleibt abschließend, dass Dr. Weiß immer in dem von den Nationalsozialisten gesetzten Rahmen handelte, eine im Sinne des NS-Rechts illegale Handlungsweise ist weder feststellbar noch wird sie von Dr. Weiß behauptet; er wusste vielmehr seine Spielräume engagiert und geschickt zu nutzen. Auch wenn der ehemalige Oberstaatsanwalt innerlich ein Gegner des Nationalsozialismus gewesen sein mag, funktionierte er letztlich als mehr oder minder großes Rädchen im Getriebe, das ab und an etwas Sand in dieses streute. Aber immerhin, dieser Sand im Getriebe konnte auch die Rettung von Menschenleben bedeuten, sozusagen ein Opfer weniger. Allerdings, die NS-Justiz hatte selbst für reichlich Opfer gesorgt. Abertausende wurden zum Tode verurteilt, auch durch die Sondergerichtsbarkeit, und hingerichtet. Die „Volksschädlingsverordnung" und die „Gewaltverbrecherverordnung" beispielsweise waren geradezu Freibriefe für die Verhängung der Todesstrafe. Hierzu von Dr. Weiß kein Wort, auch keinerlei Äußerung zur Sondergerichtsbarkeit und deren ständigen Ausweitung, oder gar zum Kriegssonderstrafrecht insgesamt.

Vielleicht, weil sich Dr. Weiß insgeheim bewusst war, selbst Teil des Systems gewesen zu sein; er habe aber, wie er selbst formulierte, „gegen die Auswüchse dieses Systems gekämpft". Grundsätzlich hatte er gegen die von Karlsruhe und Berlin geforderte Strafhärte keine Einwendungen und war, wie er betonte, „mit den von den Freiburger Gerichten erlassenen Todesurteilen einverstanden". Er wäre weder „ein milder Richter noch ein weicher Staatsanwalt" gewesen, wie er in seiner Beschwerdeschrift vom Juni 1945 bekräftigte, sondern er sei da „scharf eingeschritten", wo er „unanständige Gesinnung, Charakterlumperei, Gewinnsucht und volksschädigendes Verhalten als erwiesen angesehen habe". Abgesehen davon, dass „unanständige Gesinnung" und „Charakterlumperei" keine strafbewehrten juristischen Termini sind, jedoch „volksschädigendes Verhalten" im Sinne der „Volksschädlingsverordnung" sehr wohl, hat es den Anschein, als ob der einstige Oberstaatsanwalt mit dem unpolitischen Teil des NS-Strafrechts hätte gut leben können, vielleicht ohne Nazis und deren „Auswüchse". Mehr Fragen als Antworten, und viele Grautöne im Schwarzweiß zwischen Opfer und Täter. In der Person und Position des ehemaligen Oberstaatsanwalts und Leiters der Anklagebehörde beim Sondergericht Freiburg offenbart sich die ganz Ambivalenz und Janusköpfigkeit einer leitenden Funktion im nationalsozialistischen Staat und Justizsystem.

Der Beginn einer Legendenbildung

Es blieb bei der Entlassung des ehemaligen Oberstaatsanwalts Dr. Weiß, allerdings in Form der Zurruhesetzung mit voller Pension für den nun 65-Jährigen. Dr. Zürcher merkte hierzu an, der Oberstaatsanwalt hätte „mit seiner Entlassung rechnen müssen, da auf Befehl des für die Militärregierung Badens zuständigen Generals sämtliche Oberstaatsanwälte und Mitglieder des Sondergerichts zu entlassen sind". Infolge der „Landesverordnung über die Befreiung von Nationalsozialismus und Militarismus" vom März 1947 musste sich Dr. Weiß erneut überprüfen lassen. Hierzu führte er im Schreiben an den Staatskommissar für Politische Säuberung vom 17. April 1947 aus:

„Ich habe durch die NSDAP und die nationalsozialistische Regierung keine Beförderung oder sonstige Vorteile erfahren, habe 1933 als Landgerichtsdirektor in Karlsruhe den Eintritt in die Partei abgelehnt und nach meinem nicht freiwilligen Beitritt im Jahre 1937 jegliche Tätigkeit in der Partei und ihren Gliederungen. Ich habe in meiner Revisionsbegründung nachgewiesen, dass ich <u>aktiven Widerstand</u> gegen die nat.soz. Gewaltherrschaft geleistet und dadurch <u>Nachteile</u> erlitten habe, weil der Gauleiter und Reichsstatthalter Robert Wagner meine von Generalstaatsanwalt Frey und Chefpräsident Reinle im Februar 1941 beim Reichsjustizminister in Berlin beantragte Ernennung zum Landgerichtspräsidenten durch seinen Einspruch verhindert hat." (Staatsarchiv Freiburg C 20/5 Nr. 379, Bild 239, Unterstreichungen wie im Original)

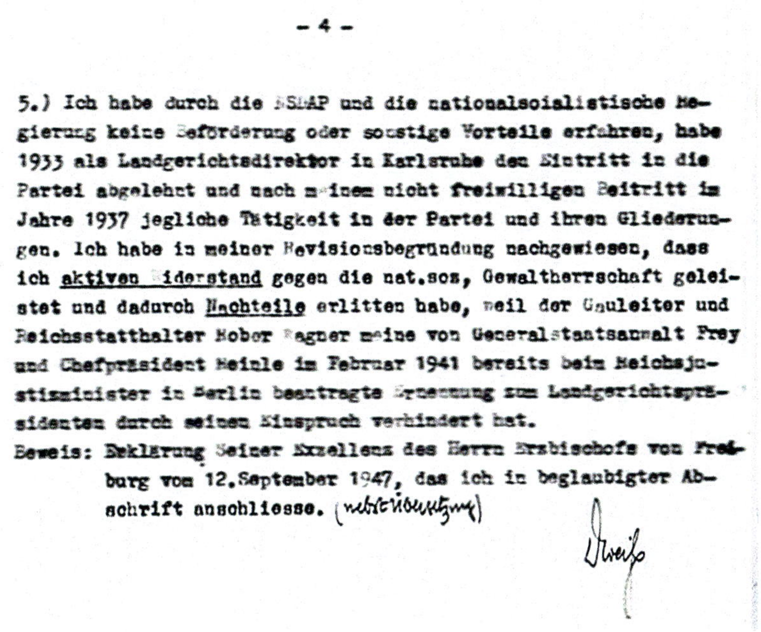

\- 4 -

5.) Ich habe durch die NSDAP und die nationalsozialistische Regierung keine Beförderung oder sonstige Vorteile erfahren, habe 1933 als Landgerichtsdirektor in Karlsruhe den Eintritt in die Partei abgelehnt und nach meinem nicht freiwilligen Beitritt im Jahre 1937 jegliche Tätigkeit in der Partei und ihren Gliederungen. Ich habe in meiner Revisionsbegründung nachgewiesen, dass ich <u>aktiven Widerstand</u> gegen die nat.soz, Gewaltherrschaft geleistet und dadurch <u>Nachteile</u> erlitten habe, weil der Gauleiter und Reichsstatthalter Robert Wagner meine von Generalstaatsanwalt Frey und Chefpräsident Reinle im Februar 1941 bereits beim Reichsjustizminister in Berlin beantragte Ernennung zum Landgerichtspräsidenten durch seinen Einspruch verhindert hat.
Beweis: Erklärung Seiner Exzellenz des Herrn Erzbischofs von Freiburg vom 12.September 1947, das ich in beglaubigter Abschrift anschliesse. (nebst Übersetzung)

Weiß

Ausschnitt, Stellungnahme von Oberstaatsanwalt a. D. Dr. Weiß, 17. April 1947
Staatsarchiv Freiburg C 20/5 Nr. 379 Bild 239

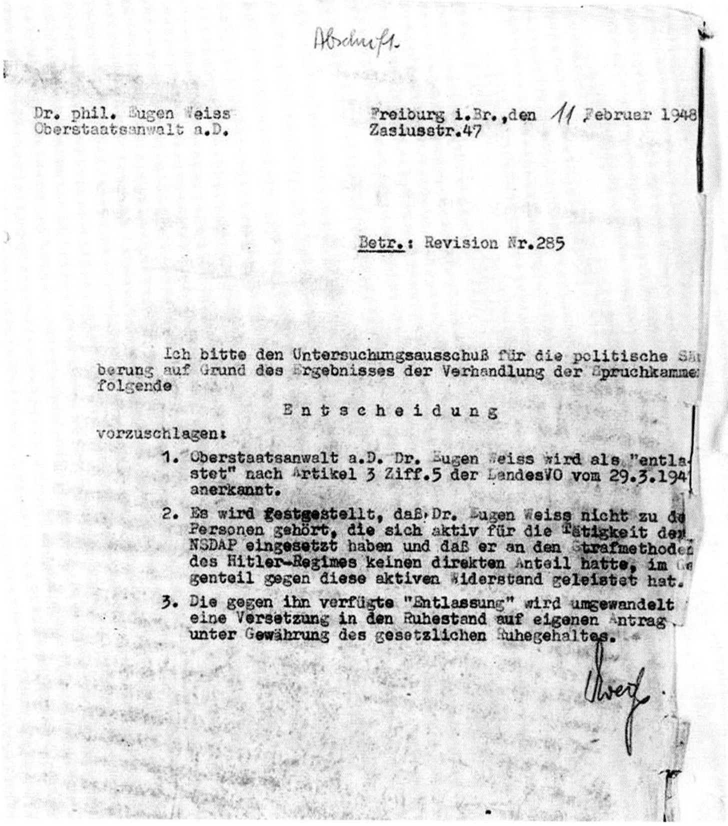

Abschrift.

Dr. phil. Eugen Weiss
Oberstaatsanwalt a.D.

Freiburg i.Br., den 11 Februar 1948
Zasiusstr.47

Betr.: Revision Nr.285

Ich bitte den Untersuchungsausschuß für die politische Säuberung auf Grund des Ergebnisses der Verhandlung der Spruchkammer folgende

Entscheidung

vorzuschlagen:

1. Oberstaatsanwalt a.D. Dr. Eugen Weiss wird als "entlastet" nach Artikel 3 Ziff.5 der LandesVO vom 29.3.194[illegible] anerkannt.
2. Es wird festgestellt, daß Dr. Eugen Weiss nicht zu den Personen gehört, die sich aktiv für die Tätigkeit der NSDAP eingesetzt haben und daß er an den Strafmethoden des Hitler-Regimes keinen direkten Anteil hatte, im Gegenteil gegen diese aktiven Widerstand geleistet hat.
3. Die gegen ihn verfügte "Entlassung" wird umgewandelt eine Versetzung in den Ruhestand auf eigenen Antrag unter Gewährung des gesetzlichen Ruhegehaltes.

Weiß

Entscheidungsvorschlag von Oberstaatsanwalt a. D. Dr. Weiß zu seiner eigenen Entnazifizierung, 11. Februar 1948

Staatsarchiv Freiburg C 20/5 Nr. 379 Bild 253

Bemerkenswert an den Ausführungen von Dr. Weiß ist, dass aus dem Kampf gegen die Auswüchse inzwischen aktiver Widerstand gegen die nationalsozialistische Gewaltherrschaft geworden ist. Das Argument der erlittenen Nachteile wegen Nichtbeförderung wird jedoch beibehalten. Schließlich unterbreitete Dr. Weiß der Säuberungskommission den Vorschlag, ihn als „entlastet" anzuerkennen und festzustellen, „dass er an den Strafmethoden des Hitler-Regimes keinen direkten Anteil hatte, im Gegenteil gegen diese aktiven Widerstand geleistet hat". Auch hier blendete Dr. Weiß aus, dass die „Strafmethoden des Hitler-Regimes" nicht nur aus Polizeijustiz und Konzentrationslager bestanden, sondern auch die drakonische Urteilspraxis der Sondergerichtsbarkeit beinhalteten, mit Hinrichtungen und Strafvollzug in Lagerhaft für einen Teil der Verurteilen. Abschließend schlug Dr. Weiß im Schreiben vom 11. Februar 1948 vor, die einst verfügte Entlassung solle umgewandelt werden in „eine Versetzung in den Ruhestand auf eigenen Antrag unter Gewährung des gesetzlichen Ruhegehaltes".

Die Spruchkammer I kam mit ihrem Entscheid vom 3. September 1948 Dr. Weiß weitgehend entgegen. Zwar stellte sie fest, der Betroffene „hatte als Oberstaatsanwalt beim Sondergericht – in geringer Anzahl auch schon vor dem Kriege als Oberstaatsanwalt beim Landgericht – zahlreiche politisch Strafverfahren zu bearbeiten, so beispielsweise wegen Abhören ausländischer Sender, Verächtlichmachung der Partei und deren Träger, Äußerungen gegen den damaligen Staat und die Partei, Zersetzung der Wehrkraft und anderes mehr". Auch seien zahlreiche Anklagen erhoben worden, „die die Unterschrift des Betroffenen tragen". Auffällig ist die entlastende Verwendung des Imperativs „hatte zu bearbeiten" im Sprachgebrauch der Spruchkammer und auch die Formulierung „tragen die Unterschriften". So als habe der einstige Leiter der Anklagebehörde beim Sondergericht Freiburg eigentlich mit den Sondergerichtsverfahren kaum etwas zu tun gehabt.
Allerdings wandte sich die Spruchkammer indirekt gegen etwaigen Rechtspositivismus, indem sie auf die Gültigkeit allgemeiner naturrechtlicher Grundsätze hinwies, und gelangte letztlich zu einer günstigen Bewertung. So habe „Oberstaatsanwalt Dr. Weiß in zahlreichen Fällen politischen Gegnern des Nazismus, die nach allgemeinen naturrechtlichen Grundsätzen nicht

Badisches Staatskommissariat für politische Säuberung
Spruchkammer Freiburg

Abteilung 1

Beglaubigte Abschrift

Formblatt V

Akt.-Zeichen U 2 /III Nr. 285

Lfde. Nr. 888 R. 1029

ENTSCHEIDUNG
DECISION

Aufgrund des Artikels 20 der Landesverordnung (LVO.) vom 29. März 1947 hat die Spruch-
Conformément à l'article 20 de la Landesverordnung (LVO.) en date du 29 mars 1947 la Chambre

kammer in ihrer Sitzung vom 3. September 1948
d'épuration a statué dans sa séance du

folgenden Beschluß gefaßt:
comme suit:

Herr – ~~Frau – Frl.~~ Dr.phil.Eugen W e i ß geb. am 26.9.1881 in Karlsruhe
M. ~~Mme – Mlle.~~ né(e) le

Hauptberuf: Oberstaatsanwalt a.D.
profession principale

Wohnort und Straße Freiburg/Br. Zasiusstr.47
domicile et rue

wird in die Gruppe der
est classé(e) dans la catégorie des

Entlasteten / Exonerés

eingereiht.

Sühnemaßnahmen werden keine angewendet.
Aucune sanction ne sera appliquée.

Begründung / Exposé des motifs

Mors & Singler, Freiburg i. Br.

Spruchkammer-Entscheid vom 3. September 1948 zu Dr. Weiß: Gruppe der Entlasteten

Staatsarchiv Freiburg C 20/5 Nr. 379 Bild 313

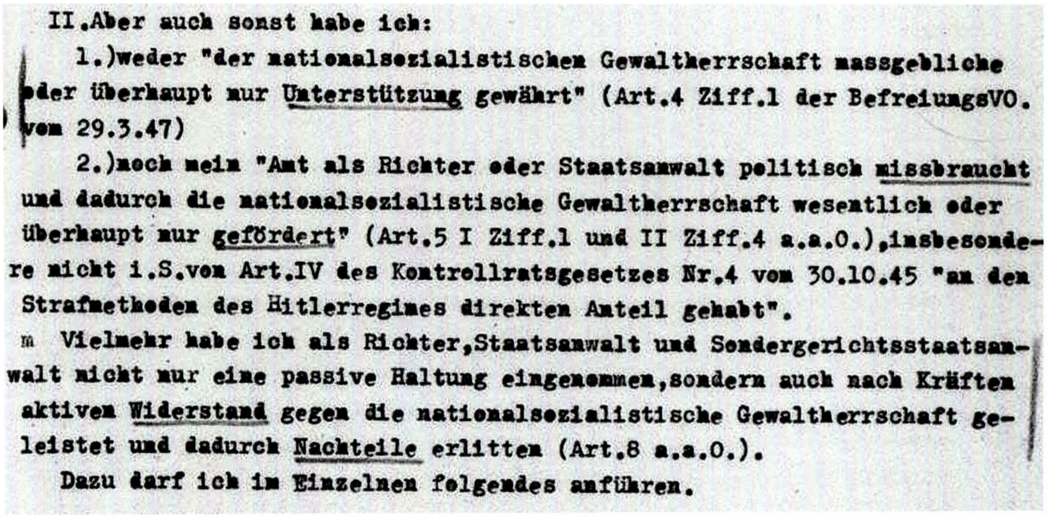

II.Aber auch sonst habe ich:

1.)weder "der nationalsozialistischen Gewaltherrschaft massgebliche oder überhaupt nur Unterstützung gewährt" (Art.4 Ziff.1 der BefreiungsVO. vom 29.3.47)

2.)noch mein "Amt als Richter oder Staatsanwalt politisch missbraucht und dadurch die nationalsozialistische Gewaltherrschaft wesentlich oder überhaupt nur gefördert" (Art.5 I Ziff.1 und II Ziff.4 a.a.O.),insbesondere nicht i.S.von Art.IV des Kontrollratsgesetzes Nr.4 vom 30.10.45 "an den Strafmethoden des Hitlerregimes direkten Anteil gehabt".

Vielmehr habe ich als Richter,Staatsanwalt und Sondergerichtsstaatsanwalt nicht nur eine passive Haltung eingenommen,sondern auch nach Kräften aktiven Widerstand gegen die nationalsozialistische Gewaltherrschaft geleistet und dadurch Nachteile erlitten (Art.8 a.a.O.).

Dazu darf ich im Einzelnen folgendes anführen.

Ausschnitt, Rechtfertigungsschreiben des Ersten Staatsanwalts Dr. Simon, 25. August 1948

Staatsarchiv Freiburg D 180/2 Nr. 6450 Bild 20

strafwürdig handelten, und gegen welche die Strafverfolgung nur aus nazistischen Gründen gefordert wurde, im Rahmen seiner Zuständigkeit vielfach unter erheblicher Gefährdung seiner Person geholfen". Unter Würdigung aller Umstände könne der Betroffene daher in die Gruppe der „Entlasteten" eingeordnet werden, mit Nichtanwendung von Sühnemaßnahmen. Zu der von Dr. Weiß beantragten Umwandlung seiner Entlassung in „eine Versetzung in den Ruhestand auf eigenen Antrag unter Gewährung des gesetzlichen Ruhegehaltes" nahm die Spruchkammer keine Stellung.

Die Formulierung, sie hätten „aktiven Widerstand gegen die nationalsozialistische Gewaltherrschaft geleistet und dadurch Nachteile erlitten", mit der sich vor der Spruchkammer gerechtfertigt wurde, ist der Landesverordnung über die Befreiung von Nationalsozialismus entnommen (Art. 8). Mit dieser Formel wurden nach Artikel 8 auch NSDAP-Mitglieder „trotz ihrer formellen Parteigehörigkeit" als „Entlastete" charakterisiert. Die Landesverordnung, auch Befreiungs-Verordnung genannt, sah insgesamt fünf Belastungskategorien vor: Hauptschuldige, Schuldige, Minderbelastete, Mitläufer, Entlastete. Die zur Entnazifizierung anstehenden Richter und Staatsanwälte waren als Juristen natürlich geübt in der Handhabung von Gesetzes- und Verordnungstexten. Nun galt es für sie, diese Bestimmungen nicht gegen Beschuldigte anzuwenden, sondern zu ihren eigenen Gunsten auszulegen.

So bezog sich der Erste Staatsanwalt Dr. Simon in seinem Rechtfertigungsschreiben vom 25. August 1948 nicht nur auf die Landesverordnung, sondern auch auf das Alliierte Kontrollratsgesetz Nr. 4 vom 30. Oktober 1945: Er habe weder „der nationalsozialistischen Gewaltherrschaft massgebliche oder überhaupt nur Unterstützung gewährt" (Befreiungs-Verordnung, Art. 4, Ziff. 1) noch „an den Strafmethoden des Hitler-Regimes direkten Anteil gehabt" (Kontrollratsgesetz, Art. 4). Der Artikel 4 des Kontrollratsgesetzes zur „Umgestaltung des Deutschen Gerichtswesens" besagt, dass alle Personen, „die an den Strafmethoden des Hitler-Regimes direkten Anteil hatten, ihres Amtes als Richter und Staatsanwalt enthoben werden und dürfen nicht zu solchen Ämtern zugelassen werden". Dieser Bestimmung des Kontrollratsgesetzes setzt Staatsanwalt Dr. Simon den Entlastungs-Artikel 8 der Landesverordnung entgegen: Vielmehr habe er „als Richter oder Staatsanwalt und Sondergerichtsstaatsanwalt nicht nur eine passive Haltung eingenommen, sondern auch nach Kräften aktiven Widerstand gegen die nationalsozialistische Gewaltherrschaft geleistet und dadurch Nachteile erlitten". Der Erste Staatsanwalt Dr. Simon stellt sich sozusagen als Widerstandskämpfer dar.

Der juristische Exkurs in die Feinheiten des Entnazifizierungsrechts soll hier nicht weiter vertieft werden. Es ging vielmehr darum, aufzuzeigen, wie der Begriff „Widerstand" an Bedeutung gewonnen hatte in den Entlastungsversuchen der betroffenen Juristen.

sachen. Politisch war er nie hervorgetreten. Die gesamte Freiburger Richterschaft lehnte es 1933 ab, in die NSDAP einzutreten. Sie galt darum bei der Gauleitung in Karlsruhe als schwarz und reaktionär, weshalb als Zuchtmeister in den folgenden Jahren überzeugte nazistische Richter und Staatsanwälte mehr und mehr hierher versetzt wurden. Be=rüchtigt unter diesen waren besonders der damalige Amtsge=richtsrat, später Amtsgerichtsdirektor, Dr.Fischer und der Erste Staatsanwalt Schmoll, der zuletzt Landgerichts=präsident in Waldshut war. Erst 1937 und besonders 1940 entschlossen sich einige Richter Formalmitglied der Partei.

Ausschnitt, Schreiben des Landgerichtspräsidenten Dr. Zürcher, 19. Juli 1948

Staatsarchiv Freiburg D 180/2 Nr. 5158 Bild 41

Hatte Landgerichtsrat Dr. Künstle in seinem Schreiben vom 12. März 1946 an die Militärregierung angeführt, dass er als gläubiger Katholik „dem Nationalsozialismus ablehnend gegenüber gestanden" habe, war bei den Staatsanwälten Dr. Simon und Dr. Weiß aus Ablehnung inzwischen Widerstand geworden, und zwar nicht nur hinhaltendes passives Widerstreben, sondern aktiver Widerstand. Der Beginn einer Legendenbildung, an der nicht zuletzt der Landgerichtspräsident, Ministerialdirektor im Justizministerium und spätere Oberlandesgerichtspräsident Dr. Zürcher einen erheblichen Anteil hatte. In einem Entlastungsschreiben für Landgerichtsrat Dr. Straumann vom 19. Juli 1948 an den Untersuchungsausschuss für politische Säuberung führte Oberlandesgerichtspräsident Dr. Zürcher über die Entwicklung der Freiburger Justiz aus:

„Die gesamte Freiburger Richterschaft lehnte es 1933 ab, in die NSDAP einzutreten. Sie galt darum bei der Gauleitung in Karlsruhe als schwarz und reaktionär, weshalb als Zuchtmeister in den folgenden Jahren überzeugte nazistische Richter und Staatsanwälte mehr und mehr hierher versetzt wurden. Berüchtigt unter diesen waren besonders der damalige Amtsgerichtsrat, später Amtsgerichtsdirektor, Dr. Fischer und der Erste Staatsanwalt Schmoll, der zuletzt Landgerichtspräsident in Waldshut war. Erst 1937 und besonders 1940 entschlossen sich einige Richter Formalmitglied der Partei zu werden." (auch folgend, Staatsarchiv Freiburg D 180/2 Nr. 5158 Bild 41/42)

Der indirekte Hinweis auf die Bedeutung und Einfluss des „schwarzen" sprich katholischen Zentrums in der Bischofsstadt Freiburg ist nicht von der Hand zu weisen. Die Zentrumspartei lag vor und nach der NS-Machtergreifung über oder um 30 Prozent, die Sozialdemokraten um etwa 15 Prozent. Die NSDAP wurde in der nicht mehr freien Reichstagswahl vom 5. März 1933 mit knapp 36 Prozent erstmals stärkste Partei in Freiburg, das Zentrum hielt sich mit 29 Prozent. Das Zögern von Richtern, schon 1933 in die NSDAP einzutreten, scheint nachvollziehbar. Aber 1943 meldete der Sondergerichtsvorsitzende von Frankenberg, selbst bereits seit 1931 NSDAP-Mitglied und damit „alter Kämpfer", nach Karlsruhe, bis auf Landgerichtsrat Dr. Künstle seien alle Richter am Sondergericht Parteimitglieder. Die Parteimitgliedschaft sollte jedoch nicht überbewertet werden. Zur Tätigkeit des Sondergerichts Freiburg ab 1940 führte Dr. Zürcher weiter aus:

„Das Sondergericht Freiburg hatte in der Mehrzahl mit unpolitischen Wirtschaftsverbrechen und nur im geringeren Umfang mit minder bedeutsamen politischen Sachen zu tun. Politische Kapitalfälle wurden in der Regel beim Sondergericht Mannheim angeklagt."

Die Aussage, das Sondergericht Freiburg hätte „in der Mehrzahl mit unpolitischen Wirtschaftsverbrechen" zu tun gehabt, ist schlichtweg falsch. Von den 727 Verfahren, die zur Archivierung gelangten, lassen sich Angaben zu den Verfahrensgründen berechnen. Demnach wurden 23 Prozent angestrengt wegen „Kriegswirtschaftsverbrechen", gefolgt von Delikten nach der „Volksschädlingsverordnung" mit 12 Prozent. Selbst wenn alle „Volksschädlings"-Delikte den Wirtschaftsverbrechen zuzurechnen sind, macht deren Anteil mit 35 Prozent zwar mehr als ein Drittel aus, aber stellt damit immer noch die Minderheit bei den Sondergerichtssachen dar. Dagegen erfolgten mit etwa 58 Prozent die Mehrheit der Verfahren aus politischen Gründen: rund 30 Prozent wegen Äußerungsdelikten nach „Heimtückegesetz", über 14 Prozent wegen sogenannter „Rundfunkverbrechen", also des Hörens ausländischer Sender, etwa weitere 14 Prozent nach der Kriegssonderstrafrechtsverordnung, zumeist wegen „Wehrkraftzersetzung", Wehrdienstentziehung oder Beihilfe zur Fahnenflucht.

Desgleichen ist die Aussage, „politische Kapitalfälle" seien „in Regel beim Sondergericht Mannheim angeklagt" worden, eine unbelegte Behauptung. Auch bei der grundlegenden Untersuchung zum Sondergericht Mannheim von Christiane Oehler aus dem Jahre 1995 finden sich keine Belege hierfür. Im Übrigen war das Sondergericht Freiburg 1940 geschaffen worden, um das Mannheimer Gericht, das zuvor für ganz Baden zuständig war, zu entlasten. Darüber hinaus wurden „politische Kapitalfälle", wenn diese nicht an den Volksgerichtshof abge-

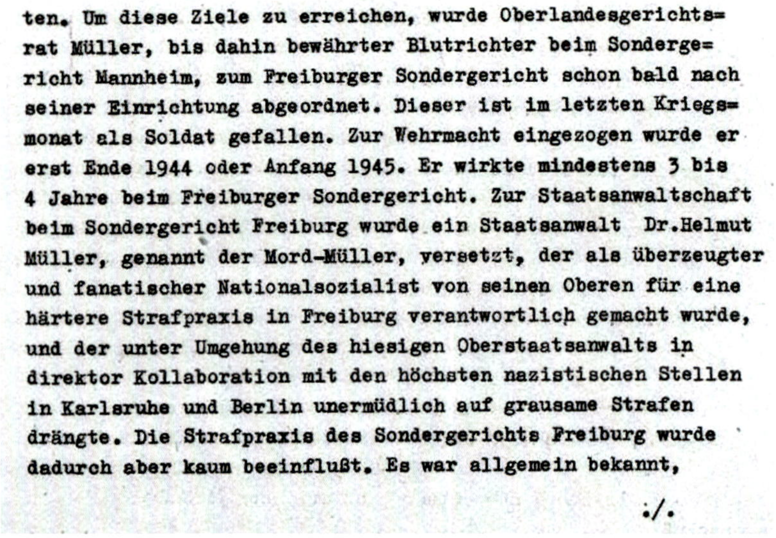

ten. Um diese Ziele zu erreichen, wurde Oberlandesgerichts= rat Müller, bis dahin bewährter Blutrichter beim Sonderge= richt Mannheim, zum Freiburger Sondergericht schon bald nach seiner Einrichtung abgeordnet. Dieser ist im letzten Kriegs= monat als Soldat gefallen. Zur Wehrmacht eingezogen wurde er erst Ende 1944 oder Anfang 1945. Er wirkte mindestens 3 bis 4 Jahre beim Freiburger Sondergericht. Zur Staatsanwaltschaft beim Sondergericht Freiburg wurde ein Staatsanwalt Dr.Helmut Müller, genannt der Mord-Müller, versetzt, der als überzeugter und fanatischer Nationalsozialist von seinen Oberen für eine härtere Strafpraxis in Freiburg verantwortlich gemacht wurde, und der unter Umgehung des hiesigen Oberstaatsanwalts in direktor Kollaboration mit den höchsten nazistischen Stellen in Karlsruhe und Berlin unermüdlich auf grausame Strafen drängte. Die Strafpraxis des Sondergerichts Freiburg wurde dadurch aber kaum beeinflußt. Es war allgemein bekannt,

./.

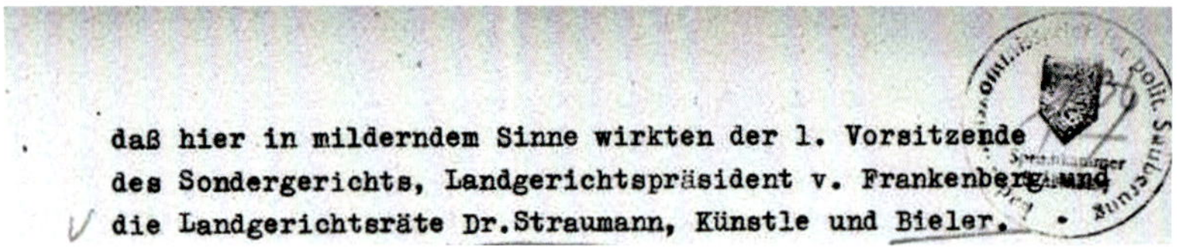

daß hier in milderndem Sinne wirkten der 1. Vorsitzende des Sondergerichts, Landgerichtspräsident v. Frankenberg und die Landgerichträte Dr.Straumann, Künstle und Bieler.

Ausschnitt, Schreiben des Landgerichtspräsidenten Dr. Zürcher, 19. Juli 1948

Staatsarchiv Freiburg D 180/2 Nr. 5158 Bild 42

geben wurden, durchaus vor dem Sondergericht Freiburg verhandelt. Eines dieser Verfahren (Akt.Z. So KLs 60/41) fand im Oktober 1941 gegen Stefan Meier statt, Reichstagsabgeordneter und einer der Abgeordneten, die im März 1933 gegen das „Ermächtigungsgesetz" gestimmt hatten. Stefan Meier wurde wegen Äußerungen gegen den Krieg, die nach der Kriegssonderstrafrechtsverordnung als „Wehrkraftzersetzung" gewertet wurden, zu drei Jahren Zuchthaus verurteilt. Nach der Strafverbüßung im Zuchthaus Bruchsal wurde er ins KZ Mauthausen verbracht, wo er sechs Wochen später am 19. September 1944 zu Tode kam. Zu Ehren von Stefan Meier wurde die Freiburger Bismarckstraße in Stefan-Meier-Straße umbenannt. Den Vorsitz in dem Sondergerichtsverfahren hatte Landgerichtsdirektor Dr. Orth inne, einer der Beisitzer war neben Landgerichtsrat Dr. Müller auch Landgerichtsrat Dr. Künstle.

Nach den kurzen Ausführungen über viele unpolitische und wenige politische Verfahren kam Dr. Zürcher auf die Strafzumessung zu sprechen:

„Es ergab sich bald, daß das Sondergericht Freiburg durch seine milde Strafpraxis in Karlsruhe und Berlin auffiel. Seine sprichwörtliche Milde wurde durch Karlsruhe und das Justizministerium in Berlin heftig und laufend kritisiert."

Unter Verweis auf erhaltene Akten, aus denen hervorgehe, „daß die Stellen in Karlsruhe und Berlin härtere Urteile forderten und die Milde,

Objektivität und Gesetzestreue des Sondergerichts Freiburg anprangerten", beschreibt Dr. Zürcher, wie die genannten Stellen mehr Strafhärte zu erzielen suchten:

„Um diese Ziele zu erreichen, wurde Oberlandesgerichtsrat Müller, bis dahin bewährter Blutrichter beim Sondergericht Mannheim, zum Freiburger Sondergericht schon bald nach seiner Errichtung abgeordnet. Dieser ist im letzten Kriegsmonat als Soldat gefallen. Zur Wehrmacht eingezogen wurde er erst Ende 1944 oder Anfang 1945. Er wirkte mindestens 3 bis 4 Jahre beim Sondergericht Freiburg. Zur Staatsanwaltschaft beim Sondergericht Freiburg wurde ein Staatsanwalt Dr. Helmut Müller, genannt der Mord-Müller, versetzt, der als überzeugter und fanatischer Nationalsozialist von seinen Oberen für eine härtere Strafpraxis in Freiburg verantwortlich gemacht wurde, und der unter Umgehung des hiesigen Oberstaatsanwalts in direkter Kollaboration mit den höchsten nazistischen Stellen in Karlsruhe und Berlin unermüdlich auf grausame Strafen drängte. Die Strafpraxis des Sondergerichts Freiburg wurde dadurch aber kaum beeinflußt. Es war allgemein bekannt, daß hier in milderndem Sinne wirkten der 1. Vorsitzende des Sondergerichts, Landgerichtspräsident v. Frankenberg und die Landgerichtsräte Dr. Straumann, Künstle und Bieler."

Soweit Dr. Zürcher zur Personalpolitik beim Sondergericht Freiburg, hierzu zunächst ein kleine Korrektur. Oberlandesgerichtsrat Dr. Müller, war laut Schreiben des Oberlandesgerichtspräsidenten an den Generalstaatsanwalt vom 20. November 1940 für die Erstbesetzung als Beisitzer in Freiburg vorgesehen, und wurde, damals noch Landgerichtsrat, nicht nachträglich dorthin zu Strafverschärfung abgeordnet. Zum Sondergerichtsvorsitzenden von Frankenberg, der im strafmildernden Sinne gewirkt haben soll, unterbreitete Dr. Zürcher an anderer Stelle eine andere Lesart. In einem Entlastungsschreiben für Landgerichtsrat Dr. Künstle vom 23. Juli 1946 an die Militärregierung erklärte Dr. Zürcher im Hinblick auf von Parteiinstanzen geforderten härteren Strafen (C 20/5 Nr. 220 Bild 16):

„Erfolg hatte man damit nicht und zwar nur deshalb nicht, weil die beisitzenden Mitglieder des Sondergerichts sich gegen den Vorsitzenden wandten und die milde Strafpraxis erzwangen."

Daran sei auch Landgerichtsrat Dr. Künstle „maßgebend beteiligt" gewesen. Hierzu ist anzumerken, dass Landgerichtsrat Dr. Künstle an über einem Drittel der Verfahren mit Verhängung der Todesstrafe als Beisitzer beteiligt war und damit hinter Oberlandesgerichtsrat Dr. Müller einen der vorderen Plätze bei der Mitwirkung an dieser Strafpraxis belegte.

Das Sondergericht Freiburg, das „mildeste Sondergericht weit und breit"?

Neben der Aussage von der milden Strafpraxis betonte Dr. Zürcher erneut die angebliche Dominanz der unpolitischen Wirtschaftsverbrechen bei den Freiburger Sondergerichtssachen (Staatsarchiv Freiburg, C 20/5 Nr. 220 Bild 16):

„Das Sondergericht Freiburg, das sich nach Errichtung des Volksgerichtshofs in Berlin, wie die meisten Sondergerichte seit 1940, hauptsächlich mit Kriegswirtschaftsverbrechen (schweren Verbrechen gegen die Verbrauchsregelungsstrafverordnung usw.) und mit schweren Verbrechen des gemeinen Strafrechts befasst, galt als das mildeste Sondergericht weit und breit."

Es dürfte angebracht sein, die Aussage vom „mildesten Sondergericht weit und breit" einer vergleichenden Überprüfung anhand der Verhängung von Todesstrafen zu unterziehen. Vergleicht man die Gesamtzahl der erhaltenen Freiburger Verfahrensakten mit den Verfahren, in denen die Todesstrafe verhängt wurde, so ergibt sich, dass in etwa jedem 25. Prozess ein Todesurteil ausgesprochen wurde. Das wären rund vier Prozent der Fälle. Auf die Zahl der Personen bezogen lässt sich ein Anteil von etwa drei Prozent errechnen.[48]

Zum Vergleich: Für das im Jahre 1937 errichtete Sondergericht Kiel wurden ebenfalls drei Prozent ermittelt, auch für das Sondergericht Saarbrücken liegt die Quote in diesem Bereich. Für das ebenfalls wie Freiburg erst 1940 eingerichtete Bremer Sondergericht sind sechs Prozent zu konstatieren. Die Vergleichsangabe für die zeitweise bis zu neun Sondergerichte Berlins beläuft sich auch auf sechs Prozent, allerdings für den Zeitraum 1933 bis 1945. Beim zur gleichen Zeit bestehenden Sondergericht Düsseldorf wurden 89 Todesstrafe verhängt, was einen Anteil von zwei Prozent ergibt; für das Sondergericht Duisburg mit 31 Todesurteilen zwischen 1942 und 1945 wird eine Quote von 3,2 Prozent angegeben; für das Sondergericht Wuppertal beträgt mit 23 Todesurteilen im gleichen Zeitraum die Quote 5,7 Prozent.[49] Beim Sondergericht Braunschweig lässt sich von Kriegsbeginn bis Kriegsende ein Anteil von unter vier Prozent errechnen.[50] Die Quote für den gleichen Zeitraum liegt beim Sondergericht Hannover bei sieben Prozent[51]

Der reichsweite Vergleich unterschiedlicher Sondergerichte, zu denen Zahlen vorliegen, zeigt, dass das Freiburger Sondergericht zwar am unteren Rand der Skala liegt, mehr aber auch nicht. Insofern lohnt sich ein gesonderter Blick auf das Sondergericht Mannheim, von wo

[48] Vgl. Hensle, Todesurteile, S. 173/74

[49] Vgl. Schmidt (Oberlandesgerichtsbezirk Düsseldorf), S. 153, S. 158 und S. 189

[50] Vgl. Ludewig (Sondergericht Braunschweig), S. 39

[51] Vgl. Mechler (Kriegsalltag), S. 45

angeblich die „Blutrichter“ und „Zuchtmeister“ nach Freiburg geschickt worden waren: Beim Sondergericht Mannheim wurden mit 66 Todesurteilen ab 1938 zwar doppelt so viele als in Freiburg verhängt, aber aufgrund wesentlich höherer Verfahrenszahl entspricht das knapp drei Prozent der Verfahren.[55]

Ein weiterer Vergleich soll für die Ahndung des politischen Deliktes „Rundfunkverbrechen“ erstellt werden. Hierbei ist in Erinnerung zu rufen, dass in leichteren Fällen (Abhören) auch auf Gefängnis erkannt werden konnte, in schweren Fällen (Weiterverbreitung von Nachrichten) die Zuchthausstrafe zu verhängen war. Zunächst ein Vergleich mit Berlin.[53] Während das durchschnittliche Strafmaß in Berlin etwas über 10 Monate Gefängnis betrug, lag es beim Freiburger Sondergericht deutlich unter 10 Monaten. Bei anderen Gerichten sah es ähnlich aus: So wurde für das Sondergericht Hannover eine durchschnittliche Gefängnisstrafe von 11 Monaten errechnet, für das Sondergericht Bremen lassen sich durchschnittlich 9 Monate und für das Sondergericht Koblenz gar nur 6 Monate ermitteln, errechnet allerdings aus nur fünf Gefängnisstrafen.

Größer ist die Bandbreite des durchschnittlichen Strafmaßes bei der Verhängung von Zuchthausstrafen der genannten Sondergerichte, die in Freiburg bei 19 Monaten, in Koblenz bei 21 Monaten, in Berlin und Hannover bei 24 und in Bremen bei 25 Monaten lagen. Nochmals zum Vergleich zwischen Freiburg und Berlin, mit dem Ergebnis einer hohen Übereinstimmung beim Strafmaß: Bei beiden Gerichten war das mildeste Urteil eine dreimonatige Gefängnisstrafe und das höchste Strafmaß lag in Berlin bei vier Jahren, in Freiburg bei dreieinhalb Jahren Zuchthaus. Die niedrigste Strafe betrug beim Sondergericht Duisburg sechs Monate, die höchste zweieinhalb Jahre Zuchthaus und beim Sondergericht Düsseldorf sechs Jahre Zuchthaus, allerdings ist hier nicht erkennbar, ob auch Begleitdelikte wie „Heimtücke“ oder „Wehrkraftzersetzung“ mitverhandelt wurden, was zur Erhöhung des Strafmaßes führt.[54]

Wie gezeigt, lag das Freiburger Sondergericht das Strafmaß betreffend am unteren Rand der Skala. Es gab jedoch auch Sondergerichte, deren Strafmaße im Schnitt geringer oder deren Quote der Todesurteile kleiner waren.

[52] Vgl. Oehler, Die Rechtsprechung des Sondergerichts Mannheim, S. 250 und 297

[53] Vgl. Hensle (Rundfunkverbrechen), S. 254 f. und S. 256 f.

[54] Vgl. Schmidt (Oberlandesgerichtsbezirk Düsseldorf), S. 178 und S. 124

Der „ewige Kampf des Sondergerichts Freiburg gegen die ‚gelenkte' Justiz"?

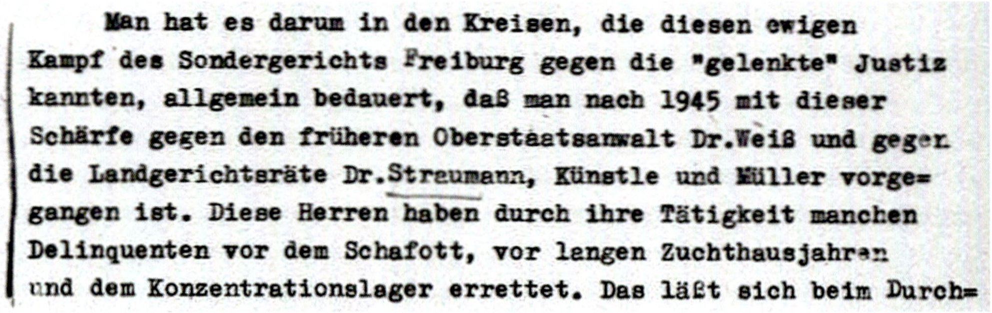

Man hat es darum in den Kreisen, die diesen ewigen
Kampf des Sondergerichts Freiburg gegen die "gelenkte" Justiz
kannten, allgemein bedauert, daß man nach 1945 mit dieser
Schärfe gegen den früheren Oberstaatsanwalt Dr.Weiß und gegen
die Landgerichtsräte Dr.Straumann, Künstle und Müller vorge=
gangen ist. Diese Herren haben durch ihre Tätigkeit manchen
Delinquenten vor dem Schafott, vor langen Zuchthausjahren
und dem Konzentrationslager errettet. Das läßt sich beim Durch=

Ausschnitt, Schreiben des Landgerichtspräsidenten Dr. Zürcher, 19. Juli 1948

Staatsarchiv Freiburg D 180/2 Nr. 5158 Bild 42

Die Behauptung vom „mildesten Sondergericht weit und breit" begründete Dr. Zürcher im Entlastungsschreiben für Landgerichtsrat Dr. Straumann damit, der Sondergerichtsvorsitzende von Frankenberg wie auch die Beisitzer Straumann, Künstle und Bieler hätten „in milderndem Sinne" gewirkt. In diesem Entlastungsschreiben vom 19. Juli 1948 verwies Oberlandesgerichtspräsident Dr. Zürcher nicht nur auf die vorgebliche milde Strafpraxis, sondern legte diese sogar als Resultat des Kampfes gegen die Justizlenkung aus. Unter offensichtlicher Kritik an den französischen Entnazifizierungsmaßnahmen führte er aus:

„Man hat es darum in den Kreisen, die diesen ewigen Kampf des Sondergerichts Freiburg gegen die ‚gelenkte' Justiz kannten, allgemein bedauert, dass man nach 1945 mit dieser Schärfe gegen den früheren Oberstaatsanwalt Dr. Weiß und gegen die Landgerichtsräte Dr. Straumann, Künstle und Müller vorgegangen ist."

Die kritisierte „Schärfe" bestand in der Entlassung der Genannten, wobei Dr. Straumann als „Zivilrichter" bleiben konnte. Dabei hätten diese, so Dr. Zürcher weiter, „durch ihre Tätigkeit manchen Delinquenten vor dem Schafott, vor langen Zuchthausjahren und dem Konzentrationslager errettet". Was den Einsatz für Verurteilte und Verfolgte betrifft, so ist dieser am Beispiel des Oberstaatsanwalt Dr. Weiß bereits gewürdigt worden. Der Hinweis auf Errettung „vor dem Schafott, vor langen Zuchthausjahren" verdeckt die eigentliche Frage, wie viele von den Sonderrichtern auf das Schafott geschickt oder zu Zuchthausstrafen verurteilt worden waren.

Und das waren über zwei Dutzend Menschen, die in den rund viereinhalb Jahren der Tätigkeit des Sondergerichts zum Tode verurteilt worden waren. Hinzu kamen massenhaft Zuchthausstrafen. Insbesondere bei der Verhängung der Todesstrafe zeigt sich eine gnadenlose Anwendung des NS-Strafrechts zur Ahndung unpolitischer wie auch „kriegsbedingter" Kriminalität, deren Härte sogar die Vorstellungen im Reichjustizministerium übertraf: Zwei der sechs ausgesprochenen Todesurteile wurden in Zeitstrafen umgewandelt.

Unter rechtsstaatlichen Verhältnissen hätten beispielsweise die Urteile in den „Postmarder"-Fällen etwa um zwei Jahre Gefängnis betragen, wie eine Urteilsaufhebung von 1956 unter Außerachtlassung der „Volksschädlingsverordnung" belegt. Diese und weitere Beispiele zeigen, dass bei der Strafzumessung Zurückhaltung möglich war und Spielräume genutzt werden konnten. Mögliche Spielräume in der Entscheidungsfindung wurden auch vom Freiburger Sondergericht ausgeschöpft: In einem „Plünderungs"-Verfahren vom März 1945 (Aktenzeichen So KLs 10/45) gegen eine 54-jährige Frau, die nach dem schweren Luftangriff vom November 1944 ein Kleidungsstück sowie Besteckteile an sich genommen hatte, erging ein Freispruch. Ob beispielsweise ein Eigentumsdelikt auch den Tatbestand des Verbrechens gegen die „Volksschädlingsverordnung" erfüllte, dürfte generell ebenso interpretationsfähig gewesen sein wie die Beurteilung der Schwere und damit der „Todeswürdigkeit" der Tat.

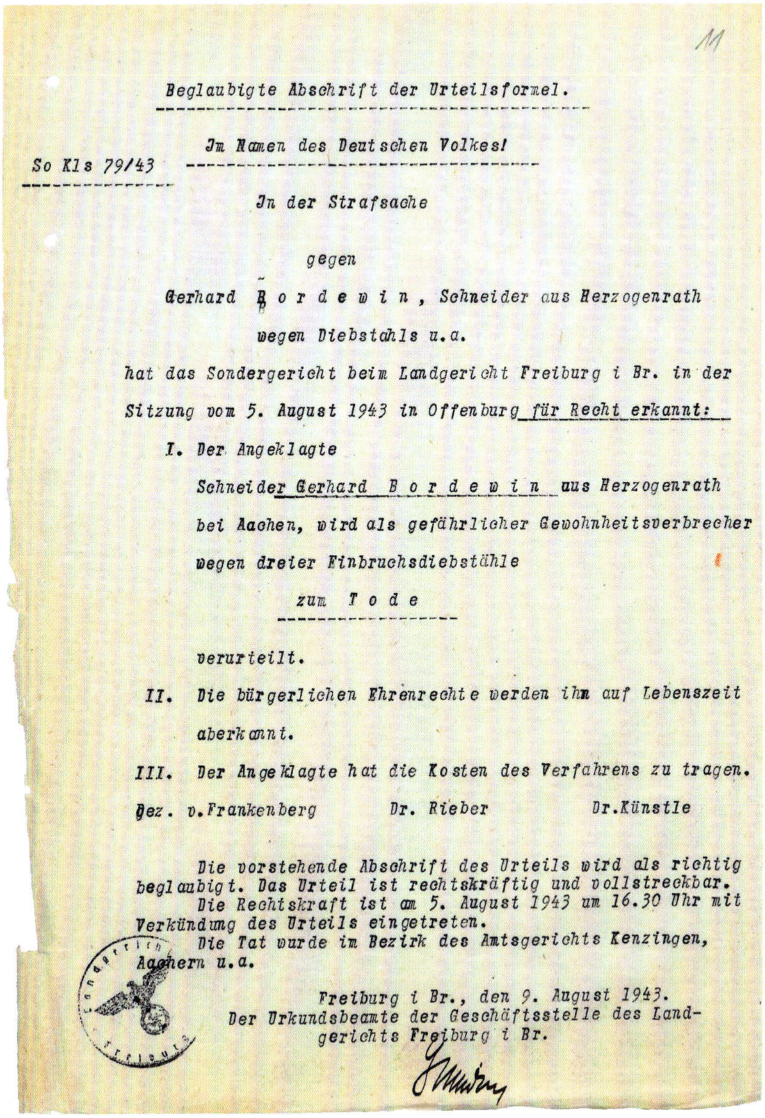

11

Beglaubigte Abschrift der Urteilsformel.

Im Namen des Deutschen Volkes!

So Kls 79/43

In der Strafsache

gegen

Gerhard Bordewin, Schneider aus Herzogenrath

wegen Diebstahls u.a.

hat das Sondergericht beim Landgericht Freiburg i Br. in der Sitzung vom 5. August 1943 in Offenburg für Recht erkannt:

I. Der Angeklagte

Schneider Gerhard Bordewin aus Herzogenrath bei Aachen, wird als gefährlicher Gewohnheitsverbrecher wegen dreier Einbruchsdiebstähle

zum Tode

verurteilt.

II. Die bürgerlichen Ehrenrechte werden ihm auf Lebenszeit aberkannt.

III. Der Angeklagte hat die Kosten des Verfahrens zu tragen.

gez. v.Frankenberg Dr. Rieber Dr.Künstle

Die vorstehende Abschrift des Urteils wird als richtig beglaubigt. Das Urteil ist rechtskräftig und vollstreckbar.
Die Rechtskraft ist am 5. August 1943 um 16.30 Uhr mit Verkündung des Urteils eingetreten.
Die Tat wurde im Bezirk des Amtsgerichts Kenzingen, Aachern u.a.

Freiburg i Br., den 9. August 1943.
Der Urkundsbeamte der Geschäftsstelle des Landgerichts Freiburg i Br.

Todesurteil gegen Gerhard Bordewin als „gefährlicher Gewohnheitsverbrecher", 5. August 1943

Staatsarchiv Freiburg A 47/1 Nr. 19, Bild 23

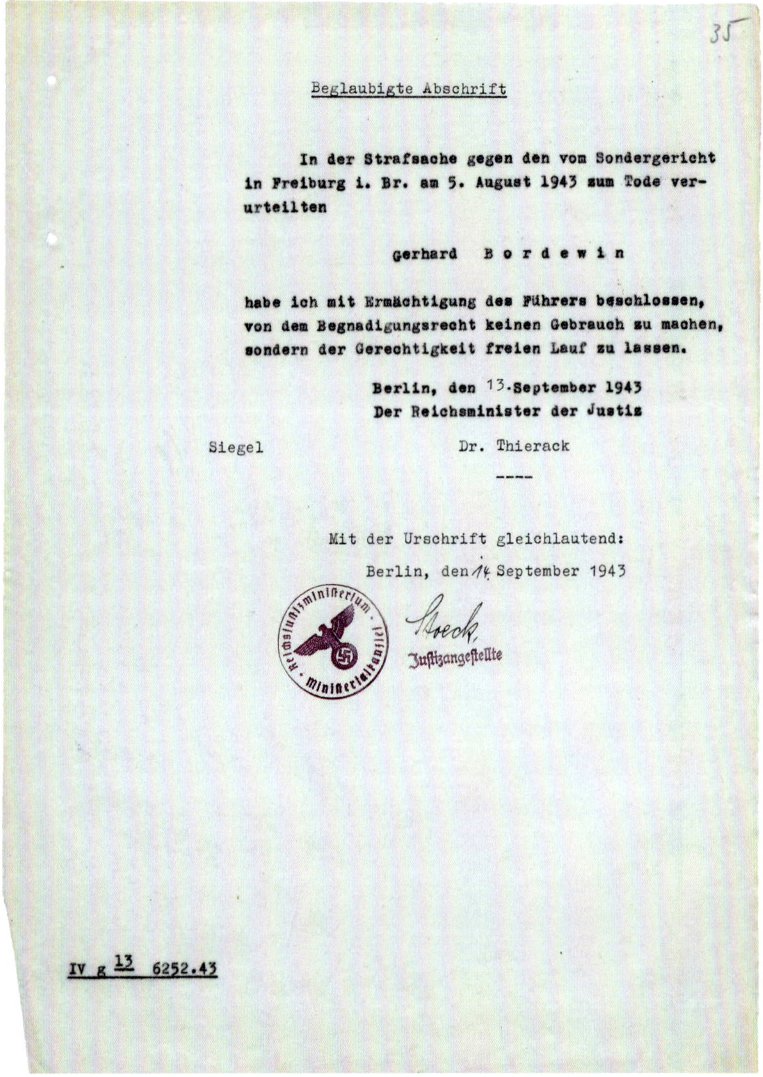

35

Beglaubigte Abschrift

In der Strafsache gegen den vom Sondergericht in Freiburg i. Br. am 5. August 1943 zum Tode verurteilten

Gerhard B o r d e w i n

habe ich mit Ermächtigung des Führers beschlossen, von dem Begnadigungsrecht keinen Gebrauch zu machen, sondern der Gerechtigkeit freien Lauf zu lassen.

Berlin, den 13.September 1943
Der Reichsminister der Justiz

Siegel Dr. Thierack

Mit der Urschrift gleichlautend:

Berlin, den 14 September 1943

Reichsjustizministerium Ministerialkanzlei

Stoeck
Justizangestellte

IV g 13 6252.43

Ablehnung der Begnadigung von Gerhard Bordewin durch den Reichsjustizminister Thierack, 13. September 1943

Staatsarchiv Freiburg A 47/1 Nr. 19 Bild 43

Selbst beim Sondergericht Hannover mit einer Todesstrafen-Quote von sieben Prozent wurde „durchaus nicht in jedem Falle die schärfste mögliche Strafe ausgesprochen". Aber die Sonderrichter hätten „auch nicht gezögert, den Delinquenten zum Tode zu verurteilen, wenn sie meinten, daß dessen Leben in der Nationalsozialistischen Volksgemeinschaft verwirkt sei".[55]
Beim Sondergericht Braunschweig mit Anteil von unter vier Prozent an Todesurteilen wird auf „die milde Urteilssprechung gerade des Braunschweiger Sondergerichts" hingewiesen. „Unstrittig", so weiter, „jeder Sonderrichter konnte solche Urteile vorweisen." Und dennoch: „Aber kein Sonderrichter zeigte sich nach 1945 von der außerordentlichen Härte vieler Urteile gerade in Volksschädlingsverfahren betroffen."[56]
So auch bei Sondergericht Freiburg: Bei den vorliegenden Urteilsniederschriften der verhängten Todesstrafen ist weniger von Zurückhaltung als von Härte zu spüren. Dies spiegelt sich bereits in den Äußerungen der Richter über die vermeintlichen Charaktereigenschaften der Verurteilten wider. Unter Zugrundelegung der „Volksschädlingsverordnung" wurde aus Beschuldigten „Volksschädlinge", die zum „Schutz der Volksgemeinschaft" ausgemerzt werden sollten. Bei der Verwendung der Strafnormen, die den Todesurteilen des Freiburger Sondergerichts zugrunde liegen, kommt der „Volksschädlingsverordnung" die größte Bedeutung zu. Fast die Hälfte aller Todesstrafen wurde auf Grundlage dieser Verordnung ausgesprochen. In diesem Zusammenhang sei nochmals die Aussage des früheren Oberstaatsanwalt Dr. Weiß zitiert: „Ebenso war ich, was ich ausdrücklich betonen möchte, mit den von den Freiburger Gerichten erlassenen Todesurteilen einverstanden."

[55] Vgl. Mechler (Kriegsalltag), S. 266

[56] Vgl. Ludewig (Sondergericht Braunschweig), S. 239

Im Grunde genommen unterstützte der neue Oberlandesgerichtspräsident Dr. Zürcher die Haltung des ehemaligen Oberstaatsanwalts, indem er im Entlastungsschreiben für Landgerichtsrat Dr. Straumann vom 19. Juli 1948 von der „Objektivität und Gesetzestreue des Sondergericht Freiburgs“ sprach. Eigentlich sei doch alles rechtens gewesen, wenn nicht diese Justizlenkung gewesen wäre, so die letztlich rechtspositivistische Lesart dieser Aussage. Aber das Freiburger Sondergericht habe gegen die Justizlenkung aus Karlsruhe und Berlin angekämpft, bei Dr. Zürcher formuliert als ein „ewige(r) Kampf des Sondergerichts Freiburg gegen die ‚gelenkte' Justiz“.

Bekanntlich war die Justizlenkung infolge der Justiz-Schelte des als notorischer Justiz-Verächter bekannten Adolf Hitler 1942 verstärkt worden. Nicht überall, selbst nicht innerhalb der NS-Justiz stieß diese Lenkung auf Gegenliebe, wer lässt sich schon gerne in sein Arbeitsgebiet, seine Kompetenz hineinreden. Aber daraus „einen ewigen Kampf des Sondergerichts Freiburg“ gegen die Justizlenkung zu machen, stellt die Dinge auf den Kopf. Dann wäre auch Oberlandgerichtspräsident Reinle, ein überzeugter Parteigenosse, ein Kämpfer gegen die Justizlenkung gewesen. Nach einem Gespräch im Sommer 1942 mit NSDAP-Gauleiter Wagner zur Abwendung von Einmischung aus Parteikreisen hielt Oberlandgerichtspräsident Reinle in einem Schreiben an den Reichsjustizstaatssekretär Rothenberger fest:

„Bei der erwähnten Aussprache mit dem Gauleiter tat ich auch der in Verfolg der Führerrede vom Reichsjustizministerium verordneten ‚Lenkung der Strafrechtsprechung' Erwähnung, nicht ohne meine heftigen Bedenken dagegen zum Ausdruck zu bringen. Meiner hierbei geäußerten Auffassung, daß man im hohen Haus in Berlin etwas die Nerven verloren habe und nun des Guten zuviel getan habe, stimmte der Gauleiter bei mit dem Bemerken, daß eine derart weitgehende Lenkung seines Erachtens weder notwendig sei, noch auch vom Führer gewollt gewesen sei. Er, der Gauleiter habe volles Vertrauen zur Justiz und zu den Richtern (was allerdings auch nicht hindert, daß er sich gelegentlich heftig bemerkbar macht, wenn alte Parteigenossen in die Gerichtsmaschine geraten sind).“ [57]

Oberlandesgerichtspräsident Reinle stellte sogar die Abschreckungswirkung der von den Richtern angewendeten Urteilshärte in Frage:

„Die scharfen Strafmaße, die neben anderem ja auch Ziel der Lenkung sind, haben bisher zu einer nennenswerten Minderung der Kriminalität nicht geführt. Nach wie vor lassen die Beraubungen von Postgütern nicht nach, obwohl gerade Zuchthaus-, nicht selten sogar Todesstrafen abschreckend wirken müssten.“ [58]

Diese sicherlich nicht aus Menschenfreundlichkeit ausgesprochenen Zweifel des Oberlandesgerichtspräsidenten Reinle an der präventiven Wirksamkeit drakonischer Urteile lassen vermuten, dass der Oberlandesgerichtspräsident, in dieser Funktion auch zuständig für die Sondergerichte Mannheim und Freiburg, eher nicht auf Verstärkung der Justizlenkung mit weiterer Urteilshärte drängte. Auch wird für den Bereich Oberlandesgerichtsbezirkes Karlsruhe von einer „sanften“ Lenkung gesprochen.[59]

[57] Schreiben an Reichsjustizstaatsekretär Rothenberger vom 25. August 1942, zitiert nach Oehler, Die Rechtsprechung des Sondergerichts Mannheim, S. 109

[58] Lagebericht des Oberlandgerichts präsidenten vom 3. Dezember 1942, zitiert nach Oehler, Die Rechtsprechung des Sondergerichts Mannheim, S. 111

[59] Vgl. Angermund (Richterschaft), S. 243

Rundschreiben über die Errichtung der Dienststelle des Chefs der deutschen Justizverwaltung in der französischen Zone Badens in Freiburg i. Br., Holzmarkt 2

vom 12. Oktober 1945

Durch Verfügung der Militärregierung vom 25. September 1945 (Nr. 5.130/451/45/JUST/JA) ist für das Land Baden — französisches Besatzungsgebiet — mit Wirkung vom gleichen Tage eine selbständige badische Justizverwaltung mit der Amtsbezeichnung „Der Chef der deutschen Justizverwaltung in der französischen Zone Badens" mit dem Sitz in Freiburg i. Br., Holzmarkt 2, errichtet worden. Die badische Justizverwaltung in dieser Zone ist damit von der bisherigen Präsidialabteilung des Oberlandesgerichts Karlsruhe völlig unabhängig. Anordnungen dieser Stelle in der französischen Zone Badens ist daher nicht mehr Folge zu geben.

Der Chef der deutschen Justizverwaltung der französischen Zone Badens ist vorläufig mit der Verwaltung und Reorganisation der deutschen Justiz in seinem Gebiet beauftragt. Dem Chef der deutschen Justizverwaltung in der französischen Zone Badens, der unter der Kontrolle des Chefs der Justizabteilung bei der Militärregierung Baden in Freiburg i. Br. steht, ist im besonderen die Überwachung und Verwaltung aller deutschen Gerichte, der Notariate, der Rechtsanwälte, der Rechtsanwaltskammer und der Gefängnisse in seinem Gebiet übertragen. Er ist zur Ernennung sämtlicher Justizbeamten nach Maßgabe der vor 1933 in Kraft gewesenen deutschen gesetzlichen Bestimmungen ermächtigt, bedarf aber hierzu der vorherigen Genehmigung der Militärregierung. Ihm obliegt weiter die finanzielle Betreuung der Justizverwaltung durch Vermittlung der Oberjustizkasse. Er ist der Militärregierung für den guten Gang der deutschen Justizverwaltung in Baden und für die genaue Durchführung der von der Militärregierung erlassenen Richtlinien und Verordnungen verantwortlich.

Zum vorläufigen Chef der deutschen Justizverwaltung in der französischen Zone Badens ist mit gleicher Anordnung und mit Wirkung vom 25. September 1945 der bisherige Amtsgerichtsrat Dr. Paul Zürcher, bisher beim Amtsgericht Freiburg i. Br., bestellt worden.

Freiburg i. Br., den 12. Oktober 1945

Der Chef der deutschen Justizverwaltung in der französischen Zone Badens
Dr. Zürcher

Rundschreiben über die Errichtung einer Dienststelle des Chefs der deutschen Justizverwaltung in der französische Zone Badens

Amtsblatt der Landesverwaltung Baden 1946, S. 2

Zürchers Aussage vom Freiburger „Kampf gegen die Justizlenkung" erfüllte letztlich eine Doppelfunktion: Einerseits wurde die Verantwortung nach außen, nach Karlsruhe und insbesondere nach Berlin verlagert, und damit andererseits von der eigenen Mitwirkung an der drakonischen Urteilspraxis abgelenkt. Der Verweis auf Berlin liegt durchaus auf der Linie, wonach für die „Nazifizierung" der Justiz die Preußen verantwortlich gemacht wurden, wie eine Studie zur Entnazifizierung in Baden 1945-1949 analysiert. Dagegen schien „eine echte badische Justiz" ein Garant für eine „wahrhaft gerechte Gerichtsbarkeit" zu sein.[60] Diese antipreußischen Ressentiments fielen sicherlich in Freiburg, der Landeshauptstadt des neu gegründeten Landes Baden, auf fruchtbaren Boden, sicher auch bei Dr. Zürcher, späteres Mitglied des Heimatbunds „Badnerland" und in den 1950er Jahren einer der Hauptverfechter der Wiederherstellung des alten Landes Baden.

Als Justizchef und späterer Oberlandesgerichtspräsident war Paul Zürcher an führender Stelle beim Aufbau einer badischen Justiz beteiligt. In einem Aktenvermerk (Staatsarchiv Freiburg C 20/5 Nr. 393 Bild 30) hielt er am 3. Dezember 1946 „im Interesse der historischen Wahrheit für spätere Beurteiler" rückblickend fest: „Das Besatzungsland Baden war damit der erste verwaltungsmässig zusammengefasste Gebietsteil in ganz Deutschland, der so rasch das Justitium beendete und den ganzen Rechtsapparat wieder in Gang brachte." Dieser Rechtsapparat bedurfte Personal, daher zielten die Säuberungsrichtlinien darauf ab, „ein Maximum an Juristen im Dienst zu belassen". Weshalb, so der damalige Generalstaatsanwalt Karl Siegfried Bader im

[60] Vg. auch folgend Grohnert (Entnazifizierung), S. 101, mit Zitat aus dem Interview mit Karl Siegfried Bader vom 3. Oktober 1990

Rückblick, „vielleicht etwas zu großzügig“ verfahren wurde. Diese Großzügigkeit beinhaltete auch, über die tatsächlich ausgeübte drakonische Urteilspraxis der Sonderrichter hinwegzusehen. So etwa bei Landgerichtsrat Dr. Straumann, der auf seinem Entnazifizierungsfragbogen eigenhändig die Mitwirkung an acht Sondergerichtsverfahren mit gleich zehn Todesurteilen festhielt. Dr. Straumann durfte Richter bleiben, wenn auch nur Zivilrichter, sowie es Dr. Zürcher in seinem Befürwortungsschreiben empfohlen hatte. Generell schlug Dr. Zürcher als Sühnemaßnahme vor, „die stark hervorgetretenen Mitglieder der Sondergerichtsbarkeit zu pensionieren“. Die Sühne bestand also in einem staatlich finanzierten Lebensabend bei vollen Bezügen, und das zu einem Zeitpunkt, an dem nicht einmal die Wiedergutmachung für die Opfer des Nationalsozialismus befriedigend gesetzlich geregelt gewesen war.

Das dreiseitige Entlastungsschreiben vom 19. Juli 1948, das Dr. Zürcher, wie er schrieb, im Einvernehmen mit Regierungsrat Weis verfasst hatte, kann als Schlüsseldokument der Einschätzung des Sondergerichts Freiburg und den sich daraus ergebenden Entnazifizierungsmaßnahmen gelesen werden: von der angenommenen NS-Ferne der Richter und der daher rührenden Notwendigkeit, „Blutrichter“ und „fanatische Nationalsozialisten“ nach Freiburg abzuordnen, über die Behauptung von den mehrheitlich „unpolitischen Wirtschaftsverbrechen“, bis zu der von den Richtern einschließlich des Sondergerichtsvorsitzenden erwirkten „milden Strafpraxis“ sowie der „Objektivität und Gesetzestreue des Sondergericht Freiburgs“, die schließlich eine verstärkte Justizlenkung provozierten, gegen die das Freiburger Sondergericht „einen ewigen Kampf“ zu führen hatte. Gemäß einer solchen Einschätzung des Sondergerichts Freiburg bedurfte es im Grunde genommen keiner Säuberungsmaßnahme, man konnte die Sonderrichter und Sonderstaatsanwälte im Dienst belassen. Vielleicht mit Ausnahme derer, die „stark hervorgetreten“ sind, etwa einen Oskar Schmoll – der zuvor „berüchtigter“ Partei-Aktivist und „Zuchtmeister“ – sich jetzt gut als Sündenbock eignete.

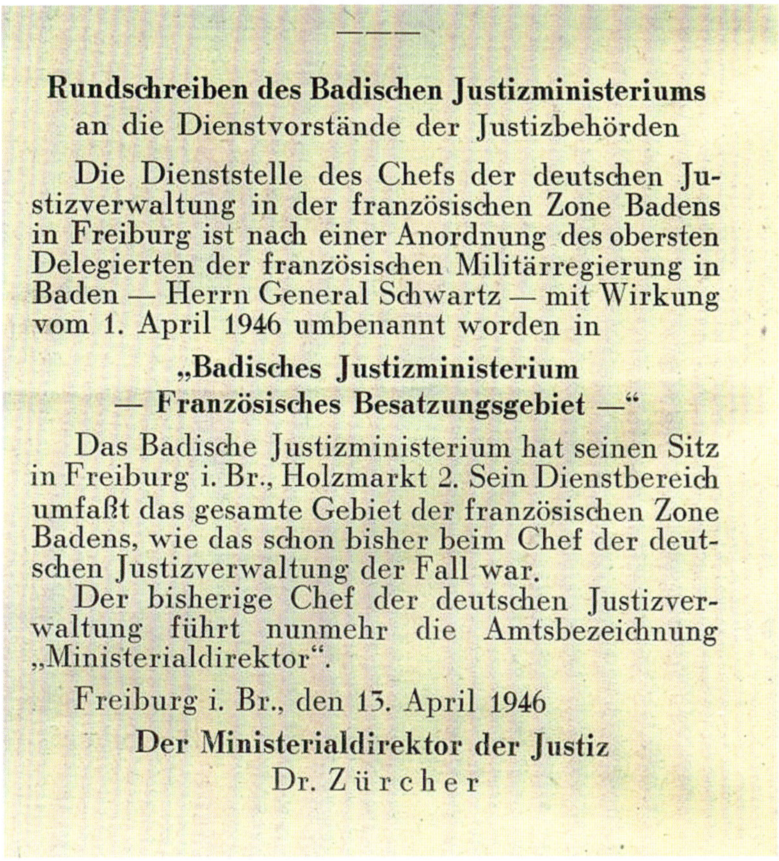

Rundschreiben des Badischen Justizministeriums
an die Dienstvorstände der Justizbehörden

Die Dienststelle des Chefs der deutschen Justizverwaltung in der französischen Zone Badens in Freiburg ist nach einer Anordnung des obersten Delegierten der französischen Militärregierung in Baden — Herrn General Schwartz — mit Wirkung vom 1. April 1946 umbenannt worden in

„Badisches Justizministerium — Französisches Besatzungsgebiet —“

Das Badische Justizministerium hat seinen Sitz in Freiburg i. Br., Holzmarkt 2. Sein Dienstbereich umfaßt das gesamte Gebiet der französischen Zone Badens, wie das schon bisher beim Chef der deutschen Justizverwaltung der Fall war.

Der bisherige Chef der deutschen Justizverwaltung führt nunmehr die Amtsbezeichnung „Ministerialdirektor“.

Freiburg i. Br., den 13. April 1946

Der Ministerialdirektor der Justiz
Dr. Zürcher

Rundschreiben über die Umbenennung der Dienststelle des Chefs der deutschen Justizverwaltung in „Badisches Justizministerium – Französisches Besatzungsgebiet –“
Amtsblatt der Landesverwaltung Baden 1946, S. 4

Es ist schwer nachvollziehbar, was Oberlandesgerichtspräsident Paul Zürcher, ein allseits anerkannter anti-nazistischer Jurist und vehementer Verfechter der richterlichen Unabhängigkeit, den die französische Militärregierung zum Chef der badischen Justizverwaltung berufen hatte, zu einer solchen Sichtweise bewog. War es Folge eines verinnerlichten rechtspositivistischen Justiz- und Staatsverständnisses oder ein falsch verstandener Korpsgeist, der über die ehemaligen Sonderrichter die schützende Hand hielt? Vielleicht von allem etwas, jedenfalls wenn es nach Dr. Zürcher gegangen wäre, wären diese Juristen im Justizdienst geblieben. Das wussten die Besatzungsbehörden schon früh zu verhindern. Mit der Anordnung der französischen Militärregierung, Abt. Justiz, vom 17. Mai 1945 wurden die ständigen Mitglieder Freiburger Sondergerichtsbarkeit entlassen, ebenso Oberstaatsanwalt Dr. Weiß. Weitere Richter folgten, es wurden aber auch nichtständige Mitglieder des Freiburger Sondergerichts im Justizdienst belassen.

Aber es scheint, als habe sich das Bild vom Sondergericht Freiburg, wie es von Dr. Zürcher skizziert worden war, nicht nur alsbald durchgesetzt, sondern diente auch der weiteren Legendenbildung. So etwa in der Entscheidungsbegründung der Spruchkammer Freiburg im Säuberungsverfahren gegen Landgerichtsrat Dr. Straumann, über den es heißt, er sei als Beisitzer des Sondergerichts „stets ein korrekter Richter geblieben und hat überall da, wo das Gesetz Milde zuliess, die Anwendung von Milde befürwortet und unterstützt". Jener Landgerichtsrat Dr. Straumann, der auf seinem Entnazifizierungsfragbogen eigenhändig die Mitwirkung an acht Sondergerichtsverfahren mit zehn Todesurteilen festgehalten, sich aber ansonsten auf das richterliche Beratungsgeheimnis berufen hatte. Am 3. Juni 1943 hatte er an einem einzigen Tag in zwei Verfahren unter dem Vorsitz von Landgerichtsdirektor Krug an der Verhängung von gleich drei Todesstrafen mitgewirkt, laut Terminkalender reichten hierfür vier Stunden. Bei seiner Urteilsfindung als Einzelrichter, bei dem es logischerweise kein richterliches Beratungsgeheimnis gibt, kann dessen angebliche Milde überprüft werden. Als Einzelrichter hatte Dr. Straumann am 10. Februar 1945 in Donaueschingen eine 30-jährige Köchin, deren Mann gefallen war, zu zwei Jahren Zuchthaus verurteilt, wegen einmaligen verbotenen Umgangs mit Kriegsgefangenen und des Duldens des Abhörens ausländischer Sender mit ihrem Radioapparat. Die Verurteilte hatte die Sendungen des Schweizer Senders in französischer Sprache gar nicht verstanden, jedoch sie „hörte selbst auch für sich Musikdarbietungen, insbesondere Jodlermusik ab" (Aktenzeichen So KLs 80/44).

Zu der bekannten Behauptung von den milden Richtern und der Dominanz unpolitischer Strafverfahren gesellte sich noch die Fabel von der angeblichen Auflösung des Sondergerichts Freiburg. Denn der weiteren Begründung vom 3. Dezember 1948 zu Straumann, der als „Mitläufer" ohne „weitere Sühnemaßnahmen" eingestuft wurde, ist zu entnehmen:

„Zu beachten ist in diesem Zusammenhang, dass die Sondergerichte zwar gerade wegen Aburteilung politischer Vergehen aufgestellt wurden, überwiegend aber doch sich mit

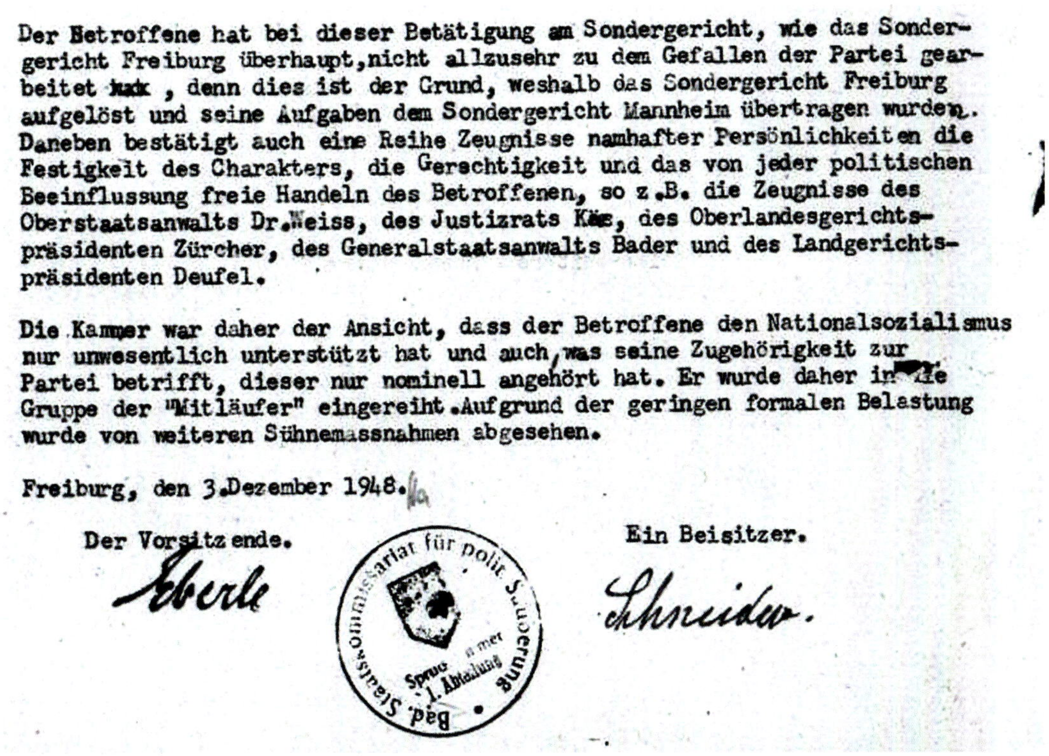

Der Betroffene hat bei dieser Betätigung am Sondergericht, wie das Sondergericht Freiburg überhaupt, nicht allzusehr zu dem Gefallen der Partei gearbeitet , denn dies ist der Grund, weshalb das Sondergericht Freiburg aufgelöst und seine Aufgaben dem Sondergericht Mannheim übertragen wurden. Daneben bestätigt auch eine Reihe Zeugnisse namhafter Persönlichkeiten die Festigkeit des Charakters, die Gerechtigkeit und das von jeder politischen Beeinflussung freie Handeln des Betroffenen, so z.B. die Zeugnisse des Oberstaatsanwalts Dr. Weiss, des Justizrats Käs, des Oberlandesgerichtspräsidenten Zürcher, des Generalstaatsanwalts Bader und des Landgerichtspräsidenten Deufel.

Die Kammer war daher der Ansicht, dass der Betroffene den Nationalsozialismus nur unwesentlich unterstützt hat und auch, was seine Zugehörigkeit zur Partei betrifft, dieser nur nominell angehört hat. Er wurde daher in die Gruppe der "Mitläufer" eingereiht. Aufgrund der geringen formalen Belastung wurde von weiteren Sühnemassnahmen abgesehen.

Freiburg, den 3. Dezember 1948.

Der Vorsitzende. Ein Beisitzer.

Ausschnitt, Entscheidungsbegründung der Spruchkammer Freiburg im Säuberungsverfahren gegen Landgerichtsrat Dr. Straumann, 3. Dezember 1948

Staatsarchiv Freiburg D 180/2 Nr. 5158 Bild 88

schweren kriminellen Straftaten zu befassen hatten. Der Betroffene hat bei dieser Betätigung am Sondergericht, wie das Sondergericht Freiburg überhaupt, nicht allzu sehr zu dem Gefallen der Partei gearbeitet, denn dies ist der Grund, weshalb das Sondergericht Freiburg aufgelöst und seine Aufgaben dem Sondergericht Mannheim übertragen wurden."

Das Sondergericht Freiburg soll also wegen Unbotmäßigkeit gegenüber der Partei „aufgelöst" worden sein. Es ist schon erstaunlich zu welcher Legendenbildung eine Spruchkammer, die für politische Säuberung zuständig gewesen ist, so kurz nach Kriegsende gelangte. Darüber hinaus hatte die Spruchkammer den Inhalt der Aussage von Dr. Straumann eine Aktenseite zuvor auch noch falsch angeführt und ausgelegt. Die Aussage von Dr. Straumann über die Aufhebung des Sondergerichts wegen angeblich zu großer Milde bezog sich auf das „I. Sondergericht in Freiburg", also auf das sogenannte „Plünderungssondergericht" 1939/40. Aber selbst bei korrekter Zuordnung der Aussage, wird dadurch die Behauptung über den Grund der angeblichen Auflösung des „Plünderungssondergerichts" auch nicht richtiger. Denn mit Verfügung des Reichsjustizministers vom 11. März 1940 wurden die „Plünderungssondergerichte" in den Freimachungsgebieten reichsweit wieder aufgehoben, weil inzwischen überflüssig. Abschließend nochmals zu der von Dr. Straumann behaupteten angeblich „zu großen Milde" des „I. Sondergericht in Freiburg": Von den beiden bekannten und erhaltenen Urteile beinhaltete eines eine durchaus milde Gefängnisstrafe für das Abhören von Auslandssendern, das andere war das Todesurteil gegen den Einbrecher Laubis (s. oben).

Vergessen, Verdrängen und Gedenken

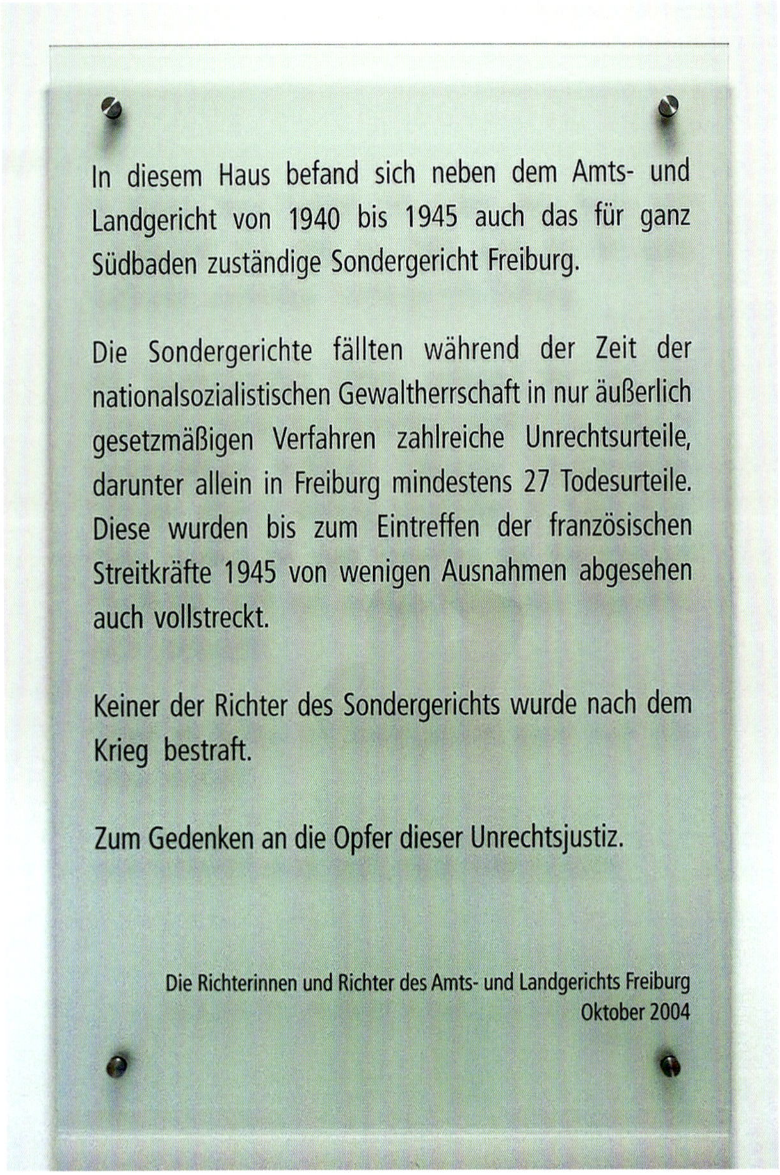

Gedenktafel im Amtsgericht Freiburg „Zum Gedenken an die Opfer dieser Unrechtsjustiz", Oktober 2004

Das entlastende, legendenbehaftete Bild vom Sondergericht Freiburg scheint sich auch auf lange Sicht durchgesetzt zu haben. Denn als Dr. Weiß, während der NS-Zeit immerhin elf Jahre Oberstaatsanwalt und mehr als vier Jahre Leiter der Anklagebehörde beim Sondergericht Freiburg, im Jahr 1957 verstarb, wurde im Namen von Justizminister Dr. Wolfgang Hausmann mit den Worten kondoliert: „Herr Oberstaatsanwalt Dr. Weiß hat sich um die Rechtspflege in jahrzehntelanger Tätigkeit als Richter und Staatsanwalt große Verdienste erworben, die ihm ein bleibendes Andenken sichern." (Staatsarchiv Freiburg C 20/5 Nr. 379 Bild 395) Es war wohl in den zwölf Jahren nach Ende der zwölfjährigen NS-Diktatur viel in Vergessenheit geraten oder verdrängt worden. Sowohl was die Täter betraf, aber auch die Opfer.

Ab dem Jahr 1975 gelangten die Sondergerichtsakten in das Staatsarchiv Freiburg. Während mehrerer Forschungsaufenthalte Ende der 1980er und Anfang der 1990er Jahre sichtete der Historiker Michael Hensle Teile des Aktenbestandes und publizierte 1996 die Studie „Die Todesurteile des Sondergerichts Freiburg 1940-1945. Eine Untersuchung unter dem Gesichtspunkt von Verfolgung und Widerstand". Im Oktober 2004 wurde von den Richterinnen und Richtern des Amts- und Landgerichts Freiburg im Gerichtsgebäude eine Gedenktafel angebracht: „Zum Gedenken an die Opfer dieser Unrechtsjustiz".

Im Jahr 2019 ergriff der damalige Präsident des Amtsgerichts Dr. Thomas Kummle die Initiative zur Erstellung einer Ausstellung. Das von ihm in Zusammenarbeit mit dem Staatsanwalt Dr. Dominik Stahl und dem Historiker Dr. Michael Hensle geleitete Ausstellungsprojekt „NS-Justiz in Freiburg" wurde im Dezember 2020 fertig gestellt. In dieser Dauerausstellung wird nicht nur die Tätigkeit des Sondergerichts, sondern auch die des Reichskriegsgerichts und des Volksgerichtshofs in Freiburg dokumentiert.

Beteiligte Richter bei Todesurteilen

Beilage

zum Amtsblatt der Landesverwaltung Baden — Französisches Besatzungsgebiet —
Nr. 13 vom 31. August 1946

Endgültige Entscheidungen im Verfahren über die politische Säuberung.

2. Fortsetzung der Veröffentlichung

Amtsblatt der Landesverwaltung Baden 1946 - Französisches Besatzungsgebiet, Beilage Nr. 13

als vorsitzende Richter

Landgerichtspräsident Frankenberg und Ludwigsdorf, Hans von *15.7.1883 † 5.1.1946
8 x als Vorsitzender bei 8 Todesurteilen
zum 19. Mai 1945 auf Anordnung der Militärregierung entlassen;
(Beilage Nr. 18, S. 42 vom 19. Oktober 1946, Entscheidung: „Bewilligung von Versorgungsbezügen im Range eines Amtsrichters");
nach Ablauf der Bewährungsfrist am 1. Oktober 1948 Eingruppierung als „Mitläufer", im Juni 1951 Versorgungsbezüge eines Landgerichtspräsidenten rückwirkend zum August 1950

Landgerichtsdirektor Dr. Orth, Georg *26.4.1886 † 21.10.1945
8 x als Vorsitzender bei 9 Todesurteilen
zum 19. Mai 1945 auf Anordnung der Militärregierung entlassen

Landgerichtspräsident Dr. Schmoll, Oskar *3.5.1894
4 x als Vorsitzender bei 4 Todesurteilen
ab Mai 1945 für 36 Monate inhaftiert im Internierungslager Freiburg; Revisionsverhandlung vom Dezember 1950, Spruchkammer-Entscheid: „Schuldiger"

Landgerichtsdirektor Dr. Rieber, Hans *22.4.1888 † 4.10.1945
4 x als Vorsitzender bei 4 Todesurteilen
zum 19. Mai 1945 auf Anordnung der Militärregierung entlassen; Oktober 1948 Revisionsverhandlung, Spruchkammer-Entscheid: „Minderbelasteter" mit Pensionsrückstufung; Juni 1950 Revision der Rückstufung und Gewährung der Pension eines Landgerichtsdirektors

Landgerichtsdirektor Krug, Walter *23.9.1875
2 x als Vorsitzender bei 3 Todesurteilen
(Beilage Nr. 22, S. 125 vom 16. November 1946, Entscheidung: „50 % Pensionskürzung")

Landgerichtsdirektor Fitzer, Eugen *7.12.1877
1 x als Vorsitzender bei 1 Todesurteil, „Plünderungssondergericht" 1939
(Beilage Nr. 18, S. 37 vom 19. Oktober 1946, Entscheidung: „Zurruhesetzung")

In Klammern („Endgültige Entscheidungen im Verfahren über die politische Säuberung", Amtsblatt der Landesverwaltung Baden - Französisches Besatzungsgebiet, Beilagen)

Sonstige Angaben entstammen anderen Quellen, insbesondere den Spruchkammer-Akten des Landesarchivs, Staatsarchiv Freiburg.

als beisitzende Richter

Oberlandesgerichtsrat Dr. Müller, Otto *26.11.1904, † 26.1.1945 gefallen
15 x als Beisitzer bei 16 Todesurteilen
in Unkenntnis des Todes zum 1. Mai 1945 auf Anordnung der amerik. Militärregierung entlassen;
im Februar 1947 Versorgungsbezüge eines Amtsgerichtsrats,
im Juni 1951 Versorgungsbezüge eines Oberlandesgerichtsrats rückwirkend zum August 1950;
im März 1949 Umgruppierung in „Mitläufer ohne Sühnemaßnahmen"

Landgerichtsrat Dr. Künstle, Franz Xaver *8.10.1879
8 x als Beisitzer bei 8 Todesurteilen
(Entlassung: ist die Veröffentlichung der am 14. Mai 1946 „von der Militärregierung ausgesprochenen Entlassung im Amtsblatt unterblieben"),
zunächst Verbleib als Landgerichtsrat, Zurruhesetzung zum 1. April 1946 mit Ruhegehaltsgewährung

Landgerichtsrat Dr. Straumann, Rudolf *5.8.1886
8 x als Beisitzer bei 11 Todesurteilen
(Beilage Nr. 18, S. 39 vom 19. Oktober 1946, Entscheidung: „Rückstufung um 1 Zulage, Verwendung als Zivilrichter"),
November 1948 Spruchkammer-Entscheid: „Mitläufer", nach Einspruch der Militärregierung Revisionsverhandlung im März 1949 mit erneutem Spruchkammer-Entscheid: „Mitläufer"

Landgerichtsdirektor Dr. Rieber, Hans *22.4.1888 † 4.10.1945
7 x als Beisitzer bei 8 Todesurteilen
zum 19. Mai 1945 auf Anordnung der Militärregierung entlassen;
Oktober 1948 Spruchkammer-Entscheid: „Minderbelasteter" und Versorgungsbezüge eines Landesgerichtsrats, im Juni 1951 Versorgungsbezüge eines Landgerichtsdirektors mit Wirkung zum Oktober 1950

Landgerichtsrat Stroh, Otto *14.7.1889
4 x als Beisitzer bei 4 Todesurteilen
zum 19. Mai 1945 auf Anordnung der Militärregierung entlassen,
(Beilage Nr. 18, S. 39 vom 19. Oktober 1946, Entscheidung: „Zurruhesetzung"),
Januar 1946 Entscheid der Säuberungskommission: „Pensionierung";
(Beilage Nr. 13, S. 571 vom 2. April 1947, Entscheidung: „Pensionierung als Richter, darf sich auf einem Rechtsanwaltbüro betätigen. 2 Jahre Bewährung")

Oberlandesgerichtsrat Dr. Freiherr Boecklin von Boecklinsau, Emil *12.10.1888
2 x als Beisitzer bei 2 Todesurteilen
(Beilage Nr. 18, S. 40 vom 19. Oktober 1946, Entscheidung: „Entlassung"),
August 1947 Spruchkammer-Entscheid Karlsruhe: „Mitläufer",
November 1948 Spruchkammer-Entscheid Freiburg: „Mitläufer"

Landgerichtsdirektor Kloos, Ernst *2.6.1891
2 x als Beisitzer bei 2 Todesurteilen
(Beilage Nr. 19, S. 42 vom 26. Oktober 1946, Entscheidung: „Entlassung"),
bis November 1946 inhaftiert im Internierungslager Freiburg;
Revisionsverhandlung vom August 1948, Spruchkammer-Entscheid: „Minderbelasteter" und
Bewährungsfrist von vier Jahren und Rückstufung um vier Dienstalterzulagen,
im Mai 1949 Versetzung in den Ruhestand

Gerichtsassessor Dr. Kleiner, Jörg *10.7.1919
2 x als Beisitzer bei 2 Todesurteilen
laut Koppel (Justiz im Zwielicht), S. 89: „Oberlandesgerichtsrat in Karlsruhe;
bis etwa 1956 Oberregierungsrat im Justizmin. Stuttg. sowie Finanzgericht Stuttgart";
ab 1. Februar 1970 einer der Vorsitzenden Richter am OLG Karlsruhe (Handbuch der Justiz, 1974)

Landgerichtsrat Matt, Maximilian *10.3.1896
2 x als Beisitzer bei 2 Todesurteilen
Entscheidung der Militärregierung vom 20. Mai 1946: „Belassung im Dienst"; politisches
Reinigungsverfahren (25. Februar 1948), Entscheidung Spruchkammer II: „wird in die
Gruppe der ‚nicht vom Gesetz Betroffenen' eingereiht" und „alle sonstigen Maßnahmen
damit entfallen";
1954 Vorsitzender einer Entschädigungskammer, später Landgerichtspräsident in Freiburg

Landgerichtsrat Kley, Arnold *4.5.1905
1 x als Beisitzer bei 1 Todesurteil
zunächst Belassung im Justizdienst und Versetzung als Amtsgerichtsrat an das Amtsgericht
Baden-Baden (22. Oktober 1945), dann als Justizrat an das Notariat Görwihl (20. Dezember 1945)
(Beilage Nr. 19, S. 42 vom 26. Oktober 1946, Entscheidung: „Entlassung")
Entscheidung vom 29. September 1947, Spruchkammer I: „Mitläufer"

Landgerichtsrat Hetzel
1 x als Beisitzer bei 1 Todesurteil

Beteiligte Staatsanwälte bei Todesurteilen

Staatsanwalt Müller, Helmut und/oder Robert
14 x als Staatsanwalt bei 14 Todesurteilen
*(Müller, Helmut *11.5.1912: Beilage Nr. 22, S. 125 vom 16.November 1946, Entscheidung: „Rückstufung auf den(!) Anfangsgehalt, 4 Jahre Zulagensperre und Versetzung")*; von der Militärregierung am 19. August 1945 entlassen; interniert vom 11. Mai - 21. Dezember 1945 und vom 19. März 1947 - 21. Dezember 1948; Säuberungsverfahren vom 21. Dezember 1948 „Minderbelasteter, Bewährungsfrist von drei Jahren, keine Verwendung in der Strafrechtspflege"; 1949/50 Staatsanwalt a. D.; 1951-1982 Rechtsanwalt
*(Müller, Robert *26. 5.1909: Beilage Nr. 18, S. 38 vom 19. Oktober 1946, Entscheidung: „Rückstufung um 3 Zulagen, Versetzung")*; Dezember 1948 Rückversetzung vom Notariat Schönau zur Staatsanwaltschaft Freiburg, 1968 Amtsgerichtsdirektor in Freiburg

Erster Staatsanwalt Dr. Simon, Friedrich *4.6.1903
4 x als Staatsanwalt bei 6 Todesurteilen
von Oktober 1942 bis Oktober 1943 Staatsanwalt beim Sondergericht Freiburg, danach bis November 1944 Staatsanwalt beim Sondergericht Straßburg;
zunächst nach Säuberungsverfahren vom 24. Juni 1946 „Belassung im Dienst", auf Anordnung der Militärregierung Ausscheiden aus dem Justizdienst und Versetzung in den Ruhestand am 25. August 1947

Erster Staatsanwalt Prüfer, Hans *5.11.1903
3 x als Staatsanwalt bei 3 Todesurteilen
(Beilage Nr. 18, S. 40 vom 19. Oktober 1946, Entscheidung: „Zurruhesetzung, Bewilligung der Pension auf 3 Jahre"); laut Koppel (Justiz im Zwielicht), S. 118: Oberjustizrat am Notariat in Müllheim (BW), etwa 1961 befördert

Oberstaatsanwalt Dr. Weiß, Eugen *26.9.1881
2 x als Staatsanwalt bei 2 Todesurteilen
Nach Verfügung der Militärregierung vom 17. Mai 1945: „Entlassung";
Säuberungskommission (April 1946): zum 1. Mai 1946 „in den Ruhestand versetzt";
Spruchkammerentscheid vom 3. September 1948: in die Gruppe der „Entlasteten" eingereiht, keine Sühnemaßnahmen

Erster Staatsanwalt Holland, Helmuth *14. 6.1898
1 x als Staatsanwalt bei 1 Todesurteil
auch Mitwirkung als Richter/Staatsanwalt beim Sondergericht Petrikau (Polen), im September 1948 von franz. Behörden nach Polen ausgeliefert, im Piotrków Trybunalski vom 30. März 1948 zu sechs Jahren Gefängnis verurteilt und wiederum in Łódź am 20. Februar 1954 zu acht Jahren verurteilt, im März 1956 entlassen;
Ermittlungsverfahren der Staatsanwaltschaft Freiburg 1978-1994 (Verfahren eingestellt)

Staatsanwalt Dr. Melcher, Walter *2.6.1908
1 x als Staatsanwalt bei 1 Todesurteil
(Beilage Nr. 6, S. 224 vom 22. Februar 1947: „Verbot der Beschäftigung auf einem Rechtsanwaltsbüro“),
Entscheid Spruchkammer II Freiburg vom 1. Juni 1948: „Minderbelastet“, Bewährung zwei Jahre, Rückstufung um zwei Gehaltsstufen

Gerichtsassessor Dr. Kleiner, Jörg *10.7.1919
1 x als Staatsanwalt bei 1 Todesurteil
Laut Koppel (Justiz im Zwielicht), S. 89: „Oberlandesgerichtsrat in Karlsruhe; bis etwa 1956 Oberregierungsrat im Justizmin. Stuttg. sowie Finanzgericht Stuttgart“; ab 1. Februar 1970 einer der Vorsitzenden Richter am OLG Karlsruhe (Handbuch der Justiz, 1974)

Landgerichtsrat Kley, Arnold *4.5.1905
1 x als Staatsanwalt bei 1 Todesurteil, zusammen mit Landgerichtsrat Mader
zunächst Belassung im Justizdienst und Versetzung als Amtsgerichtsrat an das Amtsgericht Baden-Baden (22. Oktober 1945), dann als Justizrat an das Notariat Görwihl (20. Dezember 1945)
(Beilage Nr. 19, S. 42 vom 26. Oktober 1946, Entscheidung: „Entlassung“)
Entscheidung vom 29. September 1947, Spruchkammer I: „Mitläufer“

Landgerichtsrat Mader, Erich *2.3.1912
1 x als Staatsanwalt bei 1 Todesurteil, zusammen mit Landgerichtsrat Kley
(Beilage Nr. 19, S. 42 vom 26. Oktober 1946, Entscheidung: „Entlassung“),
1968 Landgerichtsdirektor beim Landgericht in Karlsruhe

als Richter sowie als Ankläger beteiligt

Gerichtsassessor Dr. Kleiner
3 x als Richter/Staatsanwalt bei 3 Todesurteilen

Landgerichtsräte Kley / Mader
1 x zusammen als Staatsanwälte bei 1 Todesurteil

Todesurteile des Sondergerichts Freiburg 1940-1945 (einschließlich „Plünderungssondergericht" 1939)

Wilhelm Laubis, Hilfsarbeiter *30.3.1908
13. Oktober 1939, „Volksschädlingsverordnung", hingerichtet am 18. November 1939 in Stuttgart

August Ullmann, Maler *3.4.1911
20. Juni 1941, „Volksschädlingsverordnung", hingerichtet am 19. Juli 1941 in Stuttgart

Bronislaw Heymann, Zivilarbeiter, Landarbeiter *22.10.1916
20. Februar 1942, „Gewaltverbrecherverordnung", hingerichtet am 26. März 1943 in Stuttgart

Berta Fautz geb. Vögele, Postzustellerin *23.11.1889
8. Mai 1942, „Volksschädlingsverordnung", begnadigt zu acht Jahren Zuchthaus

Gustav Adolf Strohmaier, Wagner *2.12.1895
3. Juli 1942 , „Wehrkraftzersetzung", hingerichtet am 27. August 1942 in Stuttgart

Johannes Adrian van Dommelen, Elektriker und Schlosser *17.8.1917
13. Oktober 1942 , „Gewaltverbrecherverordnung", hingerichtet am 24. Februar 1943 in Stuttgart

Alfred Franz Krug, Kaufmännischer Angestellter *27.2.1907
13. Oktober 1942, „Gewaltverbrecherverordnung", hingerichtet am 24. Februar 1943 in Stuttgart

Josef Anton Bechinger, Postschaffner *14.2.1893
11. November 1942, „Volksschädlingsverordnung", hingerichtet am 15. Dezember 1942 in Stuttgart

Helmuth Günther, Bäckergeselle *24.2.1924
8. Dezember 1942, „Gewaltverbrecherverordnung", hingerichtet am 26. Januar 1943 in Stuttgart

Joseph Bächle, Postschaffner *25.12.1905
9. Dezember 1942 „Volksschädlingsverordnung", hingerichtet am 24. Februar 1943 in Stuttgart

Renatus Flick, Bahnarbeiter *23.2.1919
12. Januar 1943, „Volksschädlingsverordnung", hingerichtet am 6. April 1943 in Stuttgart

Karl-Heinz Bader, Schlossergehilfe *23.10.1918
19. Februar 1943, „Heimtückegesetz", „Gewohnheitsverbrechen", hingerichtet am 6. April 1943 in Stuttgart

Wilhelm Rünzi, Postschaffner *1.6.1886
10. März 1943, „Volksschädlingsverordnung", hingerichtet am 17. April 1943 in Stuttgart

Kurt Müller, Hilfsarbeiter
17. März 1943, „Volksschädlingsverordnung", begnadigt zu zwölf Jahren Zuchthaus

Friedrich Gustav Bachmann, Fuhrmann/Kutscher *16.11.1880
22. April 1943, „Volksschädlingsverordnung", hingerichtet am 1. Juni 1943 in Stuttgart

Otto Benz, Maschinenschlosser *30.5.1905
29. April 1943, „Gewaltverbrecherverordnung", hingerichtet am 29. Juni 1943 in Stuttgart

Hugo Josef Keller, Bäckergehilfe *22.4.1908
3. Juni 1943, „Gewaltverbrecherverordnung", hingerichtet am 27. Juli 1943 in Stuttgart

Konrad Hulin, Bergmann *17.11.1921
3. Juni 1943, „Gewaltverbrecherverordnung", hingerichtet am 27. Juli 1943 in Stuttgart

Georg Jaskowski, Schlosser *26.3.1922
3. Juni 1943, „Gewaltverbrecherverordnung", hingerichtet am 27. Juli 1943 in Stuttgart

Gerhard Bordewin, Schneider *29.11.1895
5. August 1943, „Gewohnheitsverbrechen", hingerichtet am 6. Oktober 1943 in Stuttgart

Helmut Jehle, Hilfsschlosser *30.5.1926
8. September 1943, „Gewaltverbrecherverordnung", hingerichtet am 30. Oktober 1943 in Stuttgart

Max Stark, Maschinensetzer *30.12.1895
29. November 1943, „Kriegswirtschaftsverbrechen", hingerichtet am 15. Januar 1944 in Stuttgart

Michael Jakubowski, Arbeiter *23.61923
24. Februar 1944, „Volksschädlingsverordnung", hingerichtet am 29. März 1944 in Stuttgart

Eugen Mülhaupt, Metzgermeister *14.9.1911
28. April 1944, „Kriegswirtschaftsverbrechen", hingerichtet am 25. Juli 1944 in Bruchsal

Karl Weber, Postschaffner *6.11.1891
24. Mai 1944, „Volksschädlingsverordnung", hingerichtet am 22. Juni 1944 in Bruchsal

Michael Wasyluk, landwirtschaftlicher Arbeiter *24.8.1911
16. Juni 1944 „Volksschädlingsverordnung", hingerichtet am 25. Juli 1944 in Bruchsal

Paul Marschall, Eisenflechter *1.8.1920
23. August 1944 „Gewaltverbrecherverordnung", hingerichtet am 22. September 1944 in Bruchsal

Franziszek Dziezak, Zivilarbeiter *5.10.1902
23. Februar 1945, „Volksschädlingsverordnung", nicht vollstreckt, am 21. April 1945 bei der Besetzung des Zuchthauses Ludwigsburg von den Alliierten entlassen

Karl Oser, Sozialrentner und Gelegenheitsarbeiter *28.11.1876
28. März 1945, „Volksschädlingsverordnung", nicht vollstreckt, am 19. September 1946 in zwei Jahre Zuchthaus umgewandelt

Anhang

Abkürzungsverzeichnis

Abs.
Absatz

a.D.
außer Dienst

BGBl.
Bundesgesetzblatt

BGH
Bundesgerichtshof

BT-Drucks
Bundestagsdrucksache

CGT
Confédération générale du travail

DDR
Deutsche Demokratische Republik

DR
Deutsches Recht

Fn
Fußnote

Gestapo
Geheime Staatspolizei

GLA
Generallandesarchiv

GVG
Gerichtsverfassungsgesetz

Hrsg.
Herausgeber

IfZ
Institut für Zeitgeschichte

IMT Nürnberg
Taube Archive of the IMT at Nuremberg, 1945-1946

KPD
Kommunistische Partei Deutschlands

KSSVO
Kriegssonderstrafrechtsverordnung

KStVO
Kriegsstrafverfahrensordnung

KZ
Konzentrationslager

MStGB
Militärstrafgesetzbuch

NJW
Neue Juristische Wochenschrift

NS
Nationalsozialismus/nationalsozialistisch

NSDAP
Nationalsozialistische Deutsche Arbeiterpartei

NSKK
Nationalsozialistisches Kraftfahrkorps

OKW
Oberkommando der Wehrmacht

OLG
Oberlandesgericht

RGBl.
Reichsgesetzblatt

RJM
Reichsjustizminister

RStGB
Reichsstrafgesetzbuch

SA
Sturmabteilung

SD
Sicherheitsdienst

SS
Schutzstaffel

u.k.
unabkömmlich

vgl.
vergleiche

VO
Verordnung

Literaturverzeichnis

Angermund, Ralph: Deutsche Richterschaft 1919 – 1945. Krisenerfahrung, Illusion, politische Rechtsprechung, Frankfurt a.M. 1990

Angermund, Ralph: Die geprellten "Richterkönige". Zum Niedergang der Justiz im NS-Staat, in: Mommsen, Hans/Willems, Susanne: Herrschaftsalltag im Dritten Reich: Studien und Texte, Düsseldorf 1988, S. 304 – 373

Bader, Karl Siegfried: Unter bestraften Soldaten, 1945, Institut für Zeitgeschichte, Archiv Signatur MS 126

Baumann, Ulrich/Koch, Magnus: Was damals Recht war ... Soldaten und Zivilisten vor Gerichten der Wehrmacht, Berlin und Brandenburg 2008

Blasy, Walter: Henkersmahlzeit. Kriegsbericht eines Fliegers 1939 – 1947, Berlin 1995

Boberach, Heinz (Hrsg.): Meldungen aus dem Reich. Auswahl aus den geheimen Lageberichten des Sicherheitsdienstes der SS 1933 – 1945, Neuwied/Berlin 1965

Boberach, Heinz (Hrsg.): Richterbriefe. Dokumente zur Beeinflussung der deutschen Rechtsprechung 1942 – 1944, Boppard 1975

Broszat, Martin: Zur Perversion der Strafjustiz im Dritten Reich, in: Vierteljahreshefte für Zeitgeschichte 6 (1958), S. 390 – 443

Caraes, Guy: Le réseau Alliance, 2021

Dörner, Bernward: "Heimtücke": Das Gesetz als Waffe. Kontrolle, Abschreckung und Verfolgung in Deutschland 1933 –1945, Paderborn u.a. 1998

Dreßen, Willi: Blinde Justiz – NS-Justizverbrechen vor Gericht, in: Weber, Jürgen/Piazolo, Michael (Hrsg.): Justiz im Zwielicht. Ihre Rolle in Diktaturen und die Antwort des Rechtsstaates, München 1998, S. 77 – 94

Fourcade, Marie-Madeleine: L'Arche de Noé, 1968

Fraenkel, Ernst: Der Doppelstaat. Recht und Justiz im "Dritten Reich", Frankfurt 1984

Gerhards, Auguste: Tribunal de guerre du IIIe Reich: Des centaines de Francais fusillés ou déportés, Paris 2014

Gribbohm, Günter: Das Reichskriegsgericht. Die Institution und ihre rechtliche Bewertung, Berlin 2004

Grohnert, Reinhard: Die Entnazifizierung in Baden: 1945 – 1949, Konzeption und Praxis der "Epuration" am Beispiel eines Landes der französischen Besatzungszone, Stuttgart 1991

Gruchmann, Lothar: „Nacht- und Nebel"-Justiz. Die Mitwirkung deutscher Strafgerichte an der Bekämpfung des Widerstandes in den besetzten westeuropäischen Ländern 1942 – 1944, in: Vierteljahreshefte für Zeitgeschichte 29 (1981), S. 342 – 396

Gruchmann, Lothar: Justiz im Dritten Reich 1933 – 1940. Anpassung und Unterwerfung in der Ära Gürtner, 3. Aufl., München 2001

Haase, Norbert: Aus der Praxis des Reichskriegsgerichts, in: Vierteljahreshefte für Zeitgeschichte 39 (1991), S. 379 – 411

Haase, Norbert: Das Reichskriegsgericht und der Widerstand gegen die nationalsozialistische Herrschaft, Berlin 1993

Haase, Die Richter am Reichskriegsgericht und ihre Nachkriegskarrieren, in: Perels, Joachim/ Wette Wolfgang (Hrsg.): Mit reinem Gewissen, Berlin 2011, S. 206 ff.

Haumann, Heiko: Eugen Selber (1895 – 1982). Handlungsspielräume eines Freiburger Gestapobeamten, in: Zeitschrift des Breisgau-Geschichtsvereins „Schau-ins-Land" 134 (2015), S. 109 – 136

Hensle, Michael P.: Die Todesurteile des Sondergerichts Freiburg 1940 – 1945. Eine Untersuchung unter dem Gesichtspunkt von Verfolgung und Widerstand, München 1996

Hensle, Michael P.: Die Verrechtlichung des Unrechts. Der legalistische Rahmen der nationalsozialistischen Verfolgung, in: Benz, Wolfgang/ Distel, Barbara (Hrsg.): Ort des Terrors. Geschichte der nationalsozialistischen Konzentrationslager, Bd. 1, München 2005, S. 76 – 90

Hensle, Michael P.: Rundfunkverbrechen. Das Hören von „Feindsendern" im Nationalsozialismus, Berlin 2003

Hiller, Marlene P. (Hrsg.): Stuttgart im Zweiten Weltkrieg (Katalog), Gerlingen 1989

Hüttenberger, Peter: Heimtückefälle vor dem Sondergericht München 1933 –1939, in: Broszat, Martin/Fröhlich, Elke/Grossmann, Anton: Bayern in der NS-Zeit, Bd. IV, München 1981, S. 435 – 526

Johe, Werner: Die gleichgeschaltete Justiz. Organisation des Rechtswesens und Politisierung der Rechtsprechung 1933 – 1945, dargestellt am Beispiel des OLG-Bezirks Hamburg, Frankfurt a.M. 1967

Kauffmann, Richard: Radio Topinambur, Paris 2020

Kaufmann, Rainer: Seilersbahn. Ein Weg Geschichte, Bruchsal 1989

Kaul, Friedrich Karl: Geschichte des Reichsgerichts, Bd. IV, 1933 –1945, Glashütten 1971

Kißener, Michael: Zwischen Diktatur und Demokratie. Badische Richter 1919 – 1952, Konstanz 2003

König, Stefan: Vom Dienst am Recht. Rechtsanwälte als Strafverteidiger im Nationalsozialismus, Berlin u. New York 1987

Koppel, Wolfgang: Justiz im Zwielicht. Dokumentation. NS-Urteile, Personalakten, Katalog beschuldigter Juristen, Karlsruhe 1963

Lehmann, Rudolf: Die Aufgaben des Rechtswahrers der Wehrmacht, in: Deutsches Recht 1939, S. 1265 –1269

Loustaunau-Lacau, Georges: Mémoires d'un Francais rebelle: 1914 – 1948, 1948

Ludewig, Hans-Ulrich: Das Sondergericht Braunschweig 1933 –1945, in: Pollmann, Klaus Erich (Hrsg.): Der schwierige Weg in die Nachkriegszeit: Die evangelisch-lutherische Landeskirche in Braunschweig 1945-1950, Göttingen 1994, S. 264 – 290

Marxen, Klaus: Das Volk und sein Gerichtshof. Eine Studie zum nationalsozialistischen Volksgerichtshof, Frankfurt a.M. 1994

Marxen, Klaus/Schlüter, Holger: Terror und „Normalität". Urteile des nationalsozialistischen Volksgerichtshofs 1934 – 1945. Eine Dokumentation, Recklinghausen 2004

Mechler, Wolf-Dieter: Kriegsalltag an der „Heimatfront". Das Sondergericht Hannover im Einsatz gegen „Rundfunkverbrecher", „Schwarzschlachter", „Volksschädlinge" und andere „Straftäter" 1939 bis 1945, Hannover 1997

Nettersheim, Gerd J.: Die Aufhebung von Unrechtsurteilen der NS-Strafjustiz. Ein langes Kapitel der Vergangenheitsbewältigung, in: Festschrift für Peter Riess zum 70. Geburtstag am 4. Juni 2002. Berlin und New York 2002, S. 933 – 949

NS-Justiz in Stuttgart. Katalog zur Dauerausstellung des Hauses der Geschichte Baden-Württemberg im Landgericht Stuttgart, Haus der Geschichte Baden-Württemberg (Hrsg.), Stuttgart 2019

Oehler, Christiane: Die Rechtsprechung des Sondergerichts Mannheim 1933 – 1945, Berlin 1997

Olson, Lynn: Madame Fourcade's Secret War, 2019

Pichler, Horst: Die Entwicklung des nationalsozialistischen Militärstrafrechts von 1933 bis 1945, Linz 2018

Poelchau, Harald: Die letzten Stunden. Erinnerungen eines Gefängnispfarrers, Berlin 1949

Ramm, Armin: Der 20. Juli vor dem Volksgerichtshof, Berlin 2007

Repplinger, Roger: An die Wand gestellt, Kontext: Wochenzeitung, Ausgaben 165, 166, 167

Rodriguez, Ferdinand Edouard/Hervet, Robert: L'Escalier de fer, 1958

Schiller, Christof: Das Oberlandesgericht Karlsruhe im Dritten Reich, Berlin 1997

Schmidt, Herbert: „Beabsichtige ich die Todesstrafe zu beantragen." Die nationalsozialistische Sondergerichtsbarkeit im Oberlandesgerichtsbezirk Düsseldorf, Essen 1998

Schneidenbach: Verteidigung von Staatsfeinden und Volksschädlingen, in: Deutsches Recht 1944, S. 327

Seidelmann, Wolf-Ingo: Oskar Schmoll: „Totengräber der Beamtendisziplin und Zerstörer der Justiz", in: Wolfgang Proske (Hrsg.): Täter, Helfer, Trittbrettfahrer. NS-Belastete aus Südbaden, Gerstetten 2017, S. 327 – 342

Tuchel, Johannes/Schattenfroh, Reinold: Zentrale des Terrors. Prinz-Albrecht-Straße 8. Das Hauptquartier der Gestapo, Berlin 1987

Wagner, Albrecht: Die Umgestaltung der Gerichtsverfassung und des Verfahrens- und Richterrechts im nationalsozialistischen Staat, in: Weinkauff, Hermann: Die deutsche Justiz und der Nationalsozialismus. Ein Überblick, Stuttgart 1968

Wagner, Walter: Der Volksgerichtshof im nationalsozialistischen Staat, erweiterte Neuausgabe, München 2011

Wette, Wolfgang: Frühe Selbstentlastung der Wehrmachtrichter – späte Rehabilitierung ihrer Opfer, in: Perels, Joachim/Wette, Wolfgang (Hrsg.): Mit reinem Gewissen, Berlin 2011, S. 81 ff.

Linksammlung zu Public Domain Abbildungen

Kapitel Volksgerichtshof

https://commons.wikimedia.org/w/index.php?curid=90944935

Kapitel Reichskriegsgericht

https://commons.wikimedia.org/wiki/File:Marie-Madeleine_Fourcade_-_fausse_carte_d%27identit%C3%A9.jpg

https://commons.wikimedia.org/wiki/File:Admiral_max_bastian.jpg

Kapitel Sondergericht

https://rlp.museum-digital.de/object/36988

Dank

Für die Unterstützung unserer Recherchen danken wir herzlich:

Christiane Botzet, Bundesarchiv-Militärarchiv, Freiburg

Annika Estner, Bundesarchiv Berlin-Lichterfelde

Gerhard Fuhrmann, GFW, Berlin

Andreas Jobst, Stadtarchiv Freiburg

Enrico Litschko, Bundesarchiv Koblenz

Sabrina Müller, Haus der Geschichte Baden-Württemberg, Stuttgart

Jochen Rees, Staatsarchiv Freiburg

Patrick Rodriguez-Redington, Paris

Lars Skowronski, Gedenkstätte Roter Ochse, Halle an der Saale

Julian Vogel, Jurastudent, Freiburg

Die Abbildungen aus dem „Taube Archive of the IMT at Nuremberg, 1945-1946" erfolgten mit freundlicher Genehmigung des Internationalen Gerichtshofs.

Impressum

Umschlag: GFW Design, Berlin

Satz: GFW Design, Berlin

Herstellung: Rombach Druck- und Verlagshaus GmbH & Co. KG,
Freiburg i. Br.

Printed in Germany

ISBN 978-3-7930-9995-6